ESCRITOR POR ESCRITOR

ESCRITOR
POR ESCRITOR
MACHADO DE ASSIS
SEGUNDO
SEUS PARES
1939-2008
VOL.2

Hélio de Seixas Guimarães
Ieda Lebensztayn

…

SUMÁRIO

13 Machado de Assis: unanimidade controversa
HÉLIO DE SEIXAS GUIMARÃES & IEDA LEBENSZTAYN

artigos

51 OSWALD DE ANDRADE
De literatura — Para comemorar Machado de Assis, 1939

59 GRACILIANO RAMOS
Os amigos de Machado de Assis, 1939

67 VIANNA MOOG
Sobre o pessimismo de Machado de Assis, 1939

73 MARQUES REBELO
Depoimento, 1939

79 BENJAMIM COSTALLAT
O milagre de Machado de Assis, 1939

83 AUSTREGÉSILO DE ATHAYDE
Machado de Assis, nacionalista, 1939

89 AMANDO FONTES
Presença de Capitu, 1939

93 ANÍBAL MACHADO
Machado de Assis, 1939

103 CASSIANO RICARDO
Excerto de *Marcha para Oeste*, 1940

107 JORGE DE LIMA
A propósito de Machado de Assis, 1941

115 PEREGRINO JÚNIOR
A iconografia de Machado de Assis, 1941

127 JORACY CAMARGO
Machado de Assis e o teatro, 1943

137 JOSÉ LINS DO REGO
Machado de Assis, 1943

151 ERICO VERISSIMO
Excerto de *Breve história da literatura brasileira*, 1945

157 AUGUSTO MEYER
O autor de si mesmo, 1947

165 CYRO DOS ANJOS [DISRAELI]
Machado de Assis e o Senado do Império, 1948

171 RACHEL DE QUEIROZ
Dois negros, 1950

177 JOEL SILVEIRA
O novo Machado, 1955

181   CARLOS DRUMMOND DE ANDRADE
O retrato, 1955

187   LÊDO IVO
Como distinguir um clássico, 1956

195   MENOTTI DEL PICCHIA
Um Machado mal conhecido, 1956

201   ALCEU AMOROSO LIMA [TRISTÃO DE ATHAYDE]
Atualidade de Machado de Assis I, II e III, 1956

221   JOÃO ETIENNE FILHO
Literária, 1958

225   RENARD PEREZ
Excerto de "Regionalismo e universalismo do conto brasileiro", 1958

231   GUSTAVO CORÇÃO
Contrastes machadianos, 1958

241   RICARDO RAMOS
O niilista Machado de Assis, 1958

245   PATRÍCIA GALVÃO
Cinquentenário de Machado de Assis, 1958

251   ADONIAS FILHO
Machado de Assis e o teatro, 1958

257   DINAH SILVEIRA DE QUEIROZ
Perdão, Machado, 1958

265   ENEIDA DE MORAES
Um gatinho preto, 1958

271   LÚCIA MIGUEL PEREIRA
Encontro com Machado de Assis, 1958

277   THIAGO DE MELLO
Machado de Assis, 1958

291   CORNÉLIO PENNA
Machado de Assis, 1958

295   JOSÉ CÂNDIDO DE CARVALHO
O homem do pincenê, 1958

301   FERNANDO SABINO
Machado, 1959

305   CARLOS HEITOR CONY
Machado — o romance carioca, 1959

317   MIÉCIO TÁTI
Ouvidor e outras galas do Rio, segundo o velho Machado, 1960

329   VIRIATO CORRÊA
Meu encontro com Machado de Assis, 1960

337 JOSUÉ MONTELLO
Do anedotário de Machado de Assis, 1961

345 GONDIN DA FONSECA
Machado de Assis e a reforma agrária, 1963

351 ARIANO SUASSUNA
Um palhaço de gênio, 1963

357 OCTAVIO DE FARIA
Uma certa Capitu, 1968

363 DÉCIO PIGNATARI
A vida em efígie (caos, caso e acaso), 1971

375 GUILHERMINO CÉSAR
Machado de Assis e a consciência moral, 1973

383 GLAUBER ROCHA
O Guarani e *Dom Casmurro* ou a competição entre Iracema e Capitu pelo título de Misse Brazyl, 1976

393 JORGE AMADO
O robe de ouro, 1977

399 PÉRICLES EUGÊNIO DA SILVA RAMOS
Machado de Assis e o romance-anatomia, 1980

413 HAROLDO DE CAMPOS
Arte pobre, tempo de pobreza, poesia menos, 1982

425 JOSÉ PAULO PAES
A armadilha de Narciso, 1985

443 AUTRAN DOURADO
Machado de Assis, universo simbólico do conto, 1987

451 OTTO LARA RESENDE
Não traiam o Machado, 1992

457 JOÃO ANTÔNIO
O enigma do Cosme Velho, 1992

463 DALTON TREVISAN
Capitu sem enigma, 1994

471 ANTONIO CALLADO
Machado de Assis inventou o Brasil, 1995

477 MILLÔR FERNANDES
O "outro lado" de Dom Casmurro, 2005

485 FERREIRA GULLAR
O feitiço do Bruxo, 2006

491 LYGIA FAGUNDES TELLES
Ainda uma vez, Capitu!, 2008

499 MILTON HATOUM
Machado de Assis: um século depois, 2008

carta

507   GRACILIANO RAMOS
Carta a Haroldo Bruno, 1946

enquetes & depoimentos

515   JOSÉ CONDÉ
Os escritores de hoje falam sobre Machado de Assis:
Oswald de Andrade, Murilo Mendes, José Lins do Rego,
Pedro Dantas, Lúcio Cardoso, Jorge Amado,
Astrojildo Pereira, Aníbal Machado, Manuel Bandeira,
Octavio de Faria, 1939

537   OLIVEIROS LITRENTO
Machado de Assis na literatura brasileira.
Depoimentos de: Brito Broca, Eugênio Gomes,
R. Magalhães Júnior, Gustavo Corção, Augusto Meyer,
Aurélio Buarque de Holanda Ferreira, Lúcia Miguel Pereira,
José Galante de Sousa, J.-Maria Belo, Adonias Filho
e Armindo Pereira, 1958

557   *ÚLTIMA HORA*
Menotti: "Machado de Assis é a réplica do Brasil
aos racistas de todo o mundo".
Depoimentos de: Menotti del Picchia, Carlos Burlamaqui,
Lygia Fagundes Telles e Washington Vita, 1958

563   BEATRIZ BOMFIM & JOSÉ NÊUMANNE PINTO
O desafio de recriar Machado. Depoimentos de:
Osman Lins, Nélida Piñon, Julieta de Godoy Ladeira,
Autran Dourado, Lygia Fagundes Telles
e Antonio Callado, 1977

ficções machadianas

575 LÚCIA MIGUEL PEREIRA
História machadiana, 1957

583 RUBEM BRAGA
Fala Machado 1, 2 e 3, 1960

poema

593 CARLOS DRUMMOND DE ANDRADE
A um bruxo, com amor, 1958

597 Referências bibliográficas

599 Nota sobre a pesquisa e esta edição

MACHADO DE ASSIS: UNANIMIDADE CONTROVERSA

Hélio de Seixas Guimarães & Ieda Lebensztayn

h.s.g.

HÉLIO DE SEIXAS GUIMARÃES (São José do Rio Preto, 1965) é professor livre-docente na Universidade de São Paulo e pesquisador do CNPq desde 2008. Pesquisador associado da Biblioteca Brasiliana Guita e José Mindlin, atualmente desenvolve estudos sobre tradução e recepção internacional da obra de Machado de Assis e o processo de consagração literária no Brasil. É editor-chefe da *Machado de Assis em linha: revista eletrônica de estudos machadianos*. Mestre e doutor em Teoria e História Literária pela Unicamp, tem pós-doutoramentos na Universidade de Manchester (Reino Unido, 2007) e na Fundação Casa de Rui Barbosa (Rio de Janeiro, Brasil, 2015-2016). É autor de *Machado de Assis, o escritor que nos lê* (Editora Unesp/Fapesp, 2017) e *Os leitores de Machado de Assis: o romance machadiano e o público de literatura no século 19* (Nankin/Edusp, 2004; 2ª ed. 2012), entre outros livros e artigos. Organizou, com Ieda Lebensztayn, *Escritor por escritor: Machado de Assis segundo seus pares—1908-1939* (Imprensa Oficial do Estado de São Paulo, 2019). Em 2012, foi professor visitante no Departamento de Espanhol e Português na Universidade da Califórnia, em Los Angeles (UCLA), e em 2018 foi Tinker Visiting Professor na Universidade de Wisconsin, em Madison, Estados Unidos. Prêmio Jabuti 2005, categoria Teoria e Crítica Literária.

i.l.

IEDA LEBENSZTAYN (São Paulo, 1975) é crítica literária, pesquisadora e ensaísta, preparadora e revisora de livros. Mestre em Teoria Literária e Literatura Comparada e doutora em Literatura Brasileira pela Universidade de São Paulo. Fez dois pós-doutorados: no Instituto de Estudos Brasileiros, IEB-USP, sobre a correspondência de Graciliano Ramos (Fapesp 2010/12034-9); e na Biblioteca Brasiliana Guita e José Mindlin/Faculdade de Filosofia, Letras e Ciências Humanas, BBM/FFLCH-USP, a respeito da recepção literária de Machado de Assis (CNPq 166032/2015-8). Autora de *Graciliano Ramos e a* Novidade: *o astrônomo do inferno e os meninos impossíveis* (São Paulo: Hedra, 2010) e organizadora, com Hélio de Seixas Guimarães, de *Escritor por escritor: Machado de Assis segundo seus pares—1908-1939* (Imprensa Oficial do Estado de São Paulo, 2019). Também organizou, com Thiago Mio Salla, os livros *Cangaços* e *Conversas*, de Graciliano Ramos, publicados em 2014 pela Record. Colabora no caderno "Aliás" de *O Estado de S. Paulo*.

Este livro completa o panorama dos cem anos da recepção póstuma de Machado de Assis por seus colegas de ofício — poetas, romancistas, contistas, cronistas, homens de cinema e teatro, vários deles também críticos literários. No volume anterior, foram reunidos textos em domínio público, publicados entre a data da morte do escritor, em setembro de 1908, e as comemorações do centenário de seu nascimento, em junho de 1939. Este volume parte dessa última data para avançar até o centenário de morte, celebrado em 2008. Ele cobre, portanto, quase sete décadas e mais de setenta autores.

Nestas páginas, vemos como Machado de Assis se projetou para o futuro como referência de talento, inteligência e lucidez, mas também estabeleceu um alto padrão de exigência, erguendo-se como sombra incômoda para os seus sucessores. Por isso, o leitor encontrará muitos elogios, e também muitos reparos e senões ao grande escritor.

A perturbação causada pela presença machadiana é sintetizada por Marques Rebelo com estas palavras: "Houve mesmo ocasiões em que eu me sentia abafado pela presença do mulato no bico da minha pena, e que coragem precisava ter para afugentar um pouco o fantasma camarada". Para os que vieram depois dele e muito especialmente para Lima Barreto e Graciliano Ramos, o peso das comparações explícitas ou implícitas de suas obras os perseguiu por toda a vida e até mesmo sobreviveu a eles. Graciliano Ramos resume a situação por ocasião do centenário do nascimento:

> Nas homenagens que hoje tributam a Machado de Assis há com certeza, junto à admiração dos que o leram cuidadosamente, muito de respeito supersticioso, respeito devido às coisas ignoradas. Visto a distância, desumanizado, o velho mestre se torna um símbolo, uma espécie de mito nacional. Com estátuas e placas nas ruas, citado a torto e a direito, passará definitivamente à categoria dos santos e dos heróis.

Como se vê nos artigos publicados em seguida à morte do escritor, Machado de Assis se torna mesmo uma espécie de santo, e o olhar crítico de Graciliano Ramos aponta os efeitos dessa mistificação. Ele observa agudamente que falta leitura ao Brasil e que Machado jamais seria um artista popular, diferentemente de Joaquim Manuel de Macedo e de José de Alencar. Consciente da difícil popularidade do autor de *Brás Cubas*, Graciliano, com a força de seu estilo, assinala a distância entre Machado e os medíocres de seu ambiente, que "lhe perdoaram a inteligência"; e ironiza o mal-estar dos leitores ao verem as motivações de ordinário interesseiras das ações humanas reveladas por aquele analista frio: "Em geral não gostamos de que nos explorem a consciência".

Justamente intitulado "Os amigos de Machado de Assis", o artigo de Graciliano desvela que, apesar de a grande maioria desconhecer a obra machadiana, os poderes públicos desenhavam um caminho para transformar em ídolo o escritor de origem pobre que ascendeu. Observe-se que esse texto foi publicado durante o Estado Novo, para o qual interessava a consagração de mitos nacionais. O romancista alagoano, que estivera na prisão três anos antes, conhecia o perigo das generalizações e abstrações, do "respeito supersticioso" votado pelas massas àquilo que ignoram. Conjecturando ironicamente que Iaiá Garcia e Capitu se fundiriam e talvez desaparecessem, Graciliano Ramos repudia o endeusamento de Machado. Ao mesmo tempo, sobressai sua compreensão crítica ante a acolhida popular do escritor como símbolo de grandeza nacional por meio de retratos, placas, livros reimpressos: imagens "para segurar as noções de justiça, bondade, santidade e outras coisas caídas em desuso".

De fato, nos anos que cercaram as comemorações do centenário de nascimento, o escritor foi alçado à esfera das criaturas excepcionais. Os escritos que deixou dispersos nas páginas dos velhos periódicos passaram a ser colecionados e reunidos como relíquias em publicações póstumas, que começaram a sair em 1910, atingiram seu auge na década de 1950 e ainda hoje ressurgem em páginas encontradas aqui e ali. Também em relação ao homem, proliferaram análises de vários tipos, sondando as contingências sociológicas, patológicas e psicopatológicas que poderiam explicar a grandeza da obra, como fizeram Astrojildo Pereira, Lúcia Miguel Pereira e Peregrino Júnior, entre outros. A pobreza, a origem étnico-racial, a gagueira, a epilepsia — tudo isso foi evocado nas tentativas de explicação do "caso Machado de Assis".

Aos poucos, esses traços biográficos vão dando lugar ao anedotário, que reforça o mito a partir de interpretações por vezes contraditórias. Nos textos de Viriato Corrêa, José Cândido de Carvalho e Josué Montello, o homem do pincenê aparece como figura temida, alvo da maledicência dos contemporâneos; já no artigo de Eneida de Moraes ele surge como a mais doce das criaturas, autor de uma carta, escrita para uma criança, na qual adota a voz de um gatinho.

Os escritores aqui reunidos também testemunham e produzem alterações importantes no cânone machadiano. Se nas primeiras décadas que se seguiram à sua morte são muito recorrentes as referências ao poeta e a escritos anteriores a 1880, no período recoberto por este volume se nota um interesse crescente e cada vez mais exclusivo pela prosa, especialmente pelos romances e contos publicados depois de *Memórias póstumas de Brás Cubas*, tomado como inequívoco divisor de águas. Com isso, abre-se uma fenda entre o que vem antes e o que vem depois de *Brás Cubas*, entre a produção em prosa e a poesia e o teatro. À medida que o tempo avança, o cânone machadiano tende a se fixar nos cinco últimos romances e em cerca de uma dezena de contos, recorrentemente citados e comentados pelos escritores.

A centralidade da prosa torna-se tão certa que, no interior dela, passa-se a defender a primazia do contista sobre o romancista, ideia polêmica sustentada por Augusto Meyer e Lúcia Miguel Pereira. Outros escritores ora corroboram ora refutam as opiniões desses que foram também dois dos principais críticos da obra machadiana, e em grande parte responsáveis pela renovação de sua leitura entre as décadas de 1930 e 1950. Lúcia Miguel Pereira e Augusto Meyer, bem como Astrojildo Pereira, trouxeram à reflexão, respectivamente, as questões da ascensão social de Machado, da configuração artística do capricho e do "homem subterrâneo", e da negação do absenteísmo do escritor, por muito tempo acusado de não ter participado suficientemente dos grandes movimentos sociais e políticos do seu tempo. O acúmulo crítico colaborou, por exemplo, para Roberto Schwarz, em *Um mestre na periferia do capitalismo: Machado de Assis* (1990),[1] apreender da forma de *Memórias póstumas de Brás Cubas*, com a "volubilidade" de seu narrador, a representação de processos histórico-sociais brasileiros, baseados no favor e na "desfaçatez da classe dominante" do país.

Em sintonia com o destaque dado à prosa de ficção, a partir do final da década de 1940 nota-se um crescente interesse por outro gênero em prosa: a crônica. Augusto Meyer, um dos leitores mais argutos da obra machadiana, assentou sua interpretação principalmente nos contos e romances escritos depois de 1880. Entretanto, no texto aqui incluído, sobre a crônica postumamente intitulada "O autor de si mesmo", alçou-a à altura das melhores páginas de Machado de Assis, na qual se pode provar do miolo amargo da existência, que para o crítico seria o melhor que o escritor oferecia em sua obra.

1. São Paulo: Duas Cidades, 1990.

A atenção às crônicas só fará crescer nas décadas seguintes, não na linha valorizada por Meyer, a da sondagem das profundezas da alma e da incursão ao absurdo da condição humana, mas sim na da contestação do suposto alheamento machadiano das questões do seu tempo e país. Por tratarem das questões do dia a dia estampadas nas páginas dos jornais e revistas em que eram publicadas, as crônicas ajudavam a trazer o escritor para mais perto das asperezas da vida brasileira, fincando-o em terreno menos etéreo e mais realista. Na síntese de Joel Silveira, surgia "um novo Machado, homem do seu tempo e do seu mundo, partícipe de controvérsias, jornalista de combate e cidadão de atitude clara em face de alguns dos mais importantes problemas do Brasil de sua época. Não se diga mais que ele foi indiferente ao abolicionismo e à República".

Também da ficção foram desentranhadas as marcas do cronista. Avançados os anos de 1950, buscam-se nos seus romances e contos registros da fala e da vida cariocas, como fazem Carlos Heitor Cony em seu "Machado — o romance carioca" e Miécio Táti em "Ouvidor e outras galas do Rio, segundo o velho Machado". As imagens do abstencionista e do niilista atribuídas ao autor de *Dom Casmurro* tornam-se, assim, não mais que "antigos refrões" aos olhos de Ricardo Ramos, que recusa os clichês e as tentativas simplistas de enquadramento do escritor.

A singularidade de Machado de Assis, que tanto preocupou várias gerações de críticos e historiadores da literatura, decididos a metê-lo à força nas categorias de que dispunham, vai ganhando assim dimensões cada vez mais positivas. O escritor excêntrico e deslocado do seu tempo e de seu país torna-se figura-chave, espécie de centro de gravidade da crítica e da história literária nacionais e marca de distinção da cultura brasileira em plano internacional. Assim, na década de 1950, ele é transferido para a estante dos clássicos. Clássico justamente pelo fato de ser incomparável com qualquer outro, na medida em que inventa um estilo todo próprio, que o destaca tanto dos predecessores como dos sucessores.

O escritor ganha atualidade e vai sendo comparado aos grandes nomes da literatura mundial, alçado pelos seus leitores-escritores ao plano da *Weltliteratur*, como propôs Alceu Amoroso Lima:

> Qual será o motivo ou, antes, quais os motivos dessa atualidade do mais inatual dos escritores, isto é, daquele que nunca procurou ser do seu tempo e antes viveu crescentemente no plano da intemporalidade? Será essa, justamente, a razão maior de sua atualidade: não ter procurado ser atual. Quem corteja demais o seu tempo, o seu povo, a sua região, a sua raça, as suas convicções políticas ou mesmo filosóficas, é por elas naturalmente assimilado. Ao passo que aquele que deixa, em si, falar naturalmente a voz do gênio e obedece apenas à inclinação irresistível do espírito, vence todas as limitações e entra, sem maior esforço, para o plano da *Weltliteratur*. Machado de Assis é, no momento, o único escritor brasileiro que já figura nesse Olimpo goethiano.

As comparações vão de par com a crescente internacionalização da obra machadiana, impulsionada pelas traduções dos seus romances para o inglês, que começam a sair nos Estados Unidos e na Inglaterra no início da década de 1950, irradiando do mundo anglófono para praticamente todas as línguas modernas.

Mais do que tudo, o que se nota é o deslocamento de Machado da posição de escritor passadista, afeito aos academismos e arcaísmos, ao estatuto de escritor não só moderno, mas sempre atual, nosso contemporâneo. Nesse sentido, o caso de Carlos Drummond de Andrade é exemplar. O jovem poeta que em 1925 vê no velho escritor um mestre de falsas lições, a ser repudiado pelas novas gerações, é — e também não é — o mesmo que em 1955 vai reconhecê-lo como autor dos "livros mais altos, mais puros de arte e graça literária, compostos até agora entre nós" e em 1958 dedica-lhe uma das mais belas homenagens de escritor para escritor em língua portuguesa, o poema "A um bruxo, com amor".

Assim, se por um lado Machado suscitou os mais abertos elogios e gozou de um reconhecimento ímpar por parte dos seus pares, constituindo-se numa espécie de unanimidade, também é notável a dureza com que foi tratado por muitos dos seus sucessores.

Exercitando a imaginação, e muitas vezes apoiados nos estudos biográficos também bastante calcados nela, quando não em pura fantasia, os escritores vão compondo uma personagem complexa. Assim, aplicam-se qualificativos os mais diversos, muitos deles não exatamente elogiosos: moleque, mulato, feio, tímido, gago, doentio, autodidata persistente, quase maníaco, tímido, humilde, falso medíocre, quieto, parado, indiferente, frio, amargo, cerebral, egoísta, arredio ao contato humano, homem de poucos amigos e nenhuma política etc. etc. Até mesmo as fotografias foram escrutinadas, dando margem a julgamentos cruéis, como os de Peregrino Júnior.

Continua a cobrança, muito comum entre seus contemporâneos, pelo que Machado não foi ou não fez: pela falta de sentimento e excessiva frieza e lógica; pelo silêncio em relação a sua infância, sobre a qual não deixou nenhum depoimento direto; pela parcimônia nas descrições; pela ausência de paisagem; pela falta de tensão interna nos seus escritos, devidas talvez ao ambiente morno em que viveu e escreveu, o do Segundo Reinado de Pedro II. Vários apontam a falta de correspondência do escritor com a "alma brasileira", ainda que admitam a impossibilidade de se defini-la em termos conceituais.

Nos textos escritos durante a Segunda Guerra, tempo de urgência de posicionamento e tomada de partido, surge a inevitável cobrança pela maior participação de Machado no seu tempo, como a feita por Jorge de Lima. Talvez nenhum depoimento seja mais cruel do que o de seu antípoda no estilo e companheiro das alturas literárias. Guimarães Rosa, numa anotação no seu *Diário de Hamburgo*:

> Não pretendo mais lê-lo, por vários motivos: acho-o antipático de estilo, cheio de atitudes para "embasbacar o indígena"; lança mão de artifícios baratos, querendo forçar a nota da originalidade; anda sempre no mesmo trote pernóstico, o que torna tediosa a sua leitura. Há trechos bons, mas mesmo assim inferiores aos dos autores ingleses que lhe serviram de modelo. Quanto às ideias, nada mais do que uma desoladora dissecação do egoísmo, e, o que é pior, da mais desprezível

forma do egoísmo: o egoísmo dos introvertidos inteligentes. Bem, basta; chega de Machado de Assis.[2]

As palavras de Rosa remetem ao texto escolhido para a seção "Carta", que se associa ao de Mário de Andrade, incluído no primeiro volume: Graciliano Ramos se queixa, para o crítico recifense Haroldo Bruno, de certa covardia de Machado. À parte a admiração pelo estilista de "A causa secreta", conto incluído na antologia que organizou, Graciliano afirmou ao jornal *Dom Casmurro*, em 1937, que se distanciava de Machado devido ao "medo de definir-se" do seu antecessor, à ausência de uma atitude. Julgando que ninguém trabalhou melhor a língua, ressente-se de que o autor do *Memorial de Aires* deveria ter refletido e também iluminado sua época; e conclui afirmando não amar Machado de Assis, à semelhança do que disseram Mário de Andrade e Guimarães Rosa.

Também dá o que pensar a recorrência com que preconceitos de vários tipos se projetam sobre o escritor, como se houvesse certa dificuldade em perdoar-lhe por, tendo nascido como e onde nasceu, ter feito o percurso que fez. Vários supõem nele, como uma espécie de motor permanente de sua conduta na vida, o horror ao retorno à pobreza da infância. Uma vez que Machado nunca explicitou esse horror em relação à sua própria biografia, parece tratar-se de temor mais ou menos generalizado entre artistas e escritores que no Brasil volta e meia são alvos de perseguição e não raro se assombram com a perspectiva de miséria.

Além de ser posto em desvantagem em relação a si mesmo, volta e meia Machado de Assis também é colocado no centro de polêmicas. A disputa entre Machado de Assis e Lima Barreto comparece de forma recorrente nestas páginas, como ocorre nos textos de José Lins do Rego e

---

2. In: *Diário de Hamburgo*, Instituto de Estudos Brasileiros (IEB-USP), 1939, 1940, 1941 e jan. 1942, *apud* VASCONCELOS, Sandra Guardini, "Rosa, leitor de Machado". In: GUIMARÃES, Hélio de Seixas; SENNA, Marta de. *Machado de Assis: permanências*. Rio de Janeiro: Fundação Casa de Rui Barbosa/7Letras, 2018, p. 291.

Rachel de Queiroz. Também o confronto entre Machado e Alencar para o posto de "patrono da literatura brasileira", promovido pelo Congresso Nacional na década de 1970, aparece aqui. A iniciativa oficial é tratada jocosamente por Glauber Rocha, que a compara a um concurso ao título de Miss Brasil. Entretanto, mais afeito à exuberância da prosa alencariana, o autor de *Deus e o diabo na terra do sol* acaba tomando partido, e considera a literatura de Machado de Assis como água encanada, enquanto a literatura de Alencar é o encontro do Negro com o Solimões.

Várias outras controvérsias animam estas páginas.

A exumação dos restos mortais e a desapropriação da obra do escritor,[3] por exemplo, agitaram os meios literários brasileiros na segunda metade da década de 1950. Por um lado, a Academia Brasileira de Letras quis trasladar os restos mortais de Machado e Carolina, enterrados em jazigo próprio no Cemitério São João Batista, para um mausoléu acadêmico e coletivo. Intelectuais e escritores, Carlos Drummond de Andrade à frente, protestaram nas rodas cultas, em colunas de jornal e em anúncios estampados em vários periódicos do país. O projeto não se consumou na década de 1950, mas seria levado a cabo décadas mais tarde. Por outro lado, os direitos autorais para publicação da obra, em poder exclusivo da editora norte-americana J. W. Jackson por várias décadas, foram declarados em domínio público em 1958 por decreto do presidente Juscelino Kubitschek.

A polêmica em torno de *Dom Casmurro*, sobre a consumação ou não do adultério de Capitu com Escobar, ainda hoje em pleno vigor, também reverbera na imaginação dos escritores. A possibilidade da inocência de Capitu, defendida pela crítica norte-americana Helen Caldwell em *The Brazilian Othello of Machado de Assis: A study of Dom Casmurro*, de 1960,[4] abalou em surdina a convicção sobre

3. Projeto de Lei do Senado nº 19, de 1950 | Declara de interesse social os direitos autorais das obras do escritor Machado de Assis e providencia sobre a sua desapropriação e sobre uma nova edição das mesmas.
4. University of California Press; 1ª edição em português: *O Otelo brasileiro de Machado de Assis*. São Paulo: Ateliê Editorial, 2002.

a traição feminina, tomada como certa ao longo de décadas. A leitura alternativa do romance, que absolvia Capitu e acusava Bento Santiago, foi subterraneamente ganhando espaço, a ponto de chegar ao maior vestibular do país, provocando a ira de Otto Lara Resende, Millôr Fernandes e principalmente Dalton Trevisan, que tratou do assunto em vários textos provocativos, tais como "Capitu sou eu", "Até você, Capitu?" e "Capitu sem enigma", este último incluído neste livro.

João Antônio, ao se deparar com Machado de Assis em Amsterdã, traduzido para o holandês, sintetizava décadas de estupefação geral:

> Como pôde um espírito tão luminoso se formar e explodir num país de periferia como o Brasil em plena segunda metade do século passado? Como pôde alguém verrumar psicologias, técnicas de narração, mistérios da alma, soluções estéticas e estruturais moderníssimas à altura de Luigi Pirandello, Anton Tchekhov, Katherine Mansfield ou Robert Musil metido num país sem uma tradição de alta cultura ou uma grande universidade, e sem um modelo original de filosofia?

Tais perguntas, que atravessam este volume, permanecem no ar e continuam a intrigar e a suscitar respostas variadas. A necessidade de entender o "fenômeno Machado de Assis", a ânsia de apreender seu estilo, o desejo de dimensionar o alcance de sua obra estão entre as motivações dos vários inquéritos dedicados pela imprensa à figura e à obra machadianas. Apresentamos alguns deles em "Enquetes e depoimentos".

As enquetes, na especificidade de sua forma mais sintética e coloquial, condensam o propósito que move este volume: ao presentificarem as vozes de diversos escritores a respeito de Machado de Assis, possibilitam ampliar o conhecimento e a compreensão sobre sua obra e trajetória. Também mostram particularidades da perspectiva crítica e estilística desses escritores, elementos de proximidade e de distanciamento em relação à literatura machadiana, marcantes na formação de suas próprias identidades e, assim, na constituição da literatura brasileira.

Os inquéritos literários sobressaem também como expressão do espírito da época. Aquele promovido por José Condé em três números de *O Jornal*, em 1939, intitulado "Os escritores de hoje falam sobre Machado de Assis", centrou-se em três questões de grande interesse: a influência de Machado em sua época e em geral; uma projeção sobre o aumento ou a redução dessa influência; e a linguagem do romancista. Reúnem-se ali diferentes olhares: de poetas modernistas, de críticos e de representantes do chamado romance de 1930, divididos entre intimistas e aqueles mais voltados para os problemas da realidade brasileira.

José Condé observa que o contexto do centenário de nascimento de Machado de Assis se sobrepunha a um "período de esquecimento quase completo" da figura do escritor: de fato, num primeiro momento, interessados na construção de uma identidade cultural para o país, os modernistas se afastaram do autor de *Dom Casmurro*, dada sua face pouco edificante e francamente dissolvente. Porém, o tempo de destruição, de guerra e autoritarismos de 1939 demandava olhar para o passado a fim de se construir um horizonte: "Os homens de hoje debruçam-se às suas janelas, descobrindo no caminho percorrido pela humanidade aqueles que possam compensar, com a contribuição de vida que trouxeram para o mundo, esta insuficiência da hora atual". Nesse sentido, no comovente ressurgimento de Machado de Assis, ele é referido como uma "lâmpada" a jorrar luz intensa na "sala em penumbra" da literatura brasileira.

Nesse convite a conhecer as respostas dos vários escritores, salientam-se as palavras de Aníbal Machado: a expressividade de seu sentimento paradoxal entre ressalvas e admiração por Machado de Assis lembra os escritos de Mário de Andrade. Aníbal compreende seu *humour* como "forma do seu relativo conformismo com a vida", de quem se resigna a analisar tudo a distância, "sorrindo com amargura". Contudo, consciente da impossibilidade de se manter muito longe da vida naquele momento da Segunda Guerra, de ameaça aos valores da cultura, o autor de "Tati, a garota" recusa a "lição de desencanto" machadiana. Reconhecendo o valor da sobriedade de estilo de Machado, que atingiu a "mais alta realização literária" da nossa língua em condições tão desfavoráveis à produção literária, vê o escritor como exemplo de "consciência artística". E conclui que, se faltam à literatura machadiana a substância e a coragem necessárias para atravessar épocas de angústia e guerra, o exemplo e a lição de Machado em qualquer tempo "elevam a dignidade do espírito".

Destaque-se também, das respostas de Oswald de Andrade a Condé, a percepção de que o olhar desconcertante do autor de *Brás Cubas* constituiu "bases enxutas" para as futuras construções modernistas. Atento ao medalhão, ressalta que Machado soube como ninguém ascender socialmente e apontar a sociedade decadente.

É de 1958 a outra enquete aqui apresentada, em que Oliveiros Litrento retoma questões marcantes da obra e da recepção crítica machadiana na historiografia literária brasileira, contribuindo para sua cristalização: "Como explicar o fenômeno Machado de Assis?", "Qual o sentido da revolução machadiana?", "Como explicar a atualidade de Machado?", "Como compreender a segunda fase do autor de *Quincas Borba*?", "Até onde pode afirmar-se ter sido Machado de Assis o introdutor do romance psicológico no Brasil?", "Qual a diferença qualitativa entre a obra poética e ficcional do autor de *Dom Casmurro*?", entre outras.

Não só Camões, também Shakespeare, Cervantes, Dostoiévski e Molière são os "gênios" aos quais Raimundo Magalhães Júnior, em sua resposta, equipara Machado de Assis: "é tão explicável, ou inexplicável, nos quadros da nossa literatura, como aqueles, nos quadros das suas. No acanhado meio brasileiro, foi também um espírito superior ao seu tempo". Essa questão do "fenômeno Machado" fala a um tempo de sua singularidade e universalidade artísticas e dos impasses da sociedade brasileira a que ele deu representação literária. Faz lembrar a resposta de Menotti del Picchia à enquete de *Última Hora* do mesmo ano de 1958, na qual ecoam também as tensões do ensaio de Mário de Andrade: "O fenômeno Machado de Assis transcende a simples manifestação de um gênio literário para ser uma réplica a todos os racistas, demonstrando que o mestiço brasileiro pode ascender às culminâncias da estética e da cultura".

Lúcia Miguel Pereira marca presença também na seção "Ficções machadianas": com o olhar afeito a perceber "as acomodações entre o vício e a virtude", a crítica e romancista narra uma história de aparência singela, porém fincada na sociedade brasileira, que naturaliza a exploração e a violência. Nas "Ficções machadianas" se lê uma conversa engendrada por Rubem Braga com Machado de Assis, composta de citações da obra do entrevistado: de maneira lúdica, convida-nos não só a buscar conhecer as respostas em seu contexto original, como também a ponderar sobre a construção estilística machadiana, que garante a autonomia expressiva dos trechos selecionados pelo talento de Braga. Recorde-se a resposta sobre o jogo de xadrez: "Imagem da anarquia, onde a rainha come o peão, o peão come o bispo, o bispo come o cavalo, o cavalo come a rainha, e todos comem a todos. Graciosa anarquia...".

Modo artístico de mostrar como cada autor desenvolve um tema conforme seus próprios valores — questão central deste volume —, o livro *Missa do galo: variações sobre o mesmo tema*, publicado em 1977, no qual seis escritores recontam o célebre conto,[5] é o cerne da última enquete aqui apresentada. Nela, Antonio Callado, Autran Dourado, Julieta de Godoy Ladeira, Lygia Fagundes Telles, Nélida Piñon e Osman Lins comentam a experiência de recriar o conto machadiano que saiu em *A Semana* em 1894 e em *Páginas recolhidas* em 1899.

Por fim, delineando um arco entre o primeiro e o segundo volumes de *Escritor por escritor*, vale notar que neste também são recorrentes as imagens do sorriso de Machado. Se Medeiros e Albuquerque, em artigo de 1920, apreendia de Machado de Assis "o homem do meio-termo, da surdina, da moderação, da penumbra", cujo riso, longe da gargalhada, era sinal de inteligência, chamam a atenção os paradoxos poéticos com que João Antônio, utilizando-se também das imagens do sorriso e da surdina, desenha o escritor, em texto de 1992:

5. *Missa do galo: variações sobre o mesmo tema*, Antonio Callado, Autran Dourado, Julieta de Godoy Ladeira, Lygia Fagundes Telles, Nélida Piñon, Osman Lins. Rio de Janeiro: José Olympio, 1977.

Mais do que bruxo. Superlativo em surdina.
O diabo não é o diabo porque seja o diabo. O diabo é o diabo porque é velho. Assim como o Bruxo do Cosme Velho não ri: ele é um bruxo. E fica no fundo de tudo, espiando. E, no canto da boca, desde sempre e ainda hoje, o bruxo sorri de todos nós—brasileiros, holandeses, alemães, ingleses... E onde, como ficam as nossas modernices e pós-modernices? Serão estéreis firulas?
Sorri como um primeiro-bailarino. Ou, melhor, como um divino demônio.

Graciliano refere-se a um "sorriso franzido", imagem que lembra a combinação da "pena da galhofa" com a "tinta da melancolia" do prólogo "Ao leitor" das *Memórias póstumas*. O poeta Jorge de Lima oferece-nos a imagem do "sorriso fatigado, o olhar mareado atrás do pincenê, enjoado, verdadeiramente enjoado de seu século". Já Ariano Suassuna se indigna com a "alegria venenosa" de Machado: sempre que ele insinua a compaixão, disfarça-a num piparote, numa "cambalhota de saltimbanco"; e, ao nos provocar sorrisos, dá-nos vontade de chorar, para logo insinuar que "o choro e a compaixão, além de inúteis, são ridículos".

Assim, considerando que a imensa maioria das escritoras e escritores brasileiros deixaram registradas suas impressões sobre Machado de Assis, em vários textos escritos ao longo de suas trajetórias, constata-se que o material é virtualmente infinito, o que obriga à seleção. Daí serem inevitáveis as lacunas numa obra como esta, algumas decorrentes do fato de herdeiros não autorizarem a reprodução dos textos, apesar de todo o empenho dos organizadores e editores. Entretanto, acreditamos haver aqui uma primeira amostra, suficientemente ampla e representativa, da recepção literária de Machado de Assis, que esperamos venha a servir de estímulo para a produção de outros volumes relativos não só ao acolhimento de Machado, mas também de outros autores.

Como arremate, vale lembrar as palavras de Dom Casmurro no capítulo "Convivas de boa memória":

E antes seja olvido que confusão; explico-me. Nada se emenda bem nos livros confusos, mas tudo se pode meter nos livros omissos. Eu, quando leio algum desta outra casta, não me aflijo nunca. O que faço, em chegando ao fim, é cerrar os olhos e evocar todas as cousas que não achei nele. Quantas ideias finas me acodem então! Que de reflexões profundas! Os rios, as montanhas, as igrejas que não vi nas folhas lidas, todos me aparecem agora com as suas águas, as suas árvores, os seus altares, e os generais sacam das espadas que tinham ficado na bainha, e os clarins soltam as notas que dormiam no metal, e tudo marcha com uma alma imprevista.

É que tudo se acha fora de um livro falho, leitor amigo. Assim preencho as lacunas alheias; assim podes também preencher as minhas.[6]

6. ASSIS, Machado de. *Dom Casmurro* (Edições críticas de obras de Machado de Assis). Rio de Janeiro: Civilização Brasileira; Brasília: INL, 1977, pp. 152-3.

artigos

DE LITERATURA — PARA COMEMORAR MACHADO DE ASSIS
Oswald de Andrade

o.a.

José **OSWALD DE** Sousa **ANDRADE** (São Paulo, São Paulo, 1890 — São Paulo, São Paulo, 1954): Poeta, romancista, ensaísta, dramaturgo e jornalista. Foi um dos promotores da Semana de Arte Moderna de 1922. Em 1924, lançou o "Manifesto da Poesia Pau-Brasil" e *Memórias sentimentais de João Miramar*. Em 1928, em diálogo com a obra de Tarsila do Amaral, cria a *Revista de Antropofagia*. Nos anos 1930, torna-se membro do Partido Comunista Brasileiro (PCB) e escreve peças de teatro, como *O Rei da Vela* (1937). Obras principais: Romances: *Os condenados* (1922); *Memórias sentimentais de João Miramar* (1924); *A estrela de absinto* (1927); *Serafim Ponte Grande* (1933). Poesia: *Pau-Brasil* (1925); *Primeiro caderno do aluno de poesia Oswald de Andrade* (1927); *Poesias reunidas* (1945). Teatro: *O homem e o cavalo* (1934); *A morta*; *O Rei da Vela* (1937); *Telefonema*, crônicas publicadas no *Correio da Manhã*, 1944-54 (organização de Vera Maria Chalmers, 1996). Memórias: *Um homem sem profissão: Sob as ordens de mamãe* (1954).

Meio-Dia, 10 maio 1939

Sejam quais forem as divisões que separam os escritores destas duas últimas décadas, por mais que a técnica, as diretrizes, o estilo e os métodos ponham, entre um e outro, problemas de criação e problemas de expressão, e com isso os tabiques das capelinhas e a maledicência das panelas—não se pode negar que eles constituem um bloco na história do pensamento brasileiro. Esse bloco pode ter as orientações mais aparentemente antagônicas, pode manifestar as mais distantes opiniões e tomar os mais diversos encargos na rota atribulada dos dias presentes. Um elo o anima, um caráter o galvaniza, uma direção o incita. Foi o grupo que redescobriu o Brasil.

Que era o Brasil na literatura anterior à Semana de 22, marco sempre apreciável? Excluído o romantismo nativista de Euclides e o ceticismo de Machado, que ambos prenunciavam o advento do povo às nobres tarefas da literatura, pois aquele exaltava as baixas camadas e este satirizava as camadas dominantes—excluídos esses dois semáforos da linha que deu a revolução literária atual—o Brasil da guerra como o da anteguerra era um simples mercado colonial para imperialismos letrados da estranja próxima ou longínqua. E antes disso? O nativismo errado impondo o falso índio de Chateaubriand como padrão iconográfico da nacionalidade. O parlamentarismo inglês e a monarquia filosófica para disfarce da miscigenação e da escravatura. E a língua nirvânica de Rui e as façanhas condoreiras da poesia.

O modernismo reagiu na direção de uma realidade mais modesta. O Brasil era um pobre e belo país explorado, cuja vida econômica e social se processava através do latifúndio do perrepismo e da loteria e que tinha hipotecado ao estrangeiro até a própria paisagem. Essa paisagem nós a valorizamos em prosa e verso e valorizamos o homem que nela morria de verminose e de fome. Os acontecimentos vieram dar inteira razão à nossa crítica e à nossa vontade de despertar. De despertar para uma independência real — a do nosso povo. Pois de modo nenhum fomos nós que piscamos com o olho borrado de remela nacionalista, ao estrangeiro agressor que ainda espera um momento azado da tumultuosa história contemporânea, para realizar, com o bombardeio de seus aviões, a conquista de nossas matérias-primas e do cobiçado solo que as contém.

Excluídas certas paranoias arcangélicas que felizmente estão sendo liquidadas em lenta câmara mortuária e acabam em *Vidas de Cristo*, o que sempre é um pretexto autobiográfico para falar de Judas — os nossos homens de letras mantiveram um ativo apostolado a favor da terra e do homem do Brasil. Tomemos um exemplo concreto, o do Sr. José Lins do Rego, cujo volume testemunhal de obra vai assumindo um papel de força histórica. Os seus depoimentos, por carrearem em si a vida popular de uma região, suas misérias e angústias, no meio do destroçamento de uma economia de ciclo, tomam já um sentido nacional.

No entanto, quem nos representa nos *lambeths* internacionais, nas embaixadas e nas missões são ainda as Rosalinas contemporâneas de João do Rio e mais Italias Fausto da diplomacia de emergência. São ainda trôpegos animais arrancados do jardim zoológico da República Velha, com seus jacarés domésticos e suas tiradas onde ecoam as parolagens lustrosas e inúteis do Palácio Tiradentes. Quem enguiça a nossa cooperação intelectual no estrangeiro é a candura do cônsul Osório Dutra, que tem por credenciais literárias saber sentar a uma mesa e dizer *Oui, monsieur*, aos Duhameis de passagem no país. Verdade é que seria muito pior se ele falasse!

O chanceler Oswaldo Aranha, no afã de uma verídica cooperação interamericana, podia ter-se feito acompanhar na sua viagem, de uma elite intelectual que muito faria em ligação com as elites americanas. O próprio sr. Gilberto Freyre devia ser lembrado numa ocasião dessas. Tomado a sério, chamado a cooperar no início de uma obra irmanadora que não dispensa a sociologia, estou convencido de que ele não ficaria em Recife se desfazendo como um suspiro, entre as bênçãos centenárias de santos e de primas, a escrever aquele receituário de doces ricos, que são verdadeiros crimes contra a economia popular. Acusam o sr. Gilberto Freyre de ser um sociólogo em série, rapidamente fabricado pelas universidades americanas como uma peça da General Motors, uma *salchicha* de Chicago ou uma lasca pegajosa de *chiclet*. Que importa? Isso indica que podíamos ter não um, mas dezenas como ele, o que mal nenhum faria à nossa cultura de gatinhas. Um professor americano teria dito: — Mandai-nos rapazes e nós vos devolveremos Gilbertos Freyres! O Itamaraty, em combinação com os institutos educacionais do país, podia perfeitamente se interessar por esse proveitoso comércio.

Está aí, tanto no Rio como nos outros centros de população, uma mocidade de vinte anos, séria e interessada, lida e apaixonada pelo Brasil, a qual não vê caminhos abertos a não ser os da transigência e da miséria e que, no entanto, podia constituir, auxiliada pelos poderes públicos, um grupo culturizador da melhor eficiência nacional.

Ao contrário disso, persiste um clima de intimidação e de terror. Só falta o horizonte tenebroso e heroico dos campos de concentração, para desiludir os que querem dar tudo ao Brasil, pela força de seu cérebro, pela riqueza de sua experiência, pela sensibilidade de seus nervos.

Aí está o caso típico de desorientação, de desacerto e de paraplegia criadora que atingiu na medula um dos maiores artistas nacionais, glória da recuperação brasileira para a pintura. Quero falar de Candido Portinari. Esse camponês bisonho e inculto de Brodowski mais que ninguém sentiu o drama da terra explorada na mão dos escravocratas do café. Pode-se afirmar que sua obra, na agitação social que veio de 30 para cá, até os estouros revolucionários, foi o ascensional espelho das reivindicações que animavam a massa donde ele mesmo brotara. Essa subida culminou naquele esplêndido *Café*, premiado num concurso internacional da América. As figuras populares de Portinari quebravam as estreitas molduras no quadro de cavalete, exigiam muros para dizer alto a sua angustiada força. Deram muros a Portinari. Ele se tornou mesmo o monopolizador dos afrescos oficiais. Mas a onda de reação levara, nas suas correntes subterrâneas, o comovido camponês de Brodowski com a sinceridade da sua palheta dos inícios pobres. O velho produto da Escola de Belas-Artes substituiu-se ao lírico do *Football* e ao plástico dos negros e dos cafezais. Pôs-se a virtuosar pés, mãos, cabeças copiadas de Rivera ou de documentos coloniais. Publicados os cartões donde sairiam os afrescos decorativos do Ministério da Educação, viu-se que eram simplesmente vergonhosos. Só podiam fazer abrir, de puro êxtase, a beiçorra crítica do Professor Mário de Andrade que não percebeu, açulado contra a minha honesta campanha, os recursos passadistas e primários de que se utilizava agora o pintor. O que ele achava digno de Phidias, o próprio Portinari, perseguido pela sua má consciência, destruiu implacavelmente. Inquieto, o artista tornou-se um derruba-paredes. Nada mais o satisfazia, pois perdera o seu clima, que era a sinceridade. Acabou nas imitações desesperadas dos modernistas. Dos nacionais, recorreu a Segall e a Tarsila da fase Pau-Brasil. E copiou Chagall e copiou Braque!

    Esse desastre pode ser remediado na literatura. Até agora nenhum dos verdadeiros escritores brasileiros desistiu de sua rota esclarecedora. Ao modernismo que achara as raízes geográficas e étnicas do Pau-Brasil, do Verde-Amarelismo e da Antropofagia, liquidando a poesia importada e o romance estrangeiro, seguiu-se o lastro de vida popular trazido pelos escritores do Norte, de Minas e do Sul. Onde haverá mais sadio nacionalismo que nas obras destas duas últimas décadas, onde maior pregação emocional a favor dos direitos do brasileiro que trabalha e que sofre, de carinho pelas suas inquietações morais e sociais e pela sua miséria física?

Torna-se urgente, pois, dicionarizar a favor dos intelectuais essa mágica senha que é hoje a palavra nacionalismo. Historicamente, a literatura abaterá sempre os seus detratores, pois que mais que tudo é ela que exprime a nacionalidade. Toda ação contra ela será inútil quando não contraproducente.

Para comemorar Machado de Assis, mais que instituir um prêmio Nobel nacional, compete aos poderes públicos amparar o intelectual e abrir-lhe os caminhos da justa e digna remuneração. Não se deve esquecer que a obra de Machado, que hoje tão bem coloca o Brasil, é o fruto de uma vida tranquila, amparada pelo Estado. No fundo, há Carolina e um emprego público. E como informava Cervantes ao conde de Lemos, ainda hoje os intelectuais andam *"mucho sin dineros"*.

Se são mais que sinceros os sentimentos nacionalistas do Estado de Novembro, não podem os seus representantes esquecer que os problemas que hoje o ocupam foram levantados pela literatura e por ela colocados nas suas mais justas fronteiras. Os escritores são a palavra da sociedade. Eles aqui têm sido a "ressonância da voz dos oprimidos e a vibração poderosa do descontentamento da época", para citar o sr. Getúlio Vargas, no livro do sr. André Carrazzoni [*Getúlio Vargas*. Rio de Janeiro: José Olympio, 1939].

Fonte desta edição:
ANDRADE, Oswald de. "De literatura — para comemorar
    Machado de Assis". *Meio-Dia*, Rio de Janeiro, 10 maio 1939.

Outros textos do autor a respeito de Machado de Assis:
ANDRADE, Oswald de. "O esforço intelectual do Brasil contemporâneo".
    Conferência feita na Sorbonne em 1923. In: *Estética e política*.
    Org. Maria Eugenia Boaventura. São Paulo: Globo, 1991,
    pp. 29-38, p. 31.
ANDRADE, Oswald de. "Banho de sol — os tempos e os costumes".
    Meio-Dia, Rio de Janeiro, 10 jun. 1939.

ANDRADE, Oswald de. Depoimento em: CONDÉ, José. "Os escritores de hoje falam sobre Machado de Assis". *O Jornal*, Rio de Janeiro, 11, 18 e 25 jun. 1939. Cf. a seção "Enquetes e depoimentos" neste volume.

ANDRADE, Oswald de. "No átrio da Revolução" (1943). *Obras completas*, vol. 5, *Ponta de lança: polêmica*. 2a ed. Rio de Janeiro: Civilização Brasileira, 1971, pp. 74-6.

ANDRADE, Oswald de. *Um homem sem profissão: memórias e confissões* [1952-1954]. Rio de Janeiro: José Olympio, 1954; *Um homem sem profissão. Sob as ordens de mamãe. Obras completas*, vol. 9, 2ª ed. Rio de Janeiro: Civilização Brasileira, 1976, pp. 47, 66-7, 76-7.

OS AMIGOS
DE MACHADO DE ASSIS
Graciliano Ramos

g.r.

GRACILIANO RAMOS de Oliveira (Quebrangulo, Alagoas, 1892 — Rio de Janeiro, Rio de Janeiro, 1953): Romancista, contista, cronista e memorialista. Prefeito de Palmeira dos Índios entre 1928 e 1930, seus relatórios ao governador de Alagoas o tornaram conhecido. No Rio, colabora na imprensa, em *O Jornal*, *Diário de Notícias*, *O Cruzeiro*, na revista *Cultura Política* etc., com crônicas, artigos e contos, muitos dos quais se tornariam capítulos de livros. Principais obras: *Caetés* (1933); *S. Bernardo* (1934); *Angústia* (1936); *Vidas secas* (1938); *Infância* (1945); *Insônia* (1947). Publicações póstumas: *Memórias do cárcere* (1953); *Viagem* (1954); *Alexandre e outros heróis*; *Viventes das Alagoas*; *Linhas tortas* (1962); *Cartas* (1980, com organização de James Amado); *Garranchos* (2012, com organização de Thiago Mio Salla); *Cangaços*; *Conversas* (2014, com organização de Thiago Mio Salla e Ieda Lebensztayn).

Revista do Brasil, jun. 1939

Os amigos de Machado de Assis nunca foram muito numerosos, pelo menos enquanto ele viveu. Dos mais antigos, dos moleques vendedores de doces em tabuleiros nada se sabe — e se algum, depois de crescido, abandonou o morro e procurou o companheiro de infância, encontrou numa repartição pública um ser metódico, pouco inclinado a expansões. Caso a anedota relativa ao diálogo curto de um conhecido velho com o funcionário graduado seja verdadeira, podemos supor que este, no momento da conversa, havia desfeito os cordéis que o prendiam ao tempo de obscuridade e pobreza.

No serviço, Machado de Assis reduzido a seu Machado, provavelmente não viu homens: viu peças da máquina burocrática, formas animadas do protocolo, do livro de ponto, da informação, do parecer baseado em artigos e parágrafos. Cumpriu rigorosamente os seus deveres, os deveres que figuravam no regulamento — e, fechada a carteira, livre das maçadas necessárias, escreveu *Dom Casmurro*, *Brás Cubas*, *Quincas Borba*, *Várias histórias*, para um diminuto número de indivíduos, os construtores da Academia e alguns outros, entre os quais ressaltam os seus ouvintes da livraria do Ouvidor, onde o grande homem falava pouco e se encolhia, por ser gago e por não querer, prudente e modesto, apresentar-se em tamanho natural. Encurtando-se, poupando suscetibilidades, tentou igualar-se a outros, que lhe perdoaram a inteligência.

Trinta anos depois de morto, Machado de Assis cresceu imensamente e ganhou amigos em quantidade, os que lhe estudam a obra excelente, os que o tomam por modelo, os que se limitam a colecionar volumes. A sua glória póstuma está para a glória que teve em vida como a edição abundante, cara e em prestações está para as tiragens miúdas e pingadas que Garnier nos dava.

Nas homenagens que hoje tributam a Machado de Assis há com certeza, junto à admiração dos que o leram cuidadosamente, muito de respeito supersticioso, respeito devido às coisas ignoradas. Visto a distância, desumanizado, o velho mestre se torna um símbolo, uma espécie de mito nacional. Com estátuas e placas nas ruas, citado a torto e a direito, passará definitivamente à categoria dos santos e dos heróis. Os seus amigos modernos formarão dentro em pouco, não apenas grupos, desses que surgem para desenterrar alguma figura histórica, espanar-lhe o arquivo, mexer em papéis inéditos, mas uma considerável multidão, multidão desatenta e apressada que ataca ou elogia de acordo com as opiniões variáveis dos jornais. Iaiá Garcia e Capitu fundir-se-ão, é possível até que deixem de existir. Para que Machado de Assis seja realmente digno de bronze e mármore é preciso talvez que Iaiá Garcia e Capitu desapareçam, que nos privemos da tarefa de examinar as duas mulheres, concluir que uma delas é magnífica e outra não. Essas comparações não convêm à massa, que encolhe os ombros, boceja ou aplaude, mas livra-se do trabalho de inquirir por que aplaude, boceja ou encolhe os ombros.

Machado de Assis não será nunca um artista popular. No interior do país, nas mais afastadas povoações, senhoras idosas tremem, umedecem os óculos gaguejando as histórias do *Moço louro* e da *Escrava Isaura*, emprestam às netas brochuras do romantismo, conservadas miraculosamente. Alencar circula, e deve-se a ele haver por ali tanta Iracema, tanto Moacir. Não é razoável, porém, esperarmos que o leitor comum, que se agita com excessos literários de meado do século XIX, entenda e sinta Machado de Assis, homem frio, medido, explorador de consciências. Em geral não gostamos de que nos explorem a consciência — e, ainda quando sabemos que a exploração é benfeita, necessitamos algum esforço para nos habituarmos a ela. O prazer que "A causa secreta" e "Trio em lá menor" despertam no sr. Augusto Meyer, na sra. Lúcia Miguel Pereira e no sr. Peregrino Júnior é diferente do entusiasmo que uma novela de aventuras produz no espírito simples de uma criatura normal.

Sem querer, dei a entender que o sr. Peregrino Júnior, a sra. Lúcia Miguel Pereira e o sr. Augusto Meyer são anormais, disparate que não me arrisco a sustentar. Talvez por haver falado em "Trio em lá menor", ocorreram-me esses três nomes de representantes ilustres dos atuais amigos de Machado de Assis. Evidentemente há outros, somos todos mais ou menos amigos dele. Não conseguiremos, porém, formar o número necessário à consagração que os poderes públicos fazem ao grande homem. Para as homenagens terem repercussão em todos os espíritos é indispensável despertar-se o interesse do mundo que, desconhecendo Machado de Assis, facilmente o louva, não por ele ter escrito bons romances e ótimos contos, mas porque em certas rodas se tornou uma relíquia.

Esses amigos abundantes são os mais sinceros: não vacilam nem discutem. Cometam a imprudência de aludir, perto de um deles, à raça ou à doença de Machado de Assis e o crente se indignará, como se ouvisse heresias. O escritor excelente infunde, pois, mais que admiração: começa a inspirar veneração, é quase objeto de culto. Isso não poderia acontecer a um Macedo, a um Bernardo Guimarães, ao novelista com quem o leitor ordinário se familiariza depressa. O velho mestre do conto brasileiro não admite intimidades: é correto demais, vê longe e tem um sorriso franzido. Não buscou a popularidade — e o público está disposto a transformá-lo em ídolo.

Assim, dificilmente aceitaremos as razões que o sr. Secretário da Educação do Rio Grande do Sul expôs quando se recusou a dar o nome de Machado de Assis a uma escola. Esse batismo não teria para os habitantes medianos de Porto Alegre a significação que o sr. Secretário, pessoa culta, achou nele. Em casos semelhantes, Machado de Assis deixa de ser um estilista notável e um analista sutil: muda-se em abstração, é sinônimo de gênio. Os seus retratos, os seus livros, reimpressos com estardalhaço, placas etc., são representações materiais que o povo necessita para fixar bem a ideia de grandeza. Exatamente como necessita imagens para segurar as noções de justiça, bondade, santidade e outras coisas caídas em desuso.

Fonte desta edição:
RAMOS, Graciliano. "Os amigos de Machado de Assis". *Revista do Brasil*, Rio de Janeiro, ano II, 3ª fase, n.12, jun. 1939, pp. 86-8. Transcrições: *Diário de Pernambuco*, Recife, 2ª Seção, 18 jun. 1939, pp.1-2; RAMOS, Graciliano. *Linhas tortas*. Rio de Janeiro: Record, 2005.

Outros textos do autor a respeito de Machado de Assis:
RAMOS, Graciliano. "De Graciliano Ramos", *Dom Casmurro*, Rio de Janeiro, 23 dez. 1937. In: RAMOS, Graciliano. *Conversas*. Org. Thiago Mio Salla e Ieda Lebensztayn. Rio de Janeiro: Record, 2014, pp. 281-4.
RAMOS, Graciliano. "Uma eleição". *Diário de Notícias*, Rio de Janeiro, 21 ago. 1938. In: *Linhas tortas*, cit.
RAMOS, Graciliano. "O negro no Brasil" [final dos anos 1930]. In: RAMOS, Graciliano. *Garranchos*. Org. Thiago Mio Salla. Rio de Janeiro: Record, 2012; Arquivo Graciliano Ramos; Crônicas, Ensaios e Fragmentos; Manuscritos, not. 10.10. Título atribuído pelo organizador [Menção a Machado].
RAMOS, Graciliano. "Quais os dez melhores romances brasileiros — resposta de Graciliano Ramos [*Dom Casmurro*]". *Revista Acadêmica*, Rio de Janeiro, n. 50, jul. 1940.
RAMOS, Graciliano. Carta a Haroldo Bruno. Rio de Janeiro, 10 set. 1946. Cf. a seção "Carta" neste volume.
RAMOS, Graciliano. "Autorretrato de Graciliano Ramos aos 56 anos". *A Manhã*, "Letras e Artes", Rio de Janeiro, 10 ago. 1948, p. 8. In: RAMOS, Graciliano. *Conversas*, cit., p. 324. Inclui Machado entre os "romancistas brasileiros que mais lhe agradam".
RAMOS, Graciliano. Conversa com CARPEAUX, Otto Maria. "Obras-primas desconhecidas do conto brasileiro", *A Manhã*, "Letras e Artes", Rio de Janeiro, 10 abr. 1949. *Folha da Manhã*, Quarto Caderno, São Paulo, 15 maio 1949, pp.14-5. In: RAMOS, Graciliano. *Conversas*, cit., pp. 207-13.

RAMOS, Graciliano. "Prefácio para uma antologia" (31 dez. 1951). In: Ramos, Graciliano (org.). *Contos e novelas*, 3 vols. Rio de Janeiro: Casa do Estudante do Brasil, 1957; *Seleção de contos brasileiros*. Rio de Janeiro: Ediouro, 1966, 3 vols. ["A causa secreta" foi o conto escolhido para a antologia: vol. 2, Leste].

RAMOS, Graciliano. "Machado de Assis". In: *Linhas tortas*, cit., pp. 152-4.

RAMOS, Graciliano. FRAGMENTO de manuscrito. Instituto de Estudos Brasileiros; Arquivo Graciliano Ramos; Crônicas, Ensaios e Fragmentos; Série Manuscritos; caixa 025; not. 10.14. In: *Conversas*, cit., p. 284.

SOBRE O PESSIMISMO DE MACHADO DE ASSIS
Vianna Moog

v.m.

Clodomir VIANNA MOOG (São Leopoldo, Rio Grande do Sul, 1906 — Rio de Janeiro, Rio de Janeiro, 1988): Advogado, jornalista romancista e ensaísta. Com o romance *Um rio imita o Reno*, recebeu em 1939 o Prêmio Graça Aranha. Em 1942, a convit da Casa do Estudante do Brasil, fez no Itamaraty em 1942 a conferência *Uma interpretação da literatura brasileira* traduzida para vários idiomas. Em 1950 e novamente em 1961, foi nomeado representante do Brasil junto à Comissão Social das Nações Unidas. Em 1952, foi eleito pelo Conselho Internacional Cultura para representar o Brasil na Comissão de Ação Cultural da OEA, com sede no México. Terceiro ocupante da Cadeira número 4 da Academia Brasileira de Letra eleito em 1945. Obras: Ensaios: *Heróis da decadência* (1939); *O ciclo do ouro negro* (1936); *Eça de Queirós e o século XIX* (1938); *Uma interpretação da literatura brasileira* (1942). Ficção: *Um rio imita o Reno*, romance (1938); *Uma jangada para Ulisses*, novela (1959).

Dom Casmurro, 27 maio 1939

A obra de Machado de Assis, a partir das *Memórias póstumas de Brás Cubas*, não se caracteriza somente pelo seu alarmante sentido de destruição e negativismo. Distingue-a, mais alarmante ainda, uma tonalidade invariável de tristeza e melancolia. Por detrás de sua aparente impassibilidade, sente-se que palpita uma alma em crescente exacerbação de pessimismo. Pertinaz, contínua, a tristeza que satura as páginas da última fase está a denunciar que alguma transformação violenta se operou no espírito do escritor. A gravidade do caso é indisfarçável. O tormento das dilacerações interiores, a imaginação que já se não pode defender contra as visões macabras que a tentaculizam, a vigília entrecortada de pesadelos, a angústia sem *intermezzos* de alegria a agitar-lhe os mais íntimos recessos da sensibilidade, davam nome ao mal de Machado de Assis. Era a epilepsia. Diagnóstico cruel mas irrecusável. Além de que, a eclosão da neurose e as suas crises intermitentes haviam sido inequivocamente testemunhadas em várias oportunidades.

O ceticismo por si só, apesar de ser o estado de espírito propício ao surto de melancolia, não é suficiente para explicar esses pendores doentios de aniquilamento na obra de Machado de Assis. O contato assíduo com os volumes de Stendhal, de Flaubert ou de Schopenhauer, a leitura habitual de Swift, de Sterne e de De Maistre não bastam também para justificar a mudança. Só a neurose explica a intempestiva transfiguração. E mesmo que se não pretenda fazer da crítica um capítulo de patologia, força é procurar na conexão entre a epilepsia e a tristeza a interpretação total da personalidade do romancista. "Não é impiedade denunciar-lhe a epilepsia", diz com autoridade o sr. Afrânio Peixoto, porque no seu entender foi esse o mal determinante na transformação do seu gênio. Sem aceitá-lo, o sombrio humorista do *Dom Casmurro* tornar-se-ia misterioso, absurdo, incompreensível, como incompreensível afigurou-se a Lemaître a tristeza de Maupassant, antes de penetrar-lhe a causa oculta, que não foi outra senão o morbo terrível, que é a morte propinada em conta-gotas.

Ferido no seu orgulho pelo mal que o aflige, Machado de Assis vinga-se derramando sobre a humanidade a bílis do seu humor, aquela mesma *splendida bilis* de que era feito o humor do atormentado Swift. O homem que proclamava, ao termo da primeira fase, que "alguma coisa se salva ao naufrágio das ilusões" transforma-se em justiçador dos homens e da vida. Na vida só vê a inanidade e a imperfeição imanentes. Nos homens só vê as imperfeições. Seus olhos não descansam enquanto não surpreendem em flagrante a deformação de todas as coisas.

Fonte desta edição:
MOOG, Vianna. "Sobre Machado de Assis". *Dom Casmurro*, Rio de Janeiro, 27 maio 1939, p. 5; "Sobre o pessimismo de Machado de Assis". *A Manhã*, "Autores e Livros", 28 set. 1941, p. 111.

Outros textos do autor a respeito de Machado de Assis:
MOOG, Vianna. "Machado de Assis (vida, estilo e ceticismo)". *Diário Popular*, Pelotas, 20 jun. 1939.
MOOG, Vianna. *Heróis da decadência. Reflexões sobre o humour.* Rio de Janeiro: Editora Guanabara, 1934, pp. 167-229. Transcrição: MOOG, Vianna. *Heróis da decadência. Petrônio, Cervantes, Machado de Assis*. Porto Alegre, Edição da Livraria do Globo, 1939, pp. 159-221; 2ª ed. Rio de Janeiro: Civilização Brasileira, 1964. Coleção Vera Cruz. Literatura Brasileira, v. 73.
MOOG, Vianna. Depoimento em: "Machado de Assis, visto por intelectuais rio-grandenses". *Correio do Povo*, Porto Alegre, 20 e 21 jun. 1939. Depoimentos de: Erico Verissimo, Vianna Moog, Reynaldo Moura, Athos Damasceno e Manoelito de Ornellas.
MOOG, Vianna. *Uma interpretação da literatura brasileira*. Conferência lida no Salão de Conferências da Biblioteca do Ministério das Relações Exteriores do Brasil, no dia 29 de outubro de 1942. Rio de Janeiro, CEB, 1943, pp. 65-6 e 74.

DEPOIMENTO
Marques Rebelo

m.r.

MARQUES REBELO, pseudônimo de Eddy Dias da Cruz (Rio de Janeiro, Rio de Janeiro, 1907 — Rio de Janeiro, Rio de Janeiro, 1973): Jornalista, contista, cronista, novelista e romancista. Em 1920, ingressou na Faculdade de Medicina, mas logo a abandonou e se dedicou ao comércio e ao jornalismo profissional. Publicou poemas nas revistas modernistas *Verde*, *Antropofagia*, *Leite Crioulo*. Escreveu seus primeiros contos em 1927 e em 1939 teve êxito com o romance *A estrela sobe*. Segundo ocupante da Cadeira número 9 da Academia Brasileira de Letras, foi eleito em 1964. Principais obras: *Oscarina* (1931); *Três caminhos* (1933); *Marafa* (1935); *A estrela sobe (*1939); *Stela me abriu a porta* (1942); *Vida e obra de Manuel António de Almeida* (1943); *Cenas da vida brasileira* (1943); *Bibliografia de Manuel Antônio de Almeida* (1951); *Cortina de ferro*, crônicas (1956); *Correio europeu*, crônicas (1959); *O trapicheiro* (1959), *A mudança* (1962); *A Guerra está em nós* (1968).

Dom Casmurro, 20 maio 1939

Meu primeiro contato com Machado de Assis data do grave período das calças curtas, quando eu fui passar umas férias com uma tia, que estava casada de novo. Leitora inveterada, chegava a romper madrugadas com livros na mão, livros que depois contava-me os enredos com a maior minúcia possível. Se eu gostava, lia o livro. Foi assim que travei conhecimento com Machado de Assis. Ela havia lido *Helena* numa noite e no outro dia estava com a sensibilidade em polvorosa — é o melhor livro dele, dizia, e contou-me todo o entrecho na hora do almoço. Mas a verdade é que achei decepcionante. E não pensei mais no autor. Dois ou três anos mais tarde passava eu para o curso adiantado de Português. Para leitura tínhamos uma antologia feita por Olavo Bilac, de colaboração com Manoel Bomfim. Se houve livro que eu amasse foi este. As amostras que trazia davam logo para gostar ou detestar. Foi nele que eu li "O plebiscito", de Artur Azevedo, incorporando imediatamente o autor à minha eterna simpatia. Foi nele que eu li um trecho de Dickens, "O jantar de Toby", verdadeira revelação que me levou até Copperfield, pois o trecho me impressionou tanto que eu quis logo conhecer o romancista por inteiro. Havia alguns trechos de Machado: aquele admirável pedaço do fanático por brigas de galos, o do pesadelo em que o diabo tira libras de um saco, o episódio da ponta do nariz e principalmente o famoso jantar da família Brás Cubas. O que eu não pude acreditar logo foi que houvesse relação entre o autor dessas maravilhas e o autor de *Helena*, de tão chocha memória. Mas comecei pelas *Memórias póstumas*. Daí para *Quincas Borba*, depois para *Dom Casmurro*. E em cada página minha comoção era tão forte que se torna impossível descrever, nem acho mesmo matéria descritível. Quando cheguei aos contos eu já era machadinho e, se Eça de Queirós constituiu pouco depois uma outra revelação para a minha sensibilidade, foi Machado que deixou mais forte borra dentro da minha personalidade literária. Houve mesmo ocasiões em que eu me sentia abafado pela presença do mulato no bico da minha pena, e que coragem precisava ter para afugentar um pouco o fantasma camarada de modo que ele não tomasse conta totalmente de mim e me reduzisse a um mero Léo Vaz qualquer. Eram conflitos sobre conflitos, lutas sobre lutas, agravadas por eu ser tão carioca quanto ele, amando e conhecendo tanto a minha terra como ele, achando nas coisas miúdas, nos objetos mais insignificantes a mesma graça que ele. Foi um sofrimento tremendo. Mas afinal penso que venci a partida. Sua presença é forte nas primeiras coisas que escrevo, mas forte apenas pelo caminho que me apresentou e que eu procurei seguir. Quanto à servilidade do pastiche tive forças para me libertar.

Fonte desta edição:
REBELO, Marques. "Depoimento". *Dom Casmurro*, Rio de Janeiro, 20 maio 1939.

Outros textos do autor a respeito de Machado de Assis:
REBELO, Marques. "Depoimento". *Dom Casmurro*, Rio de Janeiro, 8 jul. 1939.
REBELO, Marques. *Vida e obra de Manuel Antônio de Almeida*. Rio de Janeiro: Instituto Nacional do Livro, 1943, p. 93.
REBELO, Marques. "O conto na literatura brasileira". *A Manhã*, "Letras e Artes", Rio de Janeiro, 23 jun. 1946, n. 6.
REBELO, Marques. "Para os machadianos". *Última Hora*, Rio de Janeiro, 27 abr. 1956, p. 1 [Reprodução de um artigo de *Fon-Fon*, 10 out. 1908].
REBELO, Marques. "Ainda para os machadianos". *Última Hora*, Rio de Janeiro, 30 abr. 1956 p. 1.
REBELO, Marques. "Mausoléu acadêmico". *Última Hora*, "Conversa do Dia", Rio de Janeiro, 29 out. 1958.
REBELO, Marques. "Machado". *Última Hora*, "Conversa do dia", Rio de Janeiro, 3 nov. 1958, p. 1
REBELO, Marques. "*Helena* na televisão". *Última Hora*, Rio de Janeiro, 2 fev. 1959.
REBELO, Marques. Discurso de posse na Academia Brasileira de Letras, 28 maio 1965.
REBELO, Marques. *A mudança*, 2º tomo de *O espelho partido*. São Paulo: Martins, 1962; 2ª ed. Rio de Janeiro: Nova Fronteira, 1984, pp. 104-6.

O MILAGRE
DE MACHADO DE ASSIS
Benjamim Costallat

b.c.

BENJAMIM Delgado de Carvalho **COSTALLAT** (Rio de Janeiro, Rio de Janeiro, 1897 — Rio de Janeiro, Rio de Janeiro, 1961): Jornalista, romancista, cronista e crítico musical, bacharel em Direito. Em 1918, passou a escrever no jornal *O Imparcial* a coluna "Crônica Musical", sobre espetáculos musicais apresentados no Theatro Municipal. Reuniu no ano seguinte essas críticas em *Da Letra F n.2*, título que se refere à cadeira do autor no teatro. Colaborador da *Gazeta de Notícias* e do *Jornal do Brasil*, escreveu crônicas sobre o submundo do Rio de Janeiro. Seu romance *Mademoiselle Cinema* (1923) foi censurado como pornográfico e recolhido das livrarias. Em 1928, fundou a editora Costallat & Miccolis, dedicada a livros de grande apelo popular. Principais obras: *A luz vermelha* (1919); *Modernos* (1920); *Mutt, Jeff & Cia* (1921); *Depois da meia-noite* (1922); *Modernos* (1922); *Mademoiselle Cinema* (1923); *Mistérios do Rio* (1924); *Histórias de bonecos* (1924); *O.K. crônicas* (1934); *A virgem da macumba* (1934).

Jornal do Brasil, 10 jun. 1939

O movimento de interesse e de curiosidade que está se formando em torno da vida e da obra de Machado de Assis, para a comemoração do centenário de seu falecimento, é um espetáculo confortador para os que prezam as manifestações de cultura do Brasil.

É um índice de civilização o apreço pela inteligência.

E um país, que sabe honrar as suas glórias literárias com o fervor e as minúcias com que está sendo estudada a personalidade do nosso maior estilista, merece não só essas glórias como está preparando terreno para novas eclosões nos domínios do espírito.

O milagre Machado de Assis, como pode ser considerado o seu caso literário, raro e empolgante, inexplicável mesmo, pelo contraste de sua origem com o requinte civilizado de seu espírito e pela universalidade de sua filosofia e de seu engenho descidos, para a imortalidade da nossa literatura, da mesma cabeça que, na infância, sustentava o tabuleiro de balas de um pequeno moleque do morro do Livramento — esse milagre do autodidatismo e da força de expansão de uma inteligência, predestinada a romper os espaços e a atingir os cimos das maiores altitudes, poderá ser repetido melhor dentro do clima propício aos fenômenos do espírito e à veneração pela inteligência.

Não podemos esperar que, dos nossos morros, como o samba, desçam, constantemente, gênios literários como Machado de Assis...

Precisamos criar uma atmosfera própria para a germinação dessas flores delicadas de estufa que são os espíritos supremos.

E essa atmosfera é criada justamente pelo culto ao talento e o respeito pelas suas manifestações.

Glorificando Machado de Assis, estamos servindo à sua memória, mas estamos também preparando melhores destinos para a inteligência e a cultura do Brasil.

Fonte desta edição:
COSTALLAT, Benjamim. "A nota — O milagre de Machado de Assis". *Jornal do Brasil*, Rio de Janeiro, 10 jun. 1939.

Outros textos do autor a respeito de Machado de Assis:
COSTALLAT, Benjamim. "A glória suprema de Machado de Assis". *Diário da Manhã*, Ribeirão Preto, s/d. Transcrição: *O Imparcial*, 13 jun. 1939.
COSTALLAT, Benjamim. "A química de Machado". *Jornal do Brasil*, Rio de Janeiro, 10 out. 1958.

MACHADO DE ASSIS, NACIONALISTA
Austregésilo de Athayde

a.a.

Belarmino Maria **AUSTREGÉSILO** Augusto **DE ATHAYDE** (Caruaru, Pernambuco, 1898—Rio de Janeiro, Rio de Janeiro, 1993): Professor, jornalista, cronista, ensaísta, tradutor e orador. Em 1918, mudou-se para o Rio de Janeiro, onde iniciou carreira jornalística em *A Tribuna*. Dedicou-se à crítica literária no *Correio da Manhã* e em *A Folha*. Em 1924 assumiu a direção de *O Jornal*. Tendo participado do movimento constitucionalista de 1932 em São Paulo, foi preso e exilado. Em 1948, integrou a III Assembleia da ONU e atuou na comissão que redigiu a Declaração Universal dos Direitos do Homem. Terceiro ocupante da Cadeira número 8, eleito em 1951, presidiu a Academia Brasileira de Letras de 1959 até 1993. Principais obras: Contos: *Histórias amargas* (1921). Ensaios: *Fora da imprensa* (1948); *Mestres do liberalismo* (1951); *D. Pedro II e a cultura do Brasil* (1966); *Epístola aos contemporâneos* (1967); *Filosofia básica dos direitos humanos* (1976). Crônicas: *Vana verba* (1966, 1971, 1979).

Diário da Noite, 19 jun. 1939

Há nas obras de Machado de Assis um traço claro e permanente de nacionalismo. Os seus contos e romances retratam a sociedade brasileira, da Maioridade às vésperas da Republica. No *Esaú e Jacó* há mesmo algumas pinceladas do novo regímen.
Preferia os assuntos que estavam sob os seus olhos, a realidade humana do tempo.

Dentro da moderação do seu temperamento, amava o país e tomava parte, embora contemplativa, nos negócios da sua vida política e social.

* * *

Pertence, como primeira figura, ao grupo de escritores que cortaram as nossas últimas ligações com a antiga metrópole portuguesa. Rompeu com o classicismo, contra o qual José de Alencar já havia desfechado um golpe de morte.

A sua linguagem, rigorosamente correta, acolhe, no entanto, as feições particulares que o idioma nacional assumiu, na transplantação para a América.

O esforço posteriormente feito para ressuscitar as formas obsoletas do seiscentismo caiu no ridículo e no desprezo das novas inteligências.

* * *

Não tendo viajado nunca, os conhecimentos que adquiriu sofreram as influências do meio. As experiências da sua alma refletiam a terra e o homem do Brasil, porque através deles é que assimilava as paisagens e os homens doutros climas. A exuberância do trópico não é uma condição indeclinável do artista brasileiro. Nesse sentido a lição de Machado é bem expressiva, porque sendo, pela educação e pela raça, profundamente vinculado ao meio, não há, no entanto, em sua obra os transbordamentos de cor e luz, a predominância dos aspectos exteriores, que denunciam a natureza equatorial.

Fonte desta edição:
ATHAYDE, Austregésilo de. "Machado de Assis, nacionalista".
Diário da Noite, Rio de Janeiro, 19 jun. 1939, p. 2.

Outros textos do autor a respeito de Machado de Assis:
ATHAYDE, Austregésilo de. "Histórias e sonhos". *A Tribuna*,
Rio de Janeiro, 18 jan. 1921.
ATHAYDE, Austregésilo de. Carta a Lima Barreto. *A Tribuna*,
Rio de Janeiro, 18 jan. 1921.
ATHAYDE, Austregésilo de. "A gratidão dos povos". *Diário da Noite*,
Rio de Janeiro, 17 jan. 1939.
ATHAYDE, Austregésilo de. "O centenário de Machado de Assis".
Jornal de Alagoas, Maceió, 12 jan. 1939; *Estado da Bahia*,
Bahia, 21 jan. 1939.
ATHAYDE, Austregésilo de. "Incapacidade em delírio". *Diário da Noite*,
Rio de Janeiro, 7 mar. 1939; *Diário de Notícias*, Porto Alegre, 10 mar. 1939.
ATHAYDE, Austregésilo de. "O mestre também cochila".
Diário da Noite, Rio de Janeiro, 18 mar. 1939.
ATHAYDE, Austregésilo de. "Machado de Assis, homem representativo".
Diário da Noite, Rio de Janeiro, 14 jun. 1939, p. 2.
ATHAYDE, Austregésilo de. "Os amigos de Machado de Assis".
Diário da Noite, Rio de Janeiro, 15 jun. 1939, pp. 1-2.
ATHAYDE, Austregésilo de. "O trabalho de Machado de Assis".
Diário da Noite, Rio de Janeiro, 16 jun. 1939, pp. 1-2.

ATHAYDE, Austregésilo de. "A glória de Machado de Assis". *Diário da Noite*, Rio de Janeiro, 17 jun. 1939, pp. 1-2.
ATHAYDE, Austregésilo de. "O patriotismo de Machado de Assis". *Diário da Noite*, Rio de Janeiro, 20 jun. 1939, pp. 1-2.
ATHAYDE, Austregésilo de. "Machado de Assis, homem de ação". *Diário da Noite*, Rio de Janeiro, 21 jun. 1939.
ATHAYDE, Austregésilo de. "Machado de Assis, o homem de letras". *Sul América*, Rio de Janeiro, jul.-set. 1939 (*Apud* Catálogo da *Exposição Machado de Assis*, p. 222).
ATHAYDE, Austregésilo de. "Religião e política na obra de Machado de Assis". *Revista Brasileira*, Rio de Janeiro, ano VI, n. 17, jun. e set. 1946, pp. 27-42.
ATHAYDE, Austregésilo de. "Encontro com Capitu". *O Cruzeiro*, ano XXIV, n. 30, p. 5, 10 maio 1952.
ATHAYDE, Austregésilo de. "A humanidade de Machado de Assis". *O Cruzeiro*, Rio de Janeiro, ano XXVII, n. 32, 21 maio 1955, p. 18.
ATHAYDE, Austregésilo de. "Machado de Assis vivia as inquietações de sua época". *O Globo*, Rio de Janeiro, 25 set. 1958.
ATHAYDE, Austregésilo de. "*Vana verba*. Sobre *Dom Casmurro*". *O Cruzeiro*, Rio de Janeiro, 27 jul. 1968.
ATHAYDE, Austregésilo de. "A política na obra de Machado de Assis". In: ASSIS, Machado de. *O velho Senado*. Edição comemorativa do nascimento de Machado de Assis. Brasília: Senado Federal, 1989, pp. 17-23.

PRESENÇA DE CAPITU
Amando Fontes

a.f.

AMANDO FONTES (Santos, São Paulo, 1899 — Rio de Janeiro, Rio de Janeiro, 1967): Romancista, professor, advogado e político. Nascido em Santos, órfão de pai aos cinco meses, logo retornou a Sergipe com a família. Aos quinze anos, começou a trabalhar como revisor do *Diário da Manhã*, de Aracaju. Em 1919 matriculou-se na Escola Nacional de Medicina, no Rio de Janeiro, que abandonou. Trabalhando como advogado no Rio nos anos 1930, retomou a composição de *Os Corumbas*, interrompida durante doze anos. A obra, publicada em 1933, lhe rendeu o Prêmio Felipe d'Oliveira. Foi nomeado professor de Português da Prefeitura do Distrito Federal e eleito deputado federal por Sergipe (em 1934, 1946 e 1950). Publicou os romances *Os Corumbas* (1933) e *Rua do Siriri* (1937); deixou inacabado o romance *O deputado Santos Lima*.

O Globo, 21 jun. 1939

Quem estudar a obra do vulto maior de nossas letras logo perceberá que ele não escrevia os seus romances correntemente, ao calor da inspiração. Preferia compô-los aos bocados, ajustando pacientemente este ou aquele detalhe, acentuando a nota que melhor definisse certo caráter, aperfeiçoando uma passagem que seria essencial à compreensão dos sentimentos recriados. Daí o lhe ter sido possível escrever os livros magníficos que são *Brás Cubas*, *Quincas Borba*, *Memorial de Aires*, para atingir o ponto mais alto com o *Dom Casmurro*, ao nosso ver o melhor romance da língua. Livro sem um senão, bem ideado e bem construído, desses que varam os séculos. É nele que se encontra uma das mais sérias e mais completas realizações da arte: a criação de Capitu. Afrontando uma grande dificuldade, que é interpretar a alma juvenil, Machado no-la apresenta desde menina, já "oblíqua e dissimulada", mas sem possuir ainda aquela perversidade meticulosa e fria da amante de Escobar. Depois, no transcorrer da ação, cada ato, cada palavra, cada gesto dessa figura inesquecível vai nos mostrando pouco a pouco as linhas mestras de seu caráter, até que nos aparece de corpo inteiro na cena magistral em que Bentinho a acusa de adultério.

Não tivesse sido o nosso maior *conteur*, poeta apreciável, crítico seguro e ensaísta vigoroso, Machado de Assis seria credor de todas as homenagens que nesta hora lhe prestamos, se houvesse se limitado a publicar apenas esse romance incomparável.

Fonte desta edição:
FONTES, Amando. "Presença de Capitu". *O Globo*, suplemento, Rio de Janeiro, 21 jun. 1939.

MACHADO DE ASSIS
Aníbal Machado

a.m.

ANÍBAL Monteiro **MACHADO** (Sabará, Minas Gerais, 1894 — Rio de Janeiro, Rio de Janeiro, 1964): Contista, ensaísta e professor. Promotor público, mudou-se para o Rio de Janeiro, onde lecionou literatura no Colégio Pedro II e trabalhou no Ministério da Justiça. Colaborou nos periódicos *Revista de Antropofagia*, *Estética*, *Revista Acadêmica* e *Boletim de Ariel*. Eleito presidente da Associação Brasileira de Escritores, organizou em 1945, com Sérgio Milliet, o 1º Congresso Brasileiro de Escritores. Ajudou a fundar vários grupos teatrais: Os Comediantes, o Teatro Experimental do Negro, o Tablado e o Teatro Popular Brasileiro. Principais obras: *O cinema e sua influência na vida moderna* (1941); *Vida feliz* (1944); *Histórias reunidas* (1955); *Cadernos de João* (1957); *João Ternura* (1965, póstumo). Na década de 1960, seus contos "A morte da porta estandarte", "Tati, a garota", "O iniciado do vento" e "Viagem aos seios de Duília" ganharam, com a sua colaboração, versões no cinema.

Diário de Notícias, 25 jun. 1939

A comemoração do centenário de nascimento de Machado de Assis está determinando uma verdadeira revalidação de sua obra. Seu monumento, que ia ficando na sombra, reaparece mais iluminado e com aspectos novos, apesar de nunca se haver integrado bem na paisagem física e moral do país. Quase todos os escritores brasileiros se manifestaram sobre o maior dos nossos escritores. Já Augusto Meyer lhe havia feito uma profunda sondagem vertical na obra, e quem lhe percorreu com paciente fervor a vida sem acontecimentos foi a escritora Lúcia Miguel Pereira. Peregrino Júnior encarou o homem sob certos aspectos que não podem ser subestimados, por mais chocantes que pareçam. Agora é a *Revista do Brasil* que acaba de lhe consagrar um excelente número.

Já se tem dito que Machado "aconteceu" no Brasil como um fenômeno isolado e quase inexplicável. Tudo indica que continuará assim, sem correspondência íntima com o nosso psiquismo profundo. Na desproporção entre o seu espírito e o do meio em que viveu pode-se descobrir uma das condições do seu drama. Machado fez-se grande quase clandestinamente.

Civilizando-se demais, caminhando muito adiante do nosso caos, no qual não chegou a integrar-se por ausência de instinto poético forte, Machado foi antes de tudo uma consciência viril, fria e implacável. O dom da lucidez ajudou-o a destruir o da simpatia humana. Não podendo conciliar o conflito entre a natureza e o espírito, entre o sonho e a vida, entre o social e o natural — derivou pelo humorismo, mas se vê que, sob essa máscara, ficou o pensamento desprezando, e solitário, como sob a máscara do cidadão (bom funcionário, ótimo marido etc.) morou um egoísta tímido, aborrecido de tudo e sem coragem de protestar.

Distanciado da vida, a regular e cerimoniosa distância dos amigos, afastado das forças e sugestões da terra — Machado perdeu muito desses imponderáveis que enriquecem o subconsciente do artista, mas ganhou em imparcialidade, em análise miúda e sarcástica. A realidade não foi para ele esse mundo ardente e perpetuamente em fusão em que os grandes romancistas ingleses e russos parecem mergulhar e nadar; serviu-se dela como se entrasse num depósito de material a fim de retirar dali unicamente os elementos de que necessitava para justificar uma atitude do espírito e uma concepção da vida; — a sua atitude pessimista, a sua concepção de cético e negador implacável. Encontrava então em si mais forças para permanecer longe e acima de tudo como um desertor assustado, do que embaixo vociferando ou cantando. Da vida só interessava ao escritor aquilo que servisse para instruir a sua concepção previamente desencantada da vida. À terra também nada ficou devendo; voltou-se para o homem em si, na sua solidão ou no seu ridículo de figurante da comédia humana. Essas influências eletivas — mais para o homem moral, menos para o ser vivo e para a terra — naturalmente influenciaram o seu estilo desnudo, gracioso, maravilhosamente límpido. Já tem sido notado que qualquer trauma, alguma deficiência vital ou complexo de inferioridade (o da origem humilde e o da cor, numa sociedade preconceituosa) teriam marcado para sempre o destino de Machado. Tudo isso o tornara vigilante consigo mesmo, orgulhoso e sensitivo. E nessa preocupação de recato, de boas maneiras, nesse amor-próprio protegendo-se contra ferimentos possíveis, perdeu o homem os estados de distração, de abandono e consentimento; perdeu a humildade, a espontaneidade; perdeu o melhor de si mesmo. O seu pessimismo desanimado privou-o de atingir o "lado solar da vida", na expressão do Sr. Tristão da Cunha. A vida é que é má e absurda ou era a Machado que faltavam, além da vontade da luta, os elementos de fundo poético-irracional e as condições objetivas que deveriam fazê-lo reconciliar-se com ela? O autor de *Dom Casmurro* escolheu o lado das coisas que lhe dava razão para apoiar o seu niilismo fundamental. Nenhuma personagem generosa em sua galeria; nenhum episódio heroico. E quando a vida, à revelia do artista, começa a se compor em sua obra com certa frescura e inocência, ei-lo que aparece — o autor — com seu olhar sorridente e mordaz, para avisar que tudo é ilusão passageira. Instinto, alegria, progresso, ambição, amor — tudo vai desembocar no Nada.

Numa humanidade mesquinha, abafada por atmosfera atrozmente burguesa, fora Machado recrutar os exemplares de vida que iam justificar a sua atitude. Foi lá que ele plantou a bandeira da decepção. Como se esse terreno social e humano não pudesse ser transformado, como se não houvesse determinantes históricas que o geraram e outras que o iriam subverter mais tarde. Se toda a natureza ensina ao homem que ele nasceu para a felicidade, como mostra Gide, o que nos cabe fazer é o esforço para denunciar e afastar tudo o que se levanta contra a passagem livre da vida. Machado, sem fé, sem confiança, parece estar a dizer que o mal é inevitável, que a dor e só a dor é própria da condição humana; que não adianta fazer nada; que o que se pode arranjar de melhor, até que a morte chegue, é divertir-se com o espetáculo risível dos outros. Isento de paixões ou tendo-as recalcado e dissolvido pelo espírito, Machado atingiu uma altura serena donde pôde acompanhar os meandros do real, de que preferiu fazer o inventário risonho e cruel a erguer o canto.

O aristocrata vindo da plebe tomou raiva a esta, ou pelo menos não a considerou. Ocultou as suas mazelas individuais, disfarçou-se, tornou-se convencional para mais seguramente meter-se dentro de si mesmo. Foi aí que tomou consciência de uma força que mais tarde viria a fazê-lo conciliar-se com a própria vida. E o pessimista então aperfeiçoou dentro de si o aparelho com o qual começaria a negá-la.

O homem transportava-se todo para o escritor. A arte ia hospedar alguém que vinha cheio de ressentimento. — Foi má a vida para mim, negando-me as suas melhores prendas; vou mostrar que ela é má para todos; não deixarei ninguém locupletar-se com a vida. — E Machado, muito correto, muito pontual, pedindo desculpas aos amigos imediatos, assestou contra a humanidade a sua máquina de sarcasmo e ironia. Máquina ao mesmo tempo admirável, terrível e silenciosa. A humanidade era então a classe burguesa do Segundo Império. Mas não importava: o principal não era fotografá-la em pose demorada; era expor uma concepção geral e niilista da existência, fazer exalar através da ficção literária um tédio que *"n'est en soi que la vie toute nue, quand elle se regarde clairement"* (Valéry).

Ouve-se então a voz do autor, mais a voz do autor do que a da realidade de que ele tira o acompanhamento. Não é, como se está vendo, o canto da vida que essa voz entoa; é, ao contrário, à negação de tudo que ela nos convida, negação formulada com uma graça diabólica por alguém que mediu a sua própria solidão e depois sorri e se delicia, em mostrar a miséria moral do homem nas suas molas mais mesquinhas.

"Existe na raiz de seu pensamento", diz Augusto Meyer, "um ódio à pulsação virginal da vida"; ódio porque sentiu a incapacidade de amá-la, de se deleitar nas suas surpresas.

Essa infidelidade à vida faria de Machado um suicida anônimo ou um desesperado profundo tipo Kierkegaard, se não fosse compensada por um dom que por si só vale a existência: — o poder de exprimi-la, mesmo exprimindo o pior lado dela; de dar forma e expressão literária às ideias e aos sentimentos.

E aqui aparece o escritor que vem amparar o homem. A arte acudia a salvar a vida. Já a glória lhe sorria na velhice. — A vida é boa!, disse certa vez a José Veríssimo. Estava consagrado. Consagrado, não por ter negado simplesmente a vida, mas por tê-la afirmado de certa maneira no vigor com que genialmente a negou. A vida que lhe recusou tantos favores só lhe foi generosa na qualidade da arma que lhe botou nas mãos para dizer mal dela. Com o uso dessa arma, pôde aceitar a sua sorte e apoiar-se na sua arte. Com essa arma ganhou Carolina, a consoladora; ganhou o ramo do carvalho de Tasso; ganhou a admiração pública. As exterioridades afinal o envolveram. Triunfava na vida o escritor que mais zombara dela. Esta, sempre indiferente, ainda amparou o seu negador. Poderosa força é o espírito. São coisas dos deuses. Cauteloso, avisado e sábio, Machado parecia estar rejeitando a própria vida com toda a experiência de uma anterior, tal aquele personagem José Maria do seu conto "A segunda vida". A cada sentimento espontâneo ou gesto livre, opunha uma reflexão que tratava tudo. Machado devia ter horror aos desastres, tanto os do plano físico, como os do plano moral. Sua seta estava sempre voltada para o Nirvana. Será que na raiz dessa angústia estava um homem a conferir todas as aparências do mundo com um modelo fixo ideal para tudo, desconhecendo a contradição dialética das coisas? Para quem a realidade era eternamente imutável e sempre asfixiante? Um homem assim decepcionado, sem esperança, sem alegria; um escritor que ao contrário de Dickens e Balzac nunca simpatiza com os personagens, a não ser com os loucos de sua galeria, com os quais parece mesmo manter uma cumplicidade secreta, tão largo acolhimento lhes dá. Aqui se sente uma liberdade proporcional à opressão anterior, como se ao lado de seus malucos quisesse o autor manifestar melhor a sua desconfiança, senão o asco, ao bom senso que dirige os autômatos do cotidiano. Até o estilo parece ganhar nesses momentos maior graça e o poder inventivo da loucura mansa.

Esse artista excepcional que perdeu o poder de embriagar-se com as imagens do mundo; que tinha medo de se enganar, de abandonar-se às forças ingênuas da vida, que era cruel e sádico ao tratar a matéria humana, afigura-se-nos, assim, o menos brasileiro dos nossos grandes escritores. O que não impede e até de certo modo favorece a sua universalidade. Teremos de aceitá-lo como uma glória, não como uma expressão nossa. Ao contrário do que se afirma desde Sílvio Romero e José Veríssimo, até Lúcia Miguel Pereira e Astrojildo, cujo trabalho na *Revista do Brasil* terá que acrescentar-se aos grandes estudos sobre Machado — faltava ao autor de *Brás Cubas* "aquele modo de sentir que dá a nota íntima da nacionalidade, independente da face externa das coisas", segundo as suas próprias palavras referindo-se a José de Alencar.

Não se pode evidentemente avaliar "a nota íntima da nacionalidade" de um escritor pela natureza dos temas de que se serve, e isto está entendido no final da observação de Machado, "independente da face externa das coisas". Mérimée escrevendo a *Carmen*, novela espanhola, não deixa de ser francês, como Shakespeare continua inglês em *Antônio e Cleópatra* ou em qualquer de suas obras tiradas de Plutarco. Machado não é brasileiro à maneira por que Cervantes e Unamuno são espanhóis, Voltaire e Giraudoux são franceses, Schiller é alemão, Dostoiévski é russo e Whitman, americano — porque em cada um deles se reconhece a nota íntima da respectiva nacionalidade, o que não me parece ocorrer em Machado, escritor que pintou admiravelmente os costumes cariocas e que estaria dotado para realizar na França, por exemplo, o que Mérimée, francês, e Hemingway, americano, fizeram magistralmente em Espanha. Será brasileira a obra de Machado pelo simples fato de o escritor haver tomado os seus tipos à sociedade carioca numa das etapas de sua evolução? Mas os motivos eram, como dissemos acima, simples pretexto para que ele pudesse afirmar uma tendência do espírito e uma atitude humana em que me parece entrar muito pouco do psiquismo brasileiro.

Isso obriga a uma aventura perigosa, que é definir esse psiquismo. A essência dele menos facilmente será encontrada nos laboratórios de análise do que no nosso folclore e pela iluminação instantânea da poesia. Não se pode ainda definir com rigor, em termos conceituais, as características da alma brasileira, não obstante as notáveis tentativas sociológicas dos últimos tempos. Entretanto, sente-se que essas características estão quase ausentes do espírito da obra de Machado. Certamente nesse terreno obscuro só nos poderá guiar um instinto secreto, menos inseguro por enquanto do que o conhecimento lógico. Só assim poderemos falar em espírito brasileiro antes de defini-lo claramente. Essa desordem lírica, essa instabilidade e avidez, esse frêmito superficial diante da vida, essas incoerências miúdas, esses heroísmos instantâneos e entusiasmos sem prosseguimento, essa preguiça e essa doçura de um lado; do outro lado o sopro da terra, o drama das populações rurais, a interferência da paisagem na vida poética do homem, todas essas forças, formas e densidades só pelo lirismo podem ser traduzidas.

A Machado faltou esse estado de disponibilidade, de consentimento à passagem caótica das coisas. Ficou-lhe uma poderosa consciência, isolada de um meio cuja confusão nada falou à sua concepção extraterritorial do homem. Soube, entretanto, reter e apresentar, como ninguém, alguns dos aspectos de nossa vida, justamente quando ela, pela sociedade do Segundo Império, se isolava artificialmente desse caos, não recebendo dele senão esmaecidos reflexos. Foi por esse lado de sua obra que Machado abriu brecha para entrar no seu Nirvana. Se ele não nos abandonasse à porta dessa entrada, nós é que o abandonaríamos.

A tendência geral da comunhão brasileira é essa marcha apressada e um tanto desordenada para a vida — marcha que, se for presidida por um ideal superior e assegurada por melhores condições materiais e culturais da coletividade, irá fatalmente levar o povo à conquista da alegria, com a qual não se coaduna a melancolia sem remédio de Machado. No fundo de nossa vontade de viver existe mais sofreguidão do que inquietação de raízes filosóficas. Entre tantas indeterminações e movimentos incoerentes do nosso psiquismo, descobre-se uma permanente predisposição feliz para a vida.

Dentro desse psiquismo caminham bem próximas, e com possibilidades de se fundirem algum dia, as forças que nascem na natureza e as que vêm do espírito. O solitário, o grande Machado de Assis, contou só com as do espírito.

Fonte desta edição:
MACHADO, Aníbal. "Machado de Assis". *Diário de Notícias*.
Rio de Janeiro, 25 jun. 1939, 1º Suplemento, p. 2.

Outros textos do autor a respeito de Machado de Assis:
MACHADO, Aníbal. Depoimento em: CONDÉ, José. "Os escritores de hoje falam sobre Machado de Assis". *O Jornal*, Rio de Janeiro, 11, 18 e 25 jun. 1939. Cf. a seção "Enquetes e depoimentos" neste volume.

EXCERTO DE *MARCHA PARA OESTE*

Cassiano Ricardo

c.r.

CASSIANO RICARDO Leite (São José dos Campos, São Paulo, 1895 — Rio de Janeiro, Rio de Janeiro, 1974): Poeta, foi também historiador, ensaísta e um dos líderes do movimento pela Semana de Arte Moderna de 1922, tendo participado dos grupos Verde-Amarelo e Anta. Fundou as revistas *Novíssima* (1924), *Planalto* (1930) e *Invenção* (1962). Quarto ocupante da Cadeira número 31 da Academia Brasileira de Letras, eleito em 1937. Obras principais: Poesia: *A frauta de Pã* (1917); *Martim-Cerer* (1928); *O sangue das horas* (1943); *Um dia depois do outro* (1947); *A face perdida* (1950); *Poemas murais* (1950); *Sonetos* (1952); *João Torto e a fábula* (1956); *O arranha-céu de vidro* (1956); *Jeremias sem chorar* (1964); *Os sobreviventes* (1972). Prosa: *Marcha para Oeste* (1943); *A Academia e a língua brasileira* (1943); *A Poesia na técnica do romance* (1953); *O homem cordial* (1959); *22 e a poesia de hoje* (1962); *Reflexos sobre a poética de vanguarda* (1966).

1940

Sua prosa não é apenas antibrasileira no apuro clássico de um português que se escorrega já se limpa bem de todas as manchas da terra que marcam a raiz dos nossos vocábulos mais toscos e amorosos. Faltam-lhe a cor, a imagem e o ritmo que são sinais psicológicos de toda a linguagem brasileira, identificando o homem cheio de rumor primitivo em ligação com a natureza tropical. Sobram-lhe harmonia, polidez, segunda intenção: falta-lhe a seiva gostosa do sentimento. Substituiu ele a desconfiança pela dúvida, pelo ceticismo. A dor brasileira é substituída, também, nos seus livros, por uma dor intelectual sem calor humano e sem sangue.

Para imitar Euclides é preciso que o imitador use de meios "confessáveis", porque visíveis.

Para imitar Machado de Assis bastará um pouco de perfídia, de finura intelectual. A meia sombra é o melhor disfarce, e a segunda intenção é um processo de ambiguidade indispensável ao imitador dotado daquela sagacidade sorridente para as meias tintas, para as atitudes neutras e para os torneios de composição clássica. [...] A claridade do nosso linguajar típico e ensolarado é substituída pela clareza de uma pseudológica, que é a das ideias claras. A arte de Machado admite o mimetismo; instiga a qualidade de que desfrutam alguns imitadores, por certo amáveis, de se adaptar ao ambiente, sob o pretexto de adotar um modelo ilustre. A de Euclides é claridade e violência. Quem o imitasse seria ridículo. Teria de agir no claro e não na sombra, confessando-se imitador.

Fonte desta edição:
RICARDO, Cassiano. *Marcha para Oeste*. Rio de Janeiro: José Olympio, 1940, pp. 549-50.

Outros textos do autor a respeito de Machado de Assis:
RICARDO, Cassiano. "Pedro Luís visto pelos modernos". Conferência pronunciada no Salão da Escola de Belas Artes, a 13 de dezembro de 1939. *Revista da Academia Brasileira de Letras*, Rio de Janeiro, anais de 1939, jul.-dez., vol. LVIII, pp. 234-60.
RICARDO, Cassiano. "Essa coisa estável, que é uma sociedade... (Réplica ao escritor português José Osório de Oliveira, 'Brasileirismo de Machado de Assis')". *A Manhã*, "Autores e Livros", Rio de Janeiro, 14 jun. 1942, vol. II, pp. 304-6. Transcrição: *Revista da Academia Paulista de Letras*, São Paulo, 12 set. 1942, vol. 19, pp. 9-32.
RICARDO, Cassiano. "A questão da língua brasileira". *Revista da Academia Brasileira de Letras*, Rio de Janeiro, anais de 1946, jul.-dez., vol. LXXII, pp. 113-29. Trabalho lido na sessão de 29 de agosto de 1946, comenta o caso narrado por Medeiros e Albuquerque sobre os conhecimentos de gramática de Machado de Assis.
RICARDO, Cassiano. "O bandeirante Euclides". Conferência realizada em S. José do Rio Pardo, na semana Euclidiana de 1947. In: *O Homem Cordial e outros pequenos estudos brasileiros*, Rio de Janeiro, MEC, 1959. Também em: *Terra Brasilis* [on-line], 2, 2000. Disponível em: http://terrabrasilis.revues.org/323.

A PROPÓSITO
DE MACHADO DE ASSIS
Jorge de Lima

j.l.

JORGE Mateus **DE LIMA** (União dos Palmares, Alagoas, 1893 — Rio de Janeiro, Rio de Janeiro, 1953): Poeta, romancista, pintor, ilustrador, escultor, ensaísta, tradutor, médico, professor e político. Concluiu o curso de Medicina no Rio de Janeiro, em 1914. Professor de História Natural e de Literatura Brasileira em colégios de Maceió, foi deputado e vereador Em 1931, muda-se para o Rio de Janeiro, onde exerce a Medicina, e seu consultório na Cinelândia é também ateliê e ponto de encontro de intelectuais. Obra principal: Poesia: XIV *Alexandrinos* (1914); *O mundo do menino impossível* (1927); *Tempo e eternidade*, em colaboração com Murilo Mendes (1935); *A túnica inconsútil* (1938); *Poemas negros* (1947); *Invenção de Orfeu* (1952). Romance: *Salomão e as mulheres* (1927); *Calunga* (1935); *A mulher obscura* (1939); *Guerra dentro do beco* (1950). Ensaios: *A comédia dos erros* (1923); *Anchieta* (1934); *Rassenbildung und Rassenpolitik in Brasilien* (1934); *D. Vital* (1945); *Castro Alves, vidinha* (1952).

A Manhã, "Autores e Livros", 28 set. 1941

O que Nabuco escreveu a José Veríssimo por ocasião da morte de Machado de Assis contém (entremeado ao carinho que sempre caracterizou a correspondência entre os dois escritores) uma espécie de reprimenda: "Seu artigo no *Jornal do Commercio* está belíssimo, mas esta frase causou-me um arrepio: 'Mulato, foi de fato um grego da melhor época'. [...] Rogo-lhe que tire isso, quando reduzir os artigos a páginas permanentes".[7]

Nabuco considerava Machado um cidadão branco, de fácil identificação caucásica, branco em vida, branquíssimo depois de morto, indigno da ofensa involuntária do grande crítico. Tinha sido amigo íntimo de Machado: o seu pobre companheiro envergonhava-se de suas origens raciais, preferindo a penumbra em que vivia a qualquer esclarecimento

7. Cf. NABUCO, Joaquim. Carta a José Veríssimo, Washington, 25 nov. 1908. *Revista da Academia Brasileira de Letras*, Rio de Janeiro, n. 115, v. XXXVI, pp. 387-8, jul. 1931; *Revista do Livro*, Rio de Janeiro, ano II, n. 5, p. 164, mar. 1957. A carta consta do primeiro volume deste livro.

que patenteasse à curiosidade pública a pretendida vergonhosa pigmentação. Por isso, Machado sempre evitou toda tentativa de devassa que os seus poucos amigos pudessem fazer à história de sua família. A humildade de sua filiação decerto traria o mais surpreendente realce, se ele o confessasse, à glória que o escritor já tinha em vida. Recalcou o pitoresco destas origens coloridas com o sangue que nunca desejou expor como ornato ao seu renome. "Machado de Assis não tem história de família", escrevera uma vez Graça Aranha. Ocultou por isso a biografia de uma infância que lhe poderia ter concedido as melhores páginas de nossa literatura referentes a um assunto que sob a pena de Marcel Proust enche efetivamente os seus dezesseis volumes. O homem extratemporal do escritor francês não passa do menino da "*madeleine trempé*" no chá de tília, mimado pela *mémère*, pela Françoise e pela avó.

Estes seres queridos — avós, pais, pessoas de sua casa, Machado matou-as, afogou-as no esquecimento. Inverteu a façanha de Herodes; foi um inocente, um tímido, uma criança (e sempre o foi até à morte) que procurou destruir os adubos capazes de complicar a sua pudica realeza. Jamais escreveria um romance mulato, com a experiência própria de suas origens, de sua psique, um depoimento romanceado à maneira de René Maran. Todos os seus contemporâneos o consideravam um remanescente da pura Hélade: "Eu pelo menos só vi nele o *grego*. Não teria chamado o Machado de *mulato* e penso que nada lhe doeria mais do que essa síntese", escrevia Nabuco.

Muitos pensavam que Machado pretendesse encarnar o grego no parnasianismo de sua poesia: a maioria de seus críticos o considerava também um inglês. Não sei que conceito tinham de um inglês, mas quase todos achavam que Machado possuía legítimas afinidades de caráter com este povo tão bombardeado nos dias de hoje.

Que antinomias, que formação teria Maria Leopoldina — mãe de Machado? Ele nunca falou deste ser querido, como devera falar mais abertamente a qualquer de seus íntimos. Nem de sua irmã nem do pai. Aristocratizou-se a seu modo, não como um inglês ou como um grego, mas como um puro intelectual de seu tempo, um homem amargo e desencantado da cultura da época, de certa literatura que lhe chegava às mãos ainda enfeitada de gongorismo e de adornos. O homem ficou com o sorriso fatigado, o olhar mareado atrás do pincenê, enjoado, verdadeiramente enjoado de seu século. Esse enfado, esse retraimento proveio menos da cultura voluntariamente adquirida ou misteriosamente transmitida pelos seus ascendentes do que desta indiferença, deste alheamento peculiar ao homem de cultura colhida nos livros. Na verdade, tal cultura produz o homem irônico, indefinido, "*une telle culture nous enferme dans notre personnalité, elle aboutit à un isolement complet. Il y a une amertume profonde, une tristesse que rien ne peut dissimuler dans cette vie d'esthète solitaire*", escrevia o ano passado Henri Davenson em seus *Fondements d'une culture chrétienne*.

Portanto, nada de caracteristicamente mulato, grego ou inglês neste esquisito Machado. Apenas um homem sem conflitos. A mesma moléstia que em Dostoiévski aguçava a ânsia de misticismo, o interesse pelo destino humano, em Machado fazia-o parar no pórtico das pequenas vidas, dos casos domésticos, dos dramas insignificantes e de rala psicologia. O ambiente não lhe foi propício. O Brasil de Pedro II decorria isento de tumultos: a libertação dos escravos e a república próxima não se agitavam de nenhuma onda convulsiva. Pululava em redor do escritor uma vida morna e burocrática. Nem sei se este homem medroso, se vivesse no ambiente de Dostoiévski, aguentaria uma deportação ou afrontaria o perigo com a impetuosidade do russo. Uma vez confessou que, ao ver pela primeira vez José de Alencar, ficou encolhido como o menino Heine vendo passar Napoleão. Era um homem esquivo e misantropo a seu jeito, incapaz de frequentar porões revolucionários em que se conspirasse contra o regime, detestava a companhia dos possessos como dos fúteis, amando os cavacos incolores meramente literários da livraria Garnier.

"Pouco me dei com Macedo [escrevia ele] [...]. Com José de Alencar foi diferente; [...] Sentados os dois, em frente à rua, quantas vezes tratamos daqueles negócios de arte e poesia, de estilo e imaginação, que valem todas as canseiras deste mundo."[8]

8. ASSIS, Machado de. "Garnier". In: *Páginas recolhidas*. Rio de Janeiro: H. Garnier, 1899, p. 260.

Ao ambiente de Machado não chegavam os clamores dos salários retidos, nem a labuta dos trabalhadores impressionava os homens de letras. A tragédia dos dias de hoje não era conhecida pelos estetas daquele tempo nem fornecia aos diários as terríveis manchetes que transmitem ao homem contemporâneo uma diabólica ubiquidade de fogo e de sangue. O testemunho do próprio escritor registra o marasmo: "Repito, que me trariam os diários? As mesmas notícias locais e estrangeiras, os furtos do Rio e de Londres, as damas da Bahia e de Constantinopla, um incêndio em Olinda, uma tempestade em Chicago, as cebolas do Egito, os juízes de Berlim, a paz de Varsóvia, os *Mistérios de Paris*, a *Lua de Londres*, o *Carnaval de Veneza*...".[9] A vida era esta amenidade desumana em que um incêndio em Olinda e as cebolas do Egito ocupavam o noticiário hoje reservado ao arrasamento de Varsóvia e à invasão de Paris. Não se conheciam greves, nem revoluções sociais, nem reivindicações. Não havia nenhum heroísmo nem se conhecia nenhum militante sindicalista, ninguém se preocupava com os problemas práticos de seu *métier*, de seu trabalho, de sua corporação, da reorganização da cidade. Metrificavam-se tersos versos alexandrinos, cuidava-se de rimas e de chaves de ouro, procurava-se esconder o sentimentalismo remanescente da escola literária anterior. Era preferível ser mulato que romântico.

Machado evadiu-se com toda a sua energia deste vergonhoso subjetivismo. Podou gestos e adjetivos, baniu paisagens e confidências, tornou-se crítico compondo sonetos ou romances. Adotou uma atitude literária para norma e fim existencial.

Evadiu-se, pois, conscientemente do plano da sensibilidade para o da inteligência antigregária. Poder-se-ia dizer que um artista, ao enveredar por este caminho, nunca é agitado pelas grandes ventanias que fortificam o gênio, apenas é tomado de *"petits frissons à fleur de peau, plus intellectuels qu'émotifs"*. Era natural que o grande Machado se entregasse de corpo e alma aos cavacos da Garnier,

---

9. ASSIS, Machado de. "Salteadores da Tessália". In: *Páginas recolhidas*. Rio de Janeiro: H. Garnier, 1899, p. 239.

com os companheiros, sentados em frente à rua, tratando de negócios de estilo e imaginação que valem todas as canseiras deste mundo.

Não há dúvida: o ambiente morno, a calmaria podre, o desinteresse pelo coletivo e pelo universal, que foram as escrófulas do seu tempo, não permitiram que fosse maior a obra deste "homem excepcional", a mais alta expressão do nosso gênio literário, a mais eminente figura da nossa literatura, no dizer de seu mais eminente crítico — o sr. José Veríssimo. Produziu pela primeira vez, em sua plenitude, o romance de conflitos interiores, ou melhor, de hesitações interiores; e, por via das causas assinaladas, sem ascese e sem profundidade, porém com uma extensão surpreendente ao lado de românticos e naturalistas. É mesmo do autor de *Fondements d'une culture chrétienne* uma revisão daquela espécie de interiorização sem ascese: o intelectual não deve viver apenas como um homem de seu tempo. É preciso lutar com os séculos antes e depois, para adquirir duração e se livrar das servidões grandes e pequenas comuns a todas as gerações. É necessário ter força para poder realizar em si, em torno de si, uma atmosfera em que se veja profundidade em todos os quadrantes, e isto não é possível sem uma certa tensão de alma, uma determinação, nem tímida, nem irônica, mas feroz.

Agora, cabe o convite: *"Je vous invite à vivre sous un climat rude"*.

Fonte desta edição:
LIMA, Jorge de. "A propósito de Machado de Assis". *A Manhã*, "Autores e Livros", Rio de Janeiro, n. 7, 28 set. 1941, p. 98.

A ICONOGRAFIA
DE MACHADO DE ASSIS
Peregrino Júnior

p.j.

João **PEREGRINO JÚNIOR** da Rocha Fagundes (Natal, Rio Grande do Norte, 1898—Rio de Janeiro, Rio de Janeiro, 1983): Jornalista, médico, contista e ensaísta. Em 1920 fixou-se no Rio de Janeiro. Formado em 1929 na Faculdade de Medicina, teve longa carreira médica. Publicou sua obra de ficção e de crítica de 1928 a 1938 e, depois de uma interrupção, retomou os trabalhos em 1960. Sexto ocupante da Cadeira número 18 da Academia Brasileira de Letras, eleito em 1945, presidiu-a em 1956 e 1957. Publicou, entre outras obras: *Vida fútil* (1923); *O cangaceiro Zé Favela* (1928); *Um drama no seringal*; *Puçanga* (1929); *Matupá* (1933); *Interpretação biotipológica das artes plásticas* (1936); *Doença e constituição de Machado de Assis* (1938); *O tempo interior na poesia brasileira* (1946); *O movimento modernista* (1954); *Origem e evolução do Simbolismo*; *Biografia de João Francisco Lisboa* (1957); *José Lins do Rego, romance* (1966); *Língua e estilo de José Lins do Rego* (1968); *Três ensaios* (1969).

A Manhã, "Autores e Livros", 28 set. 1941

Revendo a minha coleção de fotografias de Machado de Assis, lembrei-me de uma velha frase de Carlyle: um bom retrato vale mais, como documento psicológico, do que uma biografia. Sabe-se — e não há novidade em afirmá-lo — que a nossa morfologia corporal e a nossa máscara fisionômica não são absolutamente fixas e imutáveis. Ao contrário, sob a influência de fatores internos (hereditários e glandulares) e fatores externos (climáticos, alimentares, afetivos, econômicos e sociais), a nossa constituição varia no tempo e no espaço. Nós não somos hoje o que fomos ontem, e amanhã certamente seremos diferentes do que somos hoje. Um mesmo indivíduo difere dele próprio em cada época do ciclo biológico, em cada estação do ano, em cada período das 24 horas do dia. "Se levarmos a análise mais longe, concluiremos que um dado indivíduo, num dado momento, difere dele mesmo em outro qualquer momento." Daí, o conceito dos "momentos condicionais". E daí sobretudo a teoria do "tempo individual", definida por Castilo. Os exemplos de Napoleão e Goethe — que morfológica e fisionomicamente mudaram pelo menos três vezes, de acordo com o ritmo biológico e social da vida — são bem conhecidos (Kretschmer). Estudando *Wagner en caricatures*, John Grand-Carteret fez por assim dizer a história de todo o drama espiritual do criador do *Parsifal* na sua luta contra a reação e a rotina, através das deformações caricaturais da sua imagem. Seguindo-lhe as pegadas, Gonzaga Duque também fixou a história do espírito de Wagner ao analisar as três imagens mais típicas das fases marcantes da sua evolução social e artística: a máscara romântica e resignada de 1850, a fisionomia dura e atormentada de 1855 e a serena e feliz expressão vitoriosa de 1865. A fotografia é sem dúvida o melhor meio de "traduzir em presença o passado", recompondo a vida e o espírito das pessoas cuja história desejamos estudar. Não foi por outro motivo que Proust viveu tantos anos sob a obsessão do retrato de Mlle. Jeanne Pouquet, chegando mesmo a dizer a Robert de Flers:—*Je suis décidé d'aller jusqu'au vol si Mme. Pouquet ne veut pas me donner une photographie de sa fille*. Considero fundamental, sob o ponto de vista psicológico, o estudo iconográfico dos grandes escritores, para a reconstituição da sua vida e da sua personalidade. Uma boa coleção de fotografias tem, muita vez, um valor essencial, como material plástico, para a restauração da aventura humana do espírito que estudamos, para acompanhá-lo nos diferentes roteiros da sua experiência, para segui-lo em imaginação pelos confusos e obscuros caminhos que ele porventura percorreu nos graves momentos inquietos da criação. Para o estudo e a análise da qualidade humana de um grande homem, o documento iconográfico se nos afigura de primacial importância. E em nenhum outro caso o documento iconográfico poderia ser mais útil e oportuno do que no caso de Machado de Assis. Acredito que seria possível levantar o diagrama da evolução espiritual de Machado de Assis mediante o exame e a comparação de todas as suas imagens de diferentes épocas. É verdade que a iconografia machadiana, além de não ser copiosa, nem sempre é muito nítida, muita vez é desbotada e imprecisa, e é evidentemente incompleta e pobre. Isso, de resto, é um traço comum da sua própria biografia: pobre, incompleta, em grande parte desbotada, imprecisa, obscura e incaracterística. Aliás, a mais grave lacuna da sua iconografia coincide também com a maior deficiência da sua biografia: a integral ausência de documentação sobre a infância e adolescência. Como muito bem observou Graça Aranha, Machado de Assis não tem história de família. "O que se sabe das suas origens é impreciso; é a vaga e vulgar filiação, com inteira ignorância da qualidade psicológica desses pais, dessa hierarquia, de onde dimana a sensibilidade do singular escritor." E assim como não existe a respeito da sua origem humilde, e da sua infância pobre e triste, nenhum dado exato, nenhuma referência objetiva, nenhuma informação minuciosa e documentada, também não há, que se saiba, nenhuma fotografia do seu lar pobre, dos seus pais modestos e anônimos, do menino doente, franzino e feio do morro do Livramento. Nem retratos nem notícias dessa fase inicial, que é a fase do baleiro magro e ágil do morro do Livramento, do sacristão humilde da igreja da Lampadosa, do tipógrafo da Imprensa Nacional—daquele período distante e obscuro, como se diz no *Brás Cubas*, em que o menino vivia a "caçar ninhos de pássaros, ou perseguir lagartixas nos morros do Livramento e da Conceição, ou simplesmente arruar à toa". Foram desses tempos tristes e distantes do morro do Livramento, "ainda nu de habitações", as imagens melancólicas que adormeceram nas suas retinas magoadas e que ele, mais tarde, nos seus romances, evocou ao lado de outros da velha cidade: o morro da Conceição, a Gamboa, a praia Formosa, o Catumbi, o Campo de Santana, a rua do Costa, a Saúde...

E se não temos retratos do menino senão nos seus livros, não os temos também senão nesses mesmos livros, daquele "rapaz de cerca de dezoito anos com princípios de barba, alto e amorenado", que vemos seguindo da praia da Gamboa e entrando na rua do Livramento... Desse obscuro período, portanto, o que nos resta, como informação, são as vagas referências dos seus próprios romances. Nem dados biográficos, nem documentos iconográficos.

O primeiro retrato de Machado de Assis que conhecemos é dos 22 anos (1861). Quer dizer: é o retrato do "rapaz de jornal", do repórter parlamentar que faz a crônica do Senado, do escritor que realiza a sua primeira tentativa literária, tímida e hesitante, publicando como se fora simples tradução uma comédia: *Queda que as mulheres têm para os tolos*. Inquietação das ambições iniciais, dos primeiros sonhos de glória e de triunfo, e talvez também das primeiras dificuldades sérias e conscientes. É um mulato feio, de feições grossas e vulgares, beiçudo, sisudo, o olhar duro e penetrante. Era o homem que se preparava para a batalha da vida, e enfrentava resolutamente o destino, sem ter apagado ainda dos olhos sensíveis as visões recentes de uma meninice áspera, humilde e triste, que ele gostaria de esquecer.

O segundo retrato dele que se nos depara é de 1865. Havia publicado mais três livros: uma fantasia dramática — *Desencantos* (fins de 1861) e um volume de *Teatro* (1863), com carta encomiástica de Quintino Bocaiuva, e o seu primeiro volume de versos — *Crisálidas*, que fora recebido com simpatia pela crítica. É o rapaz na plenitude da mocidade. Continua a ser o mesmo mulato feio e triste dos 22 anos. Prognatismo bem marcado, lábios túmidos, bigode ralo, cabelos crespos. Mas a expressão do olhar é menos de desafio e dureza, do que de curiosidade, de melancolia e talvez um pouco — quem sabe — de desdém. Ele próprio de resto nos dá, não sem um certo travo de amargura, nessa época, no "Posfácio" das *Crisálidas*, uma indicação importante sobre o seu estado do espírito, quando afirma que "o tempo não correu em vão para os que desde o berço foram condenados ao duelo infausto entre a aspiração e a realidade". Alguns retratos e charges dessa época nos dão contudo uma impressão mais simpática e amena. Não há como a alegria de publicar um livro de poemas para iluminar e pacificar a fisionomia de um jovem poeta em lua de mel com as letras e a celebridade...

Prefaciando-lhe o primeiro livro de poesias, aliás, Caetano Filgueiras no-lo descreve com vivacidade, dando-nos de Machado de Assis um retrato psicológico que coincide em parte com as suas fotografias da época: "Era vivo, era travesso, era trabalhador. Aprazia-me ler-lhe no olhar móvel e ardente a febre da imaginação, na constância das produções a avidez de saber e, combinando no meu espírito estas observações com a naturalidade, o colorido e a luz de conhecimentos literários que ele derramava em todos os ensaios poéticos, que nos lia...".

Em 1865, diga-se de passagem, Machado de Assis, segundo Graça Aranha, já era aquele "geômetra sutil, que encerrava o Universo no verbo, que se libertara da exaltação racial e sabia dissimular nas linhas tranquilas e desdenhosas o frêmito da natureza e revelar a loucura dos homens". Tinha apenas vinte e cinco anos; a sua ação literária era eficiente no teatro, no romance e na crítica. Havia publicado novelas, feito representar comédias, brilhava no *Diário do Rio* ao lado de Quintino Bocaiuva. Era o poeta das *Crisálidas*.

Algumas caricaturas e *portrait-charges* da época — a da *Pacotilha* (1865): Machado de Assis traduzindo o *Barbeiro de Sevilha*; a da *Semana Ilustrada* (1864): Alegoria do aparecimento das *Crisálidas*; bem como um retrato de corpo inteiro, sentado, de calças brancas e longo casaco preto, a imagem que temos dele é a mesma. Feio, prognata, cabelos crespos. O olhar, entretanto, é menos duro e frio...

Num outro retrato de 1863, temo-lo também de cabeleira crespa, bigode ralo, bem mulato. Mais tarde um pouco, numa litografia do *Arquivo contemporâneo* (30 jan. 1873) e numa fotografia aos 34 anos, não notamos diferenças consideráveis no seu *facies*: fisionomia de mestiço, cabelos crespos, bigode ralo, lábios grossos, prognatismo nítido, olhar duro e triste. Estamos ainda em plena fase de luta: na imprensa e nas letras José [sic] Maria Machado de Assis faz os seus esforços mais sérios para dominar o meio, para triunfar dos preconceitos do ambiente, para escalar uma situação social e econômica. Já publicara vários livros, além dos já citados: *Os deuses de casaca, Falenas, Contos fluminenses, Ressurreição, Histórias da meia-noite*. E obtivera afinal do Ministério Zacarias o emprego de primeiro oficial da Secretaria da Agricultura. Demais, como observa Mário Matos, "até aos trinta anos, até 1869, a existência de Machado de Assis não teve estabilidade. Mudava sempre de ofício". Mas, acrescenta o seu biógrafo, percebia-se que "uma ambição bastante definida lhe guiava o labor".

Embora tenha conhecido Carolina em 1867 e tenha casado em 1869, os seus retratos dos trinta anos ainda revelam certa dureza e inquietação; mas o rosto se vai gradualmente atilando, as feições se vão atenuando, o nariz é mais fino, os lábios menos grossos, o prognatismo se esconde e disfarça por trás da barba rala e do tímido bigode, as ondas da cabeleira são mais amplas. Os seus retratos dessa época denunciam ainda as incertezas e os atritos da luta. Mas já no que tirou aos 35 anos (1874), há certa tendência para uma composição mais doce e menos vulgar da fisionomia: talvez influência do pincenê, que aparece na sua iconografia pela primeira vez, e que lhe atenua até certo ponto a grossura do nariz e a dureza do olhar.

No desenho a *crayon* feito por Augusto Opp, e reproduzido na revista *Pena e Lápis* (10 jun. 1880), ele nos surge de feições mais finas e discretas, e seu olhar parece adquirir afinal um pouco de doçura e bondade...

De 1884 já temos um retrato dele que é completamente outro: barba cerrada, bigode abundante, cabelo de ondulações largas, fisionomia tranquila, olhar sereno, confiante e profundo. É um branco, e os resíduos da cor e da raça, da doença, do seu drama, enfim, estão tão atenuados e escondidos, que se torna quase impossível descobri-los à primeira vista.

É a fase da plenitude. Está na posse de todos os seus dons. Em plena maturidade, aos 45 anos, Machado de Assis já publicara catorze livros — e é o autor glorioso das *Memórias póstumas de Brás Cubas* (1881). Instalado comodamente na celebridade, numa situação tranquila e confortável, cercado da estima, do apreço e da consideração unânimes, ele se liberta fisicamente de tudo aquilo que procurava sempre ocultar: da "sua origem obscura, da sua mulatice, da sua feiura, da sua doença, do seu drama, enfim". Era um triunfador em todos os sentidos — e até nesse, do triunfo contra a raça, a natureza e a humildade.

Uma fotografia de 1895 no-lo mostra ainda mais civilizado, mais apurado e harmonioso. Publicara *Papéis avulsos* (1882), *Histórias sem data* (1884) e *Quincas Borba* (1891). Era o Machado de Assis da Livraria Garnier. Era a figura central das nossas letras. O prestígio e o conforto que desfruta refletem-se-lhe nitidamente na serenidade da fisionomia, que é confiante e orgulhosa. É uma flor extrema de civilização. Suprimiu a velha cabeleira ondulada: o cabelo é cortado baixo, e vai começando a encanecer-se; a barba e o bigode, já brancos, não são ralos e crespos como outrora, mas, compactos e lisos, cobrem os lábios e o queixo, escondendo a boca de traços grossos, disfarçando a projeção excessiva do mento. Veste-se com gosto e discrição: colarinho alto, de ponta virada; gravata preta, de laço largo; elegância e sobriedade em tudo. Um civilizado. Um europeu. A fotografia que dele fez nessa época Insley Pacheco é um documento importante do seu estado de espírito: nela palpita um sentimento indisfarçável de confiança, de tranquilidade, de plenitude. O escritor é dono de si. O homem é dono do seu mundo. É a mesma fisionomia do *Machado de Assis e o ramo do carvalho de Tasso*, de Bernardelli (1905): "Nem descuido, nem artifício: arte".

No último retrato do casal (1904)—Machado aos 65, Carolina aos 68—vemo-lo contente e sereno ao lado da mulher. É um velhinho tranquilo e feliz. Os cabelos estão completamente brancos. Mas a pele, estirada e lisa, é clara, o nariz afilado, o olhar doce e calmo. O ar quase risonho. As feições discretas, finas, espirituais. Tudo denota serenidade. É a velhice. E é a glória. De data um pouco posterior (1906), temos do autor do *Memorial de Aires* uma fotografia muito significativa: Machado de Assis, de braço dado com Nabuco, ao lado do prefeito Passos e de todo o mundo oficial, numa festa diplomática: o almoço do general Uribes y Uribes.

E é que, apesar da sua modéstia e ceticismo, não desprezava as honrarias oficiais, está satisfeito no meio daquela elite civil da Primeira República. É a importância social e política, à qual Machado de Assis não foi jamais hostil, nem sequer indiferente... O fundador e presidente da Academia Brasileira de Letras, malgrado a sua índole naturalmente inclinada à timidez e à introversão, não subestimava o brilho exterior das homenagens oficiais nem se sentia mal ou constrangido no clima do poder.

Os últimos retratos do romancista do *Dom Casmurro*—todos eles de 1906—são francamente a imagem melancólica do crepúsculo. É a velhice digna e discreta que se aquece sem alvoroço nem vaidade ao calor do respeito e da admiração gerais da sua terra e da sua gente. Nada nele indica o escritor desdenhoso e irônico, cético e perverso, que se comprazia em "fragmentar o universo moral, para analisá-lo e negá-lo friamente". É uma fisionomia triste e cansada, posto que serena e nobre na pureza das suas linhas frias, dos seus cabelos brancos, dos seus olhos sem alegria. O olhar se adoça afinal na ternura da sua grande saudade. A expressão é serena, mas não feliz. Um ar reflexivo e distante, que é antes de resignação que de revolta. A glória não atenua a melancolia da solidão, mas empresta à fisionomia uma dignidade recolhida e nobre. Adquirindo aquela expressão serena e mansa dos últimos anos, ele liberta-se de toda submissão étnica, e é um exemplo vivo do domínio integral do espírito sobre a matéria. Conseguindo a libertação pela cultura, ele desliga-se definitivamente não só dos compromissos sociais e étnicos com a sua origem humilde e obscura, mas até dos compromissos físicos: torna-se fino, polido, claro; estira e branqueia a pele; atenua os lábios grossos, os cabelos crespos, o prognatismo. Todas as influências que estavam na raiz da sua vida — a cor, a pobreza, a feiura —, todas elas ele as domina, recalca e vence. E para chegar a esse ponto, que longa e silenciosa viagem! Graça Aranha fixou esse roteiro secreto com muita penetração e clareza. "Para aí chegar, a viagem espiritual de Machado de Assis foi bem secreta. Veio do nada, venceu as suas origens modestas, tornou-se homem de cultura, de gosto e criou a sua própria personalidade. É um doloroso e belo poema o da elaboração do gênio neste obscuro heroísmo. Machado de Assis não revelou nunca esse árduo combate interior, não fez transbordar no ódio e no despeito a sua humildade inicial. Aristocratizou-se silenciosamente." "O seu heroísmo está neste trabalho de libertar-se da sua classe, nessa tragédia surda do espírito que se eleva, na distinção pessoal, no desdém de ser agressivo aos poderosos e felizes." Como se deduz do exame dos seus retratos, libertou-se da classe, da raça, até da forma. Guardando embora no rosto e na alma a sombra suave das melancolias da luta, tomou, morfológica e espiritualmente, um ar de infinita e natural nobreza.

E essa silenciosa aristocratização processou-se tanto no plano espiritual como no plano somático. A flor humana, neste ser estranho e surpreendente, foi um supremo esforço da civilização, da cultura e do espírito. Dir-se-ia que nas camadas mais profundas do seu ser subterrâneo — nele tão rico de recalques, ambições e experiências — palpitava uma poderosa vontade, que teria "vindo imperiosamente na urdidura secreta da forma, corrigindo, vencendo cada imperfeição, desenvolvendo cada feliz indicação, esbatendo, dando sombra e luz", para chegar afinal a uma relativa harmonia de linhas e a uma serena expressão fisionômica de superioridade e distinção. A fisionomia de Machado de Assis, que lenta e gradualmente se apurou e conformou ao longo dos anos, numa marcha tranquila para a aristocratização das formas, apagando todas as marcas da raça e da origem humilde, traduz assim "o labor incessante da cultura na matéria universal", e o grande artista dessa transfiguração "foi o Tempo, sutil e infatigável". A serena harmonia fisionômica de Machado de Assis, nos últimos tempos da sua vida, como documentamos com o estudo paciente de sua evolução iconográfica, exprime a segurança e a alegria dessa vitória.

Fonte desta edição:
PEREGRINO JÚNIOR, João. "A iconografia de Machado de Assis".
A Manhã, "Autores e Livros", n. 7, 28 set. 1941, pp. 105 e 11.
Datado de 24 set. 1941. Transcrição: "Imagens de Machado de Assis". *Ilustração Brasileira*, Rio de Janeiro, dez. 1946, pp. 76-7; "A iconografia de Machado de Assis (Estudo da evolução fisionômica do escritor através de seus retratos)", *Jornal do Brasil*, Rio de Janeiro, 22 jun. 1958, 3o Caderno, p. 5.

Outros textos do autor a respeito de Machado de Assis:
PEREGRINO JÚNIOR, João. "Doença e caráter de Machado de Assis".
O Jornal, Rio de Janeiro, 28 jul. 1935.
PEREGRINO JÚNIOR, João. "Temperamento de Machado de Assis".
Lanterna Verde, Rio de Janeiro, abr. 1938, pp. 144-75. Texto quase integralmente reproduzido em *Doença e constituição de Machado de Assis*, do mesmo autor.
PEREGRINO JÚNIOR, João. *Doença e constituição de Machado de Assis*. Rio de Janeiro: José Olympio, 1938; 2ª ed., 1976.
PEREGRINO JÚNIOR, João. "Como deve ser comemorado o centenário de Machado de Assis?". *Meio-Dia*, 17 mar. 1939, p. 3.
PEREGRINO JÚNIOR, João. "O temperamento de Machado de Assis".
Jornal do Commercio, Rio de Janeiro, 25 jun. 1939. Palestra realizada na reunião da Comissão Brasileira de Cooperação Intelectual, a 23 de junho de 1939; *Mensário do Jornal do Commercio*, Rio de Janeiro, jun. 1939, tomo VI, vol. III, pp. 1.017-9; *Vamos Ler!*, Rio de Janeiro, 27 jul. 1939, pp. 30-2.
PEREGRINO JÚNIOR, João. Depoimento em: "O juízo nacional sobre a obra de Machado de Assis". *Correio da Noite*, Rio de Janeiro, 6 a 31 jul. 1939. Depoimentos de: Roquette-Pinto, Cláudio de Souza,

Ariosto Berna, Roberto Lyra, Paulo de Magalhães, Benevenuto
Ventura, Peregrino Júnior, Pádua de Almeida, Gastão Penalva,
Jonathas Serrano, Assis Memória, Carlos D. Fernandes, Hernani
de Irajá, Noronha Santos, Mario Vilalva, Raja Gabaglia, Manuel
Bandeira, Eser Santos e Mário Poppe.

PEREGRINO JÚNIOR, João. "Duas imagens de Machado de Assis".
Aspectos, Rio de Janeiro, nov.-dez. 1939, n. 24-25, pp. 99-110

PEREGRINO JÚNIOR, João. "Um sorriso para todas...". *Careta*,
30 set. 1939, p. 35; 25 nov. 1939, p. 21.

PEREGRINO JÚNIOR, João. "Expressões literárias ao complexo de
inferioridade (O *humour* de Machado e o 'estilo' de Euclides)".
Anuário Brasileiro de Literatura, Rio de Janeiro, 1940, pp. 291-2.

PEREGRINO JÚNIOR, João. "A timidez de Machado de Assis e a de Amiel".
Revista Brasileira, Rio de Janeiro, n. 2, set. 1941, pp. 129-39.

PEREGRINO JÚNIOR, João. "Problemas psicológicos do romance brasileiro".
In: *Curso de romance*. Conferências realizadas na Academia
Brasileira de Letras. Rio de Janeiro, 1952, pp. 35-58.

PEREGRINO JÚNIOR, João. Depoimento em: VAL, Waldir Ribeiro do.
"Monumento a Machado de Assis". *Revista da Semana*, Rio de Janeiro,
3 dez. 1955. Sobre *Bibliografia de Machado de Assis*, de J. Galante
de Sousa. Opiniões de R. Magalhães Júnior, Eugênio Gomes,
Lúcia Miguel Pereira, Peregrino Júnior, José-Maria Belo, Augusto
Meyer e Antônio Simões dos Reis.

PEREGRINO JÚNIOR, João. "Comemorações do 50º aniversário da morte de
Machado de Assis". *Última Hora*, São Paulo, 28 set. 1958.

PEREGRINO JÚNIOR, João. "Síntese de Machado de Assis". *Diário de
Notícias*, Salvador, 28 set. 1958.

PEREGRINO JÚNIOR, João. "Biografia de um livro sobre Machado
de Assis". *Revista do Livro*, Rio de Janeiro, ano III, n. 11, set. 1958.

PEREGRINO JÚNIOR, João. "A ilha Machado de Assis". *Jornal do Brasil*,
28 set. 1958.

PEREGRINO JÚNIOR, João. "Confrades, pensemos na vida". *Revista
da Sociedade dos Amigos de Machado de Assis*, Rio de Janeiro,
n. 3, p. 5, 29 set. 1959.

PEREGRINO JÚNIOR, João. "A gliscroidia de Machado de Assis".
Jornal do Brasil, 9 nov. 1959.

PEREGRINO JÚNIOR, João. "O homem e o tempo". *Jornal do Brasil*,
29 nov. 1959.

PEREGRINO JÚNIOR, João. "Vida, ascensão e glória de Machado de Assis".
In: *Machado de Assis na palavra de Peregrino Junior, Cândido
Mota Filho, Eugênio Gomes e Aloísio de Carvalho Filho*. Salvador:
Progresso, 1959, pp. 5-29.

PEREGRINO JÚNIOR, João. "Doença: Tema da conversa brasileira".
Jornal do Brasil, Rio de Janeiro, 5 ago. 1961. Sobre *O presidente
Machado de Assis*, de Josué Montello.

MACHADO DE ASSIS E O TEATRO
Joracy Camargo

j.c.

JORACY Schafflor **CAMARGO** (Rio de Janeiro, Rio de Janeiro, 1898 — Rio de Janeiro, Rio de Janeiro, 1973): Teatrólogo, jornalista, cronista, professor. Em 1925, estreou como autor com a revista *Me leva, meu bem*, em colaboração com Pacheco Filho. Integrou a equipe de Álvaro Moreyra no Teatro de Brinquedo. Em 1931, escreveu *O bobo do rei*, primeira comédia para o ator Procópio Ferreira, considerada o início do teatro social no Brasil. Desse ano é *Deus lhe pague*, peça de enorme sucesso, vertida para muitos idiomas. Quarto ocupante da Cadeira 32 da Academia Brasileira de Letras, eleito em 1967. Além de revistas teatrais, comédias e dramas, escreveu literatura infantil, peças históricas para o rádio, argumentos de filmes e letras de canções. Peças: *Menina dos olhos* (1928); *Anastácio* (1936); *Maria Cachucha* (1937); *Festa das personagens de Machado de Assis* (1938); *A Lei Áurea* (1938); *O grito do Ipiranga* (1938); *Figueira do inferno* (1954), entre outras.

Dom Casmurro, 13 mar. 1943

Moleque, mulato, baleiro, feio, tímido, gago, doentio, e filho de um pintor de portas com uma lavadeira, Joaquim Maria nasceu no dia 21 de junho de 1839, no morro do Livramento, na chácara do cônego Felipe, onde seus pais eram agregados. Superdotado de inteligência, e assaltado por um dos mais nítidos complexos de inferioridade, desde menino o maior romancista do Brasil compreendeu o seu drama. E, por um desses milagres de precocidade, procurou cercar-se de todos os meios de defesa para dar expansão aos seus ideais e alcançar, sorrateiramente, a posição que lhe caberia, pelo talento, na sociedade do seu tempo. Precisava vencer os preconceitos de sua época, que eram os mesmos de hoje, nas sociedades ditas civilizadas. Ele sabia que a revolta não lhe ficaria bem, e seria contraproducente. Sabia que, para triunfar como escritor, precisaria também triunfar no meio social e mundano. Antes de mais nada seria preciso adquirir um pouco de ilustração, embora furtivamente, sem escandalizar os que o pudessem julgar pretensioso... Seus próprios companheiros de molecagem já o haviam repelido, porque além de mulatinho gaguejava, e não tinha jeito para ajudar a "tascar" balões de São João. Além disso, sentia às vezes "umas coisas esquisitas" que o punham fora de combate, derreado, incapaz de participar das proezas arrojadas de seus companheiros. O abandono em que os outros o deixavam não lhe dava apenas ensejo para pensar em defender-se por outros meios, mas ainda o levava a pensar na vida e a observar um mundo de coisas que os outros não viam. Ia, assim, o seu espírito desenvolvendo-se no sentido que o conduziria à Glória. E desistiu de ser moleque, porque havia "descoberto" um caminho melhor a seguir.

Quando sua madrasta, Maria Inês, se empregou como cozinheira num colégio em São Cristóvão, mal sabia que, para o enteado, havia caído a "sopa no mel". Desempenhando embora nesse colégio as funções de baleiro, vendendo as quitandas que as donas do estabelecimento faziam para atenuar a falta de recursos, Joaquim Maria aproveitava, furtivamente, esgueirando-se pelos corredores e escondendo-se atrás das portas das salas de aula, para ouvir as lições que eram ministradas às meninas ricas. Desenvolvendo, desse modo, o seu gosto pelos estudos, tornou-se um autodidata persistente, quase maníaco. Mas nunca se esqueceu de que seria preciso tornar-se grã-fino, não só para esconder a sua origem, como para poder conquistar a posição social e a situação econômica que lhe permitissem o exercício livre de sua decidida vocação para as letras. E a tal ponto Joaquim Maria compreendeu isso, que chegou a fingir-se medíocre desde a juventude até à morte. Pode-se dizer que Machado de Assis viveu duas vidas, distintas, separadas: a do homem que devia vencer no meio fútil, e a do artista. Para isso bastará observar a disparidade evidente entre o funcionário público, igual aos outros, (e mesmo entre "o homem da porta da livraria Garnier"), e o artista. Até a sua correspondência é medíocre, e nunca poderá ser identificada por quem apenas conhecesse a obra do criador de Capitu, de Brás Cubas e de todas as suas geniais criações.

Senhor de um talento que poderia ser aproveitado como bem entendesse, serviu-se genialmente do seu complexo de inferioridade, transformando-o na arma poderosa que lhe deu uma vitória fácil sobre o meio. Esse complexo é que possibilitou o desdobramento de sua personalidade. O tímido, o humilde, o falso medíocre, esse não seria hostilizado pelos verdadeiros medíocres, que evitam, a todo custo, a ascensão dos verdadeiros valores...

Um mulato de talento, não sendo pernóstico, ou metido a sebo, mas, ao contrário, dando a impressão de que é inferior aos outros, nunca será guerreado. Não pretendendo, aparentemente, fazer concorrência aos medíocres, dá-lhes a ilusão de que, com a sua valiosa convivência, facilitará a subida dos que lhe são, socialmente, superiores... Parece que estou vendo os seus colegas de repartição, orgulhosos de serem "colegas" de Machado de Assis... aquele Machado de Assis quieto, parado, fazendo-se de burro para comer capim... ouvindo opiniões disparatadas sobre as suas obras, na intimidade burocrática dos seus companheiros de trabalho... Parece absurdo, mas tenho a certeza de que os funcionários do Ministério deviam sentir-se "sócios" da glória literária do colega...

— Ah! Sim, o Machado? Trabalha comigo!... Ele me mostra tudo, antes de publicar... — Muitas vezes os seus "colegas" devem ter dito isso...

O fato é que ele venceu, engazopando os medíocres do seu tempo, os mesmos medíocres que, de quando em quando, tomavam choques com o aparecimento de suas obras; choques que foram, a pouco e pouco, traumatizando os intelectuais, melhores e piores, até deixá-los vencidos, verdadeiramente encabulados... Quando descobriram o logro, não era mais possível reagir. Machado de Assis já estava na presidência da Academia! Foi uma guerra, uma grande guerra que ele venceu, empregando a guerrilha contra imensos exércitos...

Começou aprendendo a falar francês com um padeiro em São Cristóvão. Depois foi rondar a porta da tipografia de Paula Brito. Era de uma tipografia que ele precisava... E como lhe foi fácil a conquista desse elemento indispensável à sua vitória, quase meteu os pés pelas mãos, publicando afoitamente o seu primeiro livro, um desabafo, um princípio de revolta, que felizmente para ele, e para nós também, conseguiu sopitar. Foi a tal *Queda que as mulheres têm para os tolos*. Um pequeno cochilo, produzido pelo ópio da vaidade. Esse primeiro livro de Machado de Assis foi um princípio de revolta, provocada pela "amargura do amor desprezado", pela sua condição inferior. Era o amor, insidiosamente, procurando inutilizar os seus planos. Não se conformava com o fato de as mulheres preferirem os homens vulgares aos homens de espírito. Mas teve o cuidado, assim mesmo, de esconder-se, declarando que se tratava de uma tradução, embora sem declinar o nome do autor original... que era ele mesmo, ou, antes, o outro Machado de Assis...[10] Esse cochilo serviu-lhe de lição, e nunca mais caiu noutra. Resolveu aderir, disfarçadamente, às ideias dominantes, enquanto se vingava nos seus livros. E, assim, chegou a viver bem, como um bom funcionário, recebido na sociedade, nos meios políticos e intelectuais. Se tivesse vivido na época atual, não seria anticlerical, mas, ao contrário, faria parte da Ação Católica, inauguraria retratos no seu gabinete de trabalho, e, talvez, também tivesse caído na esparrela integralista. Agiria, assim, como agiu no seu tempo, porque, de outra forma, teria tido o mesmo fim de Lima Barreto...

Esses desejos encobertos de vingança, não contra o que lhe haviam feito, mas contra o que lhe pudessem fazer, dado que ele sabia muito bem que seria guerreado se não se fingisse de humilde, é que, talvez, o tenham conduzido, primeiro, para a literatura teatral. Sabe-se que o teatro constituiu a maior preocupação de Machado de Assis. Lúcia Miguel Pereira, no seu admirável estudo crítico e biográfico, considera essa preocupação como meros pecados da mocidade. Mário Matos, no seu belo trabalho sobre o homem e a obra, acha que Machado foi conduzido para o teatro, porque o Rio de Janeiro daquele tempo estava dominado por esse único gênero de diversão, chegando mesmo a atribuir esta tendência à inclinação que o jovem escritor, como os moços dessa época, tinha pelas formosas atrizes estran-

---

10. Considerada por muito tempo de autoria de Machado de Assis, *Queda que as mulheres têm para os tolos* é tradução do livro *De l'amour des femmes pour les sots* (1859), atribuído a Victor Hénaux.

geiras que nos visitavam... Entretanto, Alfredo Pujol, mais atilado e talvez mais penetrante, porque se revela um amoroso da vida de Machado de Assis, afirma que o teatro era o sonho dourado do autor de *Quincas Borba*. E foi preciso que Quintino Bocaiuva, num prefácio diferente dos atuais, advertisse Machado, mostrando que ele nunca chegaria a escrever o verdadeiro teatro, pois que as suas peças não resistiriam servindo apenas para ser lidas. Machado de Assis, entretanto, insistiu, chegando a promover espetáculos particulares, até que, vencendo no romance, resolveu desistir.

É por isso que sou levado a atribuir a razões muito diferentes das apontadas por Lúcia Miguel Pereira e Mário Matos, a preferência de Machado de Assis pelo teatro. Ele precisava ser "ouvido" pela sociedade do seu tempo; tinha necessidade de um desabafo, não confiava noutra forma de expor as suas ideias, de exercer a sua "vingança", senão na forma teatral, que é mais direta, mais plástica, com a vantagem de ser assistida pelo próprio autor, que pode ouvir o que escreveu, pode saber que está sendo ouvido, e ainda presenciar os efeitos, as reações provocadas pelas suas ideias.

É esse um privilégio dos escritores de teatro, pois os romancistas raramente podem sentir o efeito de suas obras sobre os leitores. Aí está por que só os primeiros sucessos do grande romancista puderam vencer o ânimo do autor dramático em vocação. Para isso foi preciso um êxito que o deixou capacitado de que conseguira desabafar, e, sobretudo, de que vencera os obstáculos naturais, criados pela sua origem e todos os outros fatores do seu complexo de inferioridade. A crítica o consagrou desde logo, e Machado estava, portanto, suficientemente garantido e confortado, pois, como observa Sílvio Romero, nenhum escritor brasileiro foi tão elogiado, tão incensado ou festejado, desde o início de sua carreira, como Machado de Assis. E de tal forma ele desfrutou as honras de críticas favoráveis, que o próprio Sílvio Romero chegou a ficar irritado, supondo até que os que aplaudiam o autor de *Iaiá Garcia* não permitiam que alguém ousasse fazer-lhe a menor restrição... E entendeu, estranhamente, o grande crítico que, por isto, em seu *curriculum*, não teve ele um momento de luta, nem conheceu o aprendizado do combate; nunca se viu contestado, nunca teve que terçar armas, faltando-lhe esse elemento dramático da vida, que dá ao caráter uma certa diferenciação do sofrimento! E, embora polidamente, com a serenidade do verdadeiro crítico, resolveu estudar o escritor em seu meio social, para traçar-lhe a característica...

A prova de que Machado de Assis manteve como preocupação incoercível o desejo de manifestar-se através do teatro está na confissão que encerra este período: "Tenho o teatro por coisa muito séria, e as minhas forças por coisa muito insuficiente: penso que as qualidades necessárias ao autor dramático desenvolvem-se e apuram-se com o tempo e o trabalho; cuido que é melhor tatear para achar: é o que procurei e procuro fazer". Estava positivamente errado e desorientado, por isso tateava e não conseguiu achar, uma vez que procurava desenvolver qualidades que não possuía, até que chegou a confessar: "Tão difícil me parece este gênero literário que, sob as dificuldades aparentes, se me afigura que outras haverá, menos superáveis e tão sutis, que ainda as não posso ver".

Estas palavras indicam claramente que ele vivia torturado pela ideia de tornar-se um grande teatrólogo, e, portanto, não autorizam a situar o teatro na vida de Machado de Assis como simples pecado da mocidade ou como meio de aproximar-se das atrizes...

A primeira produção literária que Machado de Assis publicou em volume foi uma peça de teatro: *Queda que as mulheres têm para os tolos*, em 1861. Apareceu depois, no mesmo ano, *Desencantos*, comédia editada, como a primeira, pela tipografia de Paula Brito. Mas, antes, no mesmo ano, havia publicado na *Marmota* outra comédia, sob o título de *Hoje avental, amanhã luva*. *O caminho da porta* e *O protocolo* surgiram num volume com prefácio de Quintino Bocaiuva em 1863. Mais tarde escreveu outras peças, como *Quase ministro, Os deuses de casaca, Bodas de Joaninha, Tu só, tu, puro amor..., Não consultes médico* e *Lição de Botânica*. Suas comédias foram reunidas e publicadas em volume por Mário de Alencar, em 1909, sob o título geral de *Teatro*. Traduziu ainda as seguintes peças: *Pipelet, Mont-joie, Suplício de uma mulher, O anjo da meia-noite,*

Barbeiro de Sevilha, *A família Benoiton*, *Os descontentes*, de Racine, em verso alexandrino; *Tributos da mocidade*, *Burgueses de Paris* e outras. Fez uma paródia da *Traviata* e escreveu peças em francês, representadas em salões da alta sociedade. Lúcia Miguel Pereira coloca *Bodas de Joaninha* entre as traduções. Entretanto, apesar de documentos, Mário de Alencar considera essa comédia como obra original.

Todas as peças de Machado de Assis foram representadas, com exceção de *Descontentes*,[11] no Ateneu Dramático, na Arcádia Fluminense e em salões de sociedades recreativas. Nenhuma, porém, obteve um real sucesso. Era tão grande a sua vontade de se ver representado, que, não lhe sendo possível ocupar o cartaz dos teatros públicos, chegou a escrever peças para grupos de amadores, passadas apenas entre homens, pois, nesse tempo, as mulheres de sociedade não se atreviam, ou estavam proibidas de tomar parte em representações teatrais. Foi um exímio tradutor. Seus melhores originais, ou seja, os que se apresentam com um pouco mais de teatralidade, sem a monotonia de diálogos sem ação, comparações e preciosismos de linguagem, são *Quase ministro*, sátira à política e ao aulicismo; *Os deuses de casaca* e *Tu só, tu, puro amor...* Eis aí três peças que poderiam ser revividas, por conta da Academia Brasileira, e por meio de subvenção às companhias teatrais que se comprometessem a encená-las.

Fonte desta edição:
CAMARGO, Joracy. "Machado de Assis e o teatro". *Dom Casmurro*, Rio de Janeiro, 13 mar. 1943.

Outro texto do autor a respeito de Machado de Assis:
CAMARGO, Joracy. *Festa das personagens de Machado de Assis*, peça radiofônica, 1938; "Comemorações do Centenário de Machado de Assis: *A festa das personagens de Machado de Assis*, de Joracy Camargo, será irradiada, hoje, na *Hora do Brasil* — Curso de conferências na Academia Brasileira de Letras". *Correio Paulistano*. São Paulo, 21 jun. 1939.

11. O autor comete um lapso aqui: o título da peça é *Desencantos*.

MACHADO DE ASSIS
José Lins do Rego

j.l.r.

JOSÉ LINS DO REGO Cavalcanti (Engenho Corredor, Pilar, Paraíba, 1901—Rio de Janeiro, Rio de Janeiro, 1957): Romancista e jornalista. Transferiu-se em 1926 para Maceió, onde publicou *Menino de engenho* (1932), que lhe valeu o Prêmio da Fundação Graça Aranha. É o primeiro romance do "Ciclo da Cana-de-Açúcar", que inclui *Doidinho*, *Banguê*, *Fogo morto* e *Usina*. A ele se seguiu o "Ciclo do Cangaço, Misticismo e Seca", com *Pedra Bonita* e *Cangaceiros*. Foi eleito membro da Academia Brasileira de Letras em 1955, para a Cadeira número 25. Romances: *Menino de engenho* (1932); *Doidinho* (1933); *Banguê* (1934); *O moleque Ricardo* (1935); *Usina* (1936); *Pureza* (1937); *Pedra Bonita* (1938); *Riacho Doce* (1939); *Água-Mãe* (1941); *Fogo morto* (1943); *Eurídice* (1947); *Cangaceiros* (1953). Literatura infantil: *Histórias da Velha Totônia* (1936). Crônica e crítica: *Gordos e magros* (1942); *Poesia e vida* (1945) *Homens, seres e coisas* (1952); *O vulcão e a fonte* (1958). Conferências: *Pedro Américo* (1943); *Conferências no Prata* (1946).

Conferências no Prata, 1943

Eu vos conto a história de Joaquim Maria Machado de Assis, para com esta história fixar a ascensão de uma classe, de uma raça, de um homem sem família, sem fortuna, de pais humildes. De fato, a vida deste homem, que de moleque de morro passa a chefe de sua geração, a mestre de bem escrever, de bem vestir, de bem conduzir-se na sociedade, discreto de roupas e de palavras, de modos, de atitudes, é coisa de espantar. Nasceu no morro do Livramento, na cidade do Rio de Janeiro. O pai é pintor de paredes, a mãe é uma portuguesa da ilha de São Miguel. Viveu de 1839 a 1908. Foi menino com o Império nos seus princípios, com o imperador ainda rapaz, fazendo tudo para ajustar a Monarquia no quadro constitucional do século. O menino de dez anos perde a mãe e vai ficar cria de um cura.

Começa aí a ascensão do mulato. Fica com o padre, que lhe ensina as primeiras letras. Quer ser mais alguma coisa que o menino magro do morro do Livramento.

Em 1848 o Brasil entrega o governo aos conservadores. A força dos senhores de fazendas, de engenhos, de estâncias, se concentra no partido que seria a coluna mais firme do Império. Em Pernambuco, por esse tempo, levanta-se o povo contra o regime latifundiário da cana-de-açúcar. A revolução fracassada de 48 dá ainda mais poder aos conservadores do Império, que se solidificam na terra plantada. O café começa a devastar as matas fluminenses; os barões, os viscondes, os marqueses têm títulos de nobreza com palavras indígenas. Chama-se Itaboraí a vila matriz dos grandes chefes conservadores. A riqueza do solo faz florescer uma aristocracia que tem hábitos de corte europeia. Todas as ideias do tempo passam pelos debates das câmaras. Há teóricos do livre-cambismo citando os mestres europeus, há parlamentares como de Londres, como de Paris. Mas no fundo do quadro constitucional aparece a terra nova coberta de cultura. Ao norte, são os canaviais de Pernambuco, que já dera mais ouro às cortes portuguesas que as Minas Gerais, são os cafezais paulistas, fluminenses, florindo em cima da terra roxa, comendo as florestas, subindo as ladeiras, dominando as montanhas. O Brasil compra e vende como um fidalgo, pagando em ouro, sem pedir troco, na fartura do patriarcalismo, das casas-grandes, do bem-estar da grande lavoura.

Em 1838 nós ainda importávamos negros da África; em 1849 o menino Machado de Assis vivia no morro do Livramento, bem perto do Valongo, o mercado de escravos. A infância, os dias verdes da vida, viveu ele no âmago, no mais íntimo da tragédia social. Os viajantes estrangeiros dessa época pintam o Rio de Janeiro como um paraíso terrestre que cheirava mal. Era o cheiro, o bodum dos negros bestas de carga, era a chaga aberta às vistas de ingleses e franceses que aportavam à Guanabara para ver de perto o mundo novo. O mundo que eles mesmos da Europa haviam destruído na sua inocência. Mas a Monarquia cresce, os barões prosperam, as instituições políticas amadurecem, o imperador é um homem cheio de grandes intenções. A sociedade se firma no trabalho servil, mas os germes da nossa democracia social já se propagam. Cria-se no Brasil um tipo de homem que será mais tarde um tema de antropologia e estudiosos de genética. Criara-se o mestiço, um homem que daria trabalho à ciência, mas que enriqueceria a humanidade com caracteres novos, com tendências, com aptidões, com qualidades de alma e de inteligência desconcertantes. De dentro deste Brasil que fundara a aristocracia rural, surgia o homem para vencer preconceitos, para ascender, para dominar. A história deste valor de espanto viera desde a colônia, rompendo os quadros da sociedade. O padre Antônio Vieira é mestiço e chega na Companhia de Jesus a ser a própria voz da Igreja. Os padres-mestres não queriam negros e mestiços na sua sociedade. Vieira, porém, esmaga os preconceitos racistas e domina tudo. O maior escritor de Portugal de seu tempo, a voz mais rica, mais barroca da língua, é o mulato Antônio Vieira, que tem arrogância de desafiar até os poderes de Deus, quando na Bahia grita para os céus como um irmão de Jeremias.

 Joaquim Maria Machado de Assis é, depois de Vieira, o maior mestiço da língua portuguesa. Ambos viveram a esconder, a simular, a destruir as heranças negras. Machado é, ainda mais do que Vieira, de impiedade cruel contra as suas origens. Vieira, como um leão, defendeu os índios para libertá-los. Os negros entretanto podiam ser escravos, que não ofendiam a Deus nem aos homens. Não há uma palavra sua que estigmatize com aquele seu furor dialético a escravidão dos africanos. Machado silenciou. Quando ele saía para vender cocadas, quando descia o morro para servir o cura, na igreja da Lampadosa, via os negros expostos para o leilão, no mercado do Valongo. Lá estavam os montões de mercadoria à espera dos senhores que os comprassem dos mercadores. Ele via tudo isto e calava. No seu sangue havia muito daquele sangue de besta de carga. O menino de dez anos aprendia latim, saía da vala comum.

 A carreira literária deste maravilhoso autodidata se faz sem estrépito, sem espécie alguma de escândalo. Vai ser tipógrafo, entra para a casa de outro mestiço chamado Paula Brito. Paula Brito tem uma pequena livraria, é poeta secundário, mas possui poder aglutinador. Em torno dele se reúne a mocidade de seu tempo. O rapaz Machado de Assis faz amizade, conhece aí outro mestiço de talento poético e que será homem de relevo na política imperial, o orador Francisco Otaviano. O imperador da casa da Áustria não tem preconceito de cor. Cotegipe, gênio político da Bahia, que foi várias vezes chefe de gabinete, é mulato. Rebouças, gênio da engenharia, é preto. No conselho do Império, ao lado de brancarrões, sentam-se mestiços que têm voz no cabido. Apesar de tudo, em Machado de Assis o sangue negro é uma vergonha, que ele esconde, que procura corrigir por todos os meios. Para cobrir o prognatismo, os lábios grossos, deixa crescer uma barba, que lhe compõe a fisionomia. Ele quer que em sua figura física não se perceba o moleque do morro. Pois tudo consegue. Foge da família, distancia-se cada vez mais de sua classe e de sua raça, como um emigrante que até a língua houvesse desaprendido, que tivesse criado raízes na outra pátria, que fosse como filho, como criatura da terra nova. E, para vencer o seu temperamento e dar força a sua vida interior, Machado iria sofrer desesperadamente. Não é um espontâneo, teve que se submeter a torturas medonhas. Ele conhece o perigo do verbo, da palavra, de querer exprimir tudo, da abundância. Ele evita o homem que chamaria, com tamanha propriedade, de *homem derramado*. Este homem derramado passa a ser em sua crítica uma espécie de terror. Aquilo que a sua estética mais temia era o que mais caracterizava a gente de seu feitio étnico. O mulato era tido como retórico por excelência. Machado quer continência, economia. Chegou a dizer que até a imaginação tinha as suas regras; o estro, leis. E só admitia que se rompessem essas regras e essas leis para que se construíssem outras novas. Quer que a obra de arte seja uma refração da realidade sobre uma consciência ou temperamento. É por isso que se volta contra Eça de Queirós, para dizer em crítica cruel que *O primo Basílio* não passa de um incidente erótico, sem relevo, repugnante e vulgar. Eis aí dois temperamentos opostos no romance luso-brasileiro. Eça, o homem sem o aguilhão do complexo da inferioridade; Machado de Assis, aquele que foi obra e expansão deste complexo, que sublimou as suas dores criando uma literatura que é de um ático. Fala-se de seus mestres ingleses como modelos que ele tomou para copiar maneiras e sistemas de comportar-se no *métier*. O mestre de Machado de Assis, o seu grande agente fecundador, estava dentro dele mesmo. Era força que o conduziu a agir como um eterno homem em castigo, em custódia. O prisioneiro Machado de Assis compôs então uma máscara que muita gente tomou como a sua verdadeira fisionomia. Quem o visse manso, quieto, de tão distinto estar nas coisas, não sabia das suas fúrias interiores. Seria um estudo difícil aquele que se fizesse das fúrias machadianas. O moleque do morro parecia para todos os homens uma criatura sem paixão, um modesto diretor de secretaria, cético, tomando o trabalho de seu ofício como coisa séria, tanto que Tristão da Cunha chegara a dizer que o cético desalentado acreditava na contabilidade. Mas aquela era a máscara que ele compôs com mais esforço que a sua literatura. Para viver entre os homens sofreria tremendamente. Era amigo de Nabuco, o dândi do Império, o homem belo, neto do morgado do Cabo. Nabuco lança-se na campanha abolicionista, toma as dores dos negros para os seus discursos, vai a Roma arrancar de Leão XIII apoio para os desgraçados. Nabuco faz de Luiz Gama um símbolo da raça oprimida. Machado de Assis não dá uma palavra, não faz um artigo, não tem um gesto que acompanhe a sua geração na abominação do cativeiro. Ele descera o morro do Livramento para subir, para ser homem de outra condição social. O mundo de fora só existia para ele como o campo de suas batalhas contra condições sociais que achasse vergonhosas. Machado de Assis domina os seus ódios, as suas mágoas, os seus ressentimentos. Domina tudo. É um branco de costumes para a sociedade em que vive. Aos trinta anos procura uma mulher para se casar. Quer que seja uma branca legítima. Carolina é portuguesa. Está ele assim mais acima do morro do Livramento. E as suas fúrias? Bem, o magro homem de barba rala, de olhar míope, de comportamento exemplar, o macio chefe de secretaria, o homem que funda a Academia de Letras, que é chefe de uma literatura e que cultiva o exercício desta chefia, este, todo grave e bom, não odeia uma classe, não despreza uma instituição, não agride um governo, não invectiva contra um tirano. Este escritor, que não sabe que há negros no Império carregando correntes, e que faz o elogio do velho Senado, centro do mais severo conservantismo, só tem um ódio, e este é terrível: Machado de Assis odeia a humanidade. Ele só tem um inimigo, que é o homem. A maior obra de Deus ele não a toma nos seus detalhes para criticá-la. Ele a fulmina com o seu desprezo profundo. E o que é mais patético é que todo esse furor machadiano daria na mais pungente criação literária do nosso continente. Começara a vida literária querendo fazer versos. Não tem abandono de inteligência, grandeza de alma, para a poesia que pretende escrever. Os seus versos são medíocres, porque não são a força de sua natureza. O Prometeu acorrentado mentia na poesia débil das *Falenas*. O que ele tinha para dizer não seria para puro deleite dos sentidos. Machado de Assis o que trouxe de duradouro para a nossa literatura é o que um crítico chamou de análise dos sentimentos do tipo stendhaliano. Ele é dos que penetraram na alma humana para entendê-la como uma fatalidade. Neste sentido é bem da tradição grega. O homem Machado de Assis fora marcado pela perversidade do destino. O horror que ele sentia pelo seu passado, pela sua infância, faz de sua literatura um comentário cruel à vida. A natureza humana de seus livros nos inspira compaixão. O homem perdido, o homem sem o sopro de Deus, é a matéria que ele explora. Mais do que o humorista que leu Sterne, ele é o sádico que quer destruir, que quer analisar com penetração ímpia. Homem para Machado de Assis é carne que se acaba. Ele falava com certo prazer na "voluptuosidade do nada". E por que os seus livros são grandes, são de humanidade tão moderna, tão próxima de nós todos, se este criador é tão virulento? É que não se faz boa literatura só com bons sentimentos, dizia André Gide. Havia em Machado um juízo terrível sobre o homem, mas por outro lado ele possuía como pouca gente uma capacidade de exprimir a realidade interior, o mistério da alma, a rutilância da escuridão, que só um gênio literário poderia ter realizado. É por isto que ele é medíocre quando não está tratando com o homem da sua filosofia, da sua compreensão, da sua análise. É com *Brás Cubas* que ele começa a ser o grande Machado do *Dom Casmurro*. O curioso é verificar-se que este intérprete do homem só adquire o seu máximo poder de expressão, de arte, aos quarenta anos. O Machado de Assis da adolescência, da mocidade, não nos convence. É um estreante que se repete, é um escritor que não descobrira o seu assunto. Só aos 42 ele publica o seu primeiro grande livro. *Brás Cubas* já é o Machado de Assis em pleno poder ofensivo contra a humanidade. Eu não sei se direi bem contra a humanidade. Ficaria melhor dizer: contra a crença na bondade natural do homem. Machado, ao contrário de Rousseau e dos românticos, não partia da bondade natural do homem; muito pelo contrário, ele partia da ruindade natural do homem para conduzir a vida. Há quem procure atribuir este seu terrível pessimismo à doença física.

Lúcia Miguel Pereira, grande crítica de sua obra, aproxima a epilepsia da sua conduta filosófica. Eu não creio. Dostoiévski, com o mesmo mal, com os mesmos gravames mórbidos, acreditou na humanidade futura, foi um otimista à moda russa, mas acreditou no homem. Eu creio mais na mágoa, no despeito, na dor de ter nascido um mestiço tão evidente, para descobrir as raízes do mal secreto do mestre Machado. A doença nervosa o teria ajudado nos seus arrancos, no seu esplendor de forma, na sua visão, no seu poder de pegar das coisas o essencial. Machado tinha, de vez em quando, um fulgor de relâmpago, no estilo que cortava como um raio. Ele não acreditava no homem, mas acreditava na literatura, que era uma fatura do homem. O que o salvou daquela "voluptuosidade do nada" foi a sua crença na forma, na forma como a imaginava Leonardo, substância da arte. Para vencer o seu niilismo mental, há no escritor a sua preocupação com a técnica da composição. É ele aí um sensual que estremece ao contato da matéria que transforma, que lima, que estiliza. Deus não existia, não existia a bondade dos homens, mas existiam as regras e as leis, as formas perfeitas, tudo o que ele pudesse manejar como seus instrumentos de mestre da prosa. O pessimista virulento acredita então na sintaxe, nas regras, nas figuras de retórica, no ritmo. O subjetivo atormentado se transforma no objetivo de claridade mediterrânea. A prosa de Machado de Assis é assim de um visual e de um músico. Ele tem o estilo da categoria dos apolíneos, da concepção de Leonardo. A forma ele a ama como se ela fosse a ideia feita carne e sangue. A maior força do escritor está neste seu contato com a beleza. Se não, a obra deste negador impenitente nos seria hoje mais um gemido de Job. É este estilo como de um Montaigne que dará a perpetuidade a livros truncados como *Esaú e Jacó*. Não quero com isto insinuar que seja Machado de Assis um puro estilista, um verbo perfeito. Nada disto. Se não estivesse ligado à vida como sempre esteve, ligado à vida pelos despeitos, pelas suas mágoas, pela timidez, pela voluptuosidade constante, não haveria estilo que o salvasse de ser mais um modelo para mestres de classe. Dois de seus livros, alguns de seus contos, são profundos cortes na vida. *Dom Casmurro* e *Quincas Borba* me parecem livros que chegam ao tamanho de *Le rouge et le noir*, e de *Bovary*. Sobretudo *Quincas Borba*, onde o poder de destruir o homem em Machado de Assis chegou ao máximo. Aparece neste romance um homem bom. Era o único homem bom da galeria machadiana. Um homem bom. Estava por terra toda a incredulidade do pessimista. Mas o homem bom de Machado era um louco. Rubião, este espécime raro, o pobre provinciano arrastado pelo amor, termina coberto de ridículo, de barba como a de Napoleão III, arrastando a loucura como se cumprisse sentença por crime de ter sido bom num romance de Machado de Assis.

Romancista de ideias como um Henry James, que tivesse querido vestir o seu pensamento de formas humanas e que pelas ideias tivesse atingido uma vibração interior que, às vezes, nos sufoca, nos abafa, pela constância de sua impiedade. Nele a ideia foi, como observa Olívio Montenegro, um germe de corrupção. E a ideia que devora em muitos dos seus livros, não só a ação, mas toda a vontade e a própria consciência. É por isso que ele sofreu de doença incurável, a dúvida que o fecundou. Este romancista duvidou sempre. E é pela dúvida, não aquela dúvida clarividente e mágica de Montaigne, mais amiga que inimiga do homem, que ele atinge as regiões perigosas do subsolo da vida. Seria assim um mineiro que se aprofundava, que furava a terra atrás de um olho negro, de uma imagem infernal de homem. E encontrou. O homem de sua imaginação, a criatura que forjou, é bem aquele da declaração monstruosa de *Brás Cubas*: "Não tive filhos, não transmiti a nenhuma criatura o legado da nossa miséria". A miséria que o pessimista via como a condição humana não é, em absoluto, uma diversão, é a sua concepção ética, o seu sistema de redução filosófica. Por isto os seus romances não servirão nunca para nos conduzir a rever os erros da sociedade, as tremendas injustiças que atormentam a humanidade. O que era podre, o que era corrupto na árvore, não seriam os galhos e as ramagens. Vinham das raízes os germes da morte. Neste sentido, como é oposto ao romance de Machado de Assis o romance de outro brasileiro, mestiço como ele, nascido na mesma cidade, e com gênio como o seu para a criação literária! É de Lima Barreto que falo. Lima é um homem que fracassa na vida. É um bêbedo que se arrasta pela degradação social. Não foi nada, é um pobre escrevente de repartição, que tivera um pai louco e que se entregou ao vício com fúria assassina. Um é correto no trajar, é chefe de secretaria, é presidente da Academia de Letras, tem amigos íntimos que são os maiores da terra, Rio Branco, Nabuco, Domício da Gama. Quando ele fica na Livraria Garnier, é cercado pelos moços e pelos velhos. Casa-se com mulher branca, de linhagem literária. Desceu do morro do Livramento para uma casa burguesa nas Laranjeiras. É o velho que os contemporâneos respeitam e admiram. Chegara ao fim tendo realizado ao pé da letra tudo o que aconselhara naquele conto a que dera o título de "Teoria do medalhão": "[...] qualquer que seja a profissão da tua escolha, o meu desejo é que te faças grande e ilustre, ou pelo menos notável, que te levantes acima da obscuridade comum". É um Julien Sorel que triunfou. É o mestre Machado soberano absoluto das letras. E o outro? A sua imagem física ainda é recordada no Rio de Janeiro com desgosto. Tem as roupas em desalinho, a barba crescida no rosto escuro, os olhos vermelhos, o andar cambaleante, a fisionomia transtornada. Os homens graves, até os amigos prudentes, fogem dele. Não chegou a se formar em engenharia, o pai é louco, tivera um amor frustrado. É o Lima Barreto vencido pela desgraça. Pois bem, o homem Machado de Assis, que vencera todos os preconceitos de cor, mulato que daria lição de harmonia e de equilíbrio aos brancos da elite literária e política, o homem que não encontrara tropeços para os dias de pequeno burguês satisfeito, é, de modo irredutível, um inimigo do homem, aquele que não acreditava em espécie alguma de redenção, aquele que via no milagre da procriação apenas um legado de miséria, o homem que queria morrer, que não queria transmitir-se, que não tinha confiança alguma no futuro do mundo. O outro, pária social, acreditava no homem como quem confiava na semente enterrada na terra. O que caíra na sarjeta, na lama, via estrelas no céu. Lima Barreto vencera os seus ressentimentos de mestiço imaginando o homem redimido de seus dolorosos enganos, pela justiça social, pela revolução, pela vida futura. Estes dois gênios literários nos dão dois caminhos, duas direções, duas concepções da vida. Ambos provêm da mesma formação étnica e social. Enquanto o maior dos nossos criadores, o gênio universal das nossas letras, não vencera o demônio de suas entranhas e se transformou num pessimista sombrio que nos aterra e que fulmina esperanças, o malogrado Lima Barreto, que perdeu o gênio, que não realizou a obra para que nascera, tem fé na criatura humana, é da família de Tolstói, é um coração generoso, um terno poeta que pintou um Gonzaga de Sá morrendo como um pássaro, um esplendor da criação de Deus. Machado termina com o velho conselheiro Aires, o último rebento de sua alma, último retrato que Machado deu de sua vida. Já não é o Bento, a Capitu, Brás Cubas, Rubião, todas as espécies de doenças morais e físicas que ele elabora com sua maestria insuperada; já não é o "monstro de escuridão e rutilância" do poeta Augusto dos Anjos, o que ele deixa que viva para a grandeza da perfeição literária e opróbrio da condição humana. Agora é o conselheiro Aires, a maior bondade que Machado conseguira reunir, para com ele pretender no fim da vida dar uma demonstração de que acreditava no gênero humano. O moleque do morro do Livramento parecia possuído de ternura, de paz, de uma filosofia de quem sentia a morte rondar-lhe a cama de doente. Mas no fim de tudo o septuagenário não se contém. E convulso, maligno, rangendo os dentes postiços, o velho conselheiro Aires ainda é o Machado de Assis que não perdoa nem aos homens nem às coisas. E não querendo agredir a espécie humana, ele se volta para os cachorros, em página de rancor: "Não faltam cães atrás da gente, uns feios, outros bonitos e todos impertinentes".

Fonte desta edição:
REGO, José Lins do. "Machado de Assis". In: *Conferências no Prata: Tendências do romance brasileiro — Raul Pompeia — Machado de Assis*. Conferências lidas no Colégio Livre de Estudos Superiores, de Buenos Aires, em outubro de 1943. Rio de Janeiro: Casa do Estudante do Brasil, 1946, pp. 81-105.

Outros textos do autor a respeito de Machado de Assis:
REGO, José Lins do. "Sobre Machado de Assis", *Correio Paulistano*, São Paulo, 17 nov. 1935; *Dom Casmurro*, 27 maio 1939, p. 5; *A União*, João Pessoa, 21 jun. 1939; *Dom Casmurro*, 27 maio 1939, p. 5; sob o título "Um escritor sem raízes" em *A Manhã*, "Autores e Livros", 28 set. 1941, p. 99.

REGO, José Lins do. "O Machado de Assis de Lúcia Miguel Pereira". *O Jornal*, Rio de Janeiro, 3 jan. 1937.

REGO, José Lins do. "Machado de Assis, glória nacional". *O Jornal*, Rio de Janeiro, 2 abr. 1939, p. 6; *Folha do Norte*, Belém, 3 abr. 1939; *Diário de Pernambuco*, Recife, 4 abr. 1939; *Correio do Ceará*, Fortaleza, 18 abr. 1939; *Revista das Academias de Letras*, Rio de Janeiro, abr. 1939, n. 9, pp. 348-50.

REGO, José Lins do. "Vamos entregar Machado de Assis ao povo! Fala ao Meio-Dia o romancista José Lins do Rego". *Meio-Dia*. Rio de Janeiro, 13 abr. 1939.

REGO, José Lins do. Entrevista em: MATOS, Lobivar. "O Centenário de Machado de Assis". *Dom Casmurro*, Rio de Janeiro, 20 maio 1939, p. 16. Entrevista com Augusto Meyer, Lúcia Miguel Pereira, Octávio Tarquínio de Sousa, Afonso Costa, José Lins do Rego, Virgílio Correia Filho, Jorge Amado, Manuel Bandeira e Modesto de Abreu.

REGO, José Lins do. "A 'Revista do Brasil' e Machado de Assis". *O Jornal*, Rio de Janeiro, 18 jun. 1939.

REGO, José Lins do. Depoimento em: CONDÉ, José. "Os escritores de hoje falam sobre Machado de Assis". *O Jornal*, Rio de Janeiro, 11, 18 e 25 jun. 1939. Cf. a seção "Enquetes e depoimentos" neste volume.

REGO, José Lins do. "O provinciano Machado de Assis". *Dom Casmurro*, Rio de Janeiro, 24 out. 1942, p. 5; *Dias idos e vividos: antologia de José Lins do Rego*. Seleção, organização e estudos críticos de Ivan Junqueira. Rio de Janeiro: Nova Fronteira, 1981, pp. 79-81.

REGO, José Lins do. "Um século de romance". *A Manhã*, Rio de Janeiro, 15 dez. 1943.

REGO, José Lins do. "Machado de Assis em francês". *O Globo*, Rio de Janeiro, 28 set. 1944.

REGO, José Lins do. "Entrevista com José Lins do Rego: José Lins do Rego e seus pontos de vista". *Carioca*, 14 abr. 1945, pp. 17 e 57.

REGO, José Lins do. "Homens, coisas e letras". *O Jornal*. Rio de Janeiro, 30 set. 1952. Sobre *Retrato de Machado de Assis*, de José-Maria Belo.

EXCERTO DE *BREVE HISTÓRIA DA LITERATURA BRASILEIRA*
Erico Verissimo

e.v.

ERICO Lopes **VERISSIMO** (Cruz Alta, Rio Grande do Sul, 1905 — Porto Alegre, Rio Grande do Sul, 1975). Estreou com os contos de *Fantoches*, editados pela Globo em 1932. No ano seguinte, escreveu seu primeiro romance, *Clarissa*. Em 1938 saiu seu primeiro grande sucesso editorial, *Olhai os lírios do campo*. Publicou, entre outras obras: Romances: *Clarissa* (1933); *Caminhos cruzados* (1935); *Música ao longe* (1936); *Um lugar ao sol* (1936); *Olhai os lírios do campo* (1938); *Saga* (1940); *O resto é silêncio* (1943); *Noite* (1954); *O tempo e o vento*: I. *O continente* (1949); II. *O retrato* (1951); III. *O arquipélago* (1961); *Incidente em Antares* (1971). Literatura infantojuvenil: *As aventuras de Tibicuera* (1937); *O urso com música na barriga* (1938); *A vida do elefante Basílio* (1939). Memórias: *Solo de clarineta*, 2 vols. (1973-76). Narrativas de viagens: *Gato preto em campo de neve* (1941); *A volta do gato preto* (1946). Ensaio: *Brazilian Literature: an Outline* (1945).

[1945]

Comecemos do começo. No ano de 1839, um bebê de cor nasceu na cidade do Rio de Janeiro. Bem, acho que um acontecimento como esse não tem nada de extraordinário em si mesmo. Bebês mulatos nascem em grandes quantidades e em todo canto do Brasil a cada semana. Mas essa criatura em particular, pequenina, morena, escanifrada, que fez essa aparição tão pouco promissora nesse "vale de lágrimas", estava destinada a ser, simplesmente, um dos romancistas brasileiros mais notáveis não só de seu tempo mas de todos os tempos. Foi batizado na igreja do subúrbio onde seus pais pobres e modestos viviam. Recebeu o nome de Joaquim Maria — que, a propósito, não o ajudou muito. Logo sua mãe morreu e o pai, mais tarde, casou com outra mulata, Maria Inês, a qual tomou conta do menino de modo muito afetuoso e maternal. Detestava tanto o nome de madrasta que pediu ao garoto para chamá-la de "madrinha" — o que ele fez com muita alegria, pois gostava dela.

Joaquim Maria cresceu como todos os rapazes, sejam eles brancos, negros ou morenos. Foi à escola, brincou e costumava ganhar alguns níqueis por dia vendendo doces de uma cesta pelas ruas. Gostava de ler e queria aprender. Tinha ambições, mas sua saúde era má e ele era feioso. E o fato de possuir sangue negro nas veias era um considerável empecilho a suas ambições sociais, mesmo num país como o Brasil onde praticamente não há discriminação racial. Joaquim Maria contava dezesseis anos de idade quando escreveu seu primeiro poema, "Para um anjo". No ano seguinte, foi admitido como aprendiz de tipógrafo numa casa impressora. Mais tarde foi promovido a revisor. Continuou estudando à noite e escrevendo poesia e prosa. Logo viu seus próprios artigos, poemas e contos publicados em revistas e jornais. Sua situação financeira melhorou. Publicou seu primeiro livro. Seus três primeiros romances foram escritos de acordo com os moldes do Romantismo, mas tinham algo de diferente — eram destituídos de sentimentalismo e de muitas maneiras anunciavam o vigoroso romancista em que seu autor se tornaria.

A reputação literária de Joaquim Maria se estabeleceu em definitivo quando publicou seu romance *Memórias póstumas de Brás Cubas*. Tinha então trinta e seis anos de idade, um casamento feliz e uma boa posição como funcionário do governo.[12] Daquele livro em diante, sua fama aumentou de modo constante e quando chegou aos cinquenta Joaquim Maria, conhecido por todo o país como Machado de Assis, era a figura mais distinguida e respeitada da cena literária brasileira. Era polido, calmo e modesto. Costumava ir, nos fins de tarde, depois de sair do escritório, à livraria Garnier, ponto de encontro tradicional dos literatos. Os jovens escritores vinham a ele em busca de encorajamento. Os mais famosos homens de letras da época geralmente apreciavam e admiravam Machado de Assis, que tinha a reputação de ser um marido exemplar bem como um funcionário público de primeira categoria, um homem de hábitos conservadores, muito estrito em questões de horário e método, um tanto frio demais nas maneiras e extremamente tímido e sensível. Os críticos e leitores que o conheciam pessoalmente mal

---

12. *Memórias póstumas de Brás Cubas* foi publicado em 1880, na *Revista Brasileira*, e no ano seguinte em livro; o escritor tinha, portanto, entre 41 e 42 anos na época da publicação do romance.

podiam acreditar que escrevera aqueles livros tão cheios de personagens e acontecimentos, os quais, a julgar pelas aparências, eram a própria negação da vida e dos princípios do autor. E quando Joaquim Maria Machado de Assis morreu, começaram a aparecer ensaios sobre sua vida e obra por toda parte. Esse estranho poeta e romancista é na verdade um dos assuntos mais fascinantes que qualquer literatura poderia oferecer a um espírito inquiridor.

Tentemos examinar rapidamente o "caso" de diferentes ângulos. Para começar, Machado de Assis não mostrava nenhuma das características de sua raça. Tinha senso de equilíbrio, odiava o exibicionismo, era discreto e abominava a verbosidade. Numa terra de extrovertidos eloquentes era um introvertido sem amor pela eloquência ou o colorido. Aderiu ao romance psicológico, e em suas histórias o enredo é tênue e desimportante, a coisa toda sendo apenas um pretexto para o escritor exercer seus dotes como dissecador de almas. Suas personagens com frequência falam ao leitor o que pensam da vida e dos homens. Seus pontos de vista e pensamentos são sombrios e amargos. Em geral encontram no cinismo um porto frio mas seguro para suas almas desiludidas.

Mas por que era pessimista aquele homem feliz e bem-sucedido? Por que seus livros são tão cáusticos e às vezes tão cínicos? Não casou com a moça que amava, apesar da oposição da família dela? Não lhe era ela amorosa e fiel? Não viveram toda a sua vida de casados na mais perfeita harmonia e felicidade? Não viu ele a glória, a fama e, de certo modo, a popularidade enquanto ainda vivo e relativamente jovem?

"Sim" é a resposta a todas essas questões. Mas nunca se sabe tudo sobre as almas. Machado de Assis tinha seus padecimentos secretos. Sofria de terrível doença. Era epilético. Temia a possibilidade de ter um de seus ataques na rua ou em qualquer lugar público. Abominava a ideia de ser um "espetáculo". E aquela preocupação para ele era uma tortura permanente. Também gaguejava muito. E possuía sangue negro. Sabia igualmente que era feio. Pesem todas essas desvantagens e compreenderão o que poderiam ter significado para um homem sensível como ele.

Fonte desta edição:
VERISSIMO, Erico. *Breve história da literatura brasileira.* Trad. de Maria da Gloria Bordini. 4ª ed. São Paulo: Globo, 1997, pp. 70-71. *Brazilian Literature: An Outline.* New York: Macmillan, 1945, pp. 66-73.

Outro texto do autor a respeito de Machado de Assis:
VERISSIMO, Erico. Depoimento em: "Machado de Assis, visto por intelectuais rio-grandenses". *Correio do Povo*, Porto Alegre, 20 e 21 jun. 1939. Depoimentos também de Vianna Moog e Reynaldo Moura. E de Athos Damasceno e Manoelito de Ornellas.

O AUTOR
DE SI MESMO
Augusto Meyer

a.m.

AUGUSTO MEYER (Porto Alegre, Rio Grande do Sul, 1902 — Rio de Janeiro, Rio de Janeiro, 1970): Poeta, ensaísta, crítico literário. Com *Coração verde*, *Giraluz* e *Poemas de Bilu* conquistou renome nacional. Transferindo-se para o Rio de Janeiro, foi um dos organizadores do Instituto Nacional do Livro, que dirigiu por cerca de trinta anos. Recebeu o Prêmio Machado de Assis, da Academia Brasileira de Letras, em 1950, pelo conjunto da obra literária. Sexto ocupante da Cadeira número 13 da Academia Brasileira de Letras, eleito em 1960. É um dos principais intérpretes da obra de Machado de Assis. Obras: Poesia: *A ilusão querida* (1923); *Coração verde* (1926); *Giraluz* (1928); *Duas orações* (1928); *Poemas de Bilu* (1929); *Sorriso interior* (1930); *Literatura & poesia*, poema em prosa (1931); *Poesias 1922-1955* (1957); *Antologia poética* (1966). Crítica e ensaios: *Machado de Assis* (1935, 1958); *Prosa dos pagos* (1943); *À sombra da estante* (1947); *Le Bateau ivre. Análise e interpretação* (1955); *Preto & branco* (1956); *Camões, o bruxo, e outros estudos* (1958); *A chave e a máscara* (1964); *A forma secreta* (1965).

Correio da Manhã, 16 nov. 1947

O noticiário de Porto Alegre sugere a Machado de Assis uma de suas páginas essenciais, "O autor de si mesmo", crônica já reproduzida por Mário de Alencar na excelente seleção de "A Semana"; página profundamente original, que só ele poderia escrever, com o mesmo *humour* soberano, depois do Swift de [*A*] *Modest Proposal*.

Sempre me pareceu que o Machado cronista, apesar da sua pontualidade, não se integra muito bem no papel de conversador fiado. Considerados em conjunto, dão-nos os sete volumes da edição Jackson uma estranha impressão de frivolidade triste, mais ou menos como a leve desconfiança que provoca em nós a loquacidade de uma pessoa discreta, quando se põe a despistar uma roda com humorismos um tanto ostensivos. Acabam não convencendo muito as suas "cabriolas de volantim".

É verdade que mal poderíamos imaginar Machado de Assis privado desse exercício de trapézio; a acrobacia humorística é uma das regras do seu jogo, um pendor do seu estilo, talvez até um modo de autoincitamento; às vezes lembra a falsa agitação de que necessitam certos temperamentos para desanuviar-se, batendo pés e mãos, como quem deseja criar a ilusão do movimento.

Como a justificar-se, escorando essa ilusão dinâmica do humorismo em argumentação filosófica, observa: "Afinal de contas, os homens que não são sérios e graves, são exatamente os homens graves e sérios. Demócrito continua a ter razão: só é sério aquilo que o não parece".

Nos sete volumes de crônicas publicados pela editora Jackson, valha a verdade, há muita apara, e é quase certo que o autor ficaria arrepiado, se pudesse enfiar os olhos por alguma frincha do outro mundo, para ver os farelos do seu gênio recolhidos novamente à mesa do banquete.

Tanto mais interessante descobrir de quando em quando, no fluxo da prosa hebdomadária, a um recanto de coluna, o Machado essencial; veja-se, por exemplo, o miolo amargo desta "bala de estalo", que poderá servir de explicação simples, direta, sincera ao passo anterior, citado entre aspas, e ao fundo permanente da sua personalidade:

> Não sei se alguma vez disse ao leitor que as ideias, para mim, são como as nozes, e que até hoje não descobri melhor processo para saber o que está dentro de umas e de outras — senão quebrá-las... Trazia comigo na mala e nas algibeiras uma porção dessas ideias definitivas, e vivi assim, até o dia em que, por irreverência do espírito, ou por não ter mais nada que fazer, peguei um quebra-nozes e comecei a ver o que havia dentro delas. Em algumas, quando não achei nada, achei um bicho feio e visguento.

Aí temos, sem dúvida, o imortal Brás Cubas, que não sabia mentir a si mesmo: temos o próprio Machado de Assis da maturidade.

De qualquer modo, bastaria o volume organizado por Mário de Alencar, para consagrá-lo como admirável cronista; bastaria igualmente aquela crônica, intitulada "O autor de si mesmo", para revelar no simples cronista o grande, o profundo, o verdadeiro Machado, que ali atinge um dos seus momentos definitivos, pois escreve um capítulo que escapou a Brás Cubas.

* * *

Logo se impõe a aproximação. Os machadianos decerto não esqueceram d. Plácida, alcoviteira por necessidade, fruto de uma conjunção de luxúrias vadias: refresquemos a memória abrindo aspas:

> É de crer que d. Plácida não falasse ainda quando nasceu, mas se falasse poderia dizer aos autores de seus dias:—Aqui estou. Para que me chamastes? E o sacristão e a sacristã naturalmente lhe responderiam:—Chamamos-te para queimar os dedos nos tachos, os olhos na costura, comer mal, ou não comer, andar de um lado para outro, na faina, adoecendo e sarando, com o fim de tornar a adoecer e sarar outra vez, triste agora, logo desesperada, amanhã resignada, mas sempre com as mãos no tacho e os olhos na costura, até acabar um dia na lama ou no hospital: foi para isto que te chamamos, num momento de simpatia.

Também o autor de si mesmo, o Abílio, criança de dois anos, abandonada pelos pais numa estrebaria e liquidada aos poucos a bicada de galinha, põe-se a monologar:

> Quem mandou aqueles dois casarem-se para me trazerem a este mundo? Estava tão sossegado, tão fora dele que bem podiam fazer-me o pequeno favor de me deixarem lá. Que mal lhes fiz eu antes, se não era nascido? Que banquete é este em que o convidado é que é comido?

Mas neste último caso, Machado não ficou na pergunta e respondeu-lhes a ambos, d. Plácida e Abílio, de Schopenhauer em punho. Machado era lido no filósofo pessimista, que decerto conheceu na tradução francesa de Cantacuzène. Ocorreu-lhe naturalmente o capítulo em que Schopenhauer mostra a vontade a manifestar-se no gênio da espécie, para sua conservação; na atração sexual, o indivíduo não passa de um instrumento para a conservação da espécie, e o filho representa o eixo da comédia.

O humorista não perde essa oportunidade de filosofar contra a filosofia e agravar o absurdo que decorre do simples fato com novo absurdo, ainda mais chocante em sua veleidade explicativa e teórica:

Nesse ponto do discurso é que o filósofo de Dantzig, se fosse vivo e estivesse em Porto Alegre, bradaria com a sua velha irritação: Cala a boca, Abílio. Tu não só ignoras a verdade, mas até esqueces o passado. Que culpa podem ter essas duas criaturas humanas, se tu mesmo é que os ligaste? Não te lembras que, quando Guimarães passava e olhava para Cristina, e Cristina para ele, cada um cuidando de si, tu é que os fizeste atraídos e namorados? Foi a tua ânsia de vir a este mundo que os ligou sob a forma de paixão e de escolha pessoal. Eles cuidaram fazer o seu negócio e fizeram o teu. Se te saiu mal o negócio, a culpa não é deles, mas tua, e não sei se tua somente... Sobre isto, é melhor que aproveites o tempo que ainda te sobrar das galinhas, para ler o trecho da minha obra, em que explico as coisas pelo miúdo. É uma pérola. Está no tomo II, livro IV, capítulo XLIV. Anda, Abílio, a verdade é verdade ainda à hora da morte. [...]

E Abílio, entre duas bicadas:

— Será verdade o que dizes, Arthur; mas é também verdade que, antes de cá vir, não me doía nada, e se eu soubesse que teria de acabar assim, às mãos dos meus próprios autores, não teria vindo cá. Ui! Ai!

* * *

Se abusei um pouco da liberdade de citar, é que era necessário fazer compreender todo o alcance da resposta de Abílio, na convicção de Machado: é uma resposta sem resposta, e acaba com o próprio humorismo do cronista.

Poderia também servir, de modo concludente, para esfriar o entusiasmo do próprio Hegel, que em matéria de explicações não cedia um palmo a Schopenhauer. Não é que Hegel, que tudo explicou, não pudesse dar-nos uma explicação cabal do caso de Abílio; é que Abílio estava dentro da sua pele, ou melhor, das suas chagas, e entre Job e os amigos de Job vai alguma diferença.

Abílio tem razão contra todas as razões da filosofia: seu sofrimento não cabe em sistema algum, por mais que se multiplique a ninhada hegeliana, cada vez mais apegada à idolatria racionalista.

Fonte desta edição:
MEYER, Augusto. "O autor de si mesmo". *Correio da Manhã*, 16 nov. 1947.

Livros do autor com textos a respeito de Machado de Assis:
MEYER, Augusto. *Machado de Assis*. Porto Alegre: Edição da Livraria do Globo, 1935; 2ª ed. Rio de Janeiro: Edição da Organização Simões, 1952; 3ª ed. Rio de Janeiro: Presença: Ministério da Educação e Cultura, 1975. (Esta última edição contém os seguintes textos: "O homem subterrâneo", "Relendo", "O delírio", "Flora", "Entusiasta e místico", "Na Casa Verde", "O espelho", "(Da introversão, parêntese)", "Sombra", "Mas", "Marginália", "Anedota machadiana", "O delírio de Brás Cubas".)

Machado de Assis, 1935-1958. Rio de Janeiro: Livraria São José, 1958; Porto Alegre: Instituto Estadual do Livro; Corag-Companhia Rio-Grandense de Artes Gráficas, 2005; 4a ed. Rio de Janeiro: José Olympio: ABL, 2008. (Esta última edição contém os seguintes textos: "O homem subterrâneo", "Relendo", "O delírio", "Flora", "Entusiasta e místico", "Na Casa Verde", "O espelho", "(Da introversão, parêntese)", "Sombra", "Mas...", "Da sensualidade", "Capitu", "Os galos vão cantar", "O enterro de Machado de Assis", "O autor de si mesmo", "Anedota machadiana", "O delírio de Brás Cubas", "Uma cara estranha", "Presença de Brás Cubas", "Trecho de um posfácio", "O autor e o homem", "Um desconhecido".)

MEYER, Augusto. *À sombra da estante*. Rio de Janeiro: José Olympio, 1947, pp. 63-102.

MEYER, Augusto. *Preto & branco*. Rio de Janeiro: Instituto Nacional do Livro, 1956. (Contém os seguintes textos: "Os galos vão cantar", "O enterro de Machado de Assis", "Trecho de um posfácio", "A autor e o homem".)

MEYER, Augusto. *A chave e a máscara*. Rio de Janeiro: O Cruzeiro, 1964.

MEYER, Augusto. *A forma secreta*. Rio de Janeiro: Lidador, 1965. (Contém três ensaios sobre Machado: *Sílvio e Sílvia*; *Pratiloman*; *A Casa de Rubião*.)

MEYER, Augusto. *Textos críticos*. Organização de João Alexandre Barbosa. São Paulo: Perspectiva; Brasília: INL, 1986. (Contém os seguintes textos: "O homem subterrâneo", "O delírio de Brás Cubas", "O espelho", "Da sensualidade na obra de Machado de Assis", "Capitu", "O romance machadiano", "*Quincas Borba* em variantes", "Sílvia e Sílvio".)

MACHADO DE ASSIS
E O SENADO
DO IMPÉRIO
Cyro dos Anjos [Disraeli]

c.a.

CYRO Versiani DOS ANJOS [Disraeli] (Montes Claros, Minas Gerais, 1906 — Rio de Janeiro, Rio de Janeiro, 1994): Romancista, ensaísta, memorialista, cronista, jornalista, professor, advogado. Formou-se em Direito na Universidade Federal de Minas Gerais em 1932. Como redator de *A Tribuna*, publicou em 1933 uma série de crônicas, germe de *O amanuense Belmiro* (1937). Em 1946, mudou-se para o Rio de Janeiro. Convidado pelo Itamaraty a reger a cadeira de Estudos Brasileiros junto à Universidade do México, residiu nesse país de 1952 a 1954 e então ocupou tal posto na Universidade de Lisboa. De volta ao Brasil, em 1957 foi nomeado subchefe do gabinete civil da Presidência da República. Quarto ocupante da Cadeira número 24 da Academia Brasileira de Letras, eleito em 1969. Ficção: *O amanuense Belmiro* (1937); *Abdias* (1945); *Montanha* (1956). Ensaio: *A criação literária* (1954). Memórias: *Explorações no tempo* (1952). Poesia: *Poemas coronários* (1964).

A Manhã, 14 mar. 1948

Machado de Assis escreveu sobre o senado do Império uma de suas mais belas páginas de reminiscências da mocidade. Despertou-a — conta-nos o próprio escritor — a vista duma coleção de litografias de Sisson. Mostrando umas a cara rapada de Montezuma ou a barba, em colar, de Olinda e Eusébio, recordando outras os bigodes de Caxias e as suíças de Abrantes e Paranhos, tais litografias transportaram Machado ao remoto ano de 1860, em que ingressava ele na imprensa, como redator político do *Diário do Rio de Janeiro*.

É útil, para os leitores preguiçosos que não queiram buscá-las na própria fonte, resumirem, aqui, as impressões que deixaram, no grande escritor, os próceres políticos daquela época.

UM ADOLESCENTE "ESPANTADO E CURIOSO"

Machado tinha, então, vinte e um anos. Era, segundo suas próprias palavras, um adolescente "espantado e curioso", a quem aqueles homens — alguns vindos da Constituinte e do Primeiro

Reinado, outros da Regência e muitos da Maioridade — pareciam "um pouco de homens, outro pouco de instituição".

A irreverência íntima de Machado cedo descobriria, entretanto, a esse adolescente assustadiço, os pontos fracos de muitos imponentes figurões do Império. Se não externou, então ou mais tarde, opiniões mais vivas sobre personalidades políticas e instituições, terá sido por prudência de funcionário cauteloso. Não se pense que Machado se haja desinteressado deles ou não tenha conservado, perante umas e outras, sua liberdade de crítica interior. É o que se depreende das omissões machadianas em relação a episódios capitais de nossa vida política. A omissão é uma forma de hostilidade ou de desdém.

OURO PRETO E SINIMBU

Da evocação das figuras do visconde de Ouro Preto e de Sinimbu, pode-se inferir quanto Machado apreciava os homens fortes e quanto era infenso a demagogias. Referindo-se a Sinimbu, escreve:

> Esta geração conhece a firmeza daquele homem político, que mais tarde foi presidente do conselho e teve de lutar com oposições grandes. Um incidente dos últimos anos mostrará bem a natureza dele. Saindo da Câmara dos Deputados para a secretaria da Agricultura, com o visconde de Ouro Preto, colega de gabinete, eram seguidos por enorme multidão de gente em assuada. O carro parou em frente à secretaria; os dois apearam-se e pararam alguns instantes, voltados para a multidão, que continuava a bradar e apupar, e então vi bem a diferença dos dois temperamentos. Ouro Preto fitava-a com a cabeça erguida e certo gesto de repto; Sinimbu parecia apenas mostrar ao colega um trecho de muro, indiferente. Tal era o homem que conheci no Senado.[13]

---

13. Cf. ASSIS, Machado de. "O velho Senado". *Páginas recolhidas.* In: *Machado de Assis: obra completa em quatro volumes.* 2ª ed. Organização de Aluizio Leite Neto, Ana Lima Cecílio, Heloisa Jahn, Rodrigo Lacerda. Rio de Janeiro: Nova Aguilar, 2008, vol. 2, p. 592.

O "AR DE FAMÍLIA" DO SENADO

Descrevendo a decrepitude de Itanhaém, que mal se podia apear do carro e subir as escadas do Senado — escreveu Machado que a figura do velho marquês era uma razão visível contra a vitaliciedade do Senado. Mas é também certo — observa —

> que a vitaliciedade dava àquela casa uma consciência de duração perpétua, que parecia ler-se no rosto e no trato de seus membros. Tinham um ar de família, que se dispersava durante a estação calmosa, para ir às águas e outras diversões, e que se reunia depois, em prazo certo, anos e anos. Alguns não tornavam mais, e outros novos apareciam; mas também nas famílias se morre e nasce. Dissentiam sempre, mas é próprio das famílias numerosas brigarem, fazerem as pazes e tornarem a brigar; parece até que é a melhor prova de estar dentro da humanidade.[14]

— No próximo domingo voltaremos, com Machado e os estadistas do Império.

Fonte desta edição:
ANJOS, Cyro dos [Disraeli]. "Machado de Assis e o Senado do Império", *A Manhã*, "Letras e Artes", 14 mar. 1948, p. 4.

Outros textos do autor a respeito de Machado de Assis:
ANJOS, Cyro dos [Disraeli]. "Machado de Assis, mal e remédio", *O Jornal*, 5 jul. 1935.
ANJOS, Cyro dos [Disraeli]. "Aos neutros, as batatas", *A Manhã*, "Letras e Artes", 7 mar. 1948, p. 11.
ANJOS, Cyro dos [Disraeli]. "Machado de Assis e o Senado do Império", *A Manhã*, "Letras e Artes", 14 mar. 1948, p. 4.
ANJOS, Cyro dos [Disraeli]. "Figuras da monarquia incorporadas ao mundo machadiano", *A Manhã*, "Letras e Artes", 21 mar. 1948, p. 8.
ANJOS, Cyro dos. Resposta em: WYLER, Vivian. "À procura do brasileiro típico na ficção nacional", *Jornal do Brasil*, Rio de Janeiro, 13 out. 1979. Citaram Machado de Assis: Autran Dourado, Cyro dos Anjos, Josué Montello, Nelson Rodrigues e Octavio de Faria.

14. Idem, p. 593.

DOIS NEGROS
Rachel de Queiroz

r.q.

RACHEL DE QUEIROZ (Fortaleza, Ceará, 1910 — Rio de Janeiro, Rio de Janeiro, 2003): Romancista, cronista, tradutora, dramaturga. Estreou no romance com *O Quinze*, ganhador do Prêmio da Fundação Graça Aranha. Publicou mais de 2 mil crônicas, escreveu peças de teatro e literatura infantojuvenil, traduziu cerca de quarenta volumes para o português. Em 1977, tornou-se a primeira mulher eleita para a Academia Brasileira de Letras, quinta ocupante da Cadeira número 5. Obras principais: Ficção: *O Quinze* (1930); *As três Marias* (1939); *O galo de ouro* (1950; 1985); *Dora, Doralina* (1975); *Memorial de Maria Moura* (1992). Teatro: *Lampião*, peça dramática em cinco atos (1953); *A Beata Maria do Egito*, peça em três atos e quatro quadros (1958); *Teatro* (1995). Crônica: *A donzela e a Moura Torta* (1948). Literatura infantojuvenil: *O menino mágico* (1967); *Cafute & Pena-de-Prata* (1986); *Andira* (1992); *Memórias de menina* (2003).

O Cruzeiro, 4 fev. 1950

No volume que lhe coube da *História da Literatura Brasileira*, "A prosa de ficção de 1870 a 1920", Lúcia Miguel Pereira faz uma observação da maior importância com referência ao sentimento de inferioridade racial de que padecia o brasileiro daquele período: "Esse sentimento de inferioridade racial de que só nos veio libertar Gilberto Freyre, a todos oprimia. Uns exaltavam os alemães, outros os franceses, alguns os ingleses ou americanos do norte, mas todos concordavam em que os brasileiros e seus avós portugueses ou negros, pouco valiam". Isso mesmo; desforravam-se então no índio, único componente étnico da nossa nacionalidade considerado "nobre", por que ninguém o sabe direito. Foi preciso vir Gilberto Freyre, como diz muito bem Lúcia, e colocar as coisas nos seus devidos termos. Só depois de *Casa-grande & senzala* começou o brasileiro a descobrir que era gente igual às demais, nem melhor nem pior do que ninguém. A pseudociência do Conde de Gobineau e seus sequazes entrou em fase de pública desconsideração. Passamos a não nos envergonhar dos nossos ascendentes, a ter mesmo um certo orgulho do nosso *melting pot* racial, a não nos considerarmos, com vergonha e melancolia, um bando de mestiços degenerados, fadados irremediavelmente à preguiça e à decadência; ou, abandonando o extremo oposto dessa atitude, ganhamos serenidade e não precisamos mais usar do recurso histérico do ufanismo, e nos embandeirar com ingênuas grandezas, como compensação.

Não tivéssemos outras dívidas para com o grande Freyre, bastaria o fato de haver ele empreendido a nossa cura de um complexo que parecia irremediável, para nos conquistar uma gratidão perpétua.

A importância desse complexo avulta quando estudamos as figuras dos dois maiores romancistas brasileiros daquele período (1870-1930), o primeiro dos quais é ainda o maior romancista brasileiro de todos os tempos: Machado de Assis e Lima Barreto. Sendo justamente ambos mulatos, em ambos o complexo racial foi o fator preponderante da sua grandeza e da sua tragédia. Machado, mais egoísta, mais forte intimamente, de certa maneira mais implacável, conseguiu aparentemente vencer, superar o complexo. Barreto, mais sentimental, mais humano, mais fraco, acabou derrubado por ele. Machado soube ser drástico, eliminou dentro de si todas as recordações de berço ou de escola, dedicou toda a sua vida e toda a sua obra a criar um branco vitorioso dentro do mulatinho gago do morro do Livramento; não arrancou de si a pele parda porque não pôde e houvesse naquela época esticador de cabelo, teria mandado alisar o seu; considerou o dia do seu nascimento não aquele em que viu a luz na pobreza do seu lar humilde, mas o dia em que nasceu para a república das letras, para a comunidade dos homens da inteligência e só a estes considerava seus legítimos parentes. Jamais tratou de criar o seu lugar ao sol como homem de cor que o era. Procurou conseguir, e realmente conseguiu fazer com que, em virtude dos seus méritos excepcionais, o Brasil inteiro lhe ignorasse a cor. Aceitando passivamente (pois nunca lutou contra ela) a chamada "linha de cor" e todas as suas limitações, fez o que se chama nos Estados Unidos "passar", ou assumir a condição de branco. E o segredo do seu êxito foi este: ele subiu tão alto que por essa razão jamais encontrou alguém que ousasse abertamente despojá-lo da sua conquistada condição de branco.

Já com Lima Barreto, o caso foi muito outro. Ele se queria impor como negro, como mulato; e não "apesar" de mulato. Como figura humana, por isso mesmo se eleva muito acima de Machado de Assis: e se sucumbiu à luta, se caiu vencido pela boêmia e pelo álcool, onde procurou compensação à sua tragédia, é que a luta foi grande demais para as suas forças. E só a circunstância que acima acentuamos serve de ponte de ligação entre os dois: é que, cada um à sua maneira, foram ambos vítimas da mentalidade corrente, já que ambos, evidentemente, aceitavam a sua *inferioridade* de mestiços. Machado, o forte, curvando-se ao preconceito de cor, trata de abrir uma exceção para si e, sendo embora maior que todos, considera uma vitória ser tratado de igual pelos demais. Lima Barreto, apesar de toda a sua fraqueza, da sua insegurança, tem entretanto aspiração mais alta: quer ser aceito tal como é — não pede uma exceção para si, mas uma regra geral de fraternidade que acolha sem distinção todos os homens, brancos e pretos, mulatos e amarelos.

Um perdeu, o outro ganhou; mas o mérito real está na luta, não na vitória.

Fonte desta edição:
QUEIROZ, Rachel de. "Dois negros". *O Cruzeiro*. Rio de Janeiro,
 4 fev. 1950, p.114.

Outros textos da autora a respeito de Machado de Assis:
QUEIROZ, Rachel de. "Bilhete de parabéns". *O Cruzeiro*,
 31 ago. 1946, p.90.
QUEIROZ, Rachel de. "Um mestre gaúcho". *O Cruzeiro*,
 13 dez. 1947, p.130.
QUEIROZ, Rachel de. "Machado em ponto pequeno".
 Diário de Notícias, Rio de Janeiro, 25 out. 1953. Sobre *Machado de Assis*, de Otávio Mangabeira.
QUEIROZ, Rachel de. "As Memórias póstumas de Machado de Assis".
 O Estado de S. Paulo, São Paulo, 21 jun. 1997. Sobre *Memórias póstumas de Machado de Assis*, de Josué Montello.
QUEIROZ, Rachel de. "Meu clássico". *O Globo*, Rio de Janeiro,
 15 ago. 1998. Sobre *Memórias póstumas de Brás Cubas*.

O NOVO MACHADO
Joel Silveira

j.s.

JOEL Magno Ribeiro da **SILVEIRA** (Lagarto, Sergipe, 1918 — Rio de Janeiro, Rio de Janeiro, 2007): Escritor, jornalista, correspondente de guerra. Em 1939 publicou o livro de contos *Onda raivosa*, que suscitou polêmica entre Mário de Andrade, Graciliano Ramos e Jorge Amado. Foi correspondente de guerra na Itália durante a Segunda Guerra Mundial, junto à FEB, e um dos precursores do jornalismo internacional no Brasil. Além do prêmio Machado de Assis, da Academia Brasileira de Letras, pelo conjunto da obra em 1998, recebeu os prêmios Esso, Jabuti e Golfinho de Ouro. Publicou, entre outros livros: Reportagens: *As duas guerras da FEB* (1965); *Tempo de contar* (1985); *Guerrilha noturna* (1994); *Diário do último dinossauro* (2004); *O inverno da guerra* (2005). Ficção: *Desespero*, novela (1936); *Onda raivosa*, contos (1939); *Roteiro de Margarida*, contos (1940); *A lua*, contos (1945); *Dias de luto* (1985); *O dia em que o leão morreu* (1986); *Não foi o que você pediu?* (1991).

Diário de Notícias, 16 jun. 1955

Indiferente, atônico e equidistante—esse o Machado de Assis que nos apresentam os seus biógrafos, todos insistindo em pintar o autor de *Dom Casmurro* como fechado num pequeno mundo exclusivista e *au-dessus* e num funcionário cioso ao extremo das regrinhas da burocracia. Esse retrato prova agora R. Magalhães Júnior conter muita coisa de falso, e o prova trazendo à luz todo um mundo machadiano até então inédito. Acredito que o infatigável trabalhador, que é Magalhães, deve ter ficado meses a exumar, nos arquivos e bibliotecas, o formidável material que agora nos revela. Mas valeu a pena o exaustivo trabalho—deu-nos ele a pista que leva a um novo Machado, homem do seu tempo e do seu mundo, partícipe de controvérsias, jornalista de combate e cidadão de atitude clara em face de alguns dos mais importantes problemas do Brasil de sua época. Não se diga mais que ele foi indiferente ao abolicionismo e à República. Não o foi, prova a vasta documentação (artigos principalmente, por ele publicados) recolhida por Magalhães Júnior. Prova e transforma o indiferente, frio e amargo, figurado por tantos, num homem de sangue nas veias, de crítica aguçada, temporal e polêmico, a lutar a favor da libertação dos escravos, a ferir fundo os escravistas da época e guerrear sem pena, de sua trincheira liberal, os desacertos e injustiças da política de uma monarquia em declínio. O Homem Machado de Assis que Raimundo Magalhães Júnior agora reconstitui — e sem dúvida é este o Machado verdadeiro — tem muito mais grandeza de alma do que o personagem frio, cerebral e quase egoísta, arredio ao contato humano, de poucos amigos e nenhuma política, retrato pouco veraz que está em todos os seus biógrafos. Ganhamos um Machado novo, um Machado mais perto de nós pela sua presença humana — um Machado definitivamente liberto dos cuidados, desencantos e inibições do conselheiro Aires. Essa redescoberta, favor inestimável, devemo-la a Raimundo Magalhães Júnior, que, num formidável esforço de recomposição, libertou Machado do conselheiro da mesma maneira que, em Portugal, João Gaspar Simões libertou Eça de Queirós do João da Ega.

Fonte desta edição:
SILVEIRA, Joel. "O novo Machado". *Diário de Notícias*, Rio de Janeiro, 16 jun. 1955; *A Tribuna do Norte*, Natal, 24 jun. 1955.

O RETRATO
Carlos Drummond de Andrade

c.d.a.

CARLOS DRUMMOND DE ANDRADE (Itabira do Mato Dentro, Minas Gerais, 1902 — Rio de Janeiro, Rio de Janeiro, 1987): Poeta, cronista, contista. Em 1925 participou da fundação d'*A Revista*, órgão mais importante do modernismo mineiro. Em 1928, publicou o poema "No meio do caminho" na *Revista de Antropofagia*, de São Paulo. Em 1930, estreia em livro com *Alguma poesia*. Transferindo-se para o Rio em 1934, ocupou até 1945 a chefia de gabinete de Gustavo Capanema junto ao Ministério de Educação e Saúde. Obras principais: Poesia: *Alguma poesia* (1930); *A rosa do povo* (1945); *Claro enigma* (1951); *A vida passada a limpo* (1959); *Lição de coisas* (1962); *Versiprosa* (1967); *Boitempo I — (In)Memória* (1968); *As impurezas do branco* (1973); *Boitempo II — Menino antigo* (1973); *Boitempo III — Esquecer para lembrar* (1979); *A paixão medida* (1980); *Corpo* (1984); *Farewell* (1996). Prosa: *Confissões de Minas* (1944); *Passeios na ilha* (1952); *Fala, amendoeira* (1957); *A bolsa e a vida* (1962); *Cadeira de balanço* (1966).

Correio da Manhã, 14 jul. 1955

O pai de Aníbal Machado, que tinha negócios com o Ministério da Viação, costumava entender-se lá com um senhor de barbas, alto funcionário muito correto e em dia com o serviço, a quem chamava de "seu" Machado. Não eram parentes. E o bom coronel Virgílio, de quem todos se lembram com saudade, costumava contar aos amigos de Aníbal como é que conversava com "seu" Machado, as providências burocráticas que pedia a "seu" Machado, o completo alheamento de qualquer assunto menos trivial em seus encontros com "seu" Machado...

Um dia desses, "seu" Machado levantou-se da cadeira de mármore onde o colocaram, junto ao frontispício do Petit Trianon, e foi assistir a uma cerimônia bastante atrasada no tempo e na justiça, que se realizava no Ministério da Viação. Ia constrangido, pois se tratava de inaugurar o seu próprio retrato, e "seu" Machado nunca foi homem para essas homenagens de corpo presente. Amaria, sim, a glória abstrata, senhora distante e nada ruidosa, que confere a palma devida sem pronunciar ou permitir discursos. Chegou a ter uma fraqueza, interessando-se pelo funcionamento de uma sociedade acadêmica, onde podia brincar de política na escolha de novos membros, ele que já se desinteressara de acompanhar a política propriamente dita; no fundo, porém, continuava solitário, infenso ao rumor, e cultivando, em matéria de retratos, a teoria de que, colocados mediante portaria, só mediante nova portaria podem ser retirados.

"Seu" Machado não encontrou a casa velha nem os velhos colaboradores, salvo um único, o escritor mineiro Lindolfo Xavier, rapazinho naqueles tempos, e que passeia ainda pela avenida Rio Branco. Os demais, arquivou-os a morte, menos a um companheiro graduado, Artur Azevedo. Mas entrando na Viação, "seu" Machado é outro homem, sem letras e academias. Estritamente funcional, pensa em processos, despachos, apostilas. Assim os literatos de hoje fossem tão rigorosos servidores da coisa pública.

O retrato de "seu" Machado, entre os de tantos outros diretores gerais e até ministros, fala de um trabalho de muitos anos, minucioso, discreto, que aqui e ali um pesquisador avisado, como R. Magalhães Júnior, busca salvar do esquecimento, mas que em sua maior parte se perderá para sempre. Há anos, um monte de processos velhos de outro ministério, o da Agricultura, ia ser jogado fora ou incinerado, quando o faro de alguém descobriu neles a letra de "seu" Machado, e impediu a destruição. É de crer que pareceres interessantes, a documentarem o senso administrativo e jurídico de um não bacharel, venham ainda a ser publicados.

Imagino a turbação de "seu" Machado, comparecendo à festa de inauguração, e lá assediado por João Condé para dizer as comidas de seu gosto, o número de seus sapatos, se ronca, e se ajuda em casa d. Carolina. Esquiva-se a tais indiscrições, mas não escapa de Darwin Brandão, que lhe pergunta o que pensa dos escritores X e Y, e lhe pede posar para uma fotografia ao jeito moderno, com o pé em cima da mesa e a camisa desabotoada. "Seu" Machado fuzila o repórter com um olhar agudo por trás do pincenê com trancelim de seda preta, e foge para junto de um grupo onde reconhece caras amigas. Costumava conversar no bonde Laranjeiras com um colegial, filho do seu colega dr.

Carneiro de Sousa Bandeira, e agora o vê convertido no poeta Manuel Bandeira; e d. Heloísa Alberto Torres, que ali está, é filha de uma menina a quem gostava de acariciar os cabelos, ele que não tivera filhos.

E "seu" Machado compreende que o homenageiam como burocrata diferente do comum, porque, ao lado do cumprimento fiel dos deveres na repartição, escreveu os livros mais altos, mais puros de arte e graça literária, compostos até agora entre nós. "Seu" Machado quer protestar; ali dentro faz questão de não escrever ou conversar essas coisinhas de literatura, e acha que daria péssimo exemplo misturando regulamentos e almas; o retrato de "seu" Machado na parede, contudo, não será nunca o de um simples burocrata, mas também o de um extraordinário escritor e espelho de escritores, que se chamou Joaquim Maria Machado de Assis.

Fonte desta edição:
ANDRADE, Carlos Drummond de. "O retrato". *Correio da Manhã*, 14 jul. 1955, 1º Caderno, p. 6; *Correio do Povo*, Porto Alegre, 23 jul. 1955.

Livro com textos do autor a respeito de Machado de Assis:
ANDRADE, Carlos Drummond de. *Amor nenhum dispensa uma gota de ácido — Escritos de Carlos Drummond de Andrade sobre Machado de Assis*. Org. Hélio de Seixas Guimarães. São Paulo: Três Estrelas, 2019. (Contém os seguintes textos: "A um bruxo, com amor", "Sobre a tradição em literatura", "T'aí!", "Vinte livros na ilha deserta", também publicado como "Vinte livros e a ilha deserta", "Do funcionário-escritor", também publicado como "A rotina e a quimera", "Inquérito", "A semana literária: 'Braga e Machado' e 'De costas para a Academia'", "Lembranças municipais", "Funcionário escritor", "Perspectivas do ano literário: 1900", também publicado como "O velho e o novo. Perspectivas do ano literário: 1900", "O velho Machado", também publicado como "Inflação de Machado de Assis", "Contos notáveis", "Papéis amarelos", também publicado como "Papel velho. Imagens de apreço", "Machado de Assis: mau garfo", "Sonho", "Aniversários", "Um túmulo", "Dicionário de Machado de Assis", "A cidade esqueceu", "João etc.", "Um texto esquecido", "Quando ela fala: poesia musicada", "Machado, não", "O jazigo de Machado de Assis", "Cemitério", "O outro nome do verde", "Uma poesia esquecida de Machado de Assis", "Machado de Assis vivo", "Dedicatórias", "A ilusão dos pecúlios", "Entre Machado e Lima Barreto", "Machado sempre atual", "Bruxo", "Uma gota de ácido".)

COMO DISTINGUIR UM CLÁSSICO
Lêdo Ivo

l.i.

LÊDO IVO (Maceió, Alagoas, 1924—Sevilha, Espanha, 2012): Poeta, romancista, contista, cronista, ensaísta e jornalista. Em 1943, mudou-se para o Rio de Janeiro, onde se formou, em 1949, na Faculdade Nacional de Direito da Universidade do Brasil. Em 1947, seu romance de estreia *As Alianças* recebeu o Prêmio de Romance da Fundação Graça Aranha. Quinto ocupante da Cadeira número 10 da Academia Brasileira de Letras, eleito em 1986, recebeu muitos prêmios e seus livros foram vertidos para diversas línguas. Publicou, entre outras obras: Poesia: *As imaginações* (1944); *Ode e elegia* (1945); *Acontecimento do soneto* (1948); *Ode ao crepúsculo* (1948); *Cântico* (1949); *Um brasileiro em Paris* e *O rei da Europa* (1955); *Magias* (1960); *Uma lira dos vinte anos* (1962); *Finisterra* (1972); *A noite misteriosa* (1982); *Calabar* (1985); *Mar oceano* (1987); *Crepúsculo civil* (1990); *Curral de peixe* (1995); *Plenilúnio* (2004); *Réquiem* (2008). Romances: *As alianças* (1947); *O caminho sem aventura* (1948); *O sobrinho do general* (1964); *Ninho de cobras* (1973); *A morte do Brasil* (1984).

Tribuna da Imprensa, 24 fev. 1956

Não, caro leitor, nenhuma razão tens quando, a propósito do escritor beltrano, proclamas que ele é um clássico.
    Em primeiro lugar, alegas que seu estilo só é comparável, entre nós, ao de Machado de Assis. Ora, para que um escritor seja clássico, é preciso antes e principalmente que seu estilo não possa ser comparado ao de outro clássico. Isto porque os clássicos são incomparáveis entre si.
    Sem que seja preciso arredar o pé de nossa circunscrição literária, tomemos um punhado de clássicos: Manuel Antônio de Almeida, Machado de Assis, Euclides da Cunha, Mário de Andrade, José Lins do Rego, Rachel de Queiroz e Rubem Braga.
    São alguns dos clássicos da nossa língua. E o são principalmente porque diferem entre si, cada um deles possuindo uma região estilística com um governo próprio.
    Este exemplo, que se assenta numa área modesta uma vez que alude a escritores para os quais não se abriram ainda as portas do mundo (de uma veneziana, o leitor universal tem espiado, em Nova York, Londres e Paris, nossos caros

Machado de Assis e Euclides da Cunha, e prepara-se para espiar José Lins do Rego), tem um objetivo definido: mostrar que um clássico não se repete, e seus caudatários não se transformam em clássicos pelo contágio da leitura, nem pela imitação de um certo ritmo sintático. Apenas acontece o episódio da pedra jogada n'água que provoca uma sucessão de círculos concêntricos cada vez mais afastados.

Assim, não é a frequentação dos clássicos que suscita a fabricação desses invejáveis e invejados exemplares da fauna que circula em torno da palavra escrita.

Da imitação dócil de um clássico, da servil utilização de seus processos, nascem os anticlássicos da língua, os amáveis caudatários. Da rebelião contra os clássicos, nascem os clássicos.

Todos sabem que, quando Euclides da Cunha lançou *Os sertões*, os meios literários da época, embora sensíveis à grandeza do livro, se sentiam incomodados diante do seu estilo, fiéis a uma noção de perfeição literária que se abeberava principalmente em Machado de Assis. Houve mesmo quem dissesse que Euclides escrevia com um cipó. "É um grande escritor. Pena que escreva com cipó", deplorou Joaquim Nabuco.

O leitor daquele tempo, criatura de onde proveio o leitor de agora, compulsando, numa livraria, um dos primeiros exemplares de *Os sertões* — que teria o cheiro de tinta fresca como ainda hoje tem, eternamente matinal, o cheiro do Brasil visto em cinemascópio — poderia suspeitar não estar diante de um clássico. E precisamente porque assim suspeitava era que estava diante de um verdadeiro clássico.

Era Euclides o reverso de uma moeda. E nessa irremediável diferença, no antagonismo da cara e da coroa é que reside sua autenticidade, se comparado a outro clássico.

Não se justifica portanto a tese que professores, críticos e leitores desenvolvem, segundo a qual não há clássico sem clássico — isto é, para que alguém se transformasse, um dia, em nume tutelar da língua seria preciso que percorresse as páginas do tesouro literário do seu e de outros países com olho de lince, furtando riquezas, surripiando peças de uma máquina verbal alheia.

Seria mais lógico admitir que um bom escritor frequenta os clássicos única e exclusivamente porque estes são os melhores, e é aconselhável frequentar gente boa. É um problema de convivência — no edifício da arte literária, são escolhidos os vizinhos que não trarão aborrecimentos.

Mas como se consegue ser um clássico? perguntará o leitor.

Não há fórmulas. Ou melhor, tudo se resume num verdadeiro vale-tudo. No ritmo de samba da prosa coloquial de uma cidade, numa canção de carnaval, no andar das moças ao meio-dia um escritor terá a fonte do seu classicismo. O cronista admirável terá buscado o segredo de seu estilo inconfundível, de sua prosa cheia de dengos na leitura de Fernão Lopes e outros velhos colegas portugueses que se tornaram clássicos precisamente porque, redigindo em chã prosa de escrivão de bordo, em linguagem simultaneamente coloquial náutica e administrativa, não sabiam que o tempo mudaria o grosseiro em fino lavor, o cotidiano em louçainha.

Meu amigo José Lins do Rego, que é um clássico da cabeça aos pés, leu muitos clássicos, mas é no engenho de sua infância, nas histórias contadas por uma ama negra, na conversa dos plantadores de cana, na redondilha dos cegos de feira que deverá ser encontrado o segredo de sua prosa inimitável.

E, explicando esse processo íntimo graças ao qual ele se tornou um escritor admirável, costuma ele dizer, defendendo-se das acusações de que não coloca bem os pronomes: "Os bons escritores têm a sua língua; os maus, a sua gramática".

E ninguém ignora que é preferível a língua de José Lins do Rego a muita gramática.

Em suma, haveria em cada escritor tornado clássico um acidente qualquer que o favoreceria, dando-lhe uma vantagem que a aplicação, o estudo e a frequentação dos modelos não superariam.

Em literatura, não é clássico quem quer: é clássico quem pode.

Quem sabe, sabe; conhece bem — é em certa maneira de ser que está a classe do escritor, entendida esta não na primordial destinação do clássico, que é a de servir de texto didático e ser iluminado pelos professores e escoliastas, mas numa atitude do espírito, numa categoria humana e intelectual que não se confunde com as outras.

Lembra-te, leitor, que és pó e em pó te tornarás. Machado de Assis não transmitiu a ninguém o legado de sua miséria, isto é, de sua classe.

Machado de Assis! Quantos crimes se cometeram em seu nome.

A todos nós ele transmitiu uma noção inabalável de que é um clássico em língua portuguesa e o mesmo fariam José Lins do Rego ou Mário de Andrade. Assim a família dos clássicos é formada por criaturas que não deixam descendentes. Os caudatários que fizeram operações plásticas com a sua maneira de expressão e os imitam, repetindo-lhes os sestros, e roubando-lhes as chinelas e fingindo parentescos enormes, não são seus filhos legítimos.

Fonte desta edição:
IVO, Lêdo. "Como distinguir um clássico". *Tribuna da Imprensa*, Rio de Janeiro, 24 fev. 1956.

Outros textos do autor a respeito de Machado de Assis:
IVO, Lêdo. "Confidências de Gilberto Amado — IV. — Duas moças em Nova York anunciam os tempos novos — Machado de Assis, amigo de mediocridades...". *Tribuna da Imprensa*, Rio de Janeiro, 28 ago. 1952.
IVO, Lêdo. "Os papéis". *Correio da Manhã*, Rio de Janeiro, 14 jan. 1956. Sobre "O alienista".
IVO, Lêdo. "O penacho". *Tribuna da Imprensa*, Rio de Janeiro, 15 fev. 1956; *O Estado de S. Paulo*, São Paulo, 22 jan. 1956. Sobre "O alienista".
IVO, Lêdo. "Machado de Assis obscuro". *Tribuna da Imprensa*, Rio de Janeiro, 2 maio 1956; *O Povo*, Fortaleza, 5 maio 1956.
IVO, Lêdo. "Inquieto vaga-lume". *Tribuna da Imprensa*, Rio de Janeiro, 3 out. 1956.
IVO, Lêdo. "Ribeyrolles no intervalo". *Tribuna da Imprensa*, Rio de Janeiro, 9 out. 1956.
IVO, Lêdo. "Victor Hugo na botija machadiana". *O Estado de S. Paulo*, "Suplemento Literário", São Paulo, 29 jun. 1957.

IVO, Lêdo. "No passaporte de Machado de Assis". *O Estado de S. Paulo*, "Suplemento Literário", São Paulo, 19 out. 1957; *O Diário*, Belo Horizonte, 6 set. 1958; *Diário de Notícias*, Rio de Janeiro, 12 mar. 1961.

IVO, Lêdo. "Janela e romance". *O Estado de S. Paulo*, São Paulo, 26 jul. 1958.

IVO, Lêdo. "O mar e o pirilampo". *Revista do Livro*, Rio de Janeiro, ano III, n. 11, pp. 131-6, set. 1958. Também em: IVO, Lêdo. *Teoria e celebração: ensaios*. São Paulo: Duas Cidades, 1976, pp. 51-63.

IVO, Lêdo. "Da influência". *Diário de Notícias*, Rio de Janeiro, 14 ago. 1960.

IVO, Lêdo. "Lembrança de Cornélio Pena". *Diário de Notícias*, Rio de Janeiro, 27 nov. 1960.

IVO, Lêdo. "No Passaporte de Machado de Assis". *Diário de Notícias*, Rio de Janeiro, 12 mar. 1961.

IVO, Lêdo. "Os braços de dona Conceição". *O Estado de S. Paulo*, São Paulo, 20 jul. 1963; *Diário de Notícias*, Rio de Janeiro, 17 jan. 1965. Também em: IVO, Lêdo. *Poesia observada*. Rio de Janeiro: Orfeu, 1967, pp. 21-7.

IVO, Lêdo. "Os braços de dona Severina". *O Estado de S. Paulo*, São Paulo, 27 jul. 1963; *Diário de Notícias*, Rio de Janeiro, 24 jan. 1965. Também em: IVO, Lêdo. *Poesia observada*, cit., pp. 27-32.

IVO, Lêdo. "Machado e Pompeia". *O Estado de S. Paulo*, São Paulo, 17 ago. 1963.

IVO, Lêdo. "O mistério de *Helena*". *O Globo*, Rio de Janeiro, 29 maio 1975.

IVO, Lêdo. *Confissões de um poeta*. Rio de Janeiro: Difel; Brasília: MEC, 1979, pp. 21, 67-8, 100, 156, 234-5.

IVO, Lêdo. "Na trilha de José Dias". *O Estado de S. Paulo*, São Paulo, 13 jun. 1982, ano II, n. 105, pp. 4-6.

IVO, Lêdo. "Um clássico ocidental". *O Estado de S. Paulo*, São Paulo, 17 jun. 1989. Também em: IVO, Lêdo. *A república da desilusão: ensaios*. Rio de Janeiro: Topbooks, 1994, pp. 60-5.

IVO, Lêdo. *O aluno relapso*. São Paulo: Massao Ohno, 1991, pp. 59-60.

UM MACHADO MAL CONHECIDO
Menotti del Picchia

m.p.

Paulo **MENOTTI DEL PICCHIA** (Itapira, São Paulo, 1892 — São Paulo, São Paulo, 1988): Poeta, jornalista, político, romancista, contista, cronista e ensaísta. Com Graça Aranha, Oswald de Andrade, Mário de Andrade e outros, participou da Semana de Arte Moderna de 1922. Poucos anos depois, integrou os movimentos Verde-Amarelo e Bandeira, com Cassiano Ricardo e Cândido Motta Filho. Eleito em 1943, foi o terceiro ocupante da Cadeira número 28 da Academia Brasileira de Letras. Obras principais: Poesia: *Poemas do vício e da virtude* (1913); *Juca Mulato* (1917); *O amor de Dulcineia* (1926); *República dos Estados Unidos do Brasil* (1928); *O Deus sem rosto* (1968); *Noturno* (1971). Romances: *Flama e argila*, renomeado *A tragédia de Zilda* (1920); *Laís* (1921); *O homem e a morte* (1922); *Dente de ouro* (1923); *O crime daquela noite* (1924); *Salomé* (1940); *O árbitro* (1958). Ensaios: *Arte moderna* (1922); *Por amor do Brasil* (1927); *Despertar de São Paulo: episódios do século* XVI *e do* XX *na terra bandeirante* (1933).

A Gazeta, 9 jun. 1956

Raimundo Magalhães tornou-se uma fumegante usina de trabalho. Além da sua lúcida e assídua presença no jornal, vemo-lo na tribuna da Câmara dos Vereadores, na docência florida da cátedra das conferências, no teatro para o qual vai dando uma série de comédias, nos livros de ensaio, nas biografias, obras que, além das aptidões literárias notáveis nelas, exigem o tempo do pesquisador e a erudição do bem informado. Só temos a louvar essa pródiga fecundidade mercê da qual às letras brasileiras vêm impostos novos e apaixonantes problemas.

Depois de Artur Azevedo, tão amado pelo teatrólogo, entrou em cena Mestre Machado, amado por todos. Sobre o agudo e sorridente pai de Quincas Borba, nos deu denso estudo, explorando, também, a "mina" de inúmeros filões que é a obra do genial criador de Capitu. Ajudado pela exaustiva investigação de José Galante de Sousa, oferece-nos Raimundo, pelas edições da Civilização Brasileira, dois volumes machadianos, *Contos esquecidos* e *Contos recolhidos*. Feita a paciente coleta de contos publicados por Machado de Assis na imprensa, quase todos sob pseudônimo — obra que o artista certamente considerava "obra menor", resultante da sua forçada produção para jornais e revistas, pôs Raimundo, nos dois volumes, oportuno prefácio. Nos *Contos esquecidos* retoma o solerte compilador o velho e sempre apaixonado tema, se se deve ou não, morto o autor, desenterrar do esquecimento aquela parte da obra, geralmente artesanal que, vivo o escritor, a pôs discretamente à margem.

Mal nenhum corre o poeta das *Crisálidas* com essa atividade de Amigo da Onça, pois Machado, lavrando sempre ouro, ora fez com o metal nobres peças de vulto, ora coisas menores. O fato, porém, é que, neste caso, o que se recolher de Machado é sempre ouro. Lúcia Miguel Pereira registra que a genial chancela machadiana identifica desde logo qualquer trecho da sua prosa e lhe imprime, na origem, o timbre da sua personalíssima originalidade.

Vai daí nos parecer obra de preciosa informação literária, além de renovar nos fãs do discreto e reticente pesquisador de almas a alegria de novos e originais contatos, serviço real prestado às nossas letras a divulgação de coisas que Machado largara marginais, na penumbra de revistas e jornais quase esquecidos. Temos que partir de uma premissa: tudo o que fluiu da pena desse mestre é bom.

Isso, porém, não se passa com todos. A publicação póstuma de vários romances de Eça não me parece ter acrescentado muito à sua glória. Há em muitos escritores criações imaturas, filhas da irrequietude da mocidade que, republicados depois, podem transformar-se em libelos contra seus autores. É difícil localizar o leitor no tempo para nutri-lo de indulgência diante dos pecados veniais ou mortais do autor precoce. Além disso, além do fator da idade, outras razões, de ordem doutrinária ou política, podem ter determinado, em vida do autor, o justo repúdio delas. O único árbitro da validade de um pensamento é o criador desse pensamento. O problema, pois, da republicação de obras que o autor pôs à margem, ou de certos inéditos propositadamente assim mantidos pelo escritor que desapareceu, não é mais nem um problema literário, nem jurídico: é um problema ético. É o sagrado respeito que se deve à memória de um morto que deve preceder ao critério da sua publicação.

No caso de Machado, como disse acima, não há hipótese de se cometer irreverência para com o mestre morto. É verdade que há, na sua copiosa obra jornalística, muita inatualidade e muita prosa desataviada, urdida profissionalmente. Todo o gênio tem lapsos e eclipses. O próprio sol, na sua radiação perpétua, sofre o colapso das nuvens que velam, às vezes, o seu esplendor quando não mata seu brilho um eclipse total.

A publicação dos contos menos conhecidos e inéditos de Machado serve para atualizar de novo este velho e preocupante tema: é justo que se reedite o que um autor pôs à margem?

Fonte desta edição:
DEL PICCHIA, Menotti. "Um Machado mal conhecido". *A Gazeta*, São Paulo, 9 jun. 1956.

Outros textos do autor a respeito de Machado de Assis:
DEL PICCHIA, Menotti. "Depoimentos de três momentos literários. Resposta do brilhante autor de Juca Mulato à enquete desta *Folha* sobre Machado de Assis. Menotti del Picchia defende o inimitável autor de *Quincas Borba* do reproche de ceticismo — Valores intelectuais do Brasil — 'Prata de casa' — Representante vivo de nossa terra e de nossa gente — Um intelectual honesto". *Jornal da Manhã*, São Paulo, 6 abr. 1939. Série de entrevistas sobre Machado de Assis que o *Jornal da Manhã* realizou com Monteiro Lobato, Francisco Pati, Cid Franco, Hermes Vieira, Manoel Vitor, Maurício de Morais, Sud Mennucci, Ulisses Paranhos, Eurico de Azevedo Sodré, Aplecina do Carmo, Edvard Carmilo.

DEL PICCHIA, Menotti. "Machado de Assis é a réplica do Brasil aos racistas de todo o mundo". *Última Hora*, Rio de Janeiro, 29 set. 1958. Cf. a seção "Enquetes e depoimentos" neste volume.

ATUALIDADE DE MACHADO DE ASSIS
I, II E III

Tristão de Athayde [Alceu Amoroso Lima]

a.a.l.

ALCEU AMOROSO LIMA (Petrópolis, Rio de Janeiro, 1893—Petrópolis, Rio de Janeiro, 1983): Com o pseudônimo de Tristão de Athayde, começou a colaborar em *O Jornal* em 1919. Reuniu seus textos escritos entre 1927 e 1933 nas cinco séries de *Estudos*, sendo considerado o grande crítico do modernismo. Converteu-se ao catolicismo em 1928 e assumiu a direção do Centro Dom Vital e da revista *A Ordem*. Quarto ocupante da Cadeira número 40, foi eleito para a Academia Brasileira de Letras em 1935. Em 1941 participou da fundação da Pontifícia Universidade Católica do Rio de Janeiro, onde foi docente de Literatura Brasileira até se aposentar, em 1963. Obras: *Afonso Arinos* (1926); *Estudos* (1927); *Política* (1932); *Idade, sexo e tempo* (1938); *Elementos de ação católica* (1938); *Mitos de nosso tempo* (1943); *O problema do trabalho* (1946); *O existencialismo* (1951); *Revolução, reação ou reforma?* (1964); *O humanismo ameaçado* (1965); *Os direitos do homem e o homem sem direitos* (1975); *Revolução suicida* (1977); *Tudo é mistério* (1983).

Diário de Notícias,
4 nov. 1956; 18 nov. 1956; 25 nov. 1956

I: HUMANISMO E UNIVERSALIDADE

Duas vezes, no decorrer deste ano, me proporcionou São Paulo a prova prática de que não é apenas a sede do maior parque industrial da América Latina e a base da nossa economia nacional. A primeira foi há dois meses, quando o Centro Dom Vital, seção de São Paulo, convidou o filósofo Étienne Gilson a pronunciar, ali, uma série de conferências. Árido era o tema: a filosofia da existência em Santo Tomás de Aquino. O conferencista, se bem que grande escritor e orador fluente, fez metafísica, da mais pura, sem condescendências com o público. E, no entanto, durante uma semana, todas as noites, vimos o auditório da biblioteca pública superlotado, com jovens sentados, inclusive, pelo chão, como na Paris medieval, quando Alberto o Grande, o famoso mestre de Tomás de Aquino, ensinava na Sorbonne, ao ar livre, e a praça de "Maître Albert", por isso, conservaria, até hoje, o nome de Place Maubert, bem conhecida dos frequentadores do Boulevard Saint Germain, na colina de Santa Genoveva!

E agora, pela segunda vez, já não mais no campo filosófico, mas literário, superlotando um magnífico auditório como o da Cultura Artística, em que se podem, comodamente, sentar 1.300 pessoas e continha, na noite inaugural, mais de 1.500, das 2.300 inscritas no curso de dez conferências sobre grandes vultos de nossa cultura, promovido pela Associação Brasileira de Escritores, seção de São Paulo, com o auxílio do Departamento de Cultura da Municipalidade paulista ou na gastura nordestina, que fui temperar a minha confiança no futuro de nossa terra (como este ano o fui fazer em contato com o nosso trágico e magnífico Nordeste, como oportunamente espero relatá-lo), foi na própria capital mais dinâmica do país, que toquei de perto a sede de cultura desse grande povo bandeirante. São tantos os motivos de desânimo, em face de nosso destino como nacionalidade e tão facilmente vem engrossando a onda dos que tudo esperam dos salvadores carismáticos, que é um desafogo ver assim o nosso povo, na fartura paulista ou na gastura nordestina, voltado para as tarefas cotidianas da gleba ou do espírito, os únicos que realmente salvam as nacionalidades e as civilizações, enquanto o fanatismo ou o ceticismo apelam para a mão forte dos ditadores e milagreiros.

Machado de Assis, Lima Barreto, Augusto dos Anjos, Gregório de Matos, Castro Alves, Mário de Andrade, Monteiro Lobato, Jorge de Lima, Álvares de Azevedo, Graciliano Ramos são essas as personalidades destacadas para figurarem nesse quarto Curso de Literatura Brasileira. Corresponde essa escolha, creio eu, à observação que me fazia Sérgio Milliet a propósito da Biblioteca Municipal por ele dirigida. O que as fichas dos consulentes revelam, com cifras eloquentes e repetidas, cada mês, numa impressionante sequência, é que os autores mais lidos pelo público são os românticos e os modernos. Parnasianismo, naturalismo, simbolismo estão hibernando, já que as escolas não morrem — adormecem. Um dia reviverão, como no neomodernismo já estão ressurgindo tendências opostas às do modernismo inicial. Mas o fato é que o romantismo e o neorromantismo (como o é sem dúvida o modernismo) constituem não só a preferência do público de 56, mas ainda as tendências literárias porventura mais naturalmente adequadas à nossa psicologia coletiva.

Pairando sobre todas elas, entretanto, continua cada vez mais viva e mais atual a figura sem par desse solitário Machado de Assis que, sem nunca ter cortejado a popularidade, representa hoje em dia — e cada vez mais fortemente destacado nas linhas singulares de sua personalidade — o escritor mais representativo, dentro e fora do país, de nossa literatura.

Qual será o motivo ou, antes, quais os motivos dessa atualidade do mais inatual dos escritores, isto é, daquele que nunca procurou ser do seu tempo e antes viveu crescentemente no plano da intemporalidade? Será essa, justamente, a razão maior de sua atualidade: não ter procurado ser atual. Quem corteja demais o seu tempo, o seu povo, a sua região, a sua raça, as suas convicções políticas ou mesmo filosóficas, é por elas naturalmente assimilado. Ao passo que aquele que deixa, em si, falar naturalmente a voz do gênio e obedece apenas à inclinação irresistível do espírito, vence todas as limitações e entra, sem maior esforço, para o plano da *Weltliteratur*. Machado de Assis é, no momento, o único escritor brasileiro que já figura nesse Olimpo goethiano, embora nesse adro exterior onde ainda conversam entre si as grandes figuras literárias da América Latina, que ainda não lograram vencer as resistências da tradição europeia, que alguns raros norte-americanos e asiáticos já conseguiram dominar.

Procuremos analisar um pouco mais de perto os diferentes motivos dessa atualidade flagrante do autor do *Epitaph of a Small Winner*.

O primeiro, a meu ver, foi ter feito do Homem o centro de sua obra. Até então girava a literatura brasileira em torno da Natureza. Foi essa que trouxe, de início, logo de início, da Carta de Pero Vaz ao Recife de Bento Teixeira, já no século inicial da conquista, o primeiro sinal de diferenciação entre as letras que se ensaiavam na "terra dos papagaios" (sem alusão...) e as que nos ensinaram ainda por três séculos os colonizadores. De Gregório de Matos a José de Alencar, pode-se dizer que foi o tropicalismo, das matas ou da linguagem, que introduziu uma crescente diferenciação às duas literaturas e vinha dar razão a Gonçalves de Magalhães, contra Abreu Lima, no sentido da já existência de uma literatura brasileira diferenciada da portuguesa. Todo o romantismo de Gonçalves Dias a Castro Alves, e de Teixeira de Sousa ao Visconde de Taunay, foi assim marcado pelo predomínio da paisagem sobre o homem. Este era completamente dominado por aquela, e o próprio indianismo, embora introduzindo um elemento étnico, o que acentuava era o homem em estado de natureza. Ainda era a vida vegetal e vegetativa que dominava, em seu reflexo literário, produzindo aquele tropicalismo no qual viam os críticos o único sinal sensível de nossa autonomia intelectual.

Foi Machado de Assis que, de mansinho, operou a maior revolução até hoje ocorrida em nossas letras, deslocando o seu centro de gravidade da natureza para o homem. Digo — de mansinho — porque Machado de Assis nunca foi homem de violências ou de atitudes espetaculares. Viveu sempre no seu recanto, falando baixo e escrevendo em surdina, com horror aos homens "derramados" e aos estilos oratórios. Pois mesmo assim foi ele o autor da maior revolução literária ocorrida em nossas letras, fazendo do Homem o centro de sua obra e, desde então, introduzindo na literatura brasileira a primazia da natureza humana sobre a natureza física como elemento central da obra literária. A paisagem passava a segundo plano. O humanismo vencia o tropicalismo. Um humanismo tropical, se quiserem, mas bem marcado pela predominância da vida interior dos personagens, sobre os ambientes. O próprio naturalismo brasileiro, com Aluísio Azevedo, Raul Pompeia ou Coelho Neto, vivia penetrado de psicologismo, como se vê, tipicamente, no mais puro representante da escola, em seu romance *O homem*.

Foi Machado de Assis que introduziu em nossas letras essa nova dimensão, que desde então seria a dominante, em todos os movimentos posteriores.

Ora, o que caracteriza o mundo moderno é precisamente essa preocupação com o homem. Mais do que "esse desconhecido", é ele, hoje em dia, esse "ameaçado". Ainda há dias, reproduzindo a opinião de um naturalista alemão, de Manguinhos, assim se exprimia o seu entrevistador:

Na opinião do professor Hans Muth estamos caminhando para o extermínio da espécie humana... A vida artificial das cidades está degenerando a espécie... Somos já fracos descendentes do homem das cavernas, sem condições físicas para suportar as consequências de uma nova guerra, que lhe parece inevitável. A bomba atômica será fatalmente empregada pelo Estado mais fraco (?) na conflagração, vaticina o entomologista, e esse será o inexorável fim que nos espera.

Essa posição, de um Wells antes de morrer ou de um Lewis Mumford, já era há vinte anos, antes da era atômica, a de toda uma escola "involucionista" alemã, que floresceu concomitantemente com o pessimismo de Oswald Spengler, confirmado pela *Zusammenbruch* de 1918.

Desde então, novos motivos de descrer do futuro do homem vieram somar-se aos da filosofia negativista que, no início do século, sucedeu ao otimismo evolucionista do século passado.

Pois bem, não só a filosofia da vida de Machado de Assis correspondia muito mais ao involucionismo do século xx do que ao evolucionismo spenceriano que dominara toda a sua geração e o seu tempo — mas ainda a sua preocupação com o homem e o seu destino melancólico é a mesma dos nossos dias. O antropocentrismo do autor de *Quincas Borba* faz dele um homem do nosso tempo. E explica a sua atualidade.

Como a explica igualmente o seu universalismo. Estamos vivendo uma época em que o surto dos nacionalismos asiáticos e africanos em nada contradiz a marcha inexorável no sentido da universalização. O mundo é cada vez menor. A despeito de todos os choques entre nações, raças e continentes, todos os povos se apegam às organizações internacionais como os náufragos se aferram aos botes mais frágeis e não os largam enquanto lhes sobra um resquício de consciência. É o espírito de universalidade que domina a nossa época. Como é esse espírito que domina a nossa nacionalidade, no século xx, uma vez terminado, com a evolução política da Colônia ao Império e deste à República, no século xix o ciclo da formação nacionalista. Estamos hoje vivendo uma era político-cultural em que nos voltamos para fora de nossas próprias fronteiras, depois de nos termos recolhido a elas no século passado, enquanto se tratava de consolidar o espírito nacional.

Ora, Machado de Assis foi, por natureza, um espírito universal. Sua preocupação foi sempre, como a dos clássicos, fixar nos seus tipos mais o que há de permanente, de comum, na natureza humana do que o que há de próprio e diferente em cada indivíduo. Nesse, como em muitos outros pontos, foi tipicamente um clássico, e um clássico tanto mais característico quanto mais venceu, de *Ressurreição* até o *Memorial de Aires*, o que havia de romântico em sua formação inicial. A universalidade como o humanismo são sinais patentes da atualidade de Machado. Só isso?

II: A REVOLUÇÃO PSICOLÓGICA

Aquela indiferença de Machado de Assis pelo tropicalismo ou pelo nacionalismo não terá sido um dos motivos de desapreço que por sua obra sempre manifestou Sílvio Romero? Ao longo de sua portentosa obra de fundador de nossa história literária sistemática, sustentou sempre Sílvio Romero a linha nacionalista como critério de valor. Não podia, por conseguinte, apreciar um autor para quem esse critério não tinha a mínima importância. Com isso revela o nosso maior escritor não só a sua própria maturidade intelectual, mas ainda um estágio bem mais orgânico de nossa cultura em geral. O critério nacionalista pode prevalecer nas fases iniciais de uma literatura. Se a linguagem do Gonçalves Dias não fosse mais brasileira, apesar do seu casticismo romântico, que a de Almeida Garrett, não teria sido o épico dos *Timbiras* o verdadeiro abridor das portas de nossa literatura já verdadeiramente nacional. Mas quando veio Machado de Assis, que, aliás, tanto admirava o poeta dos "olhos verdes", sua própria maturação genial equivaleu a um abandono progressivo de toda e qualquer preocupação nacionalizante. Nunca a teve, aliás, em sentido autêntico, como a teve, por exemplo, Magalhães ao escrever a *Confederação dos Tamoios*. Machado de Assis já vinha do berço para uma literatura independente e não precisou mostrar que não era mais um "colonial". Daí a sua universalidade natural e sua consonância com um dos traços típicos dos nossos tempos, a um século de distância de sua estreia em 1855.

Temos mais, porém. Se ele colocou o Homem no centro de sua obra, também deslocou, no próprio homem, a análise psicológica da direção horizontal, digamos assim, para a direção vertical. Foi a sua segunda revolução silenciosa. Ou mesmo a terceira, se tomarmos o deslocamento do sentido nacionalista para o universalista, como a segunda revolução copernicana de sua obra literária.

A psicologia dos românticos tinha sido toda ela superficial e mesmo simplória. Só mesmo com o seu romance póstumo é que José de Alencar nos deixou a impressão de que ia iniciar um novo capítulo em sua extraordinária carreira intelectual. É mister, aliás, acentuar que se Machado de Assis tivesse falecido com a idade de José de Alencar (48 anos), não nos teria deixado senão uma terça parte de sua obra imortal, que começa com *Brás Cubas*, escrito já depois dos quarenta anos. Só então é que se revela o grande espeleólogo das almas penetrando as cavernas do nosso mundo interior numa impressionante antecipação do que iriam ser os caminhos da psicologia moderna depois de Freud.

O que caracteriza a novidade dessa nova psicologia é, precisamente, estudar o homem em profundidade, os estados pré-conscientes ou subconscientes, assim como os fenômenos de dissociação da personalidade.

Ora, um dos fenômenos mais típicos da arte contemporânea é, precisamente, o de mostrar os subterrâneos da personalidade humana. Ao homem simples, de um bloco, visto de fora para dentro, como o homem do naturalismo, ou mesmo de dentro para fora, como o homem romântico, veio suceder na literatura moderna (nisso profundamente influenciada pela moderna psicologia e nela, por sua vez, influindo) o homem-múltiplo, o homem-pluralista, o homem-feixe, o homem a três ou quatro dimensões. E é nesse ponto que o nosso Machado de Assis se antecipa a um Proust, a um Pirandello, a um Fernando Pessoa. Seria um estudo curioso a fazer, o de uma análise micropsicológica entre os processos machadianos, proustianos, pirandellianos e até mesmo desse hermético Fernando Pessoa, cujo heteronomismo não se aproxima apenas superficialmente da velha preocupação de Machado de Assis em sua mocidade, de se esconder atrás de múltiplos pseudônimos, cada dia mais aumentados pelas pesquisas de Galante de Sousa e de Magalhães Júnior. Entre Fernando Pessoa e Machado de Assis há o fenômeno comum da dissociação da personalidade, o constante diálogo, no próprio autor, entre o eu e o outro, o poeta português que pergunta: "Sabes quem sou? Eu não sei", e o brasileiro que escreve o "círculo vicioso", ambos se vendo em tudo e tudo vendo na eterna mutação das coisas. Como Pirandello, com o seu relativismo absoluto, como Proust com o seu onirismo. Há, em toda obra de Machado de Assis, o pressentimento de tudo isso que em França, na Itália, em Portugal, um pouco por toda parte, os prosadores e poetas pós-bergsonianos ou pós-freudianos, até os modernos suprarrealistas ou existencialistas iriam procurar, na dissecção da "mosca azul" ou na desesperada tentativa de tocar a misteriosa corrente vital profunda, dos que deixaram de olhar para o céu platônico ou para o céu cristão, para buscarem o firmamento nas fundas cavernas da nossa alma ou na cega projeção do ser humano na indistinção do "humanitismo". Personagens e situações dos romances e contos de Machado de Assis, que um crítico analista aproxima objetivamente de situações e personagens de alguns desses típicos representantes das letras mais modernas, revelariam, certamente, nessa psicologia em profundidade e em relatividade fluida, a antecipação genial de Machado de Assis.

E ainda o resultado a que o levou essa pesquisa espeleológica nas grutas subterrâneas da alma humana.

Os tipos humanos de Machado de Assis, depois dos ensaios imperfeitos de *Iaiá Garcia* e antes da serenidade platônica do conselheiro Aires, vão todos ter à inquietação, à angústia, à desorbitação e a essas fronteiras trágicas entre a sanidade mental e a loucura, que foram, em sua própria existência pessoal, o drama constante do autor. Se a loucura como o sonho representam situações que se repetem constantemente em sua obra, é que ele mesmo, o autor, realizou esse paradoxo, semelhante ao de Proust: estar sempre presente, no centro de sua obra, sem que isso entretanto prejudicasse em nada a autonomia dessa obra, em face do próprio autor. É um dos muitos paradoxos desse homem genialmente paradoxal. Estar sempre presente, sem nunca prejudicar a independência dos personagens, em face do autor, é realmente como dizem os franceses "*une gageure*", que ele venceu galhardamente.

Outro tema do nosso tempo é, sem dúvida, o tema religioso. Pró ou contra, o século xx é totalmente diverso do século xix, tomado em bloco, em face do problema religioso. A geração de Machado de Assis comportou-se, do ponto de vista religioso, como tipicamente do seu tempo: foi indiferente. Considerou a religião como um fenômeno puramente anacrônico, ultrapassado. Um ateísmo militante, como temos visto no século xx, seria difícil no século passado. A geração de Machado foi a de Renan, de Taine, de Comte. E no entanto houve sempre em Machado uma verdadeira obcecação religiosa. Seu relativismo, pode-se dizer, é menos bebido em Heráclito e, portanto, muito menos nos filósofos modernos que iriam desmembrar a psicologia moderna, do que no Eclesiastes. Uma freira norte-americana, levada por uma observação de Barreto Filho, no seu admirável estudo sobre Machado de Assis, foi pesquisar, à americana, a objetividade dessa influência das Escrituras e especialmente de certos livros do Velho Testamento. E encontrou uma verdadeira mina de influências, bebidas certamente da impregnação do relativismo bíblico, tão diferente do relativismo kantiano ou comtiano. Ainda nesse ponto, Machado é mais um homem do nosso tempo, para o qual a religião é assunto sério, de sim ou não, do que um homem do seu tempo, para o qual a Fé era apenas "o perfume de um vaso vazio".

Outro ponto em que o criador das Sofias, das Virgílias ou das Capitus se aproxima de nós é, precisamente, nesse capítulo da psicologia feminina. Até ele, essa psicologia era a mais superficial possível. As mulheres românticas eram anjos ou demônios. Por vezes anjos e demônios, ao mesmo tempo, como Diva. Mas tudo reduzido às suas expressões mais simples. Foi ainda Machado que abriu, nesse terreno, novas perspectivas. As mulheres passaram a ocupar — na vida imaginativa desse asceta do lar conjugal, à sombra da mais perfeita e amada das companheiras — um posto não apenas importante, mas central. É em torno delas, afinal, que giram as vidas de um Bento, de um Rubião, de um Cubas, que parecem à primeira vista concentrar por si sós a atenção do autor. O eterno feminino está sempre ali presente, e a galeria em que se ostenta é, sem dúvida, a mais importante de nossas letras.

Ora, uma das características do nosso tempo ainda vem a ser aquilo a que Lucien Romier chamou — "*la promotion de la femme*". Se o século passado foi apelidado de "século da criança", tal a preocupação didática que o dominou, em sua revolução dos métodos educativos, que se prolongaram, aliás, por nosso próprio século — este último bem poderia ou poderá vir a ser chamado de século da mulher, tal o papel cada vez mais relevante que o sexo feminino tem representado na economia, na política, na cultura. É o século em que o trabalho feminino deixou o lar doméstico para invadir todas as fábricas, mormente em virtude das colossais mobilizações masculinas para as guerras e revoluções que caracterizaram a primeira metade do nosso século. É o tempo ainda em que o sufrágio feminino foi adotado, não sem resistência, em quase todos os povos da terra e em que as assembleias parlamentares, as administrações públicas e a diplomacia veriam crescer desmarcadamente a participação do segundo sexo. E, finalmente, nos domínios das letras e das artes, por toda parte, inclusive entre nós, é positivo contraste entre a quase ausência da mulher há vinte anos atrás, no mais moderno movimento estético, e o que hoje vemos, nas letras ou nas artes.

Ainda aí foi Machado de Assis um precursor. Deu às suas personagens femininas uma atuação, muitas vezes ferina, sem dúvida, mas tratando-as de igual para igual com os varões e não mais como criaturas de outra espécie, tratadas com certa condescendência como se via em seus predecessores.

Já seriam bastantes, creio eu, esses pontos capitais, para afirmarmos que longe de confirmar o juízo pejorativo de um grande juiz, como foi sem dúvida Lima Barreto, Machado de Assis só tem feito crescer com o tempo. Poucas vezes se tem sido tão injusto em um juízo crítico, como esse com que, em 1919, Isaías Caminha tentava aniquilar o conselheiro Aires: "Machado era um homem de sala, amoroso das coisas delicadas, sem uma grande, larga e ativa visão da humanidade e da Arte. Ele gostava das coisas decentes e bem-postas, da conversa da menina prendada, da garridice das moças" (*Feiras e mafuás*, p. 27). Lima Barreto ficou no Machado do *Jornal das Moças*. E fez com ele o que Gide fez com Proust ou Sainte-Beuve com Baudelaire.

III: ANTECIPAÇÃO

Já vimos os motivos principais da atualidade de Machado de Assis. Passemos agora, para terminar, às razões menores. Numa delas foi ter passado por todas as escolas literárias do seu tempo, sem ter jamais se submetido a qualquer delas. Acontece isso sempre com os espíritos superiores, e gosto muito de repetir a frase de Saintsbury, de que só os *minor writers* são realmente representativos de uma escola ou mesmo do seu tempo e até poderíamos acrescentar do seu país, já que considero o nacionalismo literário como uma posição justa, mas inferior — como aliás o nacionalismo político — ao plano da universalidade.

Machado de Assis não foi nem um romântico, nem um parnasiano, nem um naturalista, nem um simbolista. E, no entanto, atravessou, como um nadador sem par, todas as correntes e chegou ao outro lado da vida, isto é, à morte, tendo recebido alguma coisa de cada uma delas e a cada uma tendo dedicado um pouco de si mesmo.

Ora, uma das características literárias do nosso tempo é precisamente não possuir um clima dominante, como houve no arcadismo ou no romantismo. O modernismo e o neomodernismo são baseados na própria pluralidade, e quando procuramos os traços comuns do nosso tempo — há trinta anos com o modernismo ou hoje com o neomodernismo, fazemos sempre a ressalva desse pluralismo consubstancial às épocas em que se procura mais do que se encontra, como disse Croce, procurando rebaixar os modernos, que ele não chegou a compreender, muito menos a amar. Junte-se isso à tendência — essa sim proclamada pelo patriarca da crítica moderna—a superar, como hoje se diz, a rígida diferenciação em gêneros e tipos literários, como também Machado praticou, e teremos mais um motivo marginal para explicação de sua modernidade.

Seu "humor" terá sido outro. No que tem de universal, e não apenas de britânico, esse tipo de temperamento literário ou mesmo simplesmente humano é o que coloca o homem acima dos acontecimentos e das paixões. O homem de espírito não se deixa nunca envolver, enredar, intimidar. Por isso nunca é ingênuo ou retórico ou sentimental. Como não é tampouco indiferente ou frio ou distante. O "humor" do homem de espírito, no que tem de universal, é uma participação não digo impassível mas lúcida, consciente, capaz de sorrir às coisas trágicas e de ver na gravidade das coisas frívolas. Isso é um quê dos que podem candidatar-se à *Weltliteratur*, em qualquer meridiano do mundo. E foi o que o nosso Machado possuiu em alto grau e foi por isso tachado de impassível, de distante, de indiferente, de homem de salão. Como não o era e apenas possuiu, ao extremo, o pudor dos sentimentos mais íntimos, é que sua figura e sua obra pertencem hoje a um plano cultural que transcende as nossas fronteiras e é tanto ou mais do nosso tempo, como o foi do dele.

Outro motivo marginal de sua modernidade terá sido o seu estilo. Se evocarmos alguns dos seus grandes contemporâneos, que ficaram sem contestação na galeria dos nossos Grandes—como Rui Barbosa, Coelho Neto, Euclides da Cunha, Raul Pompeia, Cruz e Sousa, Bilac, Arinos, Nabuco, Aluísio Azevedo, todos prosadores inconfundíveis—, creio que nenhum será tão atual como ele. É que a todos excedeu em concisão, precisão e sugestão. Não há, sem dúvida, *um* estilo moderno. A prosa de um Mário de Andrade é substancialmente diversa da de um Augusto Frederico Schmidt. A de um Adelino Magalhães da de um Gustavo Corção. A de um José Lins do Rego da de um Manuel Bandeira. Há, porém, em todos uma ausência do ornamental ou do redundante, do oratório ou do elegante, que tornam o enxuto Machado de Assis mais próximo de todos eles, a despeito de suas radicais diferenciações entre si, do que de todos ou quase todos os seus contemporâneos. É uma adesão à realidade, uma economia de termos que, mesmo quando não corresponde *ao escritor moderno* ou antes *modernista* (tantas vezes mais preocupado com os malabarismos ou a originalidade do que com o tema e a verdade a dizer, ou a emoção a exprimir), corresponde ao gosto do leitor moderno, ao *common man* dos nossos dias. Daí a popularidade, até hoje e hoje mais do que no seu tempo, de um escritor aparentemente para os *happy few*, como foi o autor do *Quincas Borba*. Autor aparentemente fácil, mas exigindo a colaboração do leitor, justamente porque escreve mais nas entrelinhas do que nas linhas. Por isso vai ganhando cada vez mais leitores, à medida que se espalha a instrução, por pior que continue a ser. E o leitor de Machado é dos tais que se sente mais inteligente depois de o ler, justamente porque o autor não diz tudo e deixa muito para que o leitor complete. São sempre os nossos autores preferidos, porque nos dão a ilusão de sermos mais do que somos. Quando o autor diz tudo, nada resta ao leitor senão ouvir em silêncio. E calar. E Machado foi dos tais que sempre nos perguntam mais do que nos contam. E isso nos lisonjeia a vaidade. E vai concorrendo para o aumento crescente do número de seus leitores. O estilo de Machado é, portanto, outro motivo de sua flagrante atualidade.

Como o é a escolha do romance como expressão literária. E do romance, como já dissemos, de tipo proustiano ou bernanosiano (escolho de propósito dois antípodas), em que o autor está sempre presente, sem prejuízo da autonomia completa, tanto das personagens como da narrativa. O romance é sem dúvida o gênero literário preferido do nosso tempo. Preferido, inclusive, por ser uma síntese de todos os gêneros, por ultrapassar a rígida diferenciação entre eles que os críticos ou mesmo os autores, românticos ou realistas, imprimiram às obras do seu tempo. O romance é hoje uma encruzilhada em que autobiografia, história, filosofia, religião, sociologia, lirismo, tudo se encontra mais ou menos combinado em um complexo suficientemente complicado para tornar difícil ou mesmo impossível, como num prosaico *cocktail* (ou coquetel, segundo a detestável grafia mal eufônica do radialismo ou do mundanismo atual...), a diferenciação dos componentes. Já Camilo Castelo Branco, no fim da vida, ensaiava essas extrapolações, mas sem continuidade e dentro da técnica integralmente narrativa: "Deter-nos-emos algumas páginas para retificar erros de história. É singular que um romance invista aí alheias searas, campeando de elucidário em pontos competentes a livros graves. É coisa nova, mas não é má" (*A caveira de mártir*, 1875/76, capítulo VII). Machado também colocou nos seus romances a sua filosofia da vida, a sua psicologia dos homens, o seu lirismo de jardim fechado, as suas perplexidades e o seu dom de observação, seu espírito simultaneamente analítico e sintético que o fazia cortar a realidade em pequenas fatias, mas para recompô-la em um plano puramente literário, mas de uma verdade estética absolutamente coerente em si e em sua relação com a realidade vital. Não copiava essa última, traduzia-a. Mas a tradução, longe de trair a verdade, era justamente o meio de intensificá-la. E é esse, precisamente, um dos segredos da grande arte, da autêntica literatura. Escolhendo, pois, o romance e o conto como o seu gênero preferido — e os romances de Machado são colares de contos, pois a técnica do mosaico literário é que foi o segredo desse grande muralista da microliteratura — ultrapassou Machado, de longe, toda a técnica transpositiva e imitativa do naturalismo ou mesmo do realismo simples do seu tempo. E com isso, mais uma vez, se afirmou como homem que ia transcender ao seu momento estético.

Sua técnica do romance seria, pois, um motivo a mais para a sua atualidade.

O romance de hoje em dia está muito ligado ao cinema e este àquele. Há romancistas que adotam a técnica cinematográfica dos quadros sucessivos ou simultâneos, outros que não a adotam. Mas não se pode negar que a técnica da simultaneidade, trazida pelo *unanimismo* e por outras pequenas correntes modernas, é uma novidade que entrou em nossas letras com o modernismo. Creio que foi Antônio de Alcântara Machado, com o seu *Pathé-Baby*, de 1926, que pela primeira vez entrou por esse caminho do estilo telegráfico e do simultaneísmo, ainda em sua infância, e que os pintores pós-impressionistas tinham introduzido, na arte, através da tela. Mais tarde Oswald de Andrade, Mário de Andrade, Guilherme de Figueiredo, tantos outros iriam utilizar-se desse rico recurso para trazer ao plano da expressão literária ou plástica o dinamismo da coexistência e da interpenetração de efeitos, que é o próprio domínio da vida em seu dinamismo contínuo. Pois Machado, com os seus romances em que cada capítulo como que constitui um todo à parte, é um verdadeiro precursor dessa técnica tão definidamente posterior à sua morte e tão diferente da técnica linear e como que evolutiva dos seus contemporâneos. Ele tomava da realidade em bloco, fazendo o fim confundir-se com o princípio, alterando a ordem da sucessão dos acontecimentos segundo a sua colocação no tempo ou o seu reflexo no espírito, de modo que o mundo exterior e o mundo interior, o antes e o depois no tempo, o aqui e o ali no espaço, como que transportam para um plano próprio, que é precisamente o que podemos chamar *a estilização*, e é o próprio domínio da arte, que não se confunde com *a realidade* mas possui a sua *realidade própria*. Balzac a considerava mesmo como a única realidade verdadeira. Já é o caminho para o esteticismo, que é a corrupção dessa justificável e desejável autonomia da realidade estética. Esta, no que tem de acordo com a natureza das coisas, foi alcançada pelo gênio criador de Machado. Como tem sido entrevista, ao longo dos séculos, por todos os gênios da arte e posta em foco modernamente pela crítica aos unilateralismos contrários da submissão naturalista à realidade exterior e da insubordinação sistemática dos subjetivismos, que chegou à sua expressão mais pura no suprarrealismo, que atribui ao automatismo gráfico o privilégio exclusivo da penetração nos segredos do universo.

    Machado de Assis não chegou a entrever esses domínios novos da estética contemporânea, em sua exaustiva procura de caminhos novos para dissociar o átomo da imagem, como os físicos chegaram a desintegrar o núcleo do que parecia a última parcela do mundo nuclear: o *á-tomo*. Quando ele morreu, o mundo ainda era tranquilo. As tempestades que se iriam desencadear ainda estavam contidas, como os ventos do conto de Andersen, nos odres fechados das cavernas! Mas em sua misteriosa personalidade e em sua obra tão límpida quanto sugestiva de transcendências ocultas, todo um mundo novo se ocultava. O segredo de sua atualidade, no Brasil e fora dele, depois das revoluções de toda ordem que abalaram o universo em seus fundamentos, nos cinquenta anos que quase nos separam de sua morte, está precisamente no mundo de antecipações que hoje encontramos na obra imortal que legou à posteridade. E que explicam a sua flagrante atualidade.

Fonte desta edição:
LIMA, Alceu Amoroso [Tristão de Athayde]. "Atualidade de Machado de Assis I: Humanismo e universalidade"; "II: A revolução psicológica"; "III: Antecipação". *Diário de Notícias*, 4 nov. 1956, pp. 1 e 4; 18 nov. 1956, pp. 1 e 4; 25 nov. 1956, pp. 2 e 4.

Seleção de outros textos do autor a respeito de Machado de Assis:
LIMA, Alceu Amoroso. "Dois amigos". *Terra de Sol*, Rio de Janeiro, n. 1, vol. I, pp. 32-8, jan. 1924. Comentários em torno da correspondência entre Machado de Assis e Joaquim Nabuco.
LIMA, Alceu Amoroso. "Política e letras". In: LEÃO, Antônio Carneiro. *À margem da história da República (ideais, crenças e afirmações): inquérito por escritores da geração nascida com a República*. Rio de Janeiro: Edição do Anuário do Brasil [1924], pp. 237-92.
LIMA, Alceu Amoroso. "Machado de Assis, o crítico". *Revista do Brasil*, 3ª fase, Rio de Janeiro, n. 12, pp. 42-7, jun. 1939. Datado de maio de 1939.
LIMA, Alceu Amoroso. "Machado de Assis e Dom Vital". *O Jornal*, Rio de Janeiro, 21 jun. 1939.
LIMA, Alceu Amoroso. "Machado de Assis". *A Ordem*, Rio de Janeiro, jun. 1939, pp. 51-60.
LIMA, Alceu Amoroso. "Júlio Diniz". *Revista da Academia Brasileira de Letras*, Rio de Janeiro, jan.-jun. 1940, vol. LIX, pp. 213-21. Sobre Júlio Diniz e Machado de Assis.
LIMA, Alceu Amoroso. *Três ensaios sobre Machado de Assis*. Belo Horizonte: P. Bluhm, 1941. (Contém os textos: *Explicação prévia*, *Machado de Assis ou Um prefácio falhado*, *Euclides e Machado*, *O centenário*.)
LIMA, Alceu Amoroso. "Migalhas inéditas". *A Manhã*, "Autores e Livros", Rio de Janeiro, 28 set. 1941, vol. I, p. 113. Sobre a poesia de Machado de Assis, com transcrição de inéditos.
LIMA, Alceu Amoroso. "Letras e problemas universais: Machado de Assis em inglês". *Diário de Notícias*, Rio de Janeiro, 7 set. 1952; *Folha da Manhã*, São Paulo, 7 set. 1952. Sobre a tradução de *Memórias póstumas de Brás Cubas*, por William Grossman. Transcrição:
LIMA, Alceu Amoroso. *Pela América do Norte*. Rio de Janeiro: Ministério da Educação e Cultura, Serviço de Documentação, 1955, pp. 59-65, *Os Cadernos de Cultura*, 1º volume.

LIMA, Alceu Amoroso. "Letras e problemas universais: Arte e longevidade". *Diário de Notícias*, Rio de Janeiro, 13 nov. 1955; *Folha da Manhã*, São Paulo, 13 nov. 1955.

LIMA, Alceu Amoroso. *A evolução do conto no Brasil*. Rio de Janeiro: Academia Brasileira de Letras, 1958.

LIMA, Alceu Amoroso. "Quando Petrópolis nascia". *Jornal do Brasil*, Rio de Janeiro, 28 e 29 jul. 1960.

LIMA, Alceu Amoroso. "Alencarianos e machadianos". *Diário de Notícias*, Rio de Janeiro, 4 set. 1960; *Folha de S.Paulo*, São Paulo, 11 set. 1960.

LIMA, Alceu Amoroso. "Ainda Alencar e Machado". *Diário de Notícias*, Rio de Janeiro, 11 set. 1960.

LIMA, Alceu Amoroso. "Alencar, fundador da crônica". *Diário de Notícias*, Rio de Janeiro, 18 set. 1960.

LIMA, Alceu Amoroso. "O cronista Alencar". *Diário de Notícias*, Rio de Janeiro, 25 set. 1960; *O Estado de S. Paulo*, São Paulo, 2 out. 1960.

LIMA, Alceu Amoroso. "Machado folhetinista". *Diário de Notícias*, Rio de Janeiro, 9 out. 1960.

LIMA, Alceu Amoroso. "Os três estilos". *Diário de Notícias*, Rio de Janeiro, 21 out. 1960.

LIMA, Alceu Amoroso. "Machado cronista". *Diário de Notícias*, Rio de Janeiro, 23 out. 1960.

LIMA, Alceu Amoroso. "O ensaio e a crônica". *Diário de Notícias*, Rio de Janeiro, 28 out. 1960.

LIMA, Alceu Amoroso. "Romances pré-modernistas". *Diário de Notícias*, Rio de Janeiro, 3 nov. 1960.

LIMA, Alceu Amoroso. "O fim do século XIX (Evolução literária carioca — IV)". *Diário de Notícias*, Rio de Janeiro, 27 ago. 1965.

LIMA, Alceu Amoroso. "1900". *Minas Gerais*, "Suplemento Literário". Belo Horizonte, 7 set. 1968, p.12.

LIMA, Alceu Amoroso. "Sílvio, Agripino e Machado". *Jornal do Brasil*, Rio de Janeiro, 12 dez. 1969.

LIMA, Alceu Amoroso. *Evolução intelectual do Brasil*. Rio de Janeiro: Grifo, 1971, pp. 61-2.

LIMA, Alceu Amoroso. *Memórias improvisadas: diálogos com Medeiros Lima*. Petrópolis: Vozes, 1973, pp. 47-50.

LIMA, Alceu Amoroso. "Camões e Machado". *Jornal do Brasil*, Rio de Janeiro, 10 e 11 jul. 1980.

LIMA, Alceu Amoroso. "Machado de Assis e Lima Barreto". *Jornal do Brasil*, Rio de Janeiro, 7 e 8 maio 1981.

LITERÁRIA
João Etienne Filho

j.e.f.

JOÃO ETIENNE Arreguy FILHO (Caratinga, Minas Gerais, 1918 — Belo Horizonte, Minas Gerais, 1997): Jornalista, professor, poeta, teatrólogo, cronista, contista, crítico literário e teatral, ator, radialista, diretor de teatro e tradutor. Formou-se em Direito pela Universidade Federal de Minas Gerais. Iniciou a carreira jornalística em 1935 em *O Diário*, de Belo Horizonte. Colaborou em diversos periódicos, como a revista *A Ordem* do Rio. Foi secretário de Alceu Amoroso Lima e abriu espaço em *O Diário* para vários jovens escritores, como Otto Lara Resende, Paulo Mendes Campos e Hélio Pellegrino. Elegeu-se na Academia Mineira de Letras em 1959. Obras: *Dia e noite*, poesia (1947); *As desesperanças*, poesia (1957); *Os tristes*, contos (1971).

O Diário, 28 fev. 1958

Ainda não se calaram os ecos dos louvores às edições de cinco novos livros de contos de Machado de Assis, exumados por Raimundo Magalhães Júnior do grande espólio do fértil escritor, bem como aos *Diálogos e reflexões de um relojoeiro*, todos os seis já devidamente registrados nesta seção, com o entusiasmo com que me filio à corrente partidária da publicação de tudo o que tenha sido produzido por Machado de Assis.

A prova da utilidade desta publicação está na revisão que vem sendo empreendida em dois dos mais importantes aspectos da obra machadiana. Refiro-me ao famoso "apoliticismo" de Machado e à "ausência da natureza" em sua obra. Da revisão do primeiro aspecto, tem-se incumbido o próprio Raimundo Magalhães Júnior, cuja obra *Machado de Assis desconhecido* insiste nesta tecla. É bem verdade que, anteriormente, mais de um autor já tinha vislumbrado a precariedade da afirmação de que Machado era indiferente à política. Lembra-me que, no famoso número com que a *Revista do Brasil* comemorou, em 1939, o centenário do nascimento de nosso maior escritor, vários ensaios se referiam à participação de Machado na vida social, econômica e política do Brasil, participação esta de que sua obra dava, ainda que palidamente, repercussão. Mas é bom lembrar que, àquela época, a obra de Machado estava compendiada em 31 volumes apenas. O que já saiu depois eleva para bem mais de quarenta o número destes volumes.

Quanto à ausência de natureza na obra de Machado de Assis (a frase "as casas de Machado de Assis não têm quintal" correu mundo, como lugar-comum), o ilustre machadiano Eugênio Gomes tem escrito admiráveis estudos, contrariando a tese. Há uma maneira própria de ver a natureza, em Machado de Assis, é o seu ponto de vista. Mas até em expressões como a célebre caracterização de Capitu, a de "olhos de ressaca", Eugênio Gomes vê a marca da natureza, a influência da natureza.

Tudo isso mostra a cada vez maior presença de Machado de Assis em nossa literatura. É o em que insiste sempre Tristão de Athayde: Machado continua cada vez mais vivo, mais atuante, mais presente. A própria receptividade que tem encontrado no estrangeiro é prova de que temos um grande produto para exportação, com características universais.

Para finalizar esta nota, o registro do aparecimento de *Ideias e imagens de Machado de Assis*, um utilíssimo dicionário, feito pelo mesmo Raimundo Magalhães Júnior, que cada vez mais se credencia como nosso talvez maior machadiano e que, infatigavelmente, nos vem revelando o fruto de suas pesquisas, de seu entranhado amor pela obra do Solitário do Cosme Velho. Trata-se de mais uma edição da Civilização Brasileira. Não pode faltar na estante de qualquer estudioso de Machado.

Fonte desta edição:
FILHO, João Etienne. "Literária". *O Diário*, Belo Horizonte, 28 fev. 1958.

Outros textos do autor a respeito de Machado de Assis:
FILHO, João Etienne. "Disquisições machadianas". *O Diário*,
    Belo Horizonte, 15 ago. 1953. Sobre *Iaiá Garcia*.
FILHO, João Etienne. "Literária". *O Diário*, Belo Horizonte, 28 nov. 1957.
    Sobre publicações recentes de R. Magalhães Júnior.
FILHO, João Etienne. "Literária". *O Diário*, Belo Horizonte, 10 jun. 1959.
FILHO, João Etienne. "Literária". *O Diário*, Belo Horizonte, 4 dez. 1959.

EXCERTO DE "REGIONALISMO E UNIVERSALISMO DO CONTO BRASILEIRO"
Renard Perez

r.p.

RENARD Quintas **PEREZ** (Macaíba, Rio Grande do Norte, 1928 — Rio de Janeiro, Rio de Janeiro, 2015): Contista, ensaísta e jornalista. Fez seus estudos primários e secundários em Fortaleza e depois no Rio de Janeiro, onde se formou em Direito em 1951. Funcionário público do Estado do Rio de Janeiro na Secretaria de Educação e Cultura desde 1948, foi redator literário da Rádio Roquette Pinto até 1986, quando se aposentou. Assinou, no *Correio da Manhã*, a seção "Escritores Brasileiros Contemporâneos" e foi redator na *Revista da Semana*, na *Revista Branca*, na *Manchete*, no jornal *Última Hora* e redator-chefe da revista *Leitura*. Obras: *O beco*, novela (1952); *Os sinos*, contos (1954); *Escritores brasileiros contemporâne* 1ª série (1960); *O tombadilho*, contos (1961); *Escritores brasileiros contemporâneos*, 2ª série (1965); *Começo de caminho: o áspero amor*, romance (1967); *Chão galeg* viagem memorialística (1972); *Irmãos da noite*, contos (1979); "Trio", conto (1983) *Creusa, Creusa*, contos (1998).

Correio da Manhã, 17 maio 1958

Pondo de lado as lendas indígenas, ou os antigos contos populares, coligidos por especialistas, mas pertencentes à literatura oral, poderíamos começar a falar sobre o conto, no Brasil—como o fez Edgard Cavalheiro—, citando Norberto de Sousa, autor de uma pequena narrativa, das mais antigas publicadas entre nós: "As duas órfãs", datada de 1841, e reunida mais tarde em livro, com outros trabalhos. Mas, afora o valor histórico, quase nada representa esse autor, num julgamento qualitativo, mesmo levando em consideração a literatura da época, já avançada em outros gêneros.

Poderíamos também utilizar um outro critério e situar as origens do conto, no Brasil, em Álvares de Azevedo, com *Noite na taverna* (1855), série de pequenas histórias encadeadas, de bom nível literário, apesar de seu romantismo desvariado e da profunda influência byroniana; ou em Bernardo Guimarães, que, embora sem a categoria literária do precedente, já apresenta, em *Lendas e romances*, um aspecto brasileiro, através da fixação da vida do sertão.

Há ainda diversos autores que, na segunda metade do século XIX, escreveram pequenas narrativas em prosa, ao gosto romântico. Dentre eles, podemos destacar José de Alencar, romancista de porte dentro dos valores e das tendências da época, e que chegou a escrever dois pequenos trabalhos: *A viuvinha* e *Cinco minutos*. Mas todas essas histórias, algumas interessantes, não formam ainda o gênero: a rigor, elas são — pela técnica e pelo tamanho — antes novelas que contos. O gênero não tem ainda características definidas, nem cultores especializados.

MACHADO DE ASSIS

Seremos bem mais precisos se dissermos que o nosso conto foi iniciado com Machado de Assis, e se datarmos esse nascimento de 1870 — ano em que apareceu a sua primeira coletânea no gênero: os *Contos fluminenses*. Foi ele o primeiro escritor que se dedicou à história curta, e lhe deu categoria literária. E, repetindo Herman Lima, o que compreendeu melhor o gênero, e que primeiro fixou alguns de seus fatores preponderantes, em especial quanto à forma, apresentação das personagens, exposição dos episódios, preparação do clímax, sendo ainda o fixador das primeiras diretrizes do conto brasileiro, a vigorarem durante meio século, pelo menos.

Publica Machado de Assis, em vida, sete coletâneas de contos (muita coisa ficaria esparsa pelos jornais e só postumamente seria reunida em livro). Seus primeiros trabalhos no gênero — como os primeiros romances — obedecem aos cânones românticos, principalmente os franceses: Ohnet, Feuillet. São histórias de amor, superficiais, com uma intriga convencional, e tipos padronizados, escritas para um público feminino, sem exigências. Mas ainda assim, pelo estilo, essa produção supera tudo o que se fez na época.

Pouco a pouco a evolução cresce, em todos os sentidos. Da mesma forma que o estilo se vai naturalmente aperfeiçoando pelo exercício, os temas vão sendo aprofundados, e os tipos deixam de ser modelados no convencionalismo de uma escola, para serem tirados da vida. Há uma nova maneira de olhar os problemas, uma análise fria das coisas. Quanto à técnica, os contos variam da "fórmula Maupassant" — histórias com princípio, meio e fim — à descrição de uma situação, mera fixação de um momento, de um estado de espírito — contos onde o interesse da intriga é substituído pelo da captação de um estado de alma — processo em que se antecipa a Tchekhov, um mestre no gênero. Os assuntos são os mais variados: o escritor aborda desde o fantástico às histórias do cotidiano mais corriqueiro. Em todos eles, serve-se para fazer estudos deliciosos da alma humana, através da análise sutil dos sentimentos. E essa evolução chega ao apogeu em seus últimos trabalhos (*Várias histórias, Páginas recolhidas, Relíquias de Casa Velha*), considerados ainda hoje dos mais modernos, dentro da técnica mais avançada. Sem exagero, podemos contar em sua obra de contista (equivalente a quarenta anos de atividade) pelo menos meia centena de trabalhos de primeira classe. Embora seja Machado de Assis responsável por alguns de nossos maiores romances, dará ele, no conto, exemplos ainda mais expressivos de seu talento, porque, meticuloso e conciso, preferindo abordar os temas em verticalidade, encontra no conto, pela sua dimensão, campo ideal para as investigações, para aprofundamento de uma ideia. E a agudeza dessas análises, ao lado da originalidade dos temas e da perfeição da forma, tornam-no um mestre no gênero, de categoria universal.

É Machado de Assis, portanto, quem inicia o gênero, tirando-o praticamente do nada, e o dignifica. E, vendo-se hoje, a distância, o legado por ele deixado, e acompanhando a sua obra de contista numa gradação cronológica, parece-nos antes seguirmos não a evolução da obra de um escritor mas de vários — a evolução de uma literatura. Porque é Machado quem ensaia os passos do gênero, e, quando lança a sua última coletânea, em 1906, deixa-o no apogeu.

[...]

Fonte desta edição:
PEREZ, Renard. "Regionalismo e universalismo do conto brasileiro". *Correio da Manhã*, Rio de Janeiro, 17 maio 1958.

Outros textos do autor a respeito de Machado de Assis:
PEREZ, Renard. "Murilo Rubião: escritores brasileiros contemporâneos".
Correio da Manhã, Rio de Janeiro, 11 fev. 1956, 1º Caderno, p. 8
(Referência a Machado: "A profunda influência de Machado de Assis").
PEREZ, Renard. "Machado de Assis, vivo". *Revista da Semana*, Rio de
Janeiro, ano 58, n. 40, 4 out. 1958, pp. 4-7.
PEREZ, Renard. "Que se faça logo o museu Machado de Assis, herdeira
do autor de *Dom Casmurro* [Laura Leitão Carvalho] apela". *Revista
da Semana*, Rio de Janeiro, ano 58, n. 40, 4 out. 1958, pp. 8-9.
PEREZ, Renard. "Panorama do conto brasileiro". *Jornal de Letras*,
Rio de Janeiro, maio 1959.
PEREZ, Renard. "O enfermeiro". *Jornal de Letras*, Rio de Janeiro,
out. 1959 (nota biográfica antecedendo o conto).
PEREZ, Renard. "Esboço biográfico". In: ASSIS, Machado de.
Obra completa. Rio de Janeiro: Aguilar, 1959, vol. I, pp. XIX-XXXVI.
A partir da 2ª ed., de 1962, o título passou a ser: "Machado de Assis
e sua circunstância". Também em: ASSIS, Machado de. *Helena*.
Rio de Janeiro: José Aguilar, 1975, pp. 9-34.
PEREZ, Renard. "Carta ao Presidente da República ou a Escola Machado
de Assis", "Literatura". *Última Hora*. Rio de Janeiro, 24 jun. 1961,
p. 8; *Revista da Sociedade dos Amigos de Machado de Assis*,
Rio de Janeiro, n. 7, pp. 23-4, 29 set. 1961.
PEREZ, Renard. "Escola Machado de Assis: Convênio", "Literatura",
Última Hora. Rio de Janeiro, 11 ago. 1961, p. 10.
PEREZ, Renard. "No morro do Livramento". *Última Hora*, Rio de Janeiro,
22 jun. 1961; *Revista da Sociedade dos Amigos de Machado de Assis*,
Rio de Janeiro, n. 7, pp. 22-3, 29 set. 1961.
PEREZ, Renard. "Homenagem a Machado de Assis". *Última Hora*.
Rio de Janeiro, 30 set. 1961.

CONTRASTES MACHADIANOS
Gustavo Corção

g.c.

GUSTAVO CORÇÃO Braga (Rio de Janeiro, Rio de Janeiro, 1896 — Rio de Janeiro, Rio de Janeiro, 1978): Escritor e pensador católico. Em 1939, conheceu Alceu Amoroso Lima, presidente do Centro Dom Vital, e passou a colaborar na revista *A Ordem*. Em 1944 lançou seu primeiro livro, *A descoberta do outro*. Colaborou no *Diário de Notícias*, na *Tribuna da Imprensa*, em *O Estado de S. Paulo*, no *Correio do Povo*, de Porto Alegre, na *Gazeta do Povo*, de Curitiba, em *A Tarde*, de Salvador, e em *O Globo*. Em 1950, lançou *Lições de abismo*, romance premiado pela Unesco e traduzido para vários idiomas. Obras: *A descoberta do outro* (1944); *Três alqueires e uma vaca* (1946); *Lições de abismo*, romance (1950); *As fronteiras da técnica* (1954); *Dez anos* (1956); *Claro escuro* (1958); *Machado de Assis* (1959); *Patriotismo e nacionalismo* (1960); *O desconcerto do mundo* (1965); *Dois amores, duas cidades* (1967); *A tempo e contratempo* (1969); *Progresso e progressismo* (1970); *O século do nada* (1973).

Diário de Notícias,
"Suplemento Literário", 15 e 22 jun. 1958

Há um desconcertante contraste entre a vida de Machado de Assis e a obra maior e decisiva que começa com o surgimento de *Memórias póstumas de Brás Cubas*. Das notícias deixadas por seus contemporâneos, e sobretudo das próprias cartas, que pertencem mais à vida do que à obra, deduz-se uma personalidade que não combina, que chega a contradizer a outra que se adivinha atrás dos grandes romances da nova fase. Dir-se-ia que são dois homens: um que viveu em suave e tranquila ascensão, desde a bancada do moço tipógrafo até a presidência da Academia, e outro que terá sofrido, não se sabe onde, nem como, as asperezas de uma vida madrasta que lhe castigou o coração. Dois homens ou duas personalidades, duas vidas ou duas experiências — eis aí a primeira impressão que se tem quando se compara uma carta escrita a Joaquim Nabuco com uma página de *Brás Cubas*. De um lado o personagem pausado, prudente, cerimonioso, discreto, bem inserido na secretaria do Ministério da Agricultura, onde é zeloso e pontual, bem plantado nas instituições de seu tempo, confiante nelas, crente no Senado e na Academia, acatador de títulos e condecorações, afeito à etiqueta e às fórmulas da convenção bem-educada; e de outro lado a alma aflita que bebe o desconsolo do Eclesiastes.

Como conciliar os dois hemisférios tão distintos da mesma personalidade? Os mais sagazes amigos, que o conheceram dia após dia, não se saíram da empresa melhor do que nós. Nabuco confessa a sua perplexidade. Em carta datada de 8 de outubro de 1904, de Londres, diz-lhe o seguinte:

> Mas que vivacidade, que ligeireza, que doçura, que benevolência a do seu espírito, eu ia dizendo, que beatitude! Você pode cultivar a vesícula do fel para a sua filosofia social, em seus romances, mas suas cartas o traem. Você não é somente um homem feliz, vive na beatitude, como convém a um Papa, e Papa de uma época de fé, como a que hoje aí se tem na Academia. Agora não vá dizer que o ofendi e o acusei de hipocrisia, chamando-o feliz.[15]

Há nessa passagem epistolar três pontos que indicam o desconcerto em que se acha Nabuco para ter uma explicação de seu grande amigo. O ponto onde diz que Machado se trai nas cartas; o outro onde diz que ele cultiva a vesícula de fel; e o terceiro onde pede que não veja ofensa em chamá-lo de feliz. O claro espírito de Joaquim Nabuco se perde, sem aliás angustiar-se demais, diante das ambiguidades de Machado. Diz que as cartas o traem, como quem adianta que há certo disfarce, certo fingimento de poeta, lá nos romances em que cultiva o fel, isto é, na obra onde adota uma atitude inventada, legítima para o artista, mas nem por isso menos discordante da verdadeira face do homem bem casado, do acadêmico prestigiado, do velho papa a transpirar beatitude entre amigos e admiradores. Não sei se algum crítico já tentou explicar o decantado pessimismo do autor de *Dom Casmurro* como uma atitude cultivada. Sei que já o explicaram pelo sentimento de inferioridade do mestiço e do epiléptico. Machado de Assis era mulato e tinha ver-

---

15. "Nabuco a Machado. Londres, 8 de outubro de 1904".
Cf. ARANHA, Graça. *Machado de Assis e Joaquim Nabuco. Comentários e notas à correspondência entre esses dois escritores.* São Paulo: Monteiro Lobato & Cia., 1923, p.143.

gonha de sua doença. Mas a explicação do que chamam de amargor, baseada nesses dados, é desmentida pela vida do autor, como tão bem assinalou José Barreto Filho. A carreira de Joaquim Maria Machado de Assis é uniformemente progressiva e tranquila. Filho de gente humilde, publica aos dezesseis anos o primeiro poema, "Ela",[16] encontrando na *Marmota Fluminense* de Paula Brito essa primeira facilidade que nem todos os adolescentes desfrutam. Aos dezessete anos é aprendiz de tipógrafo na *Imprensa Nacional*; aos vinte, revisor no *Correio Mercantil*, e logo, novamente, autor publicado em *O Espelho*, onde apresenta a poesia "Estrela da Tarde". Vê-se que a raça e a pobreza são compensadas pelos favores do mundo. Traduz peças de teatro aos vinte e um anos e saboreia as palavras que escreveu, posto que de segunda mão, na vida que ganham com a voz e os gestos dos intérpretes; e ouve os aplausos, dos quais certamente deduz a quota de corretagem que lhe cabe. Mal cumprida a maioridade legal, é convidado por Quintino Bocaiuva a trabalhar na redação do *Diário do Rio de Janeiro*, passando assim das artes servis às liberais. Num espaço de três anos o proletário vira burguês, o tipógrafo passa a redator: e aqui neste ponto do itinerário, se me dessem os dados do personagem, a cor e a origem humilde, meu prognóstico seria o dos riscos da fatuidade e da gabolice, pois todos sabemos que é por um mecanismo de ultracorreção que tais antecedentes costumam ser ocultados.

A ascensão continua. Vê representada no Ateneu sua primeira peça, *O protocolo*; apresenta outras peças; publica-as em livros; e antes dos vinte e cinco anos tem um volume de versos, *Crisálidas*, apresentado pela livraria B. L. Garnier. E continua subindo, e encontrando na rampa dos primeiros ensaios as facilidades que costumam ser raras.

Em 1867, com vinte e oito anos, nosso alpinista é agraciado com o grau de Cavaleiro da Ordem da Rosa, por ser-

---

16. O poema "Ela" foi publicado em 16 de janeiro de 1855, quando Machado de Assis tinha quinze anos. Em 1972, José Galante de Sousa descobriu um soneto, "À Ilma. Sra. D.P.J.A.", publicado em 3 de outubro de 1854, que teria sido de fato o primeiro poema publicado por Machado.

viços prestados às letras do país. Detenho-me neste ponto da cronologia, que tomo emprestada ao excelente trabalho de Magalhães Júnior, para voltar às perplexidades com que abri este estudo, e para espantar-me de ver, no peito do futuro autor de *Quincas Borba*, a estrela de seis pontas, esmaltada, bordada a ouro, e marcada com a solene divisa: Amor e Fidelidade. Divirto-me com a imaginação da cerimônia, não conseguindo sentir a concordância entre a solenidade e a alma transida de horror às declamações.

"Ui! Ia-me escapando a ênfase!" dirá mais tarde, no limiar de um capítulo; mas agora, no ano de 1867, presta-se de bom grado às manifestações dos favores do paço. Como conciliar a estrela de seis pontas, por serviços prestados, com a pungente ironia que lha darão, vida afora, os aparelhos do mundo?

Sem resolver a dificuldade, volto à enumeração dos sucessos, e chego ao glorioso ano de 1869 em que, com trinta anos, o autor consagrado, esquecido da tipografia e da cor, contrai matrimônio com d. Carolina Augusta Xavier de Novais, que lhe grava, não na sobrecasaca mas no próprio coração, a divisa da imperial medalha: Amor e Fidelidade. Esse casamento com moça branca, como costumam frisar os críticos que se apegam demais às adlerianas teorias da inferioridade que busca superações, se insere na vida de Machado com a naturalidade das coisas devidas, e com o suplementar sedativo que costumam trazer as esposas quatro ou cinco anos mais velhas que o marido. Esse casamento sereno e pacificador nos coloca diante de um novo paradoxo: entrava um elemento de inalterável doçura na vida daquela inteligência que poucos anos depois se abrirá, com extraordinária acuidade, para a amargura, ou para as lágrimas das coisas, como lá dizia o Virgílio.

D. Carolina exerceu decerto uma forte influência sobre o marido, não porém aquela de *femme savante* ou de mentor literário que lhe empresta Lúcia Miguel Pereira. Acho mais convincente, e até mais alto, o papel que lhe atribui Magalhães Júnior. "Ainda o que as mulheres dos grandes artistas fazem de melhor é passar em silêncio, na ponta dos pés, pela vida dos maridos." Trago entretanto um pesponto à explicação de Magalhães Júnior. Não diria que

Carolina *passou* na vida de Machado. Prefiro dizer que encheu e que cercou. Há no Livro de Isaías um versículo que sempre me intrigou: "e a mulher circundou o homem". Carolina circundou Machado; foi de sua vida a envolvente obscuridade, a presença nutritiva, o silêncio que é a melhor companhia. Se é exato que a d. Carmo do *Memorial de Aires* é o retrato de Carolina, nada exprime melhor o entendimento do casal do que esta passagem: "De quando em quando, ela e o marido trocavam as suas impressões com os olhos, e pode ser que também com a fala".

Não tiveram filhos. Do fato surgem dois comentários e nova oposição. No *Memorial de Aires*, que pertence mais à lembrança do que à criação, o reparo tem doce melancolia: "Um dos convivas — sempre há indiscretos — no brinde que lhes fez aludiu à falta de filhos dizendo que Deus lhos negara para que eles se amassem melhor entre si". Mas no capítulo final de *Memórias póstumas de Brás Cubas*, que, apesar do nome, pertence ao mundo do delírio e da invenção, cai um pingo daquela vesícula de fel, e com esse pingo fecha-se a "obra de finado" escrita "com a pena da galhofa e a tinta da melancolia", "... qualquer pessoa imaginará que não houve míngua nem sobra, e consequentemente que saí quite com a vida. E imaginará mal; porque ao chegar a este outro lado do mistério, achei-me com um pequeno saldo, que é a derradeira negativa deste capítulo de negativas: — Não tive filhos, não transmiti a nenhuma criatura o legado da nossa miséria".

Indiscreto ou não, o conviva das bodas de prata de d. Carmo tinha razão. Durante trinta e cinco anos viveu o casal um tranquilo e verídico afeto. Como diz Nabuco, Machado foi feliz. Mas poderá ser feliz, por mais que o mundo ajude, quem no meio da vida descobriu, de repente, as lágrimas das coisas? O mesmo homem que viveu enquadrado e farto, protegido pelo constante amor, vive na obra que o trai — é a obra e não a carta que o trai — o inquieto e versátil amor, que falseia, que tem olhos de ressaca, que mente, que se abriga no desamparo de d. Plácida, e que, até em suas formas mais puras, como no conto que começa como *Romeu e Julieta* e termina em casamento, tem arremate de tamanho desconsolo. Os namorados que durante longos anos esperaram, separados, contrariados, casaram-se afinal. Serão felizes? "Eu lhe digo, respondeu esse amigo observador. Não são felizes nem infelizes..."; e depois de sutil explicação conclui que não podemos dizê--los felizes.

"— Então infelizes?

"— Também não. Vivem, respeitam-se; não são infelizes, nem podemos dizer que são felizes. Vivem, respeitam-se, vão ao teatro..."

Fonte desta edição:
CORÇÃO, Gustavo. "Contrastes machadianos". *Diário de Notícias*, "Suplemento Literário", Rio de Janeiro, 15 e 22 jun. 1958, pp. 1-6. Também em: *O Estado de S. Paulo*, São Paulo, 8 jun. 1958; *Diário de Minas*, Belo Horizonte, 15 jun. 1958; *O Estado*, Fortaleza, 9 ago. 1958.

Outros textos do autor a respeito de Machado de Assis:
CORÇÃO, Gustavo. "O humorismo". *A Ordem*, Rio de Janeiro, ago. 1942, pp. 137-54. Sobre *Machado de Assis*, de Mário Matos.
CORÇÃO, Gustavo. "Um livro sobre Machado de Assis". *Diário de Notícias*, Rio de Janeiro, 12 dez. 1954; *Jornal do Dia*, Porto Alegre, 9 jan. 1955. Sobre *Machado de Assis*, de Otávio Mangabeira.
CORÇÃO, Gustavo. "Machado de Assis e o Eclesiastes". *Folha da Manhã*, São Paulo, 11 fev. 1955; *Diário de Notícias*, Rio de Janeiro, 13 fev. 1955; *Correio do Povo*, Porto Alegre, 13 fev. 1955.
CORÇÃO, Gustavo. "Os primeiros romances de Machado". *O Estado de S. Paulo*, São Paulo, 10 jun. 1958; *Diário de Notícias*, "Suplemento Literário", Rio de Janeiro, 8 jun. 1958, pp. 1-6.
CORÇÃO, Gustavo. "O duplo Machado". *O Estado de S. Paulo*, São Paulo, 15 jun. 1958; *Diário de Minas*, Belo Horizonte, 22 jun. 1958; *Diário de Notícias*, Rio de Janeiro, 23 jun. 1958, pp. 1 e 4.
CORÇÃO, Gustavo. "Ainda a duplicidade de Machado de Assis". *O Estado de S. Paulo*, São Paulo, 22 jun. 1958; *Diário de Notícias*, Rio de Janeiro, 29 jun. 1958, pp. 1 e 4.
CORÇÃO, Gustavo. "De Yaya Garcia a Braz Cubas". *Diário de Notícias*, Rio de Janeiro, 6 jul. 1958; *Diário de Minas*, Belo Horizonte, 6 jul. 1958.
CORÇÃO, Gustavo. "Entrevistando o retrato". *Diário de Notícias*, Rio de Janeiro, 20 jul. 1958.
CORÇÃO, Gustavo. Depoimento em: LITRENTO, Oliveiros. "Machado de Assis na literatura brasileira". *Jornal de Letras*, Rio de Janeiro, set. 1958. Cf. a seção "Enquetes e depoimentos" neste volume.

CORÇÃO, Gustavo. "Machado de Assis cronista". *Diário de Notícias*, Rio de Janeiro, 28 set. 1958, pp. 1 e 4; 5 out. 1958; 8 out. 1958, pp. 1 e 4; *O Estado de S. Paulo*, São Paulo, 28 set. e 5 out. 1958. Também em: ASSIS, Machado de. *Obra completa*. Rio de Janeiro: Nova Aguilar, 1985, vol. 3, pp. 325-331.

CORÇÃO, Gustavo. "Machado de Assis e Anatole France". *Diário de Notícias*, Rio de Janeiro, 17 fev. 1959.

CORÇÃO, Gustavo. "Apresentação". In: ASSIS, Machado de. *Romance*. Rio de Janeiro: Agir, 1959, Coleção Nossos Clássicos, vol. 37.

CORÇÃO, Gustavo. "Machado de Assis e os bondes". *Diário de Notícias*, Rio de Janeiro, 27 maio 1962.

CORÇÃO, Gustavo. "Introdução". In: ASSIS, Machado de. *Dom Casmurro*. Edição crítica de Maximiano de Carvalho e Silva. São Paulo: Melhoramentos, 1965.

CORÇÃO, Gustavo. "Na mesma língua em que chorou Camões". In: *O desconcerto do mundo*. Rio de Janeiro: Agir, 1965, pp. 79-152.

O NIILISTA
MACHADO DE ASSIS
Ricardo Ramos

r.r.

RICARDO de Medeiros **RAMOS** (Palmeira dos Índios, Alagoas, 1929 — São Paulo, São Paulo, 1992): Romancista, contista, ensaísta jornalista, publicitário. Filho de Graciliano Ramos e de Heloísa de Medeiros Ramos, formou-se na Faculdade de Direito da Universidade de Guanabara. Em 1953, com Heloísa, lançou as *Memórias do cárcere*, de Graciliano, e em 1954 publicou seu primeiro livro, *Tempo de espera*, contos. Em 1956, mudou-se para São Paulo, onde trabalhou com publicidade e como escritor, jornalista, editor e professor universitário. Contribuiu em *Para Todos...*, na *Folha da Tarde*, em *A Gazeta* e em *Última Hora*. Foi jurado do prêmio Edgard Cavalheiro, que teve como vencedor o ficcionista João Antônio. Presidiu a União Brasileira de Escritores. Obras: Contos: *Tempo de espera* (1954); *Os desertos* (1961); *Matar um homem* (1970); *Circuito fechado* (1972); *Toada para surdos* (1977). Novela: *Os caminhantes de Santa Luzia* (1959). Romances: *Memória de setembro* (1968); *As fúrias invisíveis* (1974). Memórias: *Graciliano: retrato fragmentado* (1992).

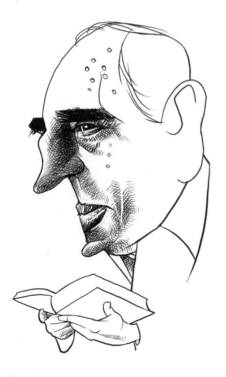

Última Hora,
"Crônica de Livros", 19 jun. 1958

Certos escritores não são facilmente encontrados pela crítica. Entre nós, talvez o melhor exemplo desse borboletear em torno de uma obra, do volutear sombrio ou risonho, seja o do muito que se escreveu sobre Machado de Assis. Uns veem melhor a figura do homem, muitos se contentam em fazer circular velhos chavões, outros não conseguem trazê-lo aos esquemas estreitos e mais novos. À margem do panegírico superficial e acadêmico, as diatribes mais diversas vêm esbater-se contra a inteireza de uma obra poucas vezes estudada a sério. Uma obra que nos dá a perspectiva de meio século, e que no entanto ainda motiva toda uma série de redondos equívocos. Exemplo disso, e bem incisivo — pelo que enfeixa os principais enganos críticos a que nos referimos — é o livro *O niilista Machado de Assis*, de Octavio Brandão, recentemente publicado pela Org. Simões.

    Naturalmente Octavio Brandão não deixa dúvidas quanto à honestidade, à frieza objetiva com que examina a obra de Machado. Entretanto, múltiplos elementos, que pouco a pouco informam a conformação do escritor de *Canais e lagoas*, afirmam estas preliminares: seu livro pretende combater uma obra, destruir um autor. Quando se trata de uma obra como a de Machado, de um autor como o de *Dom Casmurro*, essa tarefa não é fácil. Temos assim explicado o repisar em antigos refrões, como o do pessimismo, o da não participação, o da abstinência crítica, diversos outros que se referem à literatura e ao homem. Revelando uma posição estética extremamente simplista, Octavio Brandão incorre em um erro básico — ele não pretende estudar, compreender um escritor, mas sujeitá-lo a meia dúzia de regras, ver se autor e obra funcionam em relação a esses quase tabus. Evidente que Machado não se enquadra, não foi minimamente compreendido; quanto às regras, as dúvidas se bipartem: não são todas aceitáveis, nem empregadas com a necessária amplitude. Em consequência, o livro falha na sua quase totalidade.

Registrando o aparecimento de *O niilista Machado de Assis*, convém lembrar que ele encerra, aqui e ali, afirmações muito em voga há algum tempo. Elas passaram, certamente. Mas ainda repontam isoladas, confundindo muitos, dando ensejo a injustiças terríveis. Não apenas Machado, mas diversos autores, até bem pouco, foram alvo dessa crítica extemporânea e infeliz. Provavelmente outros ainda o serão. Há todavia que frisar: esse falar caricato sempre e sempre terá menor efeito.

Fonte desta edição:
RAMOS, Ricardo. "O niilista Machado de Assis". *Última Hora*, "Crônica de Livros", São Paulo, 19 jun. 1958.

Outros textos do autor a respeito de Machado de Assis:
RAMOS, Ricardo. "Quais os dez melhores romances brasileiros?", "Notas e Notícias de São Paulo". *Diário de Notícias*, "Suplemento Literário", Rio de Janeiro, 21 jan. 1962, p. 4. Enquete realizada pelo próprio Ricardo Ramos em 1961, reeditando outra feita cerca de vinte anos antes, "Quais os 10 melhores romances brasileiros", *Revista Acadêmica*, Rio de Janeiro, n. 50, jul. 1940.
RAMOS, Ricardo. "Entrevista: "R. Magalhães Júnior fala sobre os livros inéditos de Machado de Assis". *Para Todos...*, Rio de Janeiro, 1ª quinzena de jun. 1956.
RAMOS, Ricardo. "O conto: Brasil". *O Estado de S. Paulo* (Suplemento), 9 nov. 1980, ano 1, n. 22, pp. 14-15.

CINQUENTENÁRIO DE MACHADO DE ASSIS
Patrícia Galvão

p.g.

PATRÍCIA Rehder **GALVÃO** (São João da Boa Vista, São Paulo, 1910—Santos, São Paulo, 1962): Jornalista, escritora, poeta, diretora de teatro, tradutora, desenhista, cartunista e militante política. Conhecida como Pagu, apelido dado pelo poeta Raul Bopp. Em 1931, ingressou no Partido Comunista do Brasil e publicou a seção "A Mulher do Povo" no jornal *O Homem do Povo*, que editou com Oswald de Andrade, com quem foi casada. No final de 1933, viajou pelo mundo, enviando matérias para vários jornais de São Paulo. Obras: *Parque industrial*, romance proletário, com o pseudônimo Mara Lobo (1933); *A Famosa Revista*, em colaboração com Geraldo Ferraz (1945); *Safra macabra*, contos policiais, publicados na revista *Detective* em 1944, com o pseudônimo King Shelter (organização de Geraldo Galvão Ferraz, 1998). Autobiografia: *Paixão Pagu: a autobiografia precoce de Patrícia Galvão* (1940; 2005). Textos políticos: *Verdade e liberdade* (1950).

A Tribuna, 14 set. 1958

Ainda não éramos nascidos e Machado de Assis já deixara de viver: o seu cinquentenário é a maior data literária do ano. Passa a 28 [29] deste mês de setembro, e, possivelmente, mesmo no meio destes interesses mesquinhos que empolgam os brasileiros, nas vizinhanças do pleito eleitoral de outubro haverá comemorações que honrem a memória do Mestre.

Em Machado de Assis deparamos a figura completa de nossas letras — ele perlustrou o teatro, a poesia, o conto, a crônica, o romance, a crítica. Se se destacou mais no romance e no conto, isto se deve a pendores especiais. Sua poesia, de que tantos se afastam, é imprescindível em qualquer antologia do gênero, porque não se poderá falar de poesia brasileira sem nos lembrarmos de algumas joias machadianas — "Círculo vicioso", "A mosca azul", "A Carolina", "Soneto de Natal", isto para não nos reportarmos à lírica romântica em que esplendem algumas partes vivas dos "Versos a Corina".

Realizando-se só muito tarde, depois dos quarenta anos, pode-se dizer, o escritor queimara o estro poético. Além da fronteira do humor machadiano, a poesia só repontará em pouquíssimos exemplos. Sem dúvida, pode-se falar na perfeição dos versos "A Carolina", em que a própria vida do artista se projeta, e freme e chora, nessas catorze linhas do soneto imortal.

Mas a Machado de Assis não faz falta a glória de não ter sido igualmente tão numeroso poeta quanto o foi o contista e o romancista, porque é na profunda consciência de sua literatura de toda a sua vida que reside a sua significação transbordante, numa história tão pobre de letras qual a nossa, onde em 136 anos de literatura nenhum outro vulto surgiu, que superasse Machado. Que o igualasse, sequer.

O cinquentenário da morte de Machado de Assis cumpre, assim, ser homenageado, excepcionalmente. Não podemos nos esquecer de que se trata mesmo da maior figura de nossas letras. Precisamos transmitir essa noção aos novos, que não só não tiveram tempo de ler Machado, como não sabem mais ler — ler mesmo e não ler correndo, espiar as palavras e o que está atrás delas, acompanhar a aventura prodigiosa do escritor em todas as suas gradações, valores e nuanças.

No meio dos que acreditam que Machado de Assis é um grande escritor, raros são, hoje, os que acreditam na literatura, e isto mesmo entre os literatos. Não há a convicção do que tenha sido a fé nas letras, de um homem como Machado de Assis, que somente por essa fé marcou, na história, o seu lugar, elevando-se a uma altitude que muitos de seus contemporâneos, muito mais importantes no tempo, lograram apenas perceber. Machado, de fato, corporifica essa presença imperceptível: a fé na importância, na significação, na extraordinária arte da palavra escrita.

É emocionante, então, nessa biografia que se encerrou há cinquenta anos, verificar a passagem do velho artífice, menino, pela tipografia — imaginemos com que amor esses dedos e essa inteligência lidavam com os tipos, formadores de palavras, transcrevendo a palavra escrita para a sua reprodução impressa, e como ele caminhou, séculos de vida e de aperfeiçoamento, para transpor essa distância, entre o ofício do tipógrafo e o ofício de escritor, entre a caixa da tipografia e o livro... A figura impressionante desse homem se destaca, então, nas letras, sem um contraste que se lhe igualasse sequer.

Ao morrer, Machado de Assis sabia que era o primeiro entre todos, e um reconhecimento unânime o cercava, nessa primazia. Poucos homens no Brasil terão tido esta consciência e essa auréola. Sem dúvida, para muitos, o nome do escritor não significa mais do que "um dos nossos escritores", hoje. E serão os melhor informados. Na verdade, trata-se da mais relevante figura de nossas letras. O cinquentenário, de que estamos tão perto, deve ser comemorado nestas jornadas de perturbação nacional — é preciso que o façamos com insistência e diariamente para que não se perca o brilho dessa legenda, entre tanto ruído inútil e tanto palavratório oco.

MARA LOBO

Fonte desta edição:
GALVÃO, Patrícia [Mara Lobo]. "Cinquentenário de Machado de Assis".
A Tribuna, Santos, "Literatura", 14 set. 1958.

Outros textos da autora a respeito de Machado de Assis:
GALVÃO, Patrícia [Mara Lobo]. "Por que ler Machado de Assis".
A Tribuna, Santos, 26 maio 1957.
GALVÃO, Patrícia. "Machado teatrólogo: Palco e atores".
A Tribuna, Santos, 28 set. 1958.
GALVÃO, Patrícia. "Onde o mérito, 'Seu' Martins?". *A Tribuna*, Santos, 5 out. 1958.
GALVÃO, Patrícia. "Homenagem a Machado na *Revista do Livro*".
A Tribuna, Santos, 26 out. 1958.

MACHADO DE ASSIS E O TEATRO
Adonias Filho

a.f.

ADONIAS Aguiar **FILHO** (Ilhéus, Bahia, 1915 — Ilhéus, Bahia, 1990): Jornalista, crítico literário, ensaísta e romancista. Mudou-se para o Rio de Janeiro em 1936. Atuou como crítico literário nos *Cadernos da Hora Presente*, de São Paulo (1937), em *A Manhã* (1944-1945), no *Jornal de Letras* (1955-1960) e no *Diário de Notícias* (1958--1960). Foi diretor do Serviço Nacional de Teatro (1954) e diretor da Biblioteca Nacional (1961-1971). Quinto ocupante da Cadeira número 21 da Academia Brasileira de Letras, eleito em 1965. Entre outros prêmios, conquistou o do Instituto Nacional do Livro com a novela *Léguas da promissão* (1968-1969) e com o romance *As velhas* (1974-1975). Obras: Romances: *Memórias de Lázaro* (1952); *Corpo vivo* (1962); *O forte* (1965); *Luanda Beira Bahia* (1971); *As velha* (1975); *Noite sem madrugada* (1983). Teatro *Auto de Ilhéus* (1981). Literatura infantil: *Uma nota de cem* (1973); *Fora da pista* (1978

Diário de Notícias, 28 set. 1958

Não será fácil dizer o que o teatro deve a Machado de Assis. Ficcionista que não conseguiu escapar a um destino, no teatro adquirindo a experiência crítica e o artesanato que posteriormente aplicaria ao romance, foi um dos primeiros a levantar em sua obra — como José de Alencar — o problema das relações entre o teatro e a novelística. Esse, embora não devidamente considerado pelo criticismo, um dos aspectos mais importantes, como atualidade, em seu trabalho de escritor. Mas, se aquelas relações podem aplicar-se em estudos comparativos (da obra machadiana face a influência exercida, por exemplo, pela obra shakespeariana), torna-se impossível esquecer, no romancista e no contista, o crítico de teatro que foi Machado de Assis. Há, na evolução dessa obra, três fases cronológicas: a) a crítica teatral; b) as peças como *Desencantos* e *Quase ministro*; c) a novelística. Estudo a fazer-se seria o dos intercursos entre essas fases na busca das aproximações temáticas e estilísticas.

Entre as duas fases iniciais, ao que me parece, as aproximações são evidentes. Antecedendo a fase teatral, a fase crítica de tal modo a explica que não será exagero afirmar-se que, através da crítica, o comediógrafo adquiriu os instrumentos de trabalho (como, por exemplo, a técnica de construção das peças). Surgindo depois, onze anos após o início da atividade crítica restrita ao teatro, a novelística (os romances e os contos) teria ou não se beneficiado da experiência teatral? É o que se pergunta. E, no conteúdo da pergunta, subsistindo toda uma tese: a que extremos a experiência teatral de Machado de Assis influiu em sua obra novelística? É provável que, partindo da crítica teatral, a resposta se complete na inter-relação de suas peças com sua própria novelística.

Para o reconhecimento da novelística de Machado de Assis, em consequência, parece-me inevitável o reconhecimento da experiência teatral e, nesse círculo especializado, sobretudo o de sua atuação como crítico de teatro. Se investigarmos os pontos de contato entre as peças (como *O protocolo*, *Quase ministro* e *Deuses de casaca*), os contos e os romances, não tardaremos em verificar que há um lastro perfeitamente flagrante em suas características ficcionais. Enumeremos as seguintes: a trama passional em função da sociedade que movimenta a vida carioca, a incursão psicológica no sentido da análise do caráter, o "humor", o debate de ideias, a galeria das personagens com ilustrações nos políticos militantes já evidentes na comédia *Quase ministro*. O cerne — que necessita ser submetido a sondagem imediata e vertical —, da primeira peça de teatro ao último romance, não se altera.

Dúvida já não subsiste que é pelo teatro que Machado de Assis penetra na ficção. A fase teatral, como vimos, antecede a fase novelística. As comédias já denunciam as sutilezas psicológicas do futuro romancista e de tal maneira que, atingindo a representação cênica com dificuldade, refletem a movimentação episódica em comportamento novelístico. Nos romances do começo da carreira, aliás (como *A mão e a luva*, *Helena* e *Iaiá Garcia*), perdura a atmosfera teatral que não se extingue nos romances posteriores (como *Memórias póstumas de Brás Cubas*, *Quincas Borba*, *Dom Casmurro*). O que se prova, finalmente, é que Machado de Assis extraiu de sua experiência teatral os suportes que, caracterizando, tanto valorizam seus romances e seus contos. Nessa experiência, porém, a prioridade caberia ou não à crítica teatral ? E temos, então, a segunda tese: teria sido possível a obra ficcional de Machado de Assis, sua novelística e seu teatro, sem a preparação anterior do crítico de teatro?

Particularmente, e com base nos textos de sua crítica teatral (que tanto se identifica à sua crítica literária), posso admitir que, não houvesse a crítica, outros caminhos seriam os das suas peças, seus romances e seus contos. Foi no exercício da crítica teatral, ao animar na imprensa a "revista dos teatros", que Machado de Assis, fazendo a aprendizagem, pôde captar os elementos novelísticos (episódio, trama, personagem) indispensáveis à ficção. A leitura crítica de suas críticas — e não será possível esquecer-se a auscultação empreendida no teatro de José de Alencar — é por demais evidente para que obscureça o futuro romancista nessa tarefa minuciosa de análise e compreensão. Debruçado sobre as peças ou com os olhos sobre o palco, sua preocupação constante e seu interesse quase aflitivo não são pelos elementos teatrais. É um inquiridor a sondar os dados novelísticos: a configuração do ambiente, a trama como "centro de interesse", o conteúdo em seus valores humanos e sociais, a linguagem literária (o invariável é "bem escrito") e principalmente o "tipo" ou a "figura". No fundo desse universo, a maior curiosidade se inclina para "os caracteres", a "pintura dos costumes", "o estilo", os "graves problemas". O grande interesse, em sua própria expressão, é pelo "teatro como literatura".

Mas, se a crítica teatral de Machado de Assis pode concorrer para a explicação de sua obra novelística, é certa a recíproca de que — e consequência ainda de sua experiência como comediógrafo — seus romances se impregnam de atmosfera teatral. Nas relações do romance com o teatro, já superados os debates e as controvérsias, se rara a conversão da peça em romance, normal vem sendo a conversão do romance em peça de teatro. E, se realizada com êxito na captação de romances sem atmosfera teatral, torna-se obrigatória quando os romances, como os de Machado de Assis, dispõem dessa atmosfera. Temos, como exemplo oportuno, o caso de Dostoiévski. Foi a atmosfera teatral de sua obra que, atraindo os dramaturgos, permitiu o enriquecimento do teatro moderno a partir da adaptação de *Os irmãos Karamázov*, feita por Jacques Copeau. Após as adaptações de *O eterno marido*, feita por Jacques Mauclair, e de *Humilhados e ofendidos*, feita por André Charpak, é Albert Camus quem traslada *Os possessos* para o teatro. E, se o desafio da atmosfera teatral da obra dostoievskiana já foi vencido, não têm como hesitar os teatrólogos brasileiros na adaptação dos romances de Machado de Assis.

Essa adaptação, que surgirá inevitavelmente, confirmará tão somente o que o teatro brasileiro deve a Machado de Assis.

Fonte desta edição:
FILHO, Adonias. "Machado de Assis e o teatro". *Diário de Notícias*, Rio de Janeiro, 28 set. 1958, pp. 1 e 4.

Outro texto do autor a respeito de Machado de Assis:
FILHO, Adonias. Depoimento em: LITRENTO, Oliveiros. "Machado de Assis na literatura brasileira". *Jornal de Letras*, Rio de Janeiro, set. 1958. Cf. a seção "Enquetes e depoimentos" neste volume.

PERDÃO, MACHADO
Dinah Silveira de Queiroz

d.s.q.

DINAH SILVEIRA DE QUEIROZ (São Paulo, São Paulo, 1911 — Rio de Janeiro, Rio de Janeiro, 1982): Romancista, contista e cronista. Segunda mulher a entrar para a Academia Brasileira de Letras, sétima ocupante da Cadeira número 7, eleita em 1980. Seu romance *Floradas na serra*, de 1939, recebeu o Prêmio Antônio de Alcântara Machado, da Academia Paulista de Letras, e foi transposto para o cinema em 1955. A Academia Brasileira de Letras lhe conferiu o Prêmio Machado de Assis em 1954, pelo conjunto da obra. Obras: *Floradas na serra*, romance (1939); *A sereia verde*, contos (194; *Margarida la Rocque: a Ilha dos Demônios*, romance (1949); *A muralha*, romance (1954); *O oitavo dia*, teatro (1956); *As noites do Morro do Encanto*, contos (1957); *Eles herdarão a Terra*, contos (1960); *Os invasor*, romance (1965); *A princesa dos escravos*, biografia (1966); *Verão dos infiéis*, romance (1968); *Comba Malina*, ficção científica (1969); *Café da manhã*, crônicas (1969); *Eu venho, Memorial do Cristo* I (1974); *Eu, Jes; Memorial do Cristo* II (1977); *Baía de espun*, literatura infantil (1979); *Guida, caríssima Guida*, romance (1981).

Diário de Notícias, 28 set. 1958

Já estava a "Entrevista com Machado de Assis" pronta para entregar ao Suplemento, quando dei com uma notícia sobre o sr. H. Pereira da Silva, que tem um livro de "entrevistas" de Machado já concluído. Invadiu-me o escrúpulo. Eu havia utilizado uma técnica já muito vulgarizada. Um dos últimos livros que li, no gênero, foi o *Livro Negro*, de Papini, onde há várias "entrevistas" especificamente destrutivas, como a de Picasso, por exemplo. No caso de Machado de Assis, eu poderia ter encontrado, assim, uma saída para o constrangimento que me assalta, agora, depois de posta sobre a mesa (e feita a devida revisão) toda a velha coleção de Garnier e mais o outro Machado saído a lume pela mão de Magalhães Júnior. Se Machado dissesse, "ele próprio", que era autor de apenas três romances (romances que justificam o seu renome) e de alguns contos, que têm para nós o cunho da perfeição... Se o velho santo padroeiro de nossos escritores, que se desentendem todos nas preferências, mas se entendem "em Machado", dissesse estas coisas que vou dizer, decerto, soariam menos despretensiosas do que a opinião de uma atrevida escrevinhadora.

Depois da releitura de Machado de Assis, feita neste isolamento de nossa casa, que nos dá o direito de liberdade, sempre tolhido pela voz lá de fora, não entoarei louvações à obra inteira. Evidentemente isto não terá importância para o leitor — mas tem toda para mim. Aliás, devo dizer que muito me irritou a opinião de uma querida amiga — dessas que não têm grande cultura, mas sim, sensibilidade — e que me disse ter ganho do marido toda a coleção de Machado de Assis. Ela ficara namorando aqueles volumes bonitos, prelibando o prazer de sua leitura. Depois viera a descoberta terrível, e me confiara o segredo:

"De duas, uma: ou eu sou mesmo uma estúpida, ou Machado não é o que dizem."

Quase briguei com ela, no momento, mas agora compreendo. Talvez minha amiga não se aproximasse de nosso escritor através das *Memórias [póstumas] de Brás Cubas*, de *Quincas Borba* ou de *Dom Casmurro*. Talvez começasse lendo *Ressurreição*, aquele relato de frio romancista principiante, de um formalismo de desesperar, sem os arroubos e os defeitos da maioria dos novatos, que, às vezes, exibem, entretanto, a compensação da presença física da mocidade, numa espécie de viço natural. Mas nada disso tem *Ressurreição*: é convencional, incômodo, como aqueles móveis do começo do século. Já em *Esaú e Jacó, Iaiá Garcia*, se bem que devesse atravessar muitos trechos tediosos, acredito que nossa amiga não sentisse essa frustração total que experimentou. Ela partiu da Legenda do Escritor para tomar um contato com a realidade, mas aí, nesses livros, se bem que em geral decepcionada, ela teria boas surpresas machadianas, assim uma espécie de viração de canto de rua, o arejamento da inteligência, sobre a chatice.

Mas, ainda mesmo em *Iaiá Garcia* — dão arrepios as falas convencionais como esta: (página 307) "Eu era humilde e obscura, ele distinto e considerado; diferença que podia desaparecer se a natureza me tivesse dado outro coração... Casamento entre nós era impossível... ainda que todos trabalhassem para ele, porque eu consideraria uma espécie de favor... tenho em grande respeito a minha própria condição". Talvez se Machado, hoje, fosse "ouvido", ele próprio aconselharia moderação nesse aguçado apetite dos editores. Em *Ressurreição*, por exemplo, até mesmo comparado com os best-sellers dessa senhora de enjoativas "Rebecas", que é Daphne du Maurier, perde para ela. Bem sabemos o que é o Tempo, mas o Tempo nunca desgastou um Victor Hugo, nem aqueles melhores romances de Machado de Assis — aqueles plenos de aspectos miraculosos de invenção; tão capacitados a revelar a outras gerações os mistérios do sonho, do delírio, em toques quase geniais.

Mas se *Brás Cubas*, *Quincas Borba* e *Dom Casmurro* devem ser lidos, relidos, e são fontes de inesgotáveis surpresas, se contos, como a "Missa do galo", e outros, onde não há uma falha, onde a narração, a psicologia dos personagens, o problema do Tempo, dentro da história, são resolvidos de maneira exemplar e moderna — que triste exercício é este de viajar, pacientemente, pelo teatro machadiano, tão oco e fútil, indigno do homem-Machado, motivo de eterno [sic] e de gratidão dos escritores! Teatro sem a menor "conclusão", desfeito em diálogos pouco brilhantes, arrumados e insinceros. A poesia, também, é desprovida, geralmente, de valor, a não ser aquele "A Carolina". Vejamos este horrorzinho: "De tudo nos desperta/Luz de importuno dia;/Do amor que tanto a enchia/Minha alma está deserta". E caminhando ao acaso vamos colhendo essas *Crisálidas*: "Neste fundo sentir, nesta fascinação,/Que pede ao poeta o amante coração?/Viver como nasceste, ó beleza, ó primor,/De uma fusão de ser, de uma efusão do amor".

Mas na obra de Machado nada há de mais negativo do que suas páginas de "Crítica". São até de fazer mal à gente. Seus comentários a respeito de Eça de Queirós, por exemplo, bem nos causam uma espécie de assombro: "Como é possível que este homem seja o mesmo que escreveu *Dom Casmurro?*". Devo explicar, antes de tudo, que sou avessa a certos aspectos de Eça de Queirós, e isso por motivo daquele seu negativismo sistemático — o mesmo que me torna inapetente para a leitura de Anatole France, *Thaís*, excluída. Mas a crítica sobre Eça não mostra um mínimo de sensibilidade em Machado. Copiemos um trecho: "De uma carvoeira, à porta da loja, diz ele que apresentava a sua 'gravidez bestial'. Bestial, por quê? Naturalmente, porque o adjetivo avoluma o substantivo; e o autor não vê ali o sinal da maternidade humana; vê um fenômeno animal, nada mais".

Teria o escritor brasileiro incorrido num equívoco de "língua", teria o "português", nesse tempo, muito mais lusitano no Brasil, do que é hoje, carregado o crítico para bem longe do que o autor queria dizer? É possível. Meus brasileiros sobrinhos, com menos de um ano de Lisboa, já chamam uma fita esplêndida de "bestial". E "bestial" também tudo que lhes cause admiração, incluindo moças belas. Mas ainda que Eça de Queirós não desejasse escrever "gravidez esplêndida, enorme, ou coisa parecida", acho que essas duas palavras foram bem ajustadas. Com elas estamos a ver, perfeitamente, um quadro chocante, porém real. E o homem que inventou os "olhos de ressaca" não podia deixar de compreender essa pincelada de Eça! Falando de Luísa, de *O primo Basílio*, assim se exprime Machado — como se fosse sua própria sobrecasaca que falasse, e não ele o tão humano:

> Parece que o sr. Eça de Queirós quis dar-nos na heroína um produto da educação frívola e da vida ociosa; não obstante, há aí traços que fazem supor, à primeira vista, uma vocação sensual. A razão disso é a fatalidade das obras do sr. Eça de Queirós — ou, noutros termos, do seu realismo sem condescendência: é a sensação física. Os exemplos acumulam-se de página a página; apontá-los, seria reuni-los e agravar o que há neles desvendado e cru. Os que de boa-fé supõem defender o livro, dizendo que podia ser expurgado de algumas cenas, para só ficar o pensamento moral ou social, que o engendrou, esquecem ou não reparam que isso é justamente a medula da composição.[17]

---

17. Cf. ASSIS, Machado de [Eleazar]. "Literatura realista: *O primo Basílio*, romance do sr. Eça de Queirós, Porto, 1878". *O Cruzeiro*, 16 e 30 abr. 1878. In: ASSIS, Machado de. *Machado de Assis: Obra completa em quatro volumes*. 2ª ed. Organização de Aluizio Leite Neto, Ana Lima Cecílio, Heloisa Jahn, Rodrigo Lacerda. Rio de Janeiro: Nova Aguilar, 2008, vol. 3, pp. 1236-7.

Sei que este meu artigo vai causar indignações — bem compreendo. Eu também muito me indignei com a pobre amiga, até reler Machado. De perto de cinquenta livros, que é a obra machadiana — constituída pelos volumes que publicou e pelos que foram publicados depois de sua morte, quantos serão os livros de nosso maior escritor? Por certo, eu escolheria, apenas, quatro: os três romances referidos e mais um volume de contos, selecionados em toda a sua obra. Isto é, entretanto, o melhor que nós temos.

Nós chegamos, nestes poucos livros, ao cume da Literatura Universal. Mas é preciso que não nos embalemos com divagações e sonhos. Até agora, Machado era encadernado e dormia nas estantes. Mas, dentro de pouco tempo, qualquer leitor comprará seus livros hoje caídos em domínio público. Grande parte da legenda se dissipará. E é uma pena que isto aconteça, pois tanto carecemos dela. É verdade que aqui e ali, nas crônicas de Machado, encontramos lampejos, e o estilo limpo do autor será sempre um seguro modelo para nós. Mas isto é muito pouco, dentro desse desequilíbrio fundamental: a quase genialidade nos três romances e em alguns contos, e o narrador experimentado, mas sem relevo, dos outros volumes.

— Perdão, Machado! Acho que morri um pouco, no dia em que fiz esta revisão. Desolei-me tanto, que telefonei a um dos legítimos conservadores de sua glória — Magalhães Júnior. "Mudaria Machado, ou mudei eu?" — Da adolescência, para a maturidade, carregara em mim essa espécie de bem, de amor, que é a reverência literária. E embora ela permanecesse intacta no que dissera respeito a um décimo da obra de Machado de Assis, o resto era uma pena.

Talvez o certo esteja no proceder de um Cornélio Penna, que, afinal, escreveu tão pouco, mas escreveu o bastante.

Sabemos que tudo é depuração do Tempo, e que o escritor nasce, não para viver, mas para morrer. Gostaria de lhe pedir perdão, Machado. Gostaria que, lá de cima, você no enorme coro que sobe de nossa terra, em torno do cinquentenário de sua morte, a opinião da formiga que garatuja letras fosse entendida por quem é imortal de verdade. Depois de ter passado pela fase do bronze — responsável por aquele horroroso monumento da Academia — você desce ao povo do Brasil, que, finalmente, vai ler Machado de Assis. Não será mais o autor de enfeite de estante, mas amigo na solidão dos lares, leitura e releitura... naqueles seus poucos livros eternos.

Fonte desta edição:
QUEIROZ, Dinah Silveira de. "Perdão, Machado". *Diário de Notícias*, Rio de Janeiro, 28 set. 1958, pp. 1 e 6.

Outros textos da autora a respeito de Machado de Assis:
QUEIROZ, Dinah Silveira de. "Os retratos de Machado de Assis". *Jornal do Commercio*, 18 jun. 1958.
QUEIROZ, Dinah Silveira de. Resposta em: CONDÉ, José. "Capitu — inocente ou culpada?" [sem referência a periódico], 16 jan. 1968. Enquete a propósito do lançamento de *O enigma de Capitu*, com respostas de Afrânio Coutinho, Augusto Meyer, Eduardo Portella, Dinah Silveira de Queiroz e Eugênio Gomes.
QUEIROZ, Dinah Silveira de. Resposta em: "Conto de Natal é com Machado de Assis". *Última Hora*, Rio de Janeiro, 18 dez. 1968. Enquete para saber qual o melhor conto de Natal da literatura brasileira. Opiniões de Josué Montello, Carlos Heitor Cony, Paulo Mendes Campos, José Carlos de Oliveira, Dinah Silveira de Queiroz.
QUEIROZ, Dinah Silveira de. "A cadeira quinze". *Jornal Nacional*, 28 maio 1972.
QUEIROZ, Dinah Silveira de. *Machado de Assis e as mulheres*. Discurso de posse feito na Academia Brasileira de Letras em Brasília. Rio de Janeiro: Presença, 1976.
QUEIROZ, Dinah Silveira de. "Recado". *Correio Braziliense*, Brasília, 21 maio 1976.

UM GATINHO PRETO
Eneida de Moraes

e.m.

ENEIDA de Villas Boas Costa **DE MORAES** (Belém, Pará, 1903 — Rio de Janeiro, Rio de Janeiro, 1971): Jornalista, cronista, contista, tradutora, militante política. Lançou em 1929 seu primeiro livro de poemas, *Terra verde*, e em 1930 se mudou para o Rio. Em 1932 transferiu-se para São Paulo e, membro do Partido Comunista Brasileiro, passou quatro meses na prisão. Presa diversas vezes durante o Estado Novo (1937- -1945), trabalhou como operária, tradutora e redatora de artigos políticos. Obras: *Terra verde*, poesia (1929); *O quarteirão*, contos (1936); *Paris e outros sonhos*, crônicas (1951); *Sujinho de terra*, infantil (1953); *Cão da madrugada*, crônicas (1954); *Aruanda*, crônicas e memórias (1957); *História do carnaval carioca* (1958); *Caminhos da terra* URSS, *Tchecoslováquia, China* (1959); *Guia da mui bem amada cidade de Santa Maria de Belém do Grão-Pará* (1960); *Romancista também personagens* (1961); *Banho de cheiro*, autobiografia (1962).

Diário de Notícias, 28 set. 1958

Nos meus velhos guardados encontro uma página da *Revista da Semana*, de 29 de janeiro de 1938, assinada por Herculano Marcos Borges da Fonseca. Conta ele, num artigo que tem vinte anos, que uma menina chamada Alba mandou um dia a Machado de Assis, de presente, um gatinho preto.

Peço desculpas mil se outros machadianos já falaram nessa estória, mas quero apenas reproduzir — por achá-la uma delícia — a carta com a qual Machado agradeceu à menina o presente. Uma carta que dizia assim:

> Quinta-feira. D. Alba. Só agora posso pegar na pena e escrever-lhe para agradecer o obséquio que me fez mandando-me de presente ao velho amigo Machado. No primeiro dia não pude conhecer bem este cavalheiro; ele buscou-me com palavrinhas doces e estalinhos, mas eu fugia-lhe com medo e metia-me pelos cantos ou embaixo dos aparadores. No segundo dia já me aproximava, mas ainda cauteloso. Agora corro para ele sem receio, trepo-lhe aos joelhos e às costas, ele coça-me, diz-me graças, e, se não mia como eu, é porque lhe custa, mas espero que chegue até lá. Só não consente que eu trepe à mesa, quando ele almoça

ou janta, mas conserva-me nos joelhos e eu puxo-lhe os cordões do pijama. A minha vida é alegre. Bebo leite, caldo de feijão e de sopa, com arroz, e já provei alguns pedaços de carne. A carne é boa; não creio, porém, que valha a de um camundongo, mas camundongo é que não há aqui, por mais que os procure. Creio que desconfiaram que há mouro na costa, e fugiram. Quando virá ver-me? Eu não me canso de ouvir ao Machado que a senhora é muito bonita, muito meiga, muito graciosa, o encanto de seus pais. E seus pais—como vão? Já terão descido de Petrópolis? Dê-lhes lembranças minhas e não esqueça este jovem.

Gatinho preto.

Os leitores perceberão que fui obrigada a suprimir os parágrafos porque meu espaço é pequeno e a carta é longa. Mas que delícia imaginar-se Machado de Assis escrevendo-a enquanto o gatinho puxa os cordões de seu pijama. À solidão que lhe deixara a morte de Carolina viera juntar-se, e naturalmente minorá-la, um pequeno gato.

Nenhum espanto, sem dúvida. Gatos, muitos gatos encheram a vida de grandes homens e de fabulosas mulheres. Mas isso não importa. O que pensamos agora é no nosso velho Machado com um gato que quer comer na sua mesa, com um gatinho que sobe nos seus joelhos, que é assistido pelo grande romancista quando bebe seu leite ou come seus pedaços de carne.

Que delícia revê-lo agora querendo agradar o gatinho com "palavrinhas doces e estalinhos" e o bichano fugindo com medo.

Creio que os biógrafos de Machado de Assis devem estudar bem esse gato. Afinal foi um amigo e um companheiro, e jamais devem ser esquecidos, em qualquer vida—grande ou pequena—os amigos e os companheiros.

Contei a José essa história. Deixou-o indiferente. José é muito gato. Sabe que é do destino dos gatos amar e serem amados pelos mais indiferentes e frios racionais. Desculpem, mas a frieza de José é compreensível: muito pouco ou quase nada sabe ele de Machado de Assis. (Acontece, como dizia Eugênia Álvaro Moreyra.) Achou apenas que o mestre errou num ponto: gato não come camundongos; mata-os apenas, quando pode. Comer, nunca.

Fonte desta edição:
MORAES, Eneida de. "Um gatinho preto". *Diário de Notícias*, Rio de Janeiro, 28 set. 1958.

Outros textos da autora a respeito de Machado de Assis:
ENEIDA [de Moraes]. "Machado de Assis desconhecido — Reportagem literária de Eneida". *Diário de Notícias*, Rio de Janeiro, 27 mar. 1955. Sobre *Machado de Assis desconhecido*, de R. Magalhães Júnior.
ENEIDA [de Moraes]. "No cinquentenário da morte de Machado de Assis". *Diário de Notícias*, 28 set. 1958, p. 7. Vários depoimentos, incluindo o de Dirce Cortes Riedel, Astrojildo Pereira e Eugênio Gomes.
ENEIDA [de Moraes]. *Caminhos da Terra*. Rio de Janeiro: Antunes, 1959, p. 36.
ENEIDA [de Moraes]. "Machado de Assis e Gonçalves Dias". *Diário de Notícias*, 31 jan. 1960.
ENEIDA [de Moraes]. "As obras de Machado de Assis". *Hoje*, 10 set. 1960.
ENEIDA [de Moraes]. "Machado e Wallace". *Diário de Notícias*, 15 jul. 1962. Opinião de José Paulo Paes sobre a prosa de Edgard Wallace e a de Machado.

ENCONTRO COM MACHADO DE ASSIS
Lúcia Miguel Pereira

l.m.p.

LÚCIA MIGUEL PEREIRA (Barbacena, Minas Gerais, 1901 — Rio de Janeiro, Rio de Janeiro, 1959): Crítica literária, romancista, ensaísta, biógrafa e tradutora. Aos 32 anos, estreou como romancista, com *Maria Luísa*, e publicou seu segundo romance, *Em surdina*. Em suas pesquisas, encontrou no fim dos anos 1940 uma cópia de *Dona Guidinha do Poço*, obra de Manuel de Oliveira Paiva, de 1892, até então inédita. E resgatou *Casa Velha*, em 1944, folhetim publicado por Machado de Assis na revista *A Estação*, de 1885 a 1886. Seus textos de crítica literária foram reunidos nos volumes: *A leitora e seus personagens* (1992), *Escritos da maturidade* (1995) e *O século de Camus: artigos para jornal, 1947-1955* (2015). Obras. Romances: *Maria Luísa* (1933); *Em surdina* (1933); *Amanhecer* (1938); *Cabra cega* (1954). Conto: "Uma santa" (1933). Biografia e crítica: *Machado de Assis (Estudo crítico e biográfico)* (1936); *A vida de Gonçalves Dias* (1943); *História da literatura brasileira: Prosa de ficção — de 1870 a 1920* (1950).

Revista da Semana, Crônica, 4 out. 1958

Rompendo por uma vez o hábito salutar de não falar de mim mesma, não me posso impedir de contar um sonho do qual nunca me esquecerei—logo um sonho, assunto traidor entre todos, depois que toda a gente se pôs a ler e a seu modo aplicar as teorias de Freud. A quanto me arrisco, em que emaranhado me aventuro! Tremo ante a expectativa das interpretações que poderá suscitar esta narrativa, e não obstante prossigo, dominada por um inusitado desejo de comunicação. Só uma desculpa me assiste para cometer tamanha imprudência: o sonho, se fui eu quem o sonhou, quem o inspirou foi Machado de Assis. Apareceu-me uma noite claramente, com a feição que tem nos seus retratos de velhice; e tão bem o vi que gostaria de acreditar que os espíritos se manifestam desse modo aos mortais; teria assim a convicção de ter contemplado Machado de Assis, e poderia fornecer ao meu caro amigo e admirável machadiano Augusto Meyer um episódio para a *Biografia póstuma* que nos está a dever. Infelizmente não me anima a crença necessária para dar maior valor ao sonho, e creio até ter descoberto, numa frase de Paul Valéry, lida na véspera, o motivo que o inspirou. Afirmava ele ser impossível reconstituir, através da obra, a personalidade de um escritor, precisamente o que há anos tentei fazer no meu ensaio sobre Machado, e a condenação de Valéry, se me pareceu por demais peremptória, nem por isso deixou de levantar a desagradável poeira das dúvidas.

    Mas vamos ao caso, ou, melhor, ao sonho. Estava eu nas Laranjeiras, bairro por onde tanto andou o grande romancista, numa daquelas casas que ficam a cavaleiro da rua; debruçada sobre o muro baixo, olhava os raros passantes. Entardecia, tudo se fazia cinzento, as figuras se projetavam com aguda nitidez na fluida luz crepuscular. De repente, na calçada oposta, avisto um homem idoso, vestido de sobrecasaca preta; descarnado e seco, apoiava-se a uma bengala para andar, e ainda assim a custo o fazia, com passo tateante. Trazia um chapéu muito enterrado, que lhe tocava no pincenê escuro, e lhe sombreava todo o rosto, só deixando bem visíveis o bigode e a barba, de um branco amarelado. Era Machado de Assis e estava quase cego. O vento colava-lhe às pernas magras o longo casaco, e devia ter frio, pois com a mão livre fechava a gola sobre o peito. A sua solidão pareceu-me imensa, a solidão da glória, não a da morte.

    Vi-o parar um instante, como se hesitasse, ou como se estivesse cansado; depois desceu lentamente o meio-fio, para atravessar a rua. Nesse momento, avisto um automóvel; da altura em que me achava pude percebê-lo ao longe, e não vinha rápido. Tive porém a presciência de que seria atropelado o ancião, e precipitei-me em seu auxílio. Mas, no momento em que dele me aproximava, uma ideia quase me paralisa: e se desconfiasse de quem eu era, e se me pedisse contas do que a seu respeito escrevera? Que fazer? Abandoná-lo não era possível, que fatalmente o alcançaria o carro; e não seria também possível suportar-lhe a censura. Tomei-lhe então da mão, mas esticando o braço para me afastar, baixando a cabeça, virando o rosto para o lado oposto, e em silêncio o conduzi. Assim caminhamos até a outra calçada, ele a indagar com voz débil quem o ajudava, eu a embuçar-me no mutismo, ardendo de vontade de conversar, engolindo perguntas, sopitando uma vaga veleidade de apesar de tudo me dar a conhecer. E mal o vi em segurança, desatei a correr, sem me virar, sem mirar pela última vez o vulto frágil e majestoso.

Foi só isso. Um breve encontro no qual me senti possuída por emoções desencontradas, de admiração, de ternura, de piedade e de medo. Medo que não provinha entretanto das interpretações errôneas que posso ter dado — e certamente em muitos pontos dei — aos gestos e pensamentos de Machado de Assis, mas ao fato de haver ousado tentar devassar-lhe a intimidade. Nada tinha do Brás Cubas nem do conselheiro Aires esse Machado que me apareceu em sonho; nem de longe transparecia nele o frio sarcasmo de um nem o malicioso ceticismo do outro. Não possuía, aparentemente, a paixão comum a ambos: a curiosidade pelos mistérios da natureza humana, o desejo de debruçar-se sobre a alma alheia. Ao contrário, dava uma impressão de indiferença. Teria antes uns ares do Luís Garcia, do homem que "amava a espécie e aborrecia o indivíduo", ou do Bentinho envelhecido, que os vizinhos apelidaram de Dom Casmurro. Era das suas criaturas ensimesmadas, com tédio à vida, que se aproximava. E mais não sei porque mais não vi.

Fonte desta edição:
PEREIRA, Lúcia Miguel. "Encontro com Machado de Assis".
Revista da Semana, Crônica, Rio de Janeiro, ano 58, n. 40, 4 out. 1958, p. 66.

Livros da autora a respeito de Machado de Assis:
PEREIRA, Lúcia Miguel. *Machado de Assis (Estudo crítico e biográfico)*.
São Paulo: Companhia Editora Nacional, 1936; 2ª ed., 1939; 3ª ed., 1946; 4ª ed. São Paulo: Gráfica Editora Brasileira, 1949; 5ª ed. revista pela autora. Com quinze ilustrações fora do texto. Rio de Janeiro: José Olympio, 1955; 6ª ed. rev. Belo Horizonte: Itatiaia; São Paulo: Edusp, 1988.
PEREIRA, Lúcia Miguel. "Prefácio". In: ASSIS, Machado de. *Casa velha*. São Paulo: Martins, 1944, pp. 5-22; 1952, pp. 7-26; São Paulo: Clube do Livro, 1952, pp. 5-24. Datado: Rio, ago. 1943.
PEREIRA, Lúcia Miguel. "Introducción". In: ASSIS, Machado de. *Memórias póstumas de Brás Cubas*. México, Buenos Aires: Fondo de Cultura Económica, 1951, pp. 7-21. Datada: Rio, ago. 1948.
PEREIRA, Lúcia Miguel. "Prefácio". In: ASSIS, Machado de. *Memórias póstumas de Brás Cubas*. Rio de Janeiro: Instituto Nacional do Livro, 1960, pp. 15-7.

PEREIRA, Lúcia Miguel. *Prosa de ficção* (de 1870 a 1920). Rio de Janeiro: José Olympio, 1950, pp. 55-103 (Machado de Assis); pp. 113-4 (Raul Pompeia e Machado de Assis); pp. 284-93 (Machado de Assis e Lima Barreto); 2ª ed. rev., 1957; Belo Horizonte: Itatiaia; São Paulo: Edusp, 1988.

PEREIRA, Lúcia Miguel. *A leitora e seus personagens: seleta de textos publicados em periódicos (1931-1943)*. Prefácio de Bernardo de Mendonça. Pesquisa bibliográfica, seleção e notas de Luciana Viégas. Rio de Janeiro: Graphia, 1992. (Contém os seguintes textos: "Machado em síntese", "As almas exteriores de Machado de Assis", "Influências inglesas no humor machadiano", "Machado de Assis e o espírito de infância", "Machado de Assis e nós".)

PEREIRA, Lúcia Miguel. *Escritos da maturidade: seleta de textos publicados em periódicos (1944-1959)*. Pesquisa bibliográfica, seleção e notas de Luciana Viégas. Rio de Janeiro: Graphia, 1994. (Contém os seguintes textos: "Machado de Assis e Portinari", "Variações sobre o mesmo tema", "Colcha de retalhos", "Os doutores na obra de Machado de Assis", "Da posse e do possuído", "Aproximações", "O defunto autor", "Machado de Assis em Minas", "Machado de Assis e Quintino Bocaiúva", "De Ceci a Capitu", "Casa e romance I, II, III".)

MACHADO DE ASSIS
Thiago de Mello

t.m.

Amadeu THIAGO DE MELLO (Barreirinha, Amazonas, 1926): Poeta e tradutor. Em 1941, mudou-se para o Rio de Janeiro. Nos anos 1950, colaborou nos periódicos *O Comício* e *Folha da Manhã*; fundou a Editora Hipocampo, com o poeta Geir Campos; dirigiu o Departamento Cultural da Prefeitura Municipal da Cidade do Rio de Janeiro. Em 1960, assumiu o posto de adido cultural na Bolívia e, em 1963, no Chile. Tem obras traduzidas para mais de trinta idiomas. Recebeu vários prêmios, e a Câmara Brasileira do Livro e o Jabuti o homenagearam como "Personalidade Literária" em 2018.
Obras: Poesia: *Silêncio e palavra* (1951); *Narciso cego* (1952); *A lenda da rosa* (1955); *Faz escuro, mas eu canto: porque a manhã vai chegar* (1965); *Canto do amor armado; Horóscopo para os que estão vivos* (1974); *Poesia comprometida com a minha e a tua vida* (1975); *Estatutos do homem* (1964); *Mormaço na floresta* (1984); *Num campo de margaridas* (1986); *De uma vez por todas* (1996). Prosa: *A estrela da manhã* (1968); *Arte e ciência de empinar papagaio* (1983); *Manaus, amor e memória* (1984); *Vamos festejar de novo* (2000).

O Cruzeiro, 4 out. 1958

Quando Machado de Assis morreu, em 1908, o país inteiro mostrou o quanto já era ele querido e respeitado, mesmo àquela época de correios difíceis e de meios ainda tão precários de comunicação. Os seus livros, de tiragem reduzida (ainda que das maiores do tempo), mal chegaram à província, esgotavam-se por aqui mesmo. Não obstante, no sentimento de pesar, que foi nacional, transpareceu a estima, da qual esta cidade, onde MA nasceu e viveu, daria o testemunho mais alto e comovido. O seu enterro é um dos momentos mais emocionantes da vida do Rio, cuja história — a da rua como a doméstica, a vadia como a grave — ele deixou nos seus livros. Cinquenta anos depois, no coração do país a estima já virou amor. Esta reportagem é nada mais do que um gesto desse amor.

O VELHO SENADO, DOCE RETRATO DO RIO
QUE MACHADO TANTO AMOU

A propósito do Senado de 1860, que então funcionava nesta beleza de casarão (hoje alterado e acrescentado na Faculdade Nacional de Direito, ali na praça da República), escreveu Machado de Assis algumas de suas páginas mais belas, nas quais descreve os costumes políticos do tempo, as figuras dos antigos senadores, fixando genialmente, e com traços de fino psicólogo, o retrato não só político, mas também ético e sobretudo humano, de toda uma época da vida desta cidade. Alguns críticos não hesitam mesmo em destacar "O velho Senado" como sendo o ponto mais alto da extensa obra machadiana.

NESTE CHALÉ DE BAIRRO CHIQUE
O MENINO DO MORRO FOI FELIZ

Já houve quem chamasse, e talvez sem exagero, de crime municipal a demolição da casa onde viveu (os mais importantes e fecundos anos de sua vida de escritor) e onde morreu Machado de Assis. Após a sua morte chegou a ser colocada uma placa no frontão, com aquelas indicações. Quem por ali passava, e lia a placa, parava um instante e, respeitosamente, respirava um pouco daquela atmosfera machadiana. Mas lá um dia — não à socapa, mas às escâncaras, como dizia um personagem do mestre — a picareta arrasou aquelas paredes e janelas imperiais. Era no Cosme Velho, antigo 48,[18] esquina com a Pires Ferreira.

Era já fim de tarde quando a moça — muito linda mas muito aflita — foi entrando pela porta entreaberta do chalé, lá no alto da rua. Entrou, foi direto ao quarto (antiga saleta de costura da casa, ao tempo em que sua dona era viva), onde encontrou, estendido e frágil numa pequena cama de ferro, aquele homem, muito velhinho já, agonizante quase, que lhe fora tão bom companheiro em noites idas de sua infância, quando com ela jogava o sete e meio e lhe ensinava a recitar poemas na casa de sua avó.

— Vim vê-lo — foi dizendo a moça, inventando uma ale-

---

18. O endereço da casa em que Machado viveu os vinte e quatro últimos anos de sua vida ficou consagrado como rua Cosme Velho, 18. Há notícias de que até 1894 o número da casa era 14, sendo então alterado para 18.

gria na voz, que lhe disfarçasse a emoção. — Estou com muitas saudades suas. E o senhor, não está com saudades de mim?
— Estou, sim — disse o velho, numa voz muito cava e muito triste. — Estou com saudades da vida...
Foi a sua derradeira frase. No dia seguinte ele morria.
A tarde era a de 28 de setembro de 1908. A rua era a do Cosme Velho. A moça era d. Francisca Basto Cordeiro (hoje ainda viva, e muito jovem, nos seus oitenta e três anos de idade). O velho era Joaquim Maria Machado de Assis. Entre os dois sempre houve uma amizade grande. Ao vê-la ali, ao pé do seu leito, o escritor certamente há de ter evocado um largo e porventura o mais feliz período de sua vida, quando, em companhia de sua esposa, frequentava todas as noites a casa dos pais daquela moça, então uma menina, a quem diariamente, no instante da despedida, ele repetia estes dois versos de Dante:

—*Francesca i tuoi martiri*
a lagrimar me fanno triste e pio...

— Toda noite era a mesma coisa — relembra hoje a antiga menina, por quem Machado de Assis, que não deixou filhos ("Não transmiti a nenhuma criatura o legado da nossa miséria"), sempre teve uma ternura muito grande, e a quem o grande escritor dedicou não apenas alguns sonetos, mas inclusive uma pequena peça, *Beijinhos a vovó*, ensaiada e dirigida pelo próprio autor, e levada à cena, numa varanda do Palacete de São Mamede, no dia em que Francisca completou quinze anos de idade.

DAS LAGARTIXAS AO GAMÃO

— Anda, Machado, joga!
Machado ouvia, fazia que nem era com ele; continuava impassível.
— Chega de pensar, Machado! Joga!
Silêncio. Varando as lentes do pincenê, o olhar do míope demorava-se imperturbável, cravado no tabuleiro. A cena

se passa na casa do barão de Vasconcelos (pai da menina Francisca), excelente homem, muito amigo de Machado, que lhe era vizinho e parceiro infalível no xadrez e no gamão. Infalível: às oito horas em ponto (muitas vezes a gente de Vasconcelos ainda estava à mesa) entrava o casal. Carolina alguns passos atrás de Machado, que vinha sempre no mesmo traje escuro e correto, chapéu de coco, *mac-farlane* negro, colete, colarinho alto, calça vincada, coturnos engraxados e — qualquer que fosse o tempo — o guarda-chuva ao braço. Carolina, que trazia na bolsa o seu tricô, ia para um canto do salão, onde ficava de conversa com a baronesa. Machado começava o serão jogando ligeiras partidas de copas, sete e meio ou *nain-jaune*, com as crianças (entre as quais seu afilhado Jaime, futuro barão Smith de Vasconcelos, que viria a ser o seu médico, assistindo-o até a morte) e umas tias solteironas. Depois é que vinha o gamão. Um gamão brigadíssimo:

—Anda, Machado, joga depressa...

O barão começava a ficar impaciente. Mexia-se na cadeira, olhava para a esposa, que lá prosava com d. Carolina, mas as duas faziam de conta que nada percebiam. Até que ele não se continha:

—Joga depressa, depressa e mal!

Era o bastante. Com esse "depressa e mal" logo a mão pensativa avançava na direção da pedra, mas a meio do caminho ainda estancava, o braço alguns instantes imóvel no ar. Afinal fazia o lance — quase sempre um bom lance —, depois do qual vinha o também infalível resmungo:

—Que culpa tenho eu de ter a compreensão lenta!

E a verdade é que Machado de Assis sempre foi vagaroso. Um vagaroso em tudo, informa quem o conheceu de perto. Seu passo era bem aquele que João da Ega e Carlos da Maia, na página final de *Os Maias*, grande romance de seu leitor e admirador Eça de Queirós, concluem como o único que convém à vida de um homem: um passo prudente, seguro e compassado. Machado não era homem de correr, nem que fosse para ganhar a coroa imperial de Carlos v. Seu andar foi sempre o mesmo, em toda a sua vida. Correr mesmo, só correu quando menino, atrás das suas lagartixas, pobres lagartixas queridas, que deram tanto encanto à infância de

Joaquim Maria, moleque de pé no chão, correndo com o Chico Telha, o Américo e o Carlos das Escadinhas — companheiros de quem ele jamais se esqueceria, a ponto de revivê-los e chamá-los eternos, gravando-lhes os nomes, tempos e tempos depois, no "Conto de escola" —, correndo pelos caminhos daquele chão infinito, ou mais ou menos infinito (como o chão de toda infância), universo descoberto pelo menino, quem sabe numa de suas primeiras descidas do morro do Livramento, universo onde, aliás, burros pastavam, soltos e descuidados, e lavadeiras estendiam suas alvas peças no capinzal — o vasto capinzal que era naquele tempo o Campo de Sant'Ana, hoje praça da República.

Nas ladeiras do Livramento (e também no quintal imenso da chácara de sua madrinha, d. Maria José Barroso), na praia da Gamboa e pelas ruas de São Cristóvão, aí se cumpriu a meninice de Machado de Assis, filho de um homem de cor (nascido de pardos forros), modesto caiador de paredes, e de uma lavadeira portuguesa, de quem mal se lembraria, pois a perdeu muito cedo. A mãe que conheceu foi a madrasta Maria Inês, mulher de cor e de grande coração, que lhe ensinou a ler e sempre facilitou as coisas para que o menino tivesse tempo e meios de satisfazer a enorme curiosidade intelectual, a extraordinária vontade de aprender, desde cedo demonstrada. Deve-se a um pedido de Maria Inês a permissão que teve Machado, ali pelos seus nove anos, de ouvir no Colégio de São Cristóvão (onde a madrasta era doceira) as lições dadas a um grupo de meninas ricas, entre as quais uma chamada Joana Maria, futura Condessa de São Mamede.

A GRANDE DOR DE MACHADO

Começava cedinho o dia de Machado de Assis. Aprendeu a madrugar por precisão, quando era operário, nos tempos duros de São Cristóvão. De resto, eram outros os costumes da época. Homem que se prezava acordava com o sol. E ninguém terá sido mais fiel às normas do tempo do que esse aristocrata perfeito nascido num barraco de morro. Cedo estava de pé, e logo se dava ao ofício. Escrevia de manhã não só artigos e crônicas para os jornais e revistas literárias. Cumprida a obrigação, trabalhava na composição dos seus contos, poemas, romances. Às vezes variava, geralmente quando tinha um romance em preparo. Dedicava ao livro as horas da manhã. Deixava então os artigos para o Ministério, onde, entre um processo e outro, sempre fabricava um tempo, na quietude de sua sala, à qual o acesso era, de ano para ano, cada vez mais difícil. O velho tinha os seus princípios, o seu jeito de ser não dos mais simples.

Mas a manhã não era só da pena. Lia também, e principalmente estudava. Impunha-se tarefas, fazia os seus deveres, à maneira de colegial. Aprender, aprender mais, aprender sempre — era a sua preocupação, a sua fome. Poucos meses antes de morrer, decidiu aprender grego: os seus cadernos de exercício são um testemunho emocionante. Mas o intelectual era também humano: a manhã era de sol, o céu estava azul, cabia uma andança rua abaixo. Dava o braço a Carolina (de quem, aliás, diga-se de passagem, tinha uns ciúmes imensos), e lá se iam os dois, compassados e serenos, pela brisa das Laranjeiras. O traje desses pequenos passeios matinais era o de rua: completo. Que do trajar ele jamais se descuidava. Ao contrário, levava muito a sério. E do Machado dos últimos tempos pode dizer-se que era um homem elegante, ele, que possuía, em mais alto grau, aquela outra elegância, que tem as raízes na alma e que transparece nas mais mínimas coisas da vida de um homem.

Depois do passeio, e já almoçado (comia o trivial, e pouco), pegava Machado o seu bonde, e ia para o Ministério. Estamos pelas dez horas da manhã, de um dia qualquer (suponhamos que cristalino), ali pelos fins do século passado. Ou mesmo nos começos deste. Machado será o mesmo, o seu dia também. Pelo menos até 1904, ano em que perdeu a sua meiga Carolina. (Tudo então mudou, dia e homem. "Foi a maior desgraça de minha vida", confessou ele a Nabuco, abrindo o seu coração, como antes talvez jamais fizera, numa carta pungente, porventura a página em que o homem de gênio foi mais simplesmente homem e mais nada, onde mais se desvela aquela sua alma grande, todavia sempre vigiada, enrolada em silêncio, mas subitamente ferida fundo pelo que ele chama, num desabafo, "a minha grande dor". Cabe nestes parênteses contar que Machado, talvez por um mecanismo profundo a protegê-lo contra a realidade terrível, não se convencia por nada da gravidade da moléstia de Carolina. Chegou inclusive a repelir, enérgico, a insinuação carinhosa de que a doente não chegaria ao dia seguinte. Afastou-se do grupo e foi ficar à cabeceira da esposa, de quem, momentos depois, ouvia esta frase:

— Machado, como isto custa!

Não custou muito. Mas foi só ao vê-la inerte, ao sabê-la subitamente perdida para jamais, é que Machado se convenceu. A sua primeira reação não foi de acabrunhamento, mas de perplexidade. Ficou simplesmente apalermado; os olhos, de natural apertados pela miopia, se arregalavam numa indagação dolorida, afinal articulada: — E agora? — perguntou ele, dirigindo-se à baronesa de Vasconcelos, que algum tempo depois, relembrando o episódio, confessou que o grande escritor lhe dera, naquele instante, a impressão de um menino sozinho e desamparado.)

Mas isso foi em 1904. Estamos alguns anos antes, são dez horas da manhã e Machado vai a caminho da cidade, num banco de bonde puxado a burros. Vai, quem sabe, reparando nos animais, quem sabe darão assunto para uma crônica, na *Gazeta do Rio*? Tudo lhe servia de matéria. Há de ter sido numa dessas viagens que lhe veio a ideia daquela conversa entre os dois burros sobre o aparecimento do bonde elétrico, a propósito do qual o próprio Machado dá a sua impressão, a qual aliás foi nenhuma. O bonde pouco lhe disse. Quem o impressionou, e muito, foi o motorista, que ele, pela força do uso chama de cocheiro. Ia o tipo com tanta pose, olhando as pessoas (particularmente as que viajavam em bonde de burro), com uma tão tranquila superioridade, que dava a impressão de ser ele o inventor, não somente do bonde elétrico, mas da própria eletricidade.

A ARTE DE VIAJAR DE BONDE

Machado geralmente viajava lendo. Nos últimos anos de sua vida, digamos os dez últimos, já dono de nomeada, dia a dia crescente, especialmente com a fundação da Academia para cuja presidência fora unanimemente aclamado, o prestígio do escritor se ia estendendo à área popular, abrindo-lhe lugar no respeito e na admiração da cidade. Tanto era assim que tê-lo por companheiro de viagem no bonde constituía motivo de honra. Os cocheiros, estes então não lhe dispensavam o cumprimento, à subida como à descida. Ouvi de um antigo carioca, de quem me aproximei por amor a Machado, que um cocheiro havia, muito gordo e bigodudo, que saudava o escritor com solene curvatura do corpo na qual transparecia a espécie de unção que havia no seu respeito à figura do homem admirável. Aliás, já a simples figura de Machado, muito grave, cheia de uma poderosa dignidade e ao mesmo tempo correta e delicada, bastava para causar funda impressão. No mais, era uma criatura dócil de trato; e não era raro o passageiro que, companheiro de banco, maneiroso, puxava uma conversa, à qual, via de regra, o romancista não se fazia de rogado. Só quando o bonde ganhava a praia da Glória, mormente se havia ressaca, é que Machado se desviava — mas sempre delicadamente — à conversa, para a contemplação daquele trecho de mar, tão presente em seus livros. (Uma ressaca foi que matou Escobar, o falso amigo de Dom Casmurro. Ali mesmo no Flamengo.) No largo da Carioca, Machado se erguia e num gesto em que se confundiam gravidade e doçura, levava a mão à aba do chapéu (chapéu-coco, preto, sempre bem escovado) e afinal descia. Houve uma ocasião, porém, já pelos últimos anos de sua vida, em que, apesar de conhecido, não lhe permitiram subir ao bonde. Ainda quis insistir, mas o condutor foi inflexível; era o regulamento da companhia (houve um tempo em que os regulamentos se cumpriam): em carro de primeira classe era proibido viajar com embrulho. E o bonde seguiu. É possível que o passageiro recusado tivesse levado a mão ao chapéu, encerrando o episódio; mas dali não se arredou, até que apareceu um carro de segunda, no qual o maior dos nossos escritores modestamente subiu, e com ele o seu embrulho, carinhosamente levado. Carinhosamente porque eram flores frescas que iam ali dentro, flores vindas de Friburgo que ele estava levando para Carolina, adormecida numa campa de São João Batista. Depois dessa, inúmeras outras vezes o famoso escritor foi visto viajando de segunda. E sempre com um embrulho de flores pousado nos joelhos.

Na cidade, no largo da Carioca, descia Machado de Assis a rua de São José e, sempre naquele seu passo compassado, enfiava entre a Igreja de São José (que não mudou) e a chamada Cadeia Velha (em cujo lugar se ergue hoje o Palácio Tiradentes), dava com a praça 15, dava uma olhadela ao movimento pelo Cais Pharoux, e afinal entrava no Ministério, atualmente só de Viação e Obras (o local ainda é o mesmo, o prédio é que mudou), mas que também era de Agricultura ao tempo (trinta e tantos anos) em que o moleque do morro do Livramento, a essa altura já presidente da Academia de Letras, era seu funcionário, aliás exemplar.

— Exemplaríssimo! — exclamaria aqui o agregado José Dias, delicioso personagem de *Dom Casmurro*. Zé Dias amava os superlativos, que lhe serviam para dar feição monumental às ideias. No caso, porém, o superlativo outra feição não terá que a da extraverdade. (É sempre a criatura quem melhor sabe do seu criador.)

O expediente do Ministério é das dez às dezesseis horas. Mas assim por volta das duas da tarde, o Diretor-Geral da Contabilidade (alto cargo a que chegou, após sucessivas promoções) deixa o Ministério e sai para um café, que era tomado ali ao lado, no edifício da Cadeia Velha, onde se reunia a Câmara. O café não passa de pretexto para um encontro com Mário de Alencar (filho de José de Alencar, a essa altura já falecido), funcionário da Câmara. Isso é quase toda tarde. Quando não é o velho escritor que vem à Câmara, é Mário que lhe vai ao encontro. Tomam o seu café, dão a sua prosa, e se vão, grandes e fraternais amigos, não obstante as idades tão diferentes.

OUVIDOR, ALMA E ROSTO DA CIDADE

Depois do Ministério, vinha a rua do Ouvidor, que então era a alma e o rosto da cidade, pela qual Machado sempre teve uma grande fascinação. Era a sua rua, a do Ouvidor. Presente em quase todos os seus livros, cenário de vários contos, Machado por ela dava um passeio todas as tardes, reparando os tipos humanos (inclusive ou principalmente os femininos) que pelas suas calçadas desfilavam, sentindo-lhes o palpitar, o seu vaivém, a sua humanidade. Na Livraria Garnier, editora de seus livros, principal ponto de encontro dos escritores, poetas e jornalistas da época, era Machado encontrado todo fim de tarde, ora logo à entrada ora ao fundo da casa, onde o rodeavam amigos e admiradores.

Com o cair da tarde, Machado tomava o seu bonde de volta ao chalé do Cosme Velho. Vez ou outra, gastava a sua vitória, o seu tílburi. Em casa o esperavam o carinho e o zelo da companheira, atenta às menores coisas, adivinhando-lhe os pensamentos.

— Não houve casal mais feliz! — comentam quantos lhe conheceram na intimidade.

— Carolina, vou me sentir mal — dizia Machado sempre que pressentia próxima uma crise do seu terrível mal, a epilepsia. A esposa corria com um copo de água, e muitas vezes o ataque era evitado. Em outras ocasiões, porém, a crise irrompia, súbita, e o escritor caía, num debater de membros. Nem sempre eram passageiras, essas crises. Às vezes vinham sucessivas. Teve onze ataques seguidos, certa noite. Carolina, aflita, mandou uma criada chamar d. Eugênia (a baronesa), que permanece na casa da amiga madrugada adentro, ao lado do escritor inconsciente, até que este começa a bocejar. Era sinal de que ia voltar a si. Depressa se retira a vizinha, a tempo de não ser vista pelo doente, cuja primeira pergunta, ao acordar, era invariavelmente esta:

— Alguém viu?

Carolina sempre lhe dizia que não, e mudava de assunto.

Às dez da noite, tomava Machado o seu chá, sempre com torradas, para ele feitas especialmente, até mesmo na casa do seu vizinho barão, onde o chá era servido à mesa, após o qual ficavam ainda de parola, até que — como repetia diariamente — o escritor anunciava que eram horas de dormir, recitando estes dois versos de Heredia:

— *Onze heures sonnaient à l'horloge de bronze:*
Un, deux, trois, quatre, cinq, six, sept, huit, neuf, dix, onze...

E, de chapéu-coco e sobrecasaca inglesa, caminhava no seu passo sereno, pelo chão do Cosme Velho, a caminho de casa, aquele aristocrata perfeito nascido num barraco de morro, hoje celebrado com a glória mais alta da literatura brasileira.

D. Maria Passos era menina e estava com seu avô, o então prefeito Pereira Passos, passando o verão num hotel de Santa Teresa, quando viu Machado de Assis pela primeira vez. O escritor, acompanhado da esposa, ali subira tencionando hospedar-se no mesmo hotel, cujo proprietário, no entanto, recusou-se a recebê-lo, alegando só aceitar hóspedes conhecidos. Pereira Passos encontrou o romancista, de quem era admirador, já em retirada, e, sabendo do ocorrido, prontamente conseguiu, entre escusas do gerente, hospedagem para o casal. Para dizer-se agradecido, e também porque gostava de crianças, Machado passou a presentear diariamente a netinha de Passos com um pacote de bombons. "Eram balas de violeta, compradas na Cave" — recorda hoje d. Maria, e confessa: "O pior é que eu gostava dessas balas...". A segunda vez que viu o escritor foi reclinado no banco sob o caramanchão, no jardim da casa do seu avô (exatamente onde ela aparece, na foto menor), onde Machado se refugiara à curiosidade pública, quando, durante um passeio matinal com Carolina, viu-se acometido de uma crise epiléptica.

Na foto grande aparece esta jovem mulher de 83 anos que é d. Francisca Basto Cordeiro, dona de prodigiosa memória, graças à qual foram possíveis várias das informações aqui divulgadas, algumas pela primeira vez. D. Francisca, que traduziu *E o vento levou* e *Por quem os sinos dobram*, vai publicar uma plaquete onde relembrará episódios e fatos da vida de Machado de Assis por ela testemunhados.

Fonte desta edição:
MELLO, Thiago de. "Machado de Assis". *O Cruzeiro*, Rio de Janeiro, 4 out. 1958.

Outros textos do autor a respeito de Machado de Assis:
MELLO, Thiago de. "Machado de Assis e o Rio de Janeiro". *Boletim Bibliográfico Brasileiro*, Rio de Janeiro, set. 1958.
MELLO, Thiago de. "Um monumento para Machado de Assis".
O Globo, Rio de Janeiro, 10 set. 1958.
MELLO, Thiago de. "Machado de Assis, 150 anos de puro estilo".
O Globo, Rio de Janeiro, 21 jun. 1989, Segundo Caderno, p. 7.

MACHADO DE ASSIS
Cornélio Penna

c.p.

CORNÉLIO de Oliveira **PENNA** (Petrópolis, Rio de Janeiro, 1896 — Rio de Janeiro, Rio de Janeiro, 1958): Romancista, pintor, gravador e desenhista. Passou a primeira infância em Itabira do Mato Dentro, Minas Gerais, fonte de sugestões para o ambiente de seus romances. Iniciou seus estudos em Campinas e se formou em Direito em São Paulo em 1919. Mudou-se para o Rio de Janeiro, onde viveu como redator e ilustrador de *O Combate* e *O Jornal*, e, desde 1927, como funcionário do Ministério da Justiça. Uma exposição de pintura realizada em 1928 abriu-lhe as portas da Sociedade Brasileira de Belas-Artes, mas a partir de 1930 se dedica à sua obra literária. Esteve ligado aos escritores católicos do Rio Tristão de Athayde, Lúcio Cardoso, Octavio de Faria. Deixou inacabado o romance *Alma branca*. Obras: *Fronteira* (1935); *Dois romances de Nico Horta* (1939); *Repouso* (1948); *A menina morta* (1954).

Jornal do Commercio, 5 out. 1958

Machado é um grande indiscreto. Ele serve-se dos livros como de grandes lentes através das quais esmiúça o nosso interior, esquadrinha o nosso coração e remira a nossa alma para depois rir de nós, num riso silencioso e perverso. Com um estilete ele vai vagarosamente, com requintes de operador até o fundo de amargura que existe em nós, e fá-la jorrar, e depois, sorrindo, nos diz que talvez seja fel, que preciso é tratar do fígado...

Que gelado pessimismo! zombeteiro e mau ele vai suavemente nos convencendo de que talvez não exista aquilo que mais queremos que exista... e não nos convence, deixa-nos a dúvida, passando para outra crença, com a maior naturalidade. Vingando-me das zombarias direi que cada vez que leio um livro dele sinto-me roubado em qualquer coisa e o que é pior, ridículo e espantoso, sem coragem de pedir socorro à polícia... É por isso que, despertado, eu não gosto dele absolutamente, não é meu amigo apesar de sua falsa bondade e mais falsa ainda modéstia.

São livros de triste desânimo, de imponente melancolia os dele, mas, para não se confessar vencido ele ri e zomba, arma dos fracos! É o verdadeiro realismo, a realidade não é o corpo, é a alma. Zola fala-nos daquele e Machado só nos fala desta.

Não quero compará-los, são dois gigantes mas de raças diferentes e entre eles eu não escolheria outro a não ser o Machado de Assis.

Machado tem alma de mulher em corpo de velho. Tem a sagacidade, a curiosidade minuciosa e indiscreta daquela e a desilusão triste, tristíssima e sufocada deste.

Eu bem sei que caminho para lá, ó deserto de areias finas e movediças! mas não terei o consolo de ter por companheiro, dentro de mim, um grande espírito, esmaecido e mutilado, mas grande ainda, sombrio na sua vaga decadência. É por isso que Machado me faz sentir a estranha sensação de um salto que dou para o futuro... não, não quero esse declinar, grandioso nele, mas sinistramente lívido em mim.

Escrito no Rio, em 1918.

Fonte desta edição:
PENNA, Cornélio. "Machado de Assis: Um inédito de Cornélio Penna". *Jornal do Commercio*, Rio de Janeiro, 5 out. 1958.

O HOMEM
DO PINCENÊ
José Cândido de Carvalho

j.c.c.

JOSÉ CÂNDIDO DE CARVALHO (Campos dos Goytacazes, Rio de Janeiro, 1914 — Niterói, Rio de Janeiro, 1989): Escritor, jornalista, advogado. Em 1936 começou a escrever o romance *Olha para o céu, Frederico!*, publicado em 1939. Lançou em 1964 o romance *O coronel e o lobisomem*, publicado também em Portugal, traduzido para o francês e o espanhol, vencedor do Jabuti e de outros prêmios. Nos anos 1970, foi diretor da Rádio Roquette Pinto e do Serviço de Radiodifusão Educativa do MEC Quinto ocupante da Cadeira número 31 da Academia Brasileira de Letras, eleito em 1974. De 1976 a 1981, foi presidente da Fundação Nacional de Arte (Funarte). Deixou inacabado o romance *O rei Baltasc* Obras: *Olha para o céu, Frederico!* (1939); *O coronel e o lobisomem* (1964); *Por que Lulu Bergantim não atravessou o Rubicon* (1970); *Um ninho de mafagafos cheio de mafagafinhos* (1972); *Ninguém mata o arco-íris* (1972); *Manequinho e o anjo de procissão* (1974); *Notas de viagem ao rio Negro* (1983).

Jornal do Brasil, 21 dez. 1958

Sempre se volta ao velho Machado, dos Assis cariocas da rua do Livramento. A gente bem que tenta excursionar por outros escritores. Lê, discute, coleciona. Mas um dia, sem mesmo querer, está de Machado de Assis em pauta, em conversa ferrada com Dom Casmurro ou de olho vidrado em cima da bela Sofia, um bom bocado de senhora! Viveu o homenzinho do pincenê famoso num Rio de Janeiro ainda molhado pelas águas do Dilúvio. Floresta em boas condições de uso, pássaros que cantavam, rios que corriam sem medo dos longos encanamentos do Serviço de Águas e Esgotos. É bem verdade que o velho não era lá desses verdes, dessas miçangas da natureza. Adorava gastar seus olhos míopes em visitas por dentro, roçar seu dedo moreno na brancura ou no negrume das almas. Era das sondagens a domicílio.

Mesmo assim, sem ser um consumidor de paisagens, amou como ele só o Rio de Janeiro do seu tempo. Um Rio que começava a mandar para os arquivos as últimas saudades do bom senhor d. João vi. Uma cidade quase de álbum antigo, com becos que guardavam vozes coloniais e retalhos das alegres serenatas do comendador Chico Chalaça e seu imperial amigo d. Pedro I. Esse foi, com alguns retoques de ocasião, o mundo de Machado de Assis, criatura que não tinha o gosto pelas paisagens inéditas. Que Paris, que nada! Machado era mesmo de Cosme Velho n. 48.[19] Do turismo de meia-pataca, em bondinho de burro. Do gamão de fim de semana, jogado com mão sóbria e paciente. Entre o crochê de d. Carolina e as noites mansas de Laranjeiras, escrevia seus romances à base de chá com torradas. De vez em quando, por horas mortas, deixava o n. 48 um tipo ainda molhado de tinta de escrever. Os vizinhos comentavam:

— Saiu gente da casa de "seu" Machado!

Era algum personagem que escapulia do tinteiro de *Dom Casmurro*. Podia ser como ele, provecto funcionário de uma Secretaria de Estado. Ou, como Rubião, viver de dinheiros herdados. Com uma vantagem sobre nós, pobres interinos da existência: essa gente não morria nunca.

O velho do pincenê é que se foi para sempre em dia carioca de meia-estação. O século tinha oito anos de altura. Engatinhava nas rodas dos tílburis, começava a subir pelas casas de cinco andares, que vertigem! Machado não quis ver o resto. Quando d. Carolina, sua esposa do soneto famoso, fez a última viagem, também ele encerrou seu expediente. Definitivamente. Até que Deus o chamasse para uma partida de gamão, num 48 qualquer do Paraíso. Morreu em 1908. Era setembro. Havia violetas nos jardins de Cosme Velho.

---

19. É muito frequente a atribuição do número 48 ao endereço
em que Machado de Assis viveu durante 24 anos
e ficaria consagrado como Cosme Velho n. 18. Entretanto,
temos notícia de que até 1894 a numeração era 14,
quando foi alterada para 18.

Fonte desta edição:
CARVALHO, José Cândido de. "O homem do pincenê". *Jornal do Brasil*, Rio de Janeiro, 21 dez. 1958. Com o título "Volta a *Dom Casmurro*", publicado novamente em *A Cigarra*, out. 1963.

Outros textos do autor a respeito de Machado de Assis:
CARVALHO, José Cândido de. "Violetas no jardim de Cosme Velho". *Diário de Pernambuco*, Recife, 21 maio 1969, Segundo Caderno, p. 9.
CARVALHO, José Cândido de. "Grieco com papas na língua. Não é contra Machado de Assis, que classifica como o nosso primeiro prosador — Aos setenta anos, entre 50 mil livros e as flores do seu jardim, o diabo escreve as memórias: meio século de ver o Mundo à la Agripino Grieco". *O Cruzeiro*. Rio de Janeiro, 30 maio 1959, pp. 71-3.
CARVALHO, José Cândido de. "Os donos da verdade", "Rondon Pacheco, quem é você?". *O Cruzeiro*, 25 mar. 1967, pp. 98-9.

MACHADO
Fernando Sabino

f.s.

FERNANDO Tavares SABINO (Belo Horizonte, Minas Gerais, 1923 – Rio de Janeiro, Rio de Janeiro, 2004): Cronista, romancista, contista e editor. Mudou-se para o Rio de Janeiro em 1944, onde conviveu com Rubem Braga, Di Cavalcanti, Manuel Bandeira e Carlos Lacerda. Fundou, com Rubem Braga, a Editora do Autor, em 1960, e a Editora Sabiá, em 1967. Com mais de quarenta livros publicados, recebeu em 1999 o Prêmio Machado de Assis, da Academia Brasileira de Letras. Obras principais: Romances: *O encontro marcado* (1956); *O grande mentecapto* (1979); *O menino no espelho* (198 Crônicas: *A cidade vazia* (1950); *O homem nu* (1960); *A mulher do vizinho* (1962); *Deixa o Alfredo falar!* (1976); *O encontro das águas* (1977); *A falta que ela me faz* (1980); *O gato sou eu* (1983). *Amor de Capitu: leitura fiel do romance de Machado de Assis sem o narrado Dom Casmurro* (1998). Correspondência: *Cartas perto do coração: correspondência com Clarice Lispector* (2001); *Cartas na mesa correspondência com Paulo Mendes Campos Otto Lara Resende e Hélio Pellegrino* (2002); *Cartas a um jovem escritor e suas respostas*, com Mário de Andrade (2003).

Jornal do Brasil, 16 set. 1959

Quando Marco Aurélio levantou a lebre, denunciei daqui o seu velho sonho: armando a jogada que legitimou o domínio público da obra de Machado, sua secreta aspiração de amante fiel dos livros e cultor das coisas do espírito era a de ter em mãos o maior patrimônio da literatura brasileira na edição que merece.

Pois agora ele está de parabéns — e deveria ter sido, por justiça, o primeiro a manusear esta magnífica edição da *Obra Completa de Machado* em três volumes, dos quais os dois primeiros acabam de ser lançados. Li cuidadosamente a apresentação de Afrânio Coutinho e de Galante de Sousa. Mais do que o esmero despendido pelo editor Aguilar na apresentação gráfica da obra, é de se enaltecer o critério adotado na sua preparação, que procurou respeitar fundamentalmente a vontade, a intenção e as disposições do autor. Tanto mais que hoje em dia é o contrário que em geral se verifica: a ganância editorial levando a público tudo aquilo que o autor omitiu, renegou, ocultou sob pseudônimo — ou mesmo matéria de autoria duvidosa. Pois esta iniciativa de Aguilar é um verdadeiro marco da emancipação de Machado de Assis, ante as injunções que impediam uma perfeita divulgação de sua obra. E, em última análise, é também o coroamento da vitória de Marco Aurélio Matos no seu esforço por libertá-la de uma ilegítima exclusividade editorial.

Mas o ilustre machadiano não descansa — e agora vem sugerir-me que escreva alguma coisa mais sobre seu autor predileto, empenhado que está em uma causa: é que andaram falando novamente em trasladar o corpo de Machado para um mausoléu acadêmico. Não creio que a Academia, no louvável intuito de erigir pouso condigno aos imortais no seu eterno descanso, venha a perturbar o de seu fundador, que manifestou expressamente o desejo de repousar para sempre ao lado da esposa. O homem já teve em vida bastante contrariedade e se, onde sua alma descansa, alguma alegria lhe chegasse de se ver editado como desejaria, é preciso que também lhe deixem em paz o corpo onde ele desejou que descansasse. Isto, apenas, o que reivindica Marco Aurélio. Carlos Drummond de Andrade, machadiano dos bons, já expressou também, e de forma definitiva, o seu protesto. Diante do quê, é de se esperar que os acadêmicos respeitem Machado de Assis, como eles próprios esperam ser respeitados.

Fonte desta edição:
SABINO, Fernando. "Machado". *Jornal do Brasil*, Rio de Janeiro, 16 set. 1959.

Outros textos do autor a respeito de Machado de Assis:
SABINO, Fernando. "Edições". *Jornal do Brasil*, Rio de Janeiro, 17 set. 1958.
SABINO, Fernando. *Amor de Capitu: leitura fiel do romance de Machado de Assis sem o narrador Dom Casmurro*. São Paulo: Ática, 1998.
SABINO, Fernando. "Capitu", 1998. In: SABINO, Fernando. *Amor de Capitu: leitura fiel do romance de Machado de Assis sem o narrador Dom Casmurro*. São Paulo: Ática, 1998. Também em: SABINO, Fernando. *Livro aberto: páginas soltas ao longo do tempo*. Rio de Janeiro: Record, 2001, pp. 630-2.

MACHADO — O ROMANCE CARIOCA
Carlos Heitor Cony

c.h.c.

CARLOS HEITOR CONY (Rio de Janeiro, Rio de Janeiro, 1926 — Rio de Janeiro, Rio de Janeiro, 2018): Jornalista e escritor. Em 196 começou a trabalhar no *Correio da Manhã* do qual foi redator, cronista, editorialista e editor. Depois de 1964 foi preso várias vezes e viveu na Europa e em Cuba. Colaborou por mais de trinta anos na revista *Manchete* e dirigiu *Fatos & Fotos, Desfile, Ele Ela*. Foi diretor de teledramaturgia da Rede Manchete. Recebeu o Prêmio Machado de Assis, da Academia Brasileira de Letras, pelo conjunto da obra, entre outros prêmios como o Jabuti. Em 1998, recebeu do governo francês a Ordre des Arts et des Lettres. Quinto ocupante da Cadeira número 3 da Academia Brasileira de Letras. Publicou, entre outras obras: Romances: *Antes, o verão* (1964); *Pessach: a travessia* (1967); *Quase memória* (1995); *O indigitado* (2003) Crônicas: *O ato e o fato* (1964); *Posto Seis* (1965); *O Harém das Bananeiras* (1999). Telenovelas: *Marquesa de Santos* (1984); *Dona Beja* (1986); *Kananga do Japão* (1989)

Jornal do Brasil, 26 set. 1959

Há na literatura brasileira um problema, ou melhor, um caso: seu único caso por sinal: Machado de Assis. Tirante o carioca Joaquim Maria, e as nossas letras, até 1922, seriam uma planície deserta mais ou menos extensa no tempo, cuja monotonia não seria quebrada pelas dunas acaso existentes. O refrigério de um pequeno oásis havia: o carioca Manuel Antônio de Almeida. E muitas, muitas miragens: florestas densas de verdura e frutos flutuando sobre o solo de areia dura. Alguns alucinados até mares verdes descobriam. Euclides da Cunha tentou edificar um castelo, castelo que até hoje existe e esplende, mas castelo de e sobre areia. Observado de ângulo maior, sua obra confunde-se com a própria areia, não quebra a paisagem, antes, a acentua.

Mas há um caso nisso tudo. Não um oásis como Manuel Antônio de Almeida, oásis de água pura, mas de fontes limitadas, veio vicioso, de sombra curta. Tampouco uma cidade ensolarada e real. Nem mesmo uma montanha de aderências verdes. Diríamos antes um lago embutido, de inúteis águas, de profundidade incerta. Já se comparou Shakespeare a um oceano imenso que se atravessa com água pelos joelhos. É uma comparação à inglesa para um inglês — problema lá deles. Mas no caso do lago embutido a própria pesquisa torna-se temerária. Em trechos de água densa, cuja profundidade se suspeita ou vê, e ficamos com água pelos tornozelos. Trechos límpidos, coando o fundo de areia clara, ah! um passo em falso e caímos no abismo.

Lago embutido. Inúteis águas. Abismo. Difícil falar em Machado. Todo mundo já falou nele. Muita asneira anda por aí, pró e contra. O livro do sr. Octavio Brandão, por exemplo. Ou o do sr. Agripino Grieco, um reincidente em matéria de asneira. Piores mesmo são os do lado de cá, os que tentam edificar um Machado de Assis napoleônico.

No meio disso tudo, é temeridade falar nele. Só uma coisa nos desculpa ou salva; falamos de Machado de Assis adjetivo. O substantivo é romance carioca.

A abordagem mais habitual que qualquer crítico faça à obra de Machado de Assis diz respeito à ausência de paisagem. Contrastando com as florestas da obra indianista, a minudência de detalhes da escola realista que se seguiu, convenhamos, a pobreza de MA fica mesmo pelas bases de um salário mínimo. Sílvio Romero cita um trecho de *Quincas Borba*, de pouco mais de dez linhas e anota embaixo: "Esta é talvez a descrição mais extensa saída de sua pena. Porque paisagem é paisagem. Paisagem são aquelas duzentas páginas que Zola meteu em *La faute de l'abbé Mouret*. Renan, que nunca leu Zola, taxou-o de gênio só por causa disso: "Zola? Um tal que escreveu duzentas páginas para descrever um jardim? Deve ser um gênio!". Bem verdade que Renan também nunca leu Alencar ou Coelho Neto. Ah, a exuberância tropical!

Surge um Machado de Assis então para atrapalhar. Limita-se ao mínimo, ao essencial, transfigurando o exterior, não mera moldura de um fato ou sentimento, mas integrado no interior, coeso, uno. E Coelho Neto que pouco entendia dessas coisas tentou fazer espírito em cima de Machado, comparou a obra do autor de *Dom Casmurro* a "uma casa sem quintal". É justamente o que abunda na obra dele, Coelho Neto: quintais. Não só os da casa, mas os dos vizinhos, agregados, antepassados, descendentes, colaterais e afins. Ficou pelos quintais, não penetrou nunca nas casas, muito menos nas pessoas que moravam nelas. Machado faria o quintal ser projetado pelo personagem: a cena do muro na infância de Bentinho e Capitu por exemplo.

Gilberto Freyre tem um bom trecho sobre o horror de MA à paisagem:

> [...] o tempo inteiro a fechar portas e bater janelas contra toda espécie de paisagem mais cruamente brasileira, fluminense ou carioca em suas cores mais vivas, contra todo arvoredo mais indiscretamente tropical que lhe recordasse sua meninice de rua e de morro, sua condição de filho de gente de cor, descendente de escravo negro. Nada de paisagem, nada de cor, nada de árvore, nada de sol. É dentro de casa que Machado procura se resguardar das cruezas da rua e da vista também crua dos morros plebeus.

Até certo ponto, damos razão a GF. Machado evita abrir janelas, medo talvez de esbarrar com o *morro* fatal. Nada que lhe recordasse a miséria, a mãe lavadeira, o pai pintor de paredes, a lama do Livramento, a promiscuidade daquela que foi talvez a primeira favela do Rio de Janeiro. Sob o aspecto, Machado seria um tanto adverso à paisagem. Mas é necessário convir que nem só de paisagem física vive um homem. Já foi dito que a paisagem é um estado de espírito. E é justamente na concepção de Amiel que vamos situar Machado de Assis como verdadeiro recriador de paisagens. É em sua obra que vamos encontrar a máxima expressão do que se possa exprimir através de um único detalhe: aquele olhar de Bentinho à ressaca do Flamengo, após o drama, a morte de Escobar, o exílio de Capitu.

Bom, Machado devia meter duzentas páginas para descrever uma ressaca no Flamengo, Coelho Neto e Alencar não perderiam a oportunidade, fariam as duzentas páginas e na seguinte colocariam o busílis: Escobar morreu lá. Machado nem chega a afirmar isso, sugere um acidente, talvez mesmo um suicídio, nunca diz pão pão, queijo queijo, vacila no pão e no queijo. Lembramos aqui um artigo do sr. Austregésilo de Athayde que chega até a suspeitar do adultério de Capitu, tudo não passou de provas circunstanciais, suspeitas mais ou menos vagas e mais ou menos firmes.

Damos razão àqueles que negam paisagem em MA. Mas em parte apenas. Pois uma palavra de Machado de Assis vale uma página de Alencar, uma frase sua vale todo um livro de Coelho Neto. Apesar disso, poucos escritores foram tão presos à sua terra, à sua própria paisagem. Todos os seus romances estão repletos de Rio, a única cidade que conheceu e amou, na qual nasceu, viveu e morreu. Cidade que foi por ele conquistada palmo a palmo, do Livramento a Cosme Velho, da tipografia à Academia. Houve uma exceção, lá perto dos quarenta anos, justamente à época do estalo, quando Machado de Assis se tornou "Machado de Assis", quando o autor de *Helena* tornou-se autor de *Quincas Borba* e *Dom Casmurro*. Houve uma rápida viagem, uma estada de seis meses fora do Rio. E Barbacena entrou na primeira parte do *Quincas Borba*, foi sua única exceção. Machado seria incapaz de trair sua paisagem. Onde viveu, pensou. O que pensou, escreveu. Coelho Neto, conhecendo apenas o Maranhão e o Rio, seria capaz de fazer romance em qualquer quadrante da Terra, tanto descreveria um estouro de boiada em Goiás como a colheita de tulipas na Holanda ou a caça ao javali no Congo Belga. Machado ficou mesmo pelo Rio e não há página de sua obra que não fale na cidade, nas ruas, nos hábitos, nos pregões, nos defeitos e nas qualidades do povo que o gerou. Preferiu o lado de lá, a zona sul, os botafogos, as casas nobres e assobradadas, mas nem por isso desprezaria o lado de cá: seu melhor romance começa num trem da Central; e esse mesmo romance termina com aquela grande tirada do "Vamos à História dos Subúrbios!".

Podíamos alinhar algumas citações a mais. Aquela do *Esaú e Jacó*, por exemplo:

> Que estranhos? Não vou viver com ninguém. Viverei com o Catete, o Largo do Machado, a Praia de Botafogo e a do Flamengo, não falo das pessoas que lá moram, mas das ruas, das casas, dos chafarizes e das lojas. Há lá coisas esquisitas, mas sei eu se venho achar em Andaraí uma casa de pernas para o ar, por exemplo? Contentemo-nos do que sabemos. Lá os meus pés andam por si. Há ali coisas petrificadas e pessoas imortais, como aquele Custódio da Confeitaria, lembra-se?

ou esta outra que bem poderia ficar em Manuel Antônio de Almeida:

> As semanas santas de outro tempo eram, antes de tudo, muito mais compridas. O domingo de Ramos valia por três. As palmas que se traziam das igrejas eram muito mais verdes que as de hoje, mais e melhor. Verdadeiramente, já não há verde. O verde de hoje é um amarelo-escuro.

Aquele que desejar conhecer a história do Rio, seus hábitos, mesmo sua paisagem, terá forçosamente que procurar Machado. Não apenas a parte mais comprometida diretamente com a cidade, ou seja, suas crônicas, seus artigos de jornal, que totalizam, talvez, dois terços de toda sua obra. Terá que entrar na própria ficção machadiana, seus romances, seus contos, até mesmo seu teatro. Não é fora de propósito a existência de um concurso recentemente aberto sobre a Cidade do Rio de Janeiro na obra de Machado de Assis.

Falecem razões ao sr. Gilberto Freyre e a outros comentadores da obra de MA ao negarem paisagem em sua obra. Não há a descrição compacta, o catálogo de flores e ruas, os mapas. Dentro de suas características, a paisagem atua em sua obra de forma até impressionante. Basta voltarmos ao caso da ressaca. Quem pode negar que o título de *Dom Casmurro* poderia igualmente ser *A ressaca*? Em doses homeopáticas, um detalhe aqui, outro ali, e Machado compõe um mosaico de todo o Rio do seu tempo, mosaico que, acrescido de suas crônicas, torna-se quase completo sob qualquer ângulo que se o esquadrinhe.

Ao conceituarmos o tipo que determinaria o romance carioca (v. Suplemento do *Jornal do Brasil*, 1.8.59), selecionamos alguns denominadores comuns encontradiços na obra de seus mais importantes cultores. O primeiro deles, e o mais característico, é o tom picaresco de todo romance carioca. *Memórias de um sargento de milícias* seria, então, o paradigma. Parecerá, portanto, ousadia ou burrice taxar Machado de Assis de picaresco. Equivocadamente se convencionou ver em MA um ser indecifrável, uma esfinge impenetrável, algo assim enigmático como o sorriso da

Gioconda. Pois o mais picaresco em Machado é justamente essa lenda, a de esfinge. O rapazola imberbe e de cara vulgar que aos vinte anos fazia maus versos já preparava uma desforra condigna para mais tarde. A sua iconografia revela bem: o moço de nariz achatado, mulato até as medulas, foi compondo a cara ao mesmo tempo em que compunha a obra. Uma não poderia existir sem a outra, só mesmo um espírito picaresco poderia ter a preocupação de possuir uma cara igual à obra ou vice-versa. E aí está. Esse Machado que nos aparece pelas fotografias do velho Malta, quase bonito, austero, mais sabido que inteligente, mais gozador que sofredor, umas barbas que inspiram unção, um sorriso para dentro, uma espécie de Mona Lisa do Catumbi.

Machado dá sempre a impressão desses marechais de pijama cobertos de glórias administrativas. Salvo em que os marechais acreditam em seus próprios galardões, em suas próprias medalhas de tempo de serviço. Machado não acreditava nem mesmo nele. Daí ter composto uma cara. Barreto Filho, que juntamente com Lúcia Miguel Pereira abrem uma exceção na má literatura sobre Machado, tem uma passagem providencial sobre o assunto:

> As suas fontes são a pilhéria, a maledicência, a anedota carioca, essa coisa quase indefinível que já se cristalizara no espírito da Capital, uma espécie de gracejo, menos pesado que a farsa, menos inteligente que a ironia, menos grosseiro que a facécia, e que podemos encontrar em outros escritores nossos (cariocas), como Carlos de Laet, por exemplo. Ele foi no íntimo um gracejador, um pilhérico que se podia adivinhar sem embargo do pincenê e da fisionomia enfarruscada de seus retratos da maturidade e da velhice. Os olhos eram pilhéricos, buliçosos, tinham a curiosidade e a esperteza da rua carioca, que sempre refletiram. (Barreto Filho, em *Introdução a Machado de Assis*, Agir, p. 62.)

Ao picaresco elementar de Manuel Antônio de Almeida, Machado de Assis acrescentava uma sublimação talvez apreendida em Sterne, Swift ou Fielding, talvez apenas captada da "rua carioca", sua grande paixão. Não entraria placidamente na prateleira de qualquer catalogação, não seria maciçamente picaresco como não seria maciçamente nada, nem mesmo poeta, romancista ou cronista. Por isso é que achamos engraçadas certas tentativas de homens sérios em defini-lo. Tomemos o caso de Sílvio Romero, por exemplo. Após gastar todo um capítulo dedicado ao "ilustre fluminense", sente que não disse nada ainda. E finaliza:

> Cremos poder defini-lo em poucas palavras: Machado de Assis não era um satírico; a mais superficial leitura de qualquer de suas obras mostra-o logo às primeiras páginas. Não era um cômico, nem como dizedor de pilhérias, nem como criador de tipos e situações engraçadas ou equívocas. Não era também *plenamente* (o grifo é nosso) um misantropo, um *détraqué*. Não lembra, pois, nem Juvenal nem Martins Pena, nem Molière nem Baudelaire ou Poe ou Dostoiévski. Não era, finalmente, da raça dos humanistas propagandistas e evangelizadores de povos ao gosto de Tolstói. Era, antes, uma espécie de moralista complacente e doce, eivado de certa dose de contida ironia.

As *poucas palavras* prolongam-se por mais duas páginas e pelo menos servem para definir, embora grosseiramente, o que seja o picaresco machadiano: a contida ironia (ou zombaria) que gera possível moral, ao contrário da sátira, que seria a moral através da possível ironia. Mais que o *ridendo castigat mores* de Horário. Antes, um *mores ridentur,* arte na qual Machado foi discípulo de ingleses, já em parte para contrariar a Escola de Recife que com Tobias Barreto à frente ameaçava transformar nossas inocentes plagas em feudo intelectual germânico.

Por tudo isso, pela cara e pela obra, pelas vigas-mestras de seu ceticismo, de seu paradoxal amor às instituições, ele próprio se esforçando para se tornar em uma instituição, tal como aqueles vultos que recordou em "O velho Senado" — temos Machado como cultor do picaresco, bem verdade que seu picaresco deve ser entendido pela reflexiva, ele foi picaresco para com ele mesmo. Tal como alguns outros que forçaram a posteridade através de uma pose, e através dela a conquistaram de uma forma ou de outra, podemos dizer que à semelhança de Napoleão, que era um louco que pensava que era Napoleão, ou de Vitor Hugo, que era um louco que pensava que era Vitor Hugo. Machado era um louco que pensava que era Machado de Assis. Essa a sua posteridade, sua glória, seu caso. Ao abrirmos o artigo, fizemos referência justamente a isso: Machado de Assis é um caso. É mais caso que glória. Mais acidente que triunfo. Mais esmola que caridade.

Outra nota que juntamos à conceituação do romance carioca, a aristocratização, teve em MA seu maior expoente. "É um doloroso e belo poema o da elaboração do gênio nesse obscuro heroísmo", diz Graça Aranha, acrescentando: "Machado de Assis aristocratizou-se silenciosamente". Essa mesma aristocratização que Lima Barreto teria em outro sentido, não em busca de uma posteridade ou de uma academia, mas na melhor acepção etimológica da palavra, no sentido grego e original de se tornar *melhor*. Só que Machado, apesar do silenciosamente que Graça Aranha descobriu nele, espalhou em obra e em cara sua elevação. Lima ficou nele mesmo, nem mesmo sabia que era um melhor, que era um puro.

Finalmente, para apreciarmos mais um dos diversos ângulos de abordagem ao carioquismo de Machado de Assis, já desprezando e deixando intacto o grande celeiro de suas crônicas, já passando ao largo de suas contradições mais berrantes (o homem que venerava as tradições e as instituições e que nunca deixara a outro ser o legado de nossa miséria), convêm algumas palavras sobre a esquisita tentativa épica do *Almada*. Devemos ao sr. Astrojildo Pereira, no seu recente livro sobre MA, algumas notas de divulgação. Machado era ambicioso, tentava tudo e não sabendo nem prevendo que um dia teria glória bastante por força de sua obra de ficção, buscava contaminar todos os gêneros e acabou ridiculamente contaminado por todos eles. Temos o Machado da fase romântica, aqueles versinhos de menina moça que ainda andam por aí. Os sonetos da fase parnasiana, aquela "desmedida umbela" que dava uivos a Olavo Bilac. A tradução de "O corvo", que, por acidente ou não, ficou mesmo como uma das melhores coisas saídas de sua pena. Não contente, tentou discretamente a epopeia. Tinha um assunto: o Rio. A trama seria fornecida por um episódio verdadeiro, no qual predominava a pessoa de um tal Almada. Seria uma história da cidade. Ação no século XVII. Com invocações e tudo:

E tu, cidade airosa e grata,
que ufana miras o faceiro gesto
nessas águas tranquilas...

Espantado da própria mediocridade dos primeiros versos, Machado impreca às musas: "Musa, onde me levas?". Para o bem do Almada, do Rio, de Machado e de todos nós, as musas não o levaram a lugar nenhum. O poema ficou em meio, Machado nunca o divulgou, nem mesmo a curiosidade beneditina do sr. Magalhães Júnior foi capaz de tanto. Mas o poema vem compor, com seu pequeno e inglório quinhão, um vasto mural, vasto e belo mural digamos, daquele que no amor à cidade, na observação de seu povo e de seus hábitos, só teve um que lhe ombreasse e, sob certos aspectos, o suplantasse: LIMA BARRETO.

Fonte desta edição:
CONY, Carlos Heitor. "Machado — o romance carioca". *Jornal do Brasil*, Rio de Janeiro, 26 set. 1959. Publicado, com alterações, em: CONY, Carlos Heitor. "Machado de Assis". *Chaplin e outros ensaios*. Rio de Janeiro, Nova Fronteira, 2014.

Outros textos do autor a respeito de Machado de Assis:
CONY, Carlos Heitor. "O romance carioca: o gênero". *Jornal do Brasil*, Rio de Janeiro, 10 ago. 1959.
CONY, Carlos Heitor. "Machado de Assis". *Correio da Manhã*, Rio de Janeiro, 15, 18 e 20 fev. 1964.
CONY, Carlos Heitor. Resposta em: "Conto de Natal é com Machado de Assis". *Última Hora*, Rio de Janeiro, 18 dez. 1968. Enquete para saber qual o melhor conto de Natal da literatura brasileira. Opiniões de Josué Montello, Carlos Heitor Cony, Paulo Mendes Campos, José Carlos de Oliveira, Dinah Silveira de Queiroz.
CONY, Carlos Heitor. "Relendo Machado". *Manchete*, Rio de Janeiro, 24 jun. 1989, p. 34.
CONY, Carlos Heitor. "O romance carioca é um gênero". *Jornal do Brasil*, Rio de Janeiro, 23 set. 1995. Entrevista com referências a Machado.
CONY, Carlos Heitor. "O Rio de Machado de Assis", *Guia de Programação*, set. 1997, pp. 18-9. Sobre o documentário com esse título.
CONY, Carlos Heitor. Entrevista a: PAIXÃO, Roberta. "Capitu de verdade". *Veja*, São Paulo, 11 ago. 1999.

OUVIDOR E OUTRAS GALAS DO RIO, SEGUNDO O VELHO MACHADO
Miécio Táti

m.t.

MIÉCIO TÁTI Pereira da Silva (Niterói, Rio de Janeiro, 1913 — Rio de Janeiro, Rio de Janeiro, 1980): Romancista, contista, crítico literário, tradutor. Formado em Direito, dedicou-se ao magistério e à escrita de romances, contos e de crítica literária, fundando a revista *Temário* (1951-1952). Fez a coordenação editorial, para o Instituto Nacional do Livro e a Editora Civilização Brasileira, das edições críticas de obras de Machado de Assis (1975). Entre as diversas obras que traduziu estão: *Cândido*, de Voltaire; *O príncipe*, de Maquiavel; *Jaques, o fatalist* de Diderot. Adaptou para a Coleção Calouro das Edições de Ouro, entre outras: *Eneida*, de Virgílio; *Os três mosqueteiros*, d(Alexandre Dumas; *Pai Goriot*, de Honoré de Balzac. Obras: *Nossa máxima culpa*, romance (1948), reeditado com o título *Rio dos afogados* (1961); *Rua do Tempo--Será*, romance (1959); *O mundo de Machado de Assis: o Rio de Janeiro na obra de Machado de Assis* (1959); *Jorge Amado: vida e obra* (1961).

Correio da Manhã, 20 jan. 1960

No velho Rio, do tempo da coroa, cenário urbano permanente dos romances e contos de Machado de Assis, vivia-se, sobretudo, o gozo civilizado de uma estreita via pública, centro de todos os caprichos, falatórios e elegâncias da cidade janota: Ouvidor, a celebrada, onde o herdeiro Rubião se plantaria, mas por curta temporada, até voltar a Barbacena, louco e arruinado.

A estreiteza da Ouvidor, em que pesasse a opinião de certos órgãos de importância da imprensa da época, como o *Diário de Notícias*, que se batia pelo alargamento do famoso logradouro, era um de seus encantos: "Na rua do Ouvidor", comentava Machado em crônica de *A Semana*, "um homem, que está à porta do Laemmert, aperta a mão de outro, que fica à porta do Crashley, sem perder o equilíbrio. Pode-se comer um sanduíche no Castelões e tomar um cálice de Madeira no Deroché, quase sem sair de casa. O característico desta rua é ser uma espécie de loja única, variada, estreita e comprida". O movimento era intenso: "Gente parada em frente ou sentada dentro das lojas, gente que descia, que subia, homens, senhoras, de vez em quando uma vitória ou um tílburi, tudo isso dava à principal rua do Rio de Janeiro um aspecto animado e luzido. Viam-se aqui e ali alguns deputados, trocando notícias políticas ou conquistando as senhoras que passavam... Também ali estava uma grande parte da áurea juventude, *la jeunesse dorée*—comentando o acontecimento do dia ou encarecendo a beleza da moda. Estranharia aquela designação quem reparasse que entre os rapazes havia também algumas suíças grisalhas e outras totalmente brancas". (De "O caminho de Damasco", das *Histórias românticas*.)

Ouvidor era "a gazeta viva do Rio de Janeiro", "o lugar mais seguro para saber notícias". "A casa de Moutinho ou do Bernardo, a casa do Desmarais ou do Garnier", eram "verdadeiras estações telegráficas, ganhando-se mais em estar aí comodamente sentado do que em andar pela casa dos homens da situação" (*Contos avulsos*). "Ali se faziam planos políticos e candidaturas eleitorais; ali corriam as notícias; ali se discutiam as grandes e as pequenas coisas: o artigo de fundo dava o braço à mofina, o anúncio vivia em santa paz com o folhetim" (*Histórias românticas*).[20]

A propósito desses aspectos da Ouvidor—o de não ser apenas rua, mas também manancial de novidades—, confessaria Machado, ainda em páginas de *A Semana*: "Pode ser que erre, mas ninguém me há de ver pedir notícias em outras ruas. Às vezes perco uma verdade na rua da Quitanda por uma invenção da rua do Ouvidor; mas há nesta rua um cunho de boa roda, que dá mais brilho ao exato, e faz parecer exato o inventado. Acresce a qualidade de pasmatório. As ruas de simples passagem não têm graça nem excitam o desejo de saber se há alguma cousa. O pasmatório obriga ao cotejo. Enquanto um grupo nos dá uma notícia, outro, ao lado, repete a notícia contrária; a gente coteja as duas e aceita uma terceira".

Haja vista, como exemplo desse espírito noveleiro da rua, o ocorrido com Lívia, a heroína de *Ressurreição*, a propósito de seu casamento, para o qual desejava uma publicidade mínima. A notícia, no entanto, foi levada pelo

---

20. Nesse trecho do conto "Qual dos dois?", todos os verbos aparecem no presente: fazem, correm, discutem, dá, vive.

irmão para Ouvidor, a alcoviteira, bem na esquina da rua Direita (Primeiro de Março).
"Daí a dez minutos chegara à rua da Quitanda. Tão depressa correu que um quarto de hora depois era assunto de conversa na esquina da rua dos Ourives (Miguel Couto). Uma hora bastou para percorrer toda a extensão da nossa principal via pública. Dali espalhou-se em toda a cidade."
("Distância é o diabo — diria ainda o cronista de *A Semana*. A rua do Ouvidor é a principal causa desta tal ou qual inércia de que nos acusam. Em três pernadas a andamos toda, e se não o fazemos em três minutos, é porque temos o passo vagaroso; mas em três horas vamos do beco das Cancelas ao Largo de São Francisco".)

Requeria experiência de corte e domínio da rua, pouco depois do meio-dia, quando se intensificava o movimento (inclusive batalhões passavam por Ouvidor, congestionando o tráfego, como o atesta o conto "Pobre Finoca!"), e até antes das cinco.

(Era "de mau gosto andar na rua do Ouvidor às 5 horas da tarde", explica-nos Machado no conto "Tempo de crise". Depois do sol posto, a rua voltava às boas com os elegantes da cidade: era "lindíssima à noite", os rapazes "às portas das lojas, vendo passar as moças". Como tudo estivesse iluminado, não se imagina o efeito que fazia, com Ouvidor quase de todo descuidada da política e exclusivamente entregue à *fashion*, "que é menos dada aos negócios do Estado que os frequentadores de dia".)

Mariana, por exemplo — a mulher do Conrado Seabra, o do "Capítulo dos chapéus" —, deveras caseira, sentia-se atordoada ao caminhar por ela, com sua amiga Sofia: "mal podia andar por entre os grupos, menos ainda sabia onde fixasse os olhos, tal era a confusão das gentes, tal era a variedade das lojas".

— Esta rua do Ouvidor! Ia dizendo.

"Sofia, prática daqueles mares, transpunha, rasgava ou contornava as gentes com muita perícia e tranquilidade. A figura impunha; os que a conheciam gostavam de vê-la outra vez; os que não a conheciam paravam ou voltavam-se para admirar-lhe o garbo. E a boa senhora, cheia de caridade, derramava os olhos à direita e à esquerda, sem grande escândalo, porque Mariana servia a coonestar os movimentos. Nada dizia seguidamente: parece até que mal ouvia as respostas da outra; mas falava de tudo, de outras damas que iam e vinham, de uma loja, de um chapéu..." O prestígio de um moço elegante media-se por sua popularidade nas calçadas da Ouvidor e no convívio de suas "francesas".

Jorge, filho de Valéria, do romance de *Iaiá Garcia*, era um que alcançara os primeiros lugares entre os dândis que obrigatoriamente a frequentavam: "ali podia ter nascido, ali poderia talvez morrer". Era como Daniel, do conto "Qual dos dois?", filho do velho Marcos, e outro *petit-carré* de igual calibre, para usar da "novíssima" expressão francesa adotada nos salões de 1872, e que não tinha outros horizontes senão os da "casa do Bernardo ou da livraria do Garnier": "Fazia algumas excursões a Andaraí, a Botafogo ou à Tijuca, do mesmo modo que se faz a viagem a Buenos Aires ou Lisboa: mas o seu país natal era a rua do Ouvidor. Se a rua do Ouvidor não existisse, dizia ele, era preciso inventá-la. Depois da rua do Ouvidor só uma coisa lhe merecia cultos: a alcova em que dormia".

"Queres ver a elegância fluminense?" — perguntaria um dos personagens dos *Contos avulsos* ["Tempo de crise"] a um conhecido recém-chegado da Europa, e que se hospedara no famoso Hotel de Europa, na própria rua do Ouvidor. "Aqui acharás a flor da sociedade — as senhoras que vêm escolher joias ao Valais ou sedas à Notre-Dame —, os rapazes que vêm conversar de teatros, de salões, de modas e de mulheres. Queres saber da política? Aqui saberás das notícias mais frescas, das evoluções próximas, dos acontecimentos prováveis; aqui verás o deputado atual com o deputado que foi, o ministro defunto e às vezes o ministro vivo. Vês aquele sujeito? É um homem de letras. Deste lado, vem um dos primeiros negociantes da praça. Queres saber do estado do câmbio? Vai ali ao *Jornal do Commercio*, que é o *Times* de cá. Muita vez encontrarás um cupê à porta de uma loja de modas: é uma Ninon fluminense. Vês um sujeito ao pé dela, dentro da loja, dizendo um galanteio? Pode ser um diplomata. Dirás que eu só menciono a sociedade mais ou menos elegante? Não, o operário para aqui também para ter o prazer de contemplar durante [alguns] minutos uma destas vidraças rutilantes de riqueza — porquanto, meu caro amigo, a riqueza tem isto de bom consigo — é que a simples vista consola."

O frívolo Maciel, do "Trio em lá menor", como um dos "leões" da rua, era comparável ao Jorge, filho de Valéria, ou ao filho do velho Marcos, capaz de, com absoluta confiança, fazer a estatística da rua do Ouvidor, entre uma e quatro horas da tarde. Conhecendo "os nomes das fazendas e todas as cores modernas", citava as principais *toilettes* do dia: a de Mme. Pena Maia, baiana distinta, *très pschutt*; a de Mlle. Pedrosa, filha de um desembargador de São Paulo, *adorable*.

Só um homem como Estácio, que não sabia "amar o tumulto exterior", era levado a aborrecer os "pasmatórios" dessa via pública: "viver num recanto como este — escrevera de Cantagalo, à suposta irmã Helena —, a dois passos do mato, a tantas léguas da rua do Ouvidor, isso creio que se dá com a minha índole". Aí a rua, convém que se destaque, assume foros de símbolo: está no lugar do nome da cidade. E isto, com fundamento, diria o C. do "Tempo de crise": "A rua do Ouvidor resume o Rio de Janeiro. A certas horas do dia, pode a fúria celeste destruir a cidade; se conservar a rua do Ouvidor, conserva Noé, a família e o mais. Uma cidade é um corpo de pedra com um rosto. O rosto da cidade fluminense é esta rua, rosto eloquente que exprime todos os sentimentos e todas as ideias".

Ouvidor propiciava as aventuras amorosas, ou, se não, facultava aos varões bem-nascidos, ou pelo menos bem-vestidos, o espetáculo diário da beleza das cariocas em parada, na exibição das voltas sem destino, ou das compras (os amantes ou maridos pagariam as contas, talvez da "Notre-Dame"), ou dos carros.

Candinha, dama da moda, entraria em Ouvidor, pela rua da Quitanda, em uma vitória, puxada por um cavalo castanho, e iria pelo caminho, distribuindo sorrisos aos homens que conhecia, como se lê em "O caminho de Damasco"; Margarida e sua tia d. Antônia parariam de carro na porta de uma loja, acompanhadas da galga Miss Dollar. É ainda de ver, como registram certas crônicas de Machado, que, além dos carros que circulavam pela estreita

Ouvidor, havia ponto de bondes no cruzamento desta com Gonçalves Dias. Foi em plena Ouvidor que apareceu Virgília, ante os olhos enlevados de Brás Cubas, que se achava, por acaso, à porta da Tipografia do Plancher (*Jornal do Commercio*), quando viu assomar à distância aquela "mulher esplêndida", por sinal que casada.

Rubião, por sua vez, teve sorte diferente, em seus primeiros contatos com a Ouvidor das elegantes, quando habitara, de outra vez, a corte, jovem e sem dinheiro. Saiu de casa, na rua do Cano (Sete de Setembro), entrou no largo de São Francisco e desceu a rua do Ouvidor até a dos Ourives, podendo crer-se que, em todo esse trajeto, tão coalhado de acidentes sociais, "não viu nem ouviu coisa nenhuma". Só na esquina da rua dos Ourives é que um ajuntamento de pessoas e um "préstito singular" haveriam de detê-lo: "Um homem, judicialmente trajado, lia em voz alta um papel, a sentença. Havia mais o juiz, um padre, soldados, curiosos. Mas as principais figuras eram dois pretos. Um deles, mediano, magro, tinha as mãos atadas, os olhos baixos, a cor fula, e levava uma corda enlaçada no pescoço; as pontas do baraço iam nas mãos de outro preto... Lido o papel, o préstito seguiu pela rua dos Ourives adiante: vinha do aljube e ia para o largo do Moura". O infeliz do baraço cometera um assassinato em Mata-Porcos (Estácio de Sá): ia ser executado.

Ouvidor era a *vanity fair* da metrópole, local privilegiado dos melhores encontros: topar um escravo criminoso a caminho da morte, para alguém que seguia incautamente pela rua de elegâncias da cidade, só podia ser falta de sorte do jovem de Barbacena, ou prova de que Ouvidor, apesar do *pedigree* de sua cortesania, tinha, aliás como tudo, momentos infelizes, em que o feio despontava, para lá dos artifícios de seu encanto citadino.

Exatamente como a corte, cujos dotes urbanos, que a tornavam requestada dos anseios naturais de um Rubião de Barbacena, não poderiam resistir à análise das ruas, mal calçadas, estreitas e sujas, apesar dos varredores, que, de madrugada, concluíam a tarefa de tentar limpá-las. Por aí pisavam os pés das "mulheres esplêndidas", ruas cheias de buracos, que faziam dar aos carros furiosos solavancos.

"Com certeza"—diria o Santos, de *Esaú e Jacó*, carregado de azedume—"quebravam-lhes as molas".

O essencial era dispor, nessas ruas da corte, e em Ouvidor principalmente, de um comércio apresentável, onde um freguês de certa classe tivesse o que comprar—e sobretudo o que comer. Comércio e distrações. Para esse fim, poderia Rubião incorporar-se aos pasmatórios da porta do Wallerstein, onde se vendiam bons tecidos, da casa do Moutinho, ou da casa do Bernardo ("Ninguém como o Bernardo para ter charutos bons"); do cabeleireiro Desmarais; do Garnier; do Laemmert; ou da joalheria do Farâni—e gastar toda uma manhã "sem que o tempo lhe trouxesse fadiga, nem a estreiteza da rua do Ouvidor lhe tapasse o espaço".

Aí, nessas mesmas lojas, participaria, com a cidade, dos comentários do dia, em torno de qualquer "ponto muito sério e grave" (como o que preocupava os cariocas no tempo de Luís Alves, de *A mão e a luva*, coletivamente interessados na "questão magna" da rua do Ouvidor e da casa do José Tomás, a poderosa, crespa e complicada questão de saber se a Stephanoni estrearia no *Ernani*: ou faria como Brás Cubas que, pelos idos de 40, se postava na calçada da tipografia do Plancher para gozar o movimento daquela via pública.

Vontade de ver as damas no rebuliço das compras? Entraria num armarinho, ainda da rua do Ouvidor—na Notre-Dame ou no Godinho—, e aí veria o espetáculo das senhoras em conversa, "cumprimentos, beijos, notícias, perguntas e respostas, trocas de impressões de um baile, de um passeio ou de uma corrida de cavalos. Grande rumor no armarinho; falam todas, algumas sussurram apenas, outras riem: as crianças pedem isto ou aquilo, e os empregados curvados atendem risonhos à freguesia, explicam-se, defendem-se... Todas as cadeiras estão ocupadas. "*The table is full*, como em *Macbeth*" (*Contos fluminenses*).

Depois do gozo destas cenas correria o mais comércio: para joias, além do Farâni, o Valais; para botas, o Queiroz, ou a casa do Campos; gravuras, a Glace Elegante; casacas, o Raunier; móveis, a casa do Costrejean; armas, a casa da Viúva Laport; charutos, além da casa do Bernardo, a charutaria do Brás; modas femininas, a casa da Creten, da Clemence ou da Natté; relógios, uma famosa relojoaria na rua da Quitanda, entre Ouvidor e Rosário (possivelmente a Gondolo).

Depois disso, como um prolongamento da Ouvidor, o Carceller, para um sorvete, ou um café; se as malas da Europa tivessem chegado cedo, compraria a *Correspondência de Portugal*, ou qualquer jornal da terra, enquanto entregava as botas a um italiano, para uma engraxadela especial.

O Carceller era uma espécie de Meca dos *habitués* das ruas centrais, alguma coisa que convinha atingir, mesmo com o sacrifício de longa caminhada. Veja-se o exemplo do Alfredo Tavares, do "Antes que cases", a subir, uma noite, em 1867, pela rua do Ouvidor: "Eram oito horas: ia aborrecido, impaciente, com vontade de se distrair, mas sem vontade de falar a ninguém. A rua do Ouvidor oferecia boa distração, mas era um perigo para quem não queria conversar. Alfredo reconheceu isto mesmo: e chegando à esquina da rua da Quitanda parou. Seguiria pela rua da Quitanda ou pela rua do Ouvidor? *That was the question*. Depois de hesitar uns dez minutos, e de tomar ora por uma, ora por outra rua, Alfredo seguiu enfim pela da Quitanda na direção da de São José. Sua ideia era subir depois por esta, entrar na da Ajuda, ir pela do Passeio, dobrar a dos Arcos, vir pela do Lavradio até ao Rossio, descer pela do Rosário até a Direita onde iria tomar chá ao Carceller, depois do que se recolheria a casa estafado e com sono".

Havia ali fregueses que se demoravam "perto de duas horas almoçando e lendo os jornais", e nem sempre almoçando coisa que valesse ou lhes desse no bolso:

"—Vem hoje ao seu almoço, não? —perguntaria, por exemplo, um dos caixeiros ao sr. Mendonça.

"—São horas; traga-me hoje duas torradas.

"—E o café com leite?

"—Que pergunta!

"O 'caixeiro' não se demoraria em servir o freguês; viria 'a clássica bandeja com o açucareiro, a cafeteira, a leiteira, a xícara, as torradas, os palitos e o guardanapo'.

"—Agora o *Jornal do Commercio*.

"— Está ocupado.
"— E o *Diário*?
"— Também está ocupado.
"— Onde está o jornal?
"— Tem-no aquele sujeito de gravata amarela." (Do conto "A felicidade").

Pela manhã, às 8 horas, o Carceller regurgitava de empregados públicos e escreventes de cartório; mas a verdade é que, tanto àquela hora, como durante todo o dia, o recinto famoso, bem como a calçada da rua Direita em que se situava, entre Ouvidor e o beco dos Barbeiros — o "bulevar Carceller", como era conhecida — eram patrimônios da cidade, aonde todo mundo ia.

Até mesmo ao papel de alcoviteiro de amor por correspondência o Carceller se prestava:

"Uma formosa senhora — dizia um anúncio de jornal — esteve no dia 4 de junho em frente ao café Carceller, conversando com um senhor de suíças pretas. Era alta, morena, e trajava de roxo. Se na terra não há felicidade para ela, um seu admirador a espera, para ser seu marido. Carta a Z.Z.Z." (Do conto "Canseiras em vão").

Depois do almoço, se Rubião se interessasse por política — e quem não se interessava? — seguiria as pegadas do sr. Antunes, de *Iaiá Garcia*, que preenchia as horas de lazer nas galerias da câmara dos deputados, cujas tribunas, habitualmente, eram frequentadas inclusive por senhoras da sociedade, mediante a obtenção de bilhete fornecido pelo secretário da casa; ou, se não isto, assistiria a uma sessão do júri, ou iria em visita a um conhecido.

Para jantar, disporia de um sem-número de hotéis: bastaria caminhar, levado pelas pernas, ruas abaixo, e talvez, insensivelmente, se achasse à porta de algum Hotel Pharoux do tempo, como ocorrera com Brás Cubas, apreciador dos acepipes de mr. Prudhon: "Velhos do meu tempo — diria Brás —, acaso vos lembrais desse mestre cozinheiro do hotel Pharoux, um sujeito que, segundo dizia o dono da casa, havia servido nos famosos Very e Véfour, de Paris, e mais nos palácios do conde Molé e do duque de La Rochefoucauld? Era insigne... A polca, mr. Prudhon, o Tivoli, o baile dos estrangeiros, o Cassino, eis algumas das melhores recordações daquele tempo: mas sobretudo os acepipes do mestre eram deliciosos... Que requinte de temperos! Que ternura de carnes! Que rebuscado de formas! Comia-se com a boca, com os olhos, com o nariz. Não guardei a conta desse dia, sei que foi cara".

Fonte desta edição:
TÁTI, Miécio. "Ouvidor e outras galas do Rio, segundo o velho Machado". *Correio da Manhã*, 1º Caderno, Rio de Janeiro, 20 jan. 1960, pp. 19 e 20.

Outros textos do autor a respeito de Machado de Assis:
TÁTI, Miécio. "Alegrias de salão na obra de Machado".
Jornal do Commercio, Rio de Janeiro, 23 maio 1960.
TÁTI, Miécio. "Presença do Velho Rio na obra de Machado".
Diário de Notícias, Rio de Janeiro, 3 jul. 1960.
TÁTI, Miécio. *O Mundo de Machado de Assis*. São Paulo: São José, 1961; Estado da Guanabara: Secretaria de Estado da Educação e Cultura, 1961; *O Mundo de Machado de Assis: o Rio de Janeiro na obra de Machado de Assis*.
Rio de Janeiro: Secretaria Municipal de Cultura, Turismo e Esportes, 1991; 1995.
TÁTI, Miécio. "Machado de Assis, um caso à parte".
Jornal do Brasil, suplemento "400 Anos Memoráveis", Rio de Janeiro, 27 ago. 1965.
TÁTI, Miécio. "Prefácio". In: ASSIS, Machado de. *Ressurreição*.
Rio de Janeiro: Civilização Brasileira; MEC, 1975, pp. 11-3.

MEU ENCONTRO COM MACHADO DE ASSIS
Viriato Corrêa

V.C.

Manuel **VIRIATO CORRÊA** Baima do Lago Filho (Pirapemas, Maranhão, 1884 — Rio de Janeiro, Rio de Janeiro, 1967): Contista, romancista, teatrólogo, cronista, autor de livros infantojuvenis e jornalista. Colaborou em diversos periódicos, como *Correio da Manhã*, *Jornal do Brasil*, *Careta*, *Cosmos*, *Para Todos...*, *O Malho*, *Tico-Tico*. Dedicou-se ao público infantil com livros como *História do Brasil para crianças* (1934) e o romance *Cazuza* (1938). Terceiro ocupante da Cadeira número 32 da Academia Brasileira de Letras, eleito em 1938. Publicou, entre outras obras: *Minaretes* (1903); *Contos do sertão* (1912); *Sapequinha* (1920); *Uma noite de baile* (1926); *A descoberta do Brasil* (1930); *Meu torrão* (1935); *A Marquesa de Santos* (1938); *O caçador de esmeraldas* (1940); *Pobre diabo* (1942); *À sombra dos laranjais* (1944); *A macacada*; *Dinheiro é dinheiro* (1949); *O grande amor de Gonçalves Dias* (1959).

O Globo, 6 ago. 1960

Foi num final de uma tarde de nevoeiro e chuva que cheguei ao Rio de Janeiro. Quase não vi a cidade.

No dia seguinte acordei cedo. A chuva de véspera parecia ter lavado o céu; era um amanhecer de maio, limpo de nuvens, de céu azul e de sol veludoso. Batiam oito horas quando disparei para a rua.

Eu era o provinciano adolescente que antes de conhecer o Rio, já dele vivia enamorado, com todas as forças de minha juventude sonhadora. Eu era o calouro das letras, o pássaro ainda sem plumas, que trazia a esperança de emplumar as asas para voar.

Eu tinha pressa de ver de perto os grandes vultos literários que, na minha imaginação de moço de província, tomavam o feitio de condores.

Eu queria ver, conhecer de perto a famosa porta da Livraria Garnier, onde, ao que se dizia, os condores pousavam.

Eu vinha do Maranhão, velha terra de tradição espiritual, onde os moços viviam cultuando os homens cultos. Eu vinha da Faculdade de Direito do Recife, onde os rapazes tinham mais entusiasmo pelos livros de ficção do que pelos livros de Direito.

Às nove horas da manhã estava eu na rua do Ouvidor e parando aqui, ali, indagando, indagando, cheguei à Livraria Garnier.

A imaginação é grande deformadora que produz decepções. A porta famosa da famosa livraria me pareceu vulgar, igual a qualquer outra porta. E eu a imaginava não sei bem como, diferente, grandiosa, imponente.

E pior ainda — não havia ninguém lá posando. Ninguém, nem um escritor, nem um vulto de minha admiração.

Voltei para casa decepcionado.

Pouco a pouco foi diminuindo o fogo de minha ansiedade. Era preciso dar tempo ao tempo — aos poucos eu iria conhecendo os escritores famosos.

E deixei que a vida se desenrolasse nos seus moldes naturais. Os conhecimentos começaram pela gente da minha geração. Os "novos" daquele tempo eram iguaizinhos aos da atualidade — serviam-se das mesmas armas que os de hoje se servem — a demolição.

E arma me causou uma estranheza incômoda. Eu vinha do Maranhão e Pernambuco, terras respeitadoras dos belos nomes da cultura, abria os olhos surpreendidos ao ouvir esses nomes arrasados como se arrasa um pardieiro imprestável. Velharia insuportável, ninguém valia nada, ninguém sabia escrever. Medalhões, medalhões.

Era no antigo Café Papagaio, ali, à rua Gonçalves Dias, que os moços se reuniam para demolir. Bilac — poeta erótico e açucarado. Alberto de Oliveira, um "posudo" que se imaginava poeta. Os dois melhores sonetos de Raimundo Correa — "As Pombas" e o "Mal Secreto" — eram ambos plagiados. José Veríssimo — o Zé Burríssimo — uma zebra. Coelho Neto — um pernóstico. Sílvio Romero — um medalhão. Medeiros e Albuquerque, Aluísio e Artur Azevedo — soleníssimas cavalgaduras. E o tal Machado de Assis? Nem era bom pronunciar o seu nome. Além de escritor insípido e sem imaginação — um cábula perigosíssimo. Trescalava jetatura como um gambá trescala mau cheiro.

E a falta de respeito que os novos tinham pelo criador de Capitu não se restringia às palavras. Ia aos gestos. A maioria deles, quando avistava no Garnier o romancista de *Brás Cubas*, fazia figa com a mão esquerda, para defender-se do "peso" do velho escritor.

* * *

João do Rio e Joaquim Viana foram as primeiras camaradagens que fiz ao chegar ao Rio.

Joaquim Viana é hoje um nome inteiramente esquecido. Era um rapaz moreno, alto, forte, pinta de boêmio, de uma vibratibilidade tão intensa que parecia um agitado. Espírito vivo e cintilante, ledor de tudo e de todas as horas, vivia sempre sobraçando livros. Estudava Direito e dava a entender que os seus pendores eram para a política e para os assuntos financeiros, mas, na verdade, o seu enlevo era para os livros de ficção.

Escrevia em jornais e revistas, conhecia intimamente todo o meio literário, dava valor aos velhos e não demolia ninguém. Tendo família no Rio, pai rico morando em palacete, morava ele em quartos apertados ou em pensões de estudantes. No primeiro dia de cada mês corria a receber a gorda mesada que o pai lhe dava. Mas, ao chegar a casa, já não tinha vintém: havia gasto todo o dinheiro em livros.

Ao receber a grande fortuna paterna despejou-se para a Europa. Fartou-se de Paris e, mal chegado em Londres, morreu de um ataque cardíaco, uma noite, depois do jantar, dentro de uma carruagem ao lado de uma mulher. Não tinha ainda vinte e cinco anos. Amigo exemplar, companheiro que a gente não esquece nunca. Foi ele que me apresentou a João do Rio, à porta da *Gazeta de Notícias*, na rua do Ouvidor.

João do Rio estava na fase mais iluminada de sua vida de escritor. Numa época em que os cronistas, em geral, eram enfadonhos e maçudos, e ele, com feitio próprio, com um estilo em que havia música e faíscas, começou na *Gazeta de Notícias* a revolução da crônica.

E começava com um sucesso de surpreender. Era o escritor da moda, que a cidade inteira festejava pelo brilho e pelo sabor da coisa nova. Contista de altas emoções, dava ele, às suas crônicas, o jeito e o imprevisto próprios das novelas.

Escritor nenhum lhe passava à frente em simpatia de leitores. Mas era também a criatura mais injuriada da cidade. Os "novos" e mesmo os "nomes feitos" tesouravam-no. Aquela popularidade imensa, feita vertiginosamente, irritava os oficiais do mesmo ofício.

João do Rio sabia dos rumores de despeito que lhe rondavam o nome e afrontosamente atacava a maledicência com descaso e epigramas.

— Pouco se me dá que eles me injuriem. Desprezo-os tanto que, quando qualquer deles publica um livro, eu elogio o livro sem o abrir.

Tinham-me avisado que, embriagado pelos aplausos do público, João do Rio era um egoísta, um *parvenu*, um cabotino, sem nenhum amor às coisas nobres da vida, amando unicamente as futilidades, os seus fraques talhados no Almeida Rebelo, as suas camisas berrantes compradas em Paris e em Londres.

Eu trazia do Maranhão o meu primeiro livro de contos. E foi com certo receio que lhe ofereci o livro.

Ele o recebeu atenciosamente.

— Vou ler e vou ler de verdade. Só escreverei quando o tiver lido inteiramente.

E com um sorriso brincalhão:

— Se não prestar, lasco a lenha.

Oito dias depois, em vez de "lenha", o seu nome assinava generosos elogios.

Ficamos amigos. Na sua camaradagem eu procurava divisar o cabotino, o *parvenu*, o vaidoso, o homem desprezível que as rodas literárias apontavam. Não encontrei nada disso. O que encontrei, durante longos anos em que convivemos, foi uma criatura atenciosa, simples, acolhedora, inteiramente apaixonada pelas belas coisas do espírito, curiosa das novidades do mundo, e pronta sempre a respeitar os valores.

Nunca lhe ouvi uma demolição.

* * *

Foi ele, João do Rio, que me apresentou a Machado de Assis.

Já fazia mais de um ano que eu estava no Rio.

O romancista de *Brás Cubas* já era figura familiar aos meus olhos. Eu o via, todos os dias, no Garnier, sentado na "cadeira sagrada" que a livraria lhe reservava, conversando com as grandes figuras das letras. Mas nunca me havia aproximado da sua figura, nunca lhe havia apertado a mão gloriosa. E essa aproximação eu desejava como se deseja uma fortuna.

Naquela tarde, à porta do Garnier, eu dava a João do Rio os parabéns pela sua crônica daquele dia, publicada na *Gazeta*, quando Machado de Assis entrou.

João do Rio foi-lhe ao encontro. Os dois conversaram cordialmente alguns minutos. Afastei-me dois ou três passos. O jovem cronista levou o mestre até a "cadeira sagrada" e voltou.

—E então?—disse-me.—Não conheces ainda Machado de Assis? Não lhe foste ainda apresentado?

—Não.

—E queres que eu te apresente?

—Tenho absoluta ansiedade.

—Então vem cá.

E levou-me até a "cadeira sagrada". O criador de Capitu ainda estava de pé, olhando uns livros sobre o balcão.

João do Rio apresentou-me com palavras exaltadas. Machado de Assis olhou-me com simpatia.

—Mas é ainda um menino—disse com um sorriso acolhedor.—É então da bela terra, da nossa Atenas?!

Eu sorria encantado, comovido, sem poder pronunciar palavra.

—Mande-me o seu livro.

E em seguida:

—Quantos anos tem?

—Vinte e um—respondi.

O grande escritor teve um choque que me pareceu de deslumbramento e exclamou:

—Vinte e um anos! Vinte e um anos! Que riqueza!

Baixou a cabeça. Ficou silencioso por segundos e depois repetiu:

—Vinte e um anos! Vinte e um anos!

Os seus olhos se fecharam. Pareceu-me que foi um véu de recordação que os fechou. Seu sorriso era doce, sua voz era longínqua:

—Vinte e um anos! Vinte e um anos!—repetiu, repetiu.

* * *

E nunca mais me saiu dos ouvidos aquela voz emocionada. Correram os anos, muitos, muitos, e conservo na lembrança as palavras saudosas do velho ilustre.

E elas me fizeram compreender o valor incomparável da juventude. Machado de Assis tinha uma comovida saudade dos tempos longínquos. E não era nada naqueles tempos, não era ilustre, não tinha obra, não tinha a veneração do seu país e do mundo.

Mas era moço. Tinha vinte e um anos.

Fonte desta edição:
CORRÊA, Viriato. "Meu encontro com Machado de Assis". *O Globo*, Rio de Janeiro, 6 ago. 1960.

DO ANEDOTÁRIO DE MACHADO DE ASSIS
Josué Montello

j.m.

JOSUÉ de Sousa **MONTELLO** (São Luís, Maranhão, 1917 — Rio de Janeiro, Rio de Janeiro, 2006): Romancista, jornalista, professor, cronista, ensaísta, historiador, teatrólogo e memorialista. Colaborou em periódicos como *Careta*, *O Malho*, *Ilustração Brasileira*, *A Manhã*, *O Jornal*, *Jornal do Brasil*. Em 1937, foi nomeado Inspetor Federal do Ensino Comercial. Quarto ocupante da Cadeira número 29 da Academia Brasileira de Letras, eleito em 1954, presidiu-a de 1994 a 1995. Publicou, entre outras obras: Romance: *Labirinto de espelhos* (1952); *Antes que os pássaros acordem* (1987); *Um beiral para os bem-te-vis* (1989). Novela: *A indesejada aposentaria* (1972). Ensaios: *Estampas literárias* (1956); *O presidente Machado de Assis* (1961); *Pequeno anedotário da Academia Brasileira. Anedotário dos fundadores* (1963); *Memórias póstumas de Machado de Assis* (1997). Teatro: *Através do olho mágico* (1959). Literatura infantojuvenil: *O carrasco que era santo* (1994). Diários: *Diário da manhã* (1984); *Diário da tarde* (1988); *Diário do entardecer* (1991); *Diário da noite iluminada* (1994).

Jornal do Commercio, 23 fev. 1961

I — O SACRISTÃO DA LAMPADOSA

À falta de documentos destinados a provar em definitivo ter sido Machado de Assis coroinha ou sacristão da igreja da Lampadosa, não seria fora de propósito recompor o que há na obra de nosso escritor como sobrevivência ou influxo do tempo em que ele andou "entre santos", na atmosfera das coisas eclesiásticas.

Muitas de suas páginas estão a dizer-nos, indiscutivelmente, que Machado de Assis, no começo da vida, se impregnou dessa atmosfera, a ponto de poder literariamente recriá-la em tom evocativo.

O conto "Entre santos", das *Várias histórias*, chega a valer por um testemunho. Bem assim certos lances do *Dom Casmurro*. E o conto da "Missa do galo". E, sobretudo, algumas das mais belas crônicas machadianas, como aquela em que fala do cantochão da igreja do Carmo, para nos dizer, numa onda de saudade: "Eu fui criado com sinos, com estes pobres sinos das nossas igrejas".

A Francisco de Castro, grande amigo de Machado de Assis, não escapou o reparo dessa impregnação das coisas eclesiás-

ticas na obra do mestre. E um dia, confiado na cordialidade que os unia, perguntou-lhe se, de fato, como já lhe tinham falado, ele havia sido sacristão na igreja da Lampadosa.
— Fui, sim — replicou o romancista.
E fechando-se na sua reserva habitual:
— Mas não repita isso a ninguém.

II — O HORROR À CONTROVÉRSIA

Em 1862, quando ainda andava pelos vinte e três anos de idade, Machado de Assis deu este conselho à sua pena, numa crônica publicada em *O Futuro*, a 15 de setembro daquele ano:

> Não te envolvas em polêmicas de nenhum gênero, nem políticas, nem literárias, nem quaisquer outras; de outro modo verás que passas de honrada a desonesta, de modesta a pretensiosa, e em um abrir e fechar de olhos perdes o que tinhas e o que eu te fiz ganhar. O pugilato das ideias é muito pior que o das ruas; tu és franzina, retrai-te na luta e fecha-te no círculo dos teus deveres, quando couber a tua vez de escrever crônicas.

Do princípio ao fim da vida, o mestre não se afastou dessa linha de conduta. Atacado, jamais se defendeu. Contraditado, nunca aceitou o debate público.

Ao contrário de Machado de Assis, seu contemporâneo Carlos de Laet tinha o gosto de duelo em letra de imprensa. Contados foram os companheiros de jornalismo e literatura com os quais não se engalfinhou de público, no desforço de polêmicas renhidas. E não contente de brigar com os da terra, ainda lutou aguerridamente com Camilo Castelo Branco, de outro lado do Atlântico.

Em conversa com Machado de Assis, de quem era amigo e grande admirador, o terrível combatente confessou pilhericamente o seu propósito de atraí-lo a uma polêmica.

E Machado de Assis, preocupado:

— Não faça tal — replicou — os partidos não seriam iguais: isto para você seria uma festa, uma missa cantada na sua capela. Para mim, uma aflição.

III — O OUTRO SIQUEIRA

No major Siqueira, do *Quincas Borba*, Machado de Assis criou o tipo acabado do falador copioso, que despeja sobre o interlocutor, logo ao primeiro encontro, um temporal de palavras.

O tipo surge no capítulo XXXIV, numa cena em casa de Sofia, em Santa Teresa, quando Rubião sai em visita ao seu amigo Palha.

Assim que é apresentado a Rubião, o major começa a falar, continuamente, despejadamente. E conta o romancista:

> A alma do Rubião bracejava debaixo deste aguaceiro de palavras; mas estava num beco sem saída por um lado nem por outro. Tudo muralhas. Nenhuma porta aberta, nenhum corredor, e a chuva a cair. Se pudesse olhar para as moças veria, ao menos, que era objeto de curiosidade de todas, principalmente da filha do major, d. Tonica; mas não podia; escutava, e o major chovia a cântaros.

Esse major teria na vida real, com toda a certeza, o seu modelo, ou os seus modelos. Machado de Assis dificilmente os suportaria — e daí o vigor do tipo, entre os comparsas do *Quincas Borba*.

Mário de Alencar testemunhou uma cena altamente expressiva da alergia do mestre aos tipos da família do major Siqueira.

Estava Mário em companhia de Machado de Assis, quando se aproximou do romancista um velho conhecido deste. E logo a seguir, com despejada abundância de gestos e palavras, se pôs a louvar-lhe exaltadamente o último livro. Um primor! Uma obra inexcedível! Assombrosa!

E enquanto o outro falava, gesticulando e alteando a voz, Machado de Assis, de cara fechada, contrafeito, vexadíssimo, escutava calado os louvores, ao jeito de quem ouve desaforos. E, por fim, quando o falastrão se distanciou, não conteve ele este comentário aborrecido:

—É um sujeito derramado; faz-me mal aos nervos.

IV — O AMIGO DO MACHADINHO

Estava Machado de Assis em seu gabinete de trabalho, na Diretoria de Contabilidade do Ministério da Viação, quando o contínuo anunciou a presença de uma pessoa que desejava falar ao romancista.

— Diga-lhe que no momento estou muito ocupado e que não posso recebê-la — ordenou o romancista.

Mas já a porta do gabinete estava aberta pelo visitante, rosto aberto e risonho, modos espalhados:

— Com licença, Machadinho.

E entrando:

— Não se lembra de mim, Machadinho? Fui seu velho camarada, nos bons tempos em que você era sacristão da Lampadosa!

Machado de Assis, ar sombrio, retraiu-se ao abraço festivo que tentava envolvê-lo, enquanto o outro, sempre a tratá-lo de Machadinho, prosseguia no seu tom derramado.

Por fim, vendo-se livre do importuno, o romancista volveu à mesa de trabalho, ainda com expressão de aborrecimento e enfado. E baixando a cabeça, enquanto molhava a pena para tornar ao processo que estava informando:

— Machadinho... Machadinho... Machadinho vá ele!

V — O JOGADOR MACHADO DE ASSIS

Machado de Assis era grande amigo dos barões de Vasconcelos. Quase sempre à noite, pelas oito horas, ele e Carolina iam à casa dos amigos, ali mesmo no Cosme Velho.

Entre os passatempos da visita figurava o jogo de cartas, a que o romancista se entregava com especial entusiasmo, tendo como parceiro o barão. Este, por vezes, pilheriava com a demora de Machado na feitura dos lances. Vários minutos passava ele a olhar a carta, ensaiando a jogada, recolhendo-a, tornando a pôr a carta na mesa, hesitante.

E o barão, uma noite:

— Vamos, Machado, jogue mal — mas jogue!

E o romancista, gaguejando:

— Que culpa... tenho eu... de ter a... compreensão tão lenta?

Fonte desta edição:
MONTELLO, Josué. "Do anedotário de Machado de Assis". *Jornal do Commercio*, Rio de Janeiro, 23 fev. 1961.

Livros do autor com textos a respeito de Machado de Assis:
MONTELLO, Josué. *O conto brasileiro de Machado de Assis a Monteiro Lobato*. Rio de Janeiro: Academia Brasileira de Letras, 1958.

MONTELLO, Josué. *O presidente Machado de Assis*. São Paulo: Martins, 1961. (Contém os seguintes estudos: "A Casa de Machado de Assis", "Um pouco da filosofia das folhas velhas", "Um diário inédito de Machado de Assis", "Os dois confidentes de Machado de Assis", "O confidente Mário de Alencar", "Um amizade por correspondência", "O escritor diante de seu crítico", "Machado de Assis ou José de Alencar?", "Um diálogo epistolar sobre Machado de Assis", "Entre o conselheiro Aires e o embaixador Nabuco", "As liberdades de Graça Aranha", "A glorificação na Academia".)

MONTELLO, Josué. *Uma palavra depois de outra: notas e estudos de literatura*. Rio de Janeiro, Instituto Nacional do Livro, 1969, pp. 15--45 (Contém os seguintes estudos: "Uma trilogia da leviandade feminina"; "Um péssimo secretário"; "A galeria póstuma"; "Conversa machadiana"; "O mistério machadiano"; "À margem do mistério machadiano"; "O 'lugar-comum' do mestre"; "Machado de Assis e a nova capital"; "Machado de Assis para alemães"; "Uma fonte machadiana, Camilo e Machado de Assis"; "Carolina na berlinda"; "A virtude da humildade"; "Originalidades do Clube Beethoven"; "Retoque no retrato do mestre" e "A escola póstuma".)

MONTELLO, Josué. *Machado de Assis*. Lisboa: Verbo, 1972.

MONTELLO, Josué. *Literatura*, Rio de Janeiro, MEC-Fename/Bloch, 1980, pp. 33-4, Biblioteca Educação É Cultura.

MONTELLO, Josué. *Machado de Assis*. Lisboa: Verbo, 1983. Gigantes da Literatura Universal.

MONTELLO, Josué. *A Academia Brasileira de Letras entre o Silogeu e o Petit Trianon*. Rio de Janeiro: ABL, 1997.

MONTELLO, Josué. *Academia Brasileira de Letras: 100 anos*. São Paulo: Bei Comunicações, 1997, pp. 13-61.

MONTELLO, Josué. *Os inimigos de Machado de Assis*. Rio de Janeiro: Nova Fronteira, 1998.

MONTELLO, Josué. *Reencontro com meus mestres: poetas e prosadores*. Rio de Janeiro: Academia Brasileira de Letras, 2003, pp. 29-30, 102-4, 106, 128-30, 146, 171.

MACHADO DE ASSIS E A REFORMA AGRÁRIA
Gondin da Fonseca

g.f.

Manoel José **GONDIN DA FONSECA** (Rio de Janeiro, Rio de Janeiro, 1899 — Rio de Janeiro, Rio de Janeiro, 1977): Escritor, jornalista, historiador e biógrafo. Publicou em 1931 *Poemas da angústia alheia*, em qu traduziu Oscar Wilde, Edgar Poe, Rimbaud Verlaine. Colaborou no *Correio da Manhã*, na *Folha da Noite*, na *Folha da Manhã* e em *O Semanário*, combativo jornal do Rio de Janeiro. Participou da campanha "O petróleo é nosso". Dedicou livros a Camões, Camilo Castelo Branco e Machado de Assis. Lançado em 1960, *Machado de Assis e o hipopótamo* teve seis edições até 1974. Publicou, entre outras obras: *Bolchevismo* (1935); *Santos Dumont* (1940); *Biografia do jornalismo carioca, 1808-1908* (1941); *Histórias de João Mindinho, contos de mágicos e de fadas* (1945); *Camilo compreendido* (1954); *Que sabe você sobre petróleo?* (1955); *A miséria é nossa* (1961); *Camões e Miraguarda: uma biografia inesperada* (1961); *Eça de Queirós: sua vida e sua obra vistas sob novo aspecto* (1970).

Gazeta de Notícias, 23 jun. 1963

Quando afirmo que ou vem a reforma agrária ou vem a revolução, não faço frases: reconheço um fato histórico. Sempre que...
— Já sei o que você vai dizer: sempre que se verifica uma crise econômica, a revolução é inevitável. Certo.

Errado, seu Milton Campos. Não seja burro. Quando, em determinado país, o povo se vê oprimido, asfixiado, os elementos mais sensíveis da "intelligentsia" desse país sintonizam-se com ele e criam uma ideologia que se desenvolve e retorna, claramente formulada, ao berço de onde proveio — que é o povo. Depois que certo corpo de ideias se infiltra nas massas e se apodera de suas mentes, torna-se não apenas perigoso mas impossível deter-lhes o dinamismo. E quando um governo se opõe a tal dinamismo, ou pela inércia ou pela força — a procissão está na rua.

O fator econômico gera o mal-estar público mas não deflagra a revolução: o que a deflagra é a politização das massas. A revolução inglesa, de Cromwell, coincidiu com um período de relativa prosperidade da Inglaterra. As finanças francesas não iam tão mal assim quando estourou em Paris a grande revolução burguesa de 1789. Um século depois, em 1889, a situação econômica e financeira do Brasil era esplêndida quando Deodoro e Benjamim Constant proclamaram a República. Diz-se que o Império caiu por causa da abolição da escravatura. Não foi bem assim: caiu porque a abolição veio muito tarde. Deveria tê-la proclamado antes, conforme o queria José Bonifácio. Em 1889 nada mais segurava o Império — porque ele se atrasara, opondo-se, pela inércia, ao dinamismo das ideias vigorantes no tempo. Não enxergara o surto econômico de São Paulo e as urgências da expansão capitalista.

Três presidentes do Brasil, nos últimos nove anos, tentaram destruir a Petrobras: Café Filho, Juscelino e Jânio. Puderam fazê-lo? Não. Por quê? Porque se criara entre nós uma ideologia nacionalista — e um dos postulados dessa ideologia é o monopólio das fontes de energia pelo Estado. Claro que um governo de gorilas pode solapar a Petrobras. Mas, no fim, cai que o leva o diabo!

Creio que o primeiro estadista, no Brasil, a perceber a necessidade de reforma agrária foi José Bonifácio. Naquele tempo combateram-no com extrema violência, mas o velho era carne de pescoço: aguentou o rojão sem desfalecer, sem entregar os pontos. Firme. Na estacada.

Já, porém, em 1889 a necessidade de reforma agrária era sentida pelos setores intelectuais de maior clarividência. E em 1908, Machado de Assis assinala-a no *Memorial de Aires*.

Curioso, o velho Machado. Não foi apenas a figura máxima das nossas letras; viu tudo no seu tempo. Vocês conhecem o *Memorial*: dois velhos, Aguiar e d. Carmo, têm um filho postiço — Tristão — que se apaixona por uma viúva — Fidélia. Essa viúva, por morte do pai, barão de Santa-Pia, herda uma fazenda no Estado do Rio. Com a abolição (o romance transcorre em 1888-1889) os escravos libertos começam a deixar o trabalho. Fidélia casa-se com o moço enamorado e decide vender o seu domínio. Chovem os compradores, mas Tristão sugere-lhe uma ideia que imediatamente é posta em prática: "uma vez que os libertos conservam a enxada, que impedia que ela pegasse da fazenda e a desse aos seus cativos antigos? Eles que a trabalhem para si". Ótimo! Passou, assim, para a posse integral dos pretos, a fazenda de Santa-Pia. E eles ali permaneceram, vinculados à terra.

Observem a argúcia de Machado: o que fixa o homem ao solo é o direito que exerce sobre ele. Os libertos abandonavam a fazenda, embora gostassem de Fidélia, porque não queriam sujeitar-se a uma total exploração econômica. Donos da terra, grudaram-se a ela.

— Por que motivo a Academia Brasileira de Letras não segue a lição de Machado, seu glorioso patrono, e se manifesta pela reforma agrária?

Porque a Academia Brasileira de Letras é uma estrebaria, leitor. Uma récua de jumentos não é mais inteligente do que um jumento só. Dentro daquela estrebaria não há cinco palafreneiros, cinco escritores de real valor. E nunca houve. Machado de Assis foi caso único.

Fonte desta edição:
FONSECA, Gondin da. "Machado de Assis e a reforma agrária".
Gazeta de Notícias, 23 jun. 1963.

Outros textos do autor a respeito de Machado de Assis:
FONSECA, Gondin da. *Biografia do jornalismo carioca (1808-1908)*.
  Rio de Janeiro, Livraria Quaresma, 1941, pp. 201-3.
FONSECA, Gondin da. "Machado de Assis e Nova Friburgo".
  Revista da Sociedade dos Amigos de Machado de Assis,
  Rio de Janeiro, n. 3, pp. 42-4, 29 set. 1959.
FONSECA, Gondin da. *Machado de Assis e o hipopótamo: biografia
  e análise*. São Paulo: Fulgor, 1960. Coleção J. B. Magalhães.
FONSECA, Gondin da. *Machado de Assis e o hipopótamo: uma revolução
  biográfica (o livro de maior tiragem sobre Machado de Assis)*.
  São Paulo: Editora Fulgor, 1961.
FONSECA, Gondin da. *Machado de Assis e o hipopótamo:
  uma biografia honesta e definitiva, a palavra final sobre
  Machado de Assis*. Rio de Janeiro: Edições de Ouro, 1968.
  Coleção Brasileira de Ouro, 924.
FONSECA, Gondin da. *Grandes vultos do Brasil*. São Paulo,
  Jácomo, 1973, vol. II, pp. 7-41.

UM PALHAÇO DE GÊNIO
Ariano Suassuna

a.s.

ARIANO Vilar **SUASSUNA** (Nossa Senhora das Neves, hoje João Pessoa, Paraíba, 1927 — Recife, Pernambuco, 2014): Dramaturgo, romancista, ensaísta, poeta e professor. Formou-se em Direito no Recife em 1950. Com Hermilo Borba Filho, fundo o Teatro do Estudante de Pernambuco e o Teatro Popular do Nordeste. O *Auto da Compadecida* (1955) o projetou em todo o país. Professor de Estética na Universidade Federal de Pernambuco, defendeu a tese de livre-docência *A Onça Castanha e a Ilha Brasil: Uma reflexão sobre a cultura brasileira*. Criou o "Movimento Armorial", voltado para o conhecimento das formas d expressão populares tradicionais. Ocupou Cadeira número 32 da Academia Brasileira de Letras, eleito em 1989. Obras, entre outras: Teatro: *Uma mulher vestida de sol* (1947); *Os homens de barro* (1949); *O castig da soberba* (1953); *O rico avarento* (1954); *O santo e a porca* (1957). Ficção: *Romance d'a Pedra do Reino e o príncipe do sangue do vai-e-volta* (1971); *História d'O Rei degolado nas caatingas do sertão/Ao sol d Onça Caetana* (1977).

Jornal do Commercio, 11 ago. 1963

   Um dos processos de que Machado de Assis lança mão para nos impor seu mundo é o de só descobrir seu jogo verdadeiro depois de nos ter, durante uma porção de tempo, anestesiado a sensibilidade. Essa anestesia, ele a consegue por um "alheamento" em que se põe para olhar o mundo e que vem se refletir na linguagem através da qual ergue o seu.
   Aqui caberia, talvez, examinar se é a natureza do mundo particular de um escritor que determina sua linguagem ou, pelo contrário, é esta que dá origem àquele. Os pensadores ligados à corrente da tradição mediterrânea inclinam-se mais pela primeira hipótese, os "nórdicos" pela segunda, sendo que, destes, os mais extremados levam o problema até para o mundo e para o conhecimento.
   Deixando de lado esta última posição, porém, o fato é que, no caso do escritor, é ele alguém que levanta e transfigura o mundo de seus monstros já em termos de linguagem. Assim, de certa forma, pelo menos quanto à literatura, a questão é meio ociosa. Mas como gosto de tomar partido em tudo, direi que não posso entender de outra forma: a invenção do mundo da obra, a visão dos "monstros" e do acontecimento precedem a linguagem;

é verdade que a trazem em potência, em germe, mas sua verdadeira forma, sua face definitiva só é assumida em verdadeiros contornos, depois. Isto sem negar o fato de que a linguagem, no decorrer da obra, pode indicar novas faces do mundo, faces até então desconhecidas do criador, porque o mundo da obra e a linguagem se interpenetram na criação, de tal modo formam uma unidade indissolúvel.

Por isso, creio que o "alheamento" cômico é algo que acontece primeiro na *visão*, na invenção, e depois na linguagem, que será encarregada de transmitir alheamento igual ao leitor.

Em quase toda a obra de Machado de Assis pode-se ver uma espécie de indiferença que ele afeta pelos personagens e acontecimentos. Uma espécie de "degradação" contínua manifesta-se progressivamente no grau de simpatia que autor e leitor pudessem sentir por eles: toda vez que a compaixão está a ponto de ser despertada, um piparote, uma cambalhota de saltimbanco desvia-se ou disfarça-a, a fim de que, pelo riso, nós nos convençamos de que é inútil imiscuir-nos naquele assunto sem importância, que de maneira [alguma] o merece.

Se Machado de Assis não começou por essa atitude — e se atenuou-a no final com o *Memorial de Aires*—, é ela, sem dúvida, a dominante da terrível trilogia que constitui a grande obra de sua vida. Digo *trilogia* porque foi sempre assim que considerei o *Dom Casmurro*, o *Quincas Borba* e as *Memórias póstumas de Brás Cubas*.

Há frases terríveis, nela. Esta, por exemplo: "O derradeiro suor de uma alma obscura prestes a cair no abismo". Toda vez que ela me vem à memória — como aconteceu agora — é, não um retrato de personagem de Machado de Assis que evoco, mas o próprio retrato do mundo de Machado de Assis, cuja obra é exatamente isso: o derradeiro suor de uma alma que roçava eternamente o desespero, a demência e o caos.

O resultado disso é que seu mundo é tão deserto e pavoroso que só tem um sinal de saúde: a sensualidade. Alegria, é impossível encontrá-la. Mesmo o saltimbanco de gênio que dirige o espetáculo e que parece alegre não o é. Sua alegria é tanto mais falsa e perigosa quanto nos deixa no final, propositadamente, um sentimento de opressão e desgosto, de amargura mesmo. É uma alegria venenosa: vamos rindo, rindo, e essa acumulação estranha de sorrisos dá-nos, finalmente, vontade de chorar. Vontade só: não nos atrevemos a essa emoção, porque o pior dos venenos de Machado de Assis é insinuar que o choro e a compaixão, além de inúteis, são ridículos. Pressentimos a careta do velho duende, do velho sátiro; ameaça-nos sua "persona cômica", a máscara escarninha, feroz e desapiedada desse velho terrível e demente, a espreitar-nos, para nos surpreender em nossa compaixão e ridicularizar-nos também. Há um conto seu em que um morto, tido por todo mundo como um exemplo de bondade, fica na sala com um esgar de fisionomia e um olho vigilante de quem zombava de todos: tinha deixado uma espécie de testamento em que ridicularizava seus melhores amigos. Esse morto, hoje, é ele. E o testamento é sua obra genial que nós amamos, mas que zomba de nós e nos instila o desespero.

Fonte desta edição:
SUASSUNA, Ariano. "Um palhaço de gênio". *Jornal do Commercio*, Recife, 11 ago. 1963.

Outro texto do autor a respeito de Machado de Assis:
SUASSUNA, Ariano. *História d'O Rei Degolado nas caatingas do sertão: romance armorial e novela romançal brasileira; Ao sol da Onça Caetana*. Rio de Janeiro: José Olympio, 1977, pp. 66-7.

UMA CERTA CAPITU
Octavio de Faria

o.f.

OCTAVIO DE FARIA (Rio de Janeiro, Rio de Janeiro, 1908 — Rio de Janeiro, Rio de Janeiro, 1980): Romancista, crítico, ensaísta e tradutor. Cursou a Escola Nacional de Direito. Colaborou em *A Ordem*, órgão do Centro Dom Vital, e fez crítica literária e de cinema em *Literatura*. Escreveu para diversos periódicos: *Boletim de Ariel, Leitura, Correio da Manhã, Jornal do Commercio*. Seu romance *Mundos mortos*, de 1937, é o primeiro da obra cíclica *Tragédia burguesa*. Fez traduções de Jacob Wassermann, Thomas Hardy, Joseph Kessel. Foi diretor da Escola de Filosofia e Letras da Universidade do Distrito Federal. Quinto ocupante da Cadeira número 27 da Academia Brasileira de Letras, eleito em 1972. Obras: Ensaios: *Maquiavel e o Brasil* (1931); *Destino do socialismo* (1933); *Dois poetas: Augusto Frederico Schmidt e Vinicius de Moraes* (1935). Ficção: *Tragédia burguesa*, 13 vols., entre os quais: *Os caminhos da vida* (1939); *O lodo das ruas* (1942); *O anjo de pedra* (1944); *A sombra de Deus* (1966); *O indigno* (1976); *O pássaro oculto* (1977).

Jornal do Commercio, 22 set. 1968

Tenho plena certeza de que Machado de Assis, se vivo fosse, teria gostado da *Capitu* que, do seu *Dom Casmurro*, tiraram Lygia Fagundes Telles, Paulo Emílio Sales Gomes e, sobretudo, Paulo César Saraceni, corroteirista e diretor, responsável essencial pelo filme. Machado de Assis, felizmente, por mais irônico que fosse, não sendo sofisticado — nem, sobretudo, um "político" —, jamais teria sido um fanático de Godard nem das intermináveis chateações godardianas... Racional, humano, simpático, Machado de Assis teria compreendido o imenso esforço que Paulo César Saraceni empreendeu e, mesmo que não ficasse inteiramente satisfeito — era um exigente, sempre foi um exigente, mesmo que hoje, à rememória, tivesse de ser um pouco indulgente com as suas às vezes um pouco minguadas fabulações —, teria de se render à honestidade, à dignidade com que Paulo César Saraceni e os que com ele colaboraram deram vida e imagens ao seu *Dom Casmurro*.

Não peço muito em favor de *Capitu*. E sei que, certamente, Machado de Assis, que detestava os pernósticos — e, certamente, detestaria os pernósticos da nossa crítica cinematográfica atual—, daria mais, muito mais ainda do que estou pedindo. Compreensão? Não é tão fácil assim. (Tanta tolice se ouve!—e, mesmo, dos mais altamente categorizados!...) Indulgência? Disso, creio não haver necessidade. Apenas, um pouquinho de atenção para os propósitos visados, para os objetivos em mira...

Ninguém procurou, é evidente, reeditar *Il Gattopardo*... No entanto, as críticas que se fazem ao filme (e não só ao episódio puramente "psicológico" do baile dos braços nus—que, na verdade, em *Dom Casmurro* pouca importância tem em si—v. cap. LV...) partem todas dessa premissa de que os filmes deveriam se assemelhar e que um não presta (o nacional) porque o outro é grande (o estrangeiro). Tolice imensa, penso eu, pois, em primeiro lugar, uma coisa não tem nada a ver com a outra e, em segundo lugar, nem o filme nacional é fraco nem o estrangeiro é tão extraordinário assim quanto imaginam os nossos irredutíveis xenófilos.

Na verdade, *Capitu*, em si, nada pretende além de ser, na base de uma reconstrução histórica honesta, um estudo psicológico. E o consegue ser de modo bem notável. Nele encontramos o velho e eterno problema do ciúme humano: o inesgotável plasma do otelismo multiforme. E é sob esse ângulo crítico que deve e tem de ser encarado o filme. Certo ou errado—nada mais. Por que, porém, querer saber se conseguiu ser uma superprodução, se foram gastos tantos ou quantos milhões, se exigiu dez ou cem ou mil ou cem mil figurantes? Ainda estaremos em tempo de Cecil B. DeMille? Ou a genialidade cinematográfica de Visconti se mede mais pelo "exagero" de extras-dançantes de *Il Gattopardo* do que pela riqueza de vivência de *Senso*? Cinema é "gasto" ou é "arte"?

Certo, não desconheço que há, em *Capitu*, defeitos, esse ou aquele ponto fraco. Poderia deixar de haver? Mas, por que esse partido tomado, em tantos, de só verem no filme o que é falha, e de esquecerem o resto, o que é acerto, muito acerto mesmo, e acerto repetido em sequências e sequências? Num momento em que, em nosso cinema, há tanta "bagunça", uma quase volta à chanchada, à facilidade, ao ridículo do dramalhão estereotipado, um esforço honesto, limpo, decente, genuinamente cinematográfico, como *Capitu*, deveria ser elogiado por todos, compreendido, medido, colocado nas suas justas e legítimas proporções. Que se criticasse à vontade, concordo, mas, com medida, compreensão. Mesmo aqueles para os quais (tomo um exemplo) Isabela não corresponde ao tipo físico que, a seus olhos, é o da Capitu de Machado, mesmo esses, por que não têm sinceridade de confessar que essa mesma Isabela — acaso, de início, distante do "tipo físico" de Capitu — vai pouco a pouco ganhando, ao longo do filme, graças à sua esplêndida interpretação, os foros de uma grande atriz, para terminar em pleno sucesso, em plena participação do "papel" de Capitu?

Sejamos honestos: *Capitu* pode não ser o filme ideal que um gênio cinematográfico tiraria de *Dom Casmurro*. (Existiria algum?...) De qualquer modo, nada de essencial pode ser alegado contra o filme que Paulo César Saraceni nos deu — filme de uma dignidade, de uma qualidade absoluta, indiscutível, filme que é uma honra para nossa cultura e um ponto alto para o nosso cinema.

Fonte desta edição:
FARIA, Octavio de. "Uma certa Capitu". *Jornal do Commercio*. Rio de Janeiro, 22 set. 1968.

Outros textos do autor a respeito de Machado de Assis:
FARIA, Octavio de. Depoimento em: CONDÉ, José. "Os escritores de hoje falam sobre Machado de Assis". *O Jornal*, Rio de Janeiro, 11, 18 e 25 jun. 1939. Cf. a seção "Enquetes e depoimentos" neste volume.
FARIA, Octavio de. "Romancistas e romancistas". *Última Hora*, Rio de Janeiro, 4 dez. 1974.
FARIA, Octavio de. "Machado de Assis e a psiquiatria". *Última Hora*, Rio de Janeiro, 11 dez. 1974.
FARIA, Octavio de. Resposta em: WYLER, Vivian. "À procura do brasileiro típico na ficção nacional". *Jornal do Brasil*, Rio de Janeiro, 13 out. 1979. Citaram Machado de Assis Autran Dourado, Cyro dos Anjos, Josué Montello, Nelson Rodrigues e Octavio de Faria.

A VIDA EM EFÍGIE
(CAOS, CASO E ACASO)
Décio Pignatari

d.p.

DÉCIO PIGNATARI (Jundiaí, São Paulo,
1927—São Paulo, São Paulo, 2012): Poeta,
ensaísta, tradutor, contista, romancista,
dramaturgo, publicitário e professor. Em
1952, com os irmãos Haroldo e Augusto
de Campos, formou o grupo Noigandres
e editou a revista-livro homônima. Em
1965, lançaram *Teoria da poesia concreta*;
traduziram Pound e Mallarmé. Formou-se
em Direito pela USP em 1953. Pesquisador
semiótica, foi professor da Escola Superior
de Desenho Industrial no Rio de Janeiro,
da UnB e da PUC-SP. Foi cronista de futebol
da *Folha de S.Paulo* e fundou o Marda,
Movimento de Arregimentação Radical em
Defesa da Arte. Obras, entre outras: Poesia
O carrossel (1950); *Exercício findo* (1968);
Poesia pois é poesia (1977). Contos: *O rosto
da memória* (1986). Romance: *Panteros*
(1992). Literatura infantil: *Bili com limão
verde na mão* (2009). Ensaios e crônicas:
Podbre Brasil! (1988); *Terceiro tempo* (2014).
Estudos teóricos: *Semiótica e literatura*
(1974); *Letras, artes, mídia* (1995).

1971

A revolução industrial é a grande revolução, em milênios — e não apenas a linguagem lhe sofre o impacto... A linguagem se volta contra e sobre si mesma: tem início a era da metalinguagem. Dos campos extra-artísticos, dos meios e técnicas de comunicação e reprodução (código Morse e telégrafo, para a literatura; fotografia para a pintura) vêm os novos instrumentos de desnudamento da natureza formal da linguagem. No campo do sistema verbal, Edgar Poe foi o primeiro a perceber o fenômeno e a tirar dele as primeiras consequências de importância: o código Morse é de 1834; *The Gold Bug* [O escaravelho de ouro], de 1842; "The Raven" [O corvo], de 1845. A linguagem assim detectada em sua natureza de código define o campo operacional da atividade poética, que passa a ser, inevitavelmente, campo experimental, até que, finalmente, o discurso comece a esfacelar-se com o "Lance de dados", de Mallarmé, e Valéry diga com todas as letras: poesia é linguagem. Pelo *approach* código-estatístico da linguagem pode-se perceber a sua estrutura probabilística — e aqui começa a denúncia da lógica discursiva (denúncia, de resto, latente em toda poesia:

enclave analógico dentro da lógica verbal). E porque o sistema verbal, a base linguística, funciona como verdadeira ideologia em relação aos signos não verbais, estes também começam a acusar fissuras. Os signos já não pousam mais sobre as coisas, ao contrário: descolam-se delas. No conto "The Oval Portrait" [O retrato oval], de Poe (1842), caracteriza-se a ruptura arte/vida dos tempos modernos. Um exemplo recente, entre tantos: *Vivre sa vie* [Viver a vida], de Godard, onde um personagem lê um fragmento do referido raconto de Poe. A fenomenologia da composição vai caracterizar muitas das obras mais importantes de nosso tempo — e muitos (especialmente nas culturas marcadamente literárias) não conseguirão sair desse novo cárcere-labirinto, em busca do *eidos*... E que outra coisa é o "Áporo", de Drummond, cerne de toda a sua obra? E que mais faz, ainda hoje, João Cabral de Melo Neto? Na medida em que os artistas, em todos os campos, se radicalizam na destruição-produção da linguagem, vão sendo tidos por "frios" e "cerebrais" — etiqueta que Croce e outros pespegaram a Pirandello. São esses artistas, no entanto, que permitem uma nova visão do homem, como Einstein e Heisenberg permitiram uma nova visão do mundo físico. Edgar Poe anteviu, inclusive, o deslocamento do indivíduo em relação ao corpo social: "The Man in the Crowd" [O homem na multidão]. Destribalização que Marshall McLuhan atribui ao código alfabético e à imprensa, e que tenderá a ser neutralizada pela televisão.

À cisão da matéria verbal, a matéria psíquica também se torna físsil. Na passagem da fissão à ficção, instauram-se o caos e o acaso, do qual o resultado mais palpável é a *split personality*. Vemos então multiplicarem-se as máscaras, as *personæ*, os heterônimos, os pseudônimos. Instala-se o tema da loucura útil, de Elbehnon, da loucura crítica, da loucura-em-busca-de-novo-sistema. Brás Cubas, Quincas Borba, Casmurro, Aires não são senão máscaras heteronímicas de Machado: o galante, o filósofo, o traído, o velho-velhice. Em Pirandello: Mattia Pascal, e toda a sua tumultuada galeria de dissidentes. Em Pessoa, os heterônimos: "drama em gente". Em Pound: as *personæ*. Em Oswald de Andrade, João Miramar, Serafim Ponte Grande, Abelardo. Instala-se o tema da devoração e da autodevoração (Pirandello, Machado, Oswald). Instala-se o tema do adultério entendido como traição-subtração à personalidade-propriedade do marido, fenômeno pequeno-burguês.

Em Aristóteles, se um membro de um par de sentenças contraditórias é verdadeiro e o outro falso, tudo ocorre por necessidade e não por acaso, embora os lógicos ainda se perguntem se Aristóteles falava de relação entre uma coisa e uma palavra, entre duas coisas ou entre duas palavras. De qualquer forma, o meio-termo, o meio, o acaso, o ETC. parecem ficar excluídos. Dentro desse sistema, o conduto predicativo força como que um mesmo grau de certeza tanto na afirmação de algo verificável como na afirmação de algo apenas provável (*Fulano é alto/Fulano é safado*), de modo a confundir os "graus de abstração", como diria o conde Korzybski, fundador da Semântica Geral. Com a dialética hegeliana-marxista, abre-se a "terceira frente". Machado de Assis, esse teatrólogo frustrado, não é senão a crise da lógica clássica inerente ao sistema verbal. Em aula que ministrei sobre o surpreendente mulato, em 1965, na Universidade de Brasília, a convite do professor Nelson Rossi, titular da cadeira de Língua e Literatura de Língua Portuguesa, do Curso de Jornalismo (Faculdade de Comunicação Coletiva), tive a oportunidade de mostrar aos alunos esse aspecto fundamental da obra machadiana. Digo mostrar porque apenas o destaquei pelo método estatístico elementar. Num levantamento perfunctório — e só no *Brás Cubas* — alinhei mais de trinta expressões que tornam manifesta a "terceira posição". Exemplos colhidos ao acaso: *Decida o leitor entre o militar e o cônego; eu volto ao emplasto/Eu deixo-me estar entre o poeta e o sábio/se não era bonita, também não era feia/se era uma criança com fumos de homem, se um homem com ares de menino/nem dócil nem rebelde à proposta/espécie de garganta entre o passado e o presente/vacilava entre um querer e um não querer/foi um certo Jacó Medeiros Valadares, não me recorda bem o nome. Talvez fosse Jacó Rodrigues/Não me tratou mal nem bem/não era dor nem prazer/duas forças, porém, além de uma terceira/não é ainda a invalidez, mas já não é a frescura etc.* Machado de

Assis nunca diria: "Fulano de Tal era mulato" — e sim: "Não era branco nem preto". E é neste lusco-fusco que a dialética vira "oportunismo brasileiro", talvez sábia maneira conservadora da convivência tribal... Mas é desta microcélula que Machado parte para a estruturação do "grau de surpresa" de suas narrativas, cujo percurso, em *Dom Casmurro*, mais parece o dos movimentos brownianos. Veja-se que, em *A mão e a luva*, a mocinha, requestada por dois pretendentes, casa-se com um terceiro.

O *così è (si vi pare)* pirandelliano não é, basicamente, diverso. Sua preferência pelos três atos não é casual — concluindo o terceiro, antissilogisticamente, por um impasse. Na peça que leva aquele nome, o *signor* Ponza e a *signora* Frola consolam-se como duas premissas irremediavelmente contraditórias e verdadeiras: saem de cena como duas partes de um discurso que não se conclui (que não se "resolve", como se diz de um acorde musical), pois a *signora* Ponza, a Verdade em novo estilo, é entreaberto botão, entrefechada rosa: frustra-se, assim, a expectativa do público e da lógica clássica que, por aí, vira do avesso. Os humaníssimos personagens de Pirandello são bonecos-de-letras que imitam viver. Inútil falar de cerebralismo — mas é útil falar de experimentação semântica, pois através dela a crise atinge também o enredo, a fabulação, que se esgarça ou é reduzida a esqueleto. Persiste, todavia, funcionando como excipiente de um princípio ativo — como se diz de certos medicamentos. Apenas Mallarmé dispensou o excipiente: é puro princípio ativo (sua obra está ao abrigo da própria glória, como disse alguém). O excipiente permite a "obra" (quantidade) e se manifesta sob a forma de estórias ou casos que se somam às centenas em Pirandello e Machado. Outros meios de comunicação, no entanto, ameaçam esse verbalismo, *sub specie economiae*: a publicidade, no caso de Machado (cf. *Brás Cubas* e o conto "Alparcas de Titané"), e o cinema, no caso de Pirandello. E quantas toneladas de papel se encheram para estudar os "tipos" machadianos e pirandellianos, que não existem: estrabismo da visão "realista"!

Já Paul Valéry desconfiava de que os sistemas filosóficos não são, no fundo, senão sistemas de *escrituras*. Salutar desconfiança, de que poucos, infelizmente, se têm beneficiado, e muito menos aqueles que se dedicam ao estudo ou ao desfrute das chamadas artes literárias, sem atentar para o sistema de signos que lhes fornece as possibilidades de estruturas analógico-significantes. Nas mãos destes, a poesia sempre se avilta ao valor de uma fosca ex- -mosca azul. Espera-se que agora, com a Semiótica (Peirce), a Teoria da Informação, e a Linguística estrutural (de um Jakobson) comecem eles, pelo menos, a compreender ou a desconfiar. Defendem, na verdade, um "humano" romântico, puramente emblemático, anterior à revolução industrial e condicionado pelo discurso, pela lógica aristotélica, a física newtoniana e a geometria euclidiana em *travestis* subjetivos e burgueses (daí o escândalo com a afirmação de Flaubert: *da forma nasce a ideia*). E tudo aceitam, desde que não se destruam as suas formas — os potes, frascos, escaninhos e compoteiras onde conservam, a formol, seus prezados "significados", fichados e catalogados, para que neles o mundo se ordene à revelia.

Os personagens de Pirandello são *personagens escritos*. São *gentedeletras*, sistemas de signos lógico-aristotélicos "casificados", em agoniado conflito com a nova realidade e consigo mesmos. São atores que representam papéis escritos, donde o ridículo das encenações pirandellianas realistas e expressionistas (no Brasil, todas), em que os intérpretes pretendam entrar na pele dos personagens. Entendam-se por personagens aqueles que se autorrepresentam no palco; os demais comparsas, excetuado um ou outro personagem- -coro, representam o público (concessão pirandelliana aos "tipos"). Para cada personagem de Pirandello deveria haver dois intérpretes gêmeos, cada qual assistindo *ao* e assistindo *o* outro, alterando-se nas marcações e nas falas, em qualquer parte do palco ou fora dele. Tal como naquela fotomontagem em que aparecem Pirandello-escritor ditando a Pirandello-datilógrafo. O dissídio verbal se vincula ao dissídio da personalidade. São, esses personagens, inclusive nos contos e romances, como peças de xadrez que, de repente, começam a raciocinar... contra as regras do jogo! Enjaulados dentro de uma lógica linear, utilizam as próprias grades para tentar escapar da prisão.

"A tragédia do herói — uma vez presa da engrenagem das deduções — é inexorável e rápida como um drama antigo... A lógica é o seu Destino" — diz Jacques Cabau, de *[Edgard] Poe par lui même*... Não é outra coisa o que diz Luigi Bàccolo (*Pirandello*, Milão, Fratelli-Bocca Ed., 1949, 2ª ed.), referindo-se ao homem pirandelliano: "O homem é um animal que não vive, mas se assiste viver através de u'a máquina infernal chamada lógica. E os produtos desta máquina são conceitos". Num dado momento, esta "máquina" vira coisa, extensão do homem, câmara cinematográfica, para horror de Pirandello *operatore*, dr. Frankenstein criando um franquistém que lhe ameaça o discurso, transformando-o, a ele, operador, em "una mano che gira la manovella"... (*Si gira...*, Milão, Fratelli Treves Ed., 1919 — romance depois rebatizado de *Quaderni di Serafino Gubbio operatore*). Apêndice da máquina — assim como os demais personagens pirandellianos são apêndices da *pazzia ragionante* — como se manifesta a revolta de Serafino Gubbio? Pela literatura! E põe-se a escrever contra a máquina, contra o cinema: Pirandello sentiu logo que uma nova linguagem ameaçava a sua cultura verbal: o prazer com que Gubbio faz girar um filme de trás para diante, para ver a sua carroça ultrapassar o automóvel que o ultrapassara... Paralelismo entre a empresa cinematográfica Kosmograph, nessa obra, e a empresa Arte Industrial, na *Educação sentimental*, de Flaubert. Para o pobre Gubbio, vítima de sua "aranha sobre um tripé", de seu voraz lobo mecânico-imagético, tudo no cinema parecia falso e fingido, mesmo a morte real de um tigre: "*Ma ucciderla così, in un bosco finto, in una caccia finta, per una stupida finzione, è vera nequizia, che passa la parte!*". (Um dia, porém, já "Accademico D'Italia", Pirandello regressará às pressas de New York à pátria, para apoiá-la moralmente na caça ao Leão de Judá, nos campos reais da Etiópia.) E a diva Nestoroff de explicar a Serafino que qualquer besta podia ser ator de cinema, pois "não precisava de palavras". Ainda bem que o lema de Valéry para um tigre era "SANS PHRASES". Ao comparar os sublimes retratos da diva com a própria, já decadente, postada à sua frente, o desprezo de Serafino-Pirandello pelo cinema só pode ser igualado pelo ódio que os intelectuais (literatos) votam hoje à televisão: "*E qua, la donna, caduta da quel sogno; caduta dall'arte nel cinematògrafo*".

Um exemplo claro do *distacco*, do distanciamento provocado pela ruptura, pela fissão conceito/referente: "O monte é monte porque eu digo: *Aquele é um monte*. O que significa: *Eu sou o monte*" (o personagem Simone Pau discursando a Serafino, no romance citado).

Não, o "distanciamento" não é pura criação de Brecht, que o sistematizou, transpondo-o à própria linguagem teatral; assim fazendo, suspendeu ou superou a fenomenologia teatral, que caracteriza o teatro pirandelliano ao nível verbal, embora Pirandello o tenha também levado, em certa medida, à linguagem cênica, com certeza por influência do Teatro Sintético Futurista: "O sucesso de *Seis personagens em busca de um autor*, de Pirandello (que contém, ao lado de torrentes filosóficas e psicológicas ultrapassadistas, cenas de objetos inanimados tipicamente futuristas), demonstra como o público aceita o futurismo em suas formas moderadas" (Marinetti, "Doppo il Teatro Sintético e il Teatro a Sorpresa, noi inventiamo il Teatro Antipsicológico Astratto, di Puri Elementi e il Teatro Tattile", 1922). Se não quisermos recuar mais, fiquemos com o mestre-síntese de todo-o-problema, Mallarmé, com suas "constelações" que organizam o acaso, incorporando-o, e com esse primeiro escorço-esforço do "Lance de dados", que é o drama-conto *Igitur ou La folie d'Elbehnon*, que antecede de cerca de trinta anos sua obra máxima e que tem a seguinte nota de abertura: "Este Conto é endereçado à Inteligência do Leitor que, ela mesma, põe as coisas em cena".

Sobre o problema da unidade psíquica individual, que já abordara em *Arte e Scienza* (1908), Pirandello lança um olhar aguçado, através de Serafino Gubbio: "Temos um falso conceito de unidade individual. Toda unidade está na relação dos elementos entre si, o que significa que, variando as relações, o mínimo que seja, varia necessariamente a unidade". Denunciando o "mito da unidade da personalidade", em "Ultimatum" (1917), Fernando Pessoa se emparelharia com Pirandello. Não apenas neste ponto, aliás — e à parte o fato de haver deixado notas para uma "estética não aristotélica". Compare-se o seu famoso "o que em mim sente está pensando" com esta declaração de Pirandello: "Uma das novidades que eu dei ao drama moderno consiste em converter o intelecto em paixão" (conferência pronunciada em Barcelona, em 1924). Pudera: da linha-tronco mallarmaica não podem sair subliteratos!

Os personagens de Pirandello vivem em efígie, assistem-se viver, arrazoam enquanto sofrem e sofrem porque e quando arrazoam: há uma flor-na-boca do discurso. Prisioneiros de uma forma que perdeu a capacidade de ordenar o caos para congelar a vida, *stano male* entre o Caos e o Acaso ("Caso", em italiano), como diria Bàccolo. Sentem-se mal porque não podem estar fora nem dentro, porque o mundo dos signos tende a insensibilizar as relações humanas, sendo imprescindíveis para essas mesmas relações — e fora deles é o abismo do Acaso rondando uma gaiola onde um pássaro agoniza. "Nietzsche dizia que os gregos erguiam estátuas brancas contra o abismo negro, para escondê-lo. Eu, ao contrário, ponho-as abaixo, para revelá-lo" — disse Pirandello, num de seus últimos pronunciamentos. Entre um Caos, onde não se distinguem formas e funções (nascera numa aldeia siciliana chamada "Il Caos"), e um Acaso, que permitiu a vida como pode destruí-la, Pirandello tenta diagnosticar e expor um caso fundamental de vida e ordem, o caso humano (dentro de circunstâncias históricas), *en poète*, ou seja, segundo a linguagem, num momento em que essa linguagem entra em crise, juntamente — e isomorficamente — com a crise alienante do ser. Trata-se, de fato, de uma crise de comunicação, que Pirandello tenta superar pela arte, por uma arte que tenta renovar e que vários — compreende-se bem, hoje — incriminarão de antiarte, pois surgia com razoável dose de informação em relação à arte codificada. Era uma arte que chegava a tocar no problema da estrutura da linguagem, apesar do entulho dos seus psicofilosofismos e da redundância de seus casos-enredo (que ainda podem ser examinados com interesse, dentro dos novos dados de uma literatura de massas, pois todos eles se enquadram dentro de um "sistema de expectativa"). Pirandello é um diluidor de elevado nível: "casifica" Mallarmé. E mereceu o interesse de um Joyce: "Há qualquer coisa de novo e de vital nesse escritor". Não é pouco.

Afinal, também em relação ao sistema verbal, é preciso aprender a ler aos pedaços. Constelacionalmente. Antiaristotelicamente. Como um jornal.

Fonte desta edição:
PIGNATARI, Décio. "A vida em efígie (caos, caso e acaso)". In: *Contracomunicação*. São Paulo: Perspectiva, 1971; 3ª ed. Ateliê Editorial, 2004.

Outros textos do autor a respeito de Machado de Assis:
PIGNATARI, Décio. "Suas verdades e verduras". *Jornal da Tarde*, São Paulo, 30 set. 1978.
PIGNATARI, Décio. "Contra o sotaque nacionalês", *O Globo*, Rio de Janeiro, 22 out. 1995. Entrevista concedida a Luís Antônio Michelazzo. Referência a Machado.

MACHADO DE ASSIS
E A CONSCIÊNCIA MORAL
Guilhermino César

g.c.

GUILHERMINO CÉSAR da Silva (Eugenópolis, Minas Gerais, 1908—Porto Alegre, Rio Grande do Sul, 1993): Poeta, ensaísta, crítico literário, professor universitário e historiador. Foi um dos fundadores de *Leite Criólo*, com Achilles Vivacqua e João Dornas Filho, e da Revista *Verde*, com Rosário Fusco, Ascânio Lopes. Formou-se em Direito em 1932. Colaborou em *A Tribuna*, na *Folha de Minas* e no *Diário de Minas Gerais*. Foi professor de Filosofia, Literatura Brasileira, História do Brasil e Estética: na Universidade de Minas Gerais e na Federal do Rio Grande do Sul. Editou a obra integral para teatro de Qorpo Santo. Publicou, entre outras obras: *Ladrão de cavalo* (1964); *Sistema do imperfeito e outros poemas* (1977); *Banhados* (1986); *Cantos do canto chorado* (1990). Historiografia: *O brasileiro na ficção portuguesa: o direito e o avesso de uma personagem-tipo* (1969); *Historiadores e críticos do romantismo* (1978).

Diário de Brasília, "Enfoque", 14 jan. 1973

Dias antes de morrer, escrevia Machado de Assis a Mário de Alencar, amigo íntimo: "Estou passando a noite a reler a *Oração sobre a Acrópole* e um livro de Schopenhauer".[1] Na sua solidão, o pessimista incurável refugiava-se na prosa encantada, na magia de Renan. Reforçando por essa via (a de Lúcifer?) a sua descrença congenial, consolidava Machado a resistência que oporia, no momento derradeiro, à "ameaça" de um sacerdote para a cerimônia da absolvição.[2] Ele que passara a vida a buscar o perfeito, na ânsia de superar toda rudeza, limpando-se das escórias do instinto, subia agora, pouco antes da noite, a montanha sagrada. Do alto da Acrópole, seus olhos, machucados pelas imagens terrenas, mais de perto contemplariam a suprema beleza. Mas apegado ainda às tortuosidades e enganos do mundo, no seu caminho havia uma sombra — e a mão álgida de Schopenhauer conduzi-lo-ia até o cimo do Partenon.

Mesmo na hora derradeira, quando o homem já não sabe mentir, Machado revelou a situação vivazmente conflituosa em que se debatera a sua inteligência. Queria aprender ainda alguma coisa, devassar melhor os escaninhos morais da filosofia do pessimismo, ou pretendia, apenas, rever-se, moço e galhardo (gostava de adjetivar assim os jovens) na encruzilhada, no zigue-zague das "Dores do Mundo"?

De um modo ou de outro, essa leitura da sobrenoite, realizada talvez penosamente por quem tinha os olhos enfermos, levou-o muito longe. Talvez àqueles dias em que escrevera *A mão e a luva*, romance de 1874. Ali o autor, pensando por Guiomar, já exprimira a sua sensação de desconforto diante do imutável:

> Guiomar passou da poltrona à janela, que abriu toda, para contemplar a noite — o luar que batia nas águas, o céu sereno e eterno. Eterno, sim, eterno, leitora minha, que é a mais desconsoladora lição que nos poderia dar Deus, no meio das nossas agitações, lutas, ânsias, paixões insaciáveis, dores de um dia, gozos de um instante, que se acabam e passam conosco, debaixo daquela azul eternidade, impassível e muda como a morte.[3]

Mas a consciência moral do homem, inseparável da do escritor, refuga imediatamente essa reflexão atribuída à personagem. Depressa, corrige o devaneio emprestado a Guiomar:

> Pensaria nisto Guiomar? Não, não pensou nisto um minuto sequer; ela era toda da vida e do mundo, desabrochava agora o coração, vivia em plena aurora. Que lhe importava — ou quem lhe chegara a fazer compreender esta filosofia seca e árida? Ela vivia do presente e do futuro e — tamanho era o seu futuro, quero dizer as ambições que lhe enchiam — tamanho, que bastava a ocupar-lhe o pensamento, ainda que o presente nada mais lhe dera. Do passado, nada queria saber; provavelmente havia-o esquecido.[4]

As personagens por ele criadas podiam esquecer o passado; o romancista é que não. Mesmo que fosse somente pela ânsia de viver o hoje, como a d. Fernanda do *Quincas Borba* (que o viveria para o bem), ou a bela Sofia (que o viveria para fruí-lo voluptuosamente), o romancista como uma sombra pressaga aparecia em cena para lhes recordar que havia o ontem, as agruras do já vivido para turbar a aurora sonhada.

Não tivemos, em língua portuguesa, outro ficcionista que levasse mais a fundo a sondagem na consciência moral do homem. E isso é tanto mais admirável quanto se sabe que Machado não se alimentou de crenças, mas de descrenças. Uma tentação diabólica levava o romancista a abrir janelas morais nas consciências mais fechadas, ou a descobri-las nas personagens "planas" (que nos socorra a distinção, hoje clássica, de E. M. Forster).

Se estas, debatendo-se na escuridão, dariam conta de si próprias — e o ficcionista carioca sabia pô-las dentro da noite, entre quatro paredes —, só rasgando clareiras é que tais personagens poderiam dar a exata medida de si mesmas. Personagens sem conflitos de tal ordem são uma pequena minoria na avultada população romanesca de Machado.

O tanto-faz, como o tanto-fez, nem por isso deixariam de acompanhar a consciência, como a sua vergonha íntima. Embora certo de que é assim, ou melhor, ante a convicção de que o desconexo, o desconchavo representa o único saldo positivo da atividade humana, o pensamento do escritor não despreza, refletido nas personagens, o recurso aos paliativos.

D. Fernanda, por exemplo, a citada personagem de *Dom Casmurro*,[21] tinha o seu ópio. Chamava-se — "Comissão das Alagoas", grupo encarregado de angariar fundos em socorro dos flagelados da enchente numa província do Norte. Rubião tinha-o também, sob o rótulo de "Humanitismo". E o de Palha era outro: jogava na Bolsa. Se passarmos a outro romance, teremos que Brás Cubas, o finado, tinha para isso uma invenção mirífica: o emplastro anti--hipocondríaco, que lhe bastava para reunir num só prato da balança o lucro e o amor da glória... Desta sorte, a vida de representação, como dizem os psicólogos, é sempre na ficção machadiana uma fuga à condenação eterna, por isso mesmo apetecível, cambiante, divertida. Vida como diversão? Pode ser, mas condicionada à amargura das cinzas que sucedem à carnavália. O acicate moral revela-se implacável: vem surpreender o homem em plena "alienação",

---

21. O autor comete um lapso aqui, d. Fernanda é personagem de *Quincas Borba*.

embora tudo seja nada. No final do *Quincas Borba*, por exemplo, o pessimista deixou assinalado: "Eia! chora os dois recentes mortos, se tens lágrimas. Se só tens riso, ri-te. É a mesma coisa".[5]

Mas, então, para que sonhar? Para suportar o peso do cotidiano, por um relâmpago de prazer, mais intuído que experimentado? Justamente porque no jogo moral, no espetáculo da consciência atormentada pela dúvida, o homem se define na sua essência. A matéria é sutil, pede a alegoria, pede o apólogo. Em Machado, isso não faltou. "Viver!", por exemplo, configura um dos momentos capitais da sua constante intuspecção.[6] O diálogo de Prometeu e Ahasverus, no limiar da Eternidade, possui o condicionamento trágico inerente ao ato de existir em consciência. As duas personagens místicas, tão diversas entre si, conformam afinal uma só cabeça. Uma angústia só. Nenhum dos dois quer abdicar do direito ao sofrimento. Porque no fundo do cálice há um pouco de açúcar: a vida "é".

A vida é boa? Machado de Assis respondeu afirmativamente, à hora de morrer. Quando nada, o pessimista, quero dizer, o analista das imperfeições humanas, ao findar seu trânsito na moldura familiar do Cosme Velho, poderia mesmo ter repetido, como a sua personagem, que, afinal de contas, ainda "há dias bons debaixo do sol".

Em nenhuma outra de suas páginas, como na alegoria de "Viver!", pôde Machado representar tão agudamente a profundidade do drama existencial. Antecipou-se mesmo aos filósofos modernos do existencialismo; e, como demonstrou um erudito holandês, ainda recentemente, o prof. Houwens Post, da Universidade de Utrecht, o eixo de sua obra parece ter sido, como em Albert Camus, o mito de Sísifo. Viver, ainda que a duras penas, mas viver.

A ansiedade e a esperança consequentes aparecem nítidas e trágicas na alegoria que citei. Na voz de Prometeu, ao dialogar com Ahasverus. A este, apesar de todos os seus sofrimentos de homem errante, chegada a "cláusula dos tempos", apetece renascer. O que inclina Prometeu à piedade, e então esse rebelde, da raça divina, lhe descreve o mundo novo que viria depois, o mundo a que Ahasverus poderia voltar. Mas observa: "A descrição da vida não vale a sensação da vida; tê-la-ás prodigiosa".

Sim, pois Ahasverus sonha com a ressurreição, sonha voltar a Jericó, sonha resgatar com uma coroa à cabeça o desprezo em que havia vivido. "Onde uma vida cuspiu lama, outra vida porá uma auréola." Prometeu diz-lhe, porém, que nenhum dos dois poderia mudar o destino, o que não impede que ambos continuem a aspirar ao fim das imperfeições humanas e ao surgir de outra humanidade. O fecho da alegoria resume a dúvida em que nos consumimos: Ahasverus, o último homem, no fim dos tempos, embora odiando a vida, pensa em voltar às delícias que Prometeu lhe antecipa numa terra nova. Mas uma águia, que assiste ao diálogo do Judeu Errante com Prometeu, exclama: "—Ai, ai, ai deste último homem, está morrendo e ainda sonha com a vida". E outra águia arremata: "Nem ele a odiou tanto senão porque a amava muito".

Essa alegoria dá bem a medida da profundidade da consciência moral de Machado de Assis.

NOTAS CONSTANTES NO TEXTO ORIGINAL:

1. M. de A. morreu em 29 de setembro de 1908. Pouco antes, em 6 de agosto, escrevia a Mário de Alencar um bilhete em que se lê: "Agradeço-lhe a visita e restituo-lhe o abraço que me mandou. Passei pouco melhor, mas enfim melhor. Antes da carta tinha já resolvido aqui em casa, ontem, não tomar o tribrometo. Sinto que também não esteja bom, e tenha um dos seus filhos doente; é o que sucede a quem os possui, para compensar a felicidade de os ter. Desculpe o desalinho da carta. Estou passando a noite a jogar paciências; o dia, passeio-o a reler a *Oração sobre a Acrópole*, e um livro de Schopenhauer".

2. O episódio é conhecido. M. de A. agonizava. Amigos instaram para que recebesse um sacerdote; sua resposta foi esta: "Não quero, não posso. Seria hipocrisia".

3. *A mão e a luva*, cap. IX (p. 141 do vol. I da ed. Aguilar).

4. Id., ib., p. 141.

5. Id., ib., p. 725.

6. In: *Várias histórias*, ed. Aguilar, vol. II.

Fonte desta edição:
CÉSAR, Guilhermino. "Machado de Assis e a consciência moral".
Diário de Brasília, "Enfoque", Brasília, 14 jan. 1973.

Outros textos do autor a respeito de Machado de Assis:
CÉSAR, Guilhermino. "Temas riograndenses na obra de Machado de Assis". *Diário de Notícias*, Porto Alegre, 27 abr. 1958; *O Jornal*, Rio de Janeiro, 13 maio 1958; *Diário de São Paulo*, São Paulo, 25 maio 1958; *O Poty*, Natal, 25 maio 1958.
CÉSAR, Guilhermino. "Gente do Rio Grande na obra de Machado de Assis". *O Jornal*, Rio de Janeiro, 8 jun. 1958; *O Norte*, João Pessoa, 14 jun. 1958; *Jornal de Alagoas*, Maceió, 15 jun. 1958; *Diário de São Paulo*, São Paulo, 15 jun. 1958; *Diário de Notícias*, Salvador, 15 jun. 1958; *Estado de Minas*, Belo Horizonte, 22 jun. 1958.
CÉSAR, Guilhermino. "Duas edições gaúchas de Machado de Assis". *Diário de Notícias*, Porto Alegre, 28 set. 1958.
CÉSAR, Guilhermino. "Dona Fernanda, a gaúcha do *Quincas Borba*". *O Instituto*, Coimbra, vol. CXXVII, tomo I, pp. 75-87, 1965.
CÉSAR, Guilhermino. "Entre Zola e Machado de Assis". *Caravelle. Cahiers du Monde Hispanique et Luso-Brésilien*, Toulouse, n. 15, pp. 21-29, 1970.
CÉSAR, Guilhermino. "Machado de Assis e a filantropia". *Correio do Povo*, Porto Alegre, 15 dez. 1979.

O GUARANI E *DOM CASMURRO* OU A COMPETIÇÃO ENTRE IRACEMA E CAPITU PELO TÍTULO DE MISSE BRAZYL

Glauber Rocha

g.r.

GLAUBER Pedro de Andrade **ROCHA** (Vitória da Conquista, Bahia, 1939 — Rio de Janeiro, Rio de Janeiro, 1981): Cineasta, ator, escritor, crítico e diretor de cinema. Publicou crítica de cinema no *Jornal da Bahia* e no *Diário de Notícias* e em 1959 dirigiu seu primeiro curta-metragem, *O pátio*. Liderou o movimento do Cinema Novo, encabeçado no Rio de Janeiro por Nelson Pereira dos Santos e Joaquim Pedro de Andrade, e em São Paulo por Roberto Santos. Em 1963, lançou seu livro-manifesto *Revisão crítica do cinema brasileiro*. Colaborou em jornais como *O Pasquim*, *Correio Braziliense*, *Folha de S.Paulo* e *Jornal do Brasil*. Escreveu o romance *Riverão Sussuarana* (1977) e a obra ensaística *Revolução do Cinema Novo* (1981). Filmes, entre outros: *Deus e o Diabo na terra do sol* (1964); *Terra em transe* (1967); *Cabeças cortadas* (1970). Documentários: *Di Cavalcanti Di Glauber* (1977); *Jorjamado no cinema* (1979). Curta-metragens: *Amazonas, Amazonas* (1965); *As armas e o povo* (1974).

Jornal do Brasil, 6 set. 1976

Roberto Schwarz já deve ter acabado em Paris sua tese sobre Machado de Assis, naturalmente precedido pelo destranse de José de Alencar, o criador do romance terceiro-mundista, assim como o Condoreiro Castro Alves foi a Primeira ressurreição do selvagem Cristo sertanejo.

Para Roberto, segundo alguns papos que levei com ele, Leandro Konder e José Guilherme Merquior numa tarde em Versailles, Machado destroncou o romance importado de Alencar, criando o romance brasileiro moderno. Lembro-me que o papo se fechou numa digressão que fiz com Merquior sobre o fato de o Xico Xavier materializar Flores Antiatômicas na Palma da Mão. Merquior terminara de publicar *Saudades do carnaval*. Leandro continuava sua biografia de *Georg Lukács* e Roberto, em fina crítica cinematográfica publicada nos tempos da *Revista Civilização Brasileira*, preferira o estruturalismo althusseriano de *Os fuzis* ao gramscianismo messiânico de *Deus e o Diabo*.

Antonio Candido (*Vários escritos*) deixa claro que Machado contribuiu para a matéria psicanalítica nacional, setor carioca.

A tese geral de nossa crítica literária, não conheço discordantes, é a de que o nosso romantismo não passa da reprodução da Europa. O índio alencarino ou gonçalvista não passa de um bom selvagem do Jango Jaca Russô.

Fausto Cunha, especialista de romantismo, diz que Castro Alves proclamar "Sinto em mim o borbulhar do gênio" não passa de modismo romântico mundial, não excluindo Fausto.

As cataratas de Paulo Afonso de uma França que nada conseguiu, além de Caiena.

Em 1868, José de Alencar faz a Machado uma carta de apresentação de Castro Alves, que escreveu para a estrela portuguesa Eugênia Câmara uma peça revolucionária, *Gonzaga ou a Revolução de Minas*, cujo personagem era o Arcadinconfidente Tomás Antônio Gonzaga, entre Marília e a Revolução Pombalista Mineira. Machado ficou contra o Realismo Positivista, precipitando-se num Soneto Prometeico ao Realismo Pessimista.

Comparem Machado a Pelé. Negros e mulatos, filhos do povo pobre que sobem na vida graças a extraordinários poderes mentais/físicos. Politicamente, Pelé, depois de seu triunfo futebolístico brasileiríssimo, representa os interesses da economia brasileira? O que significa Pelé pros tetranetos de Xica da Silva? Pelé seria um candidato melhor pra Arena ou pro MDB? Porque Pelé possui capacidade intelectual pra se eleger Senador, a depender do Partido que resolva sua candidatura. E Pelé poderia mesmo ser candidato à Presidência, como um *blackie* Kennedy, ao som de Milton Nascimento, Gilberto Gil, e casado com Marta Rocha.

Comparem Capitu com Regina Rosemburgo, Florinda Bolkan, Danuza ou Gabriela. Comparem Iracema com Norma Bengell e, depois de curtir os Doces Bárbaros, comparem Caetano com Che Guevara e João Goulart com Anselmo Duarte.

Machado teve carreira política medíocre. De moleque a tipógrafo, de jornalista a funcionário público, com o chá-das-cinco anglo-português, no saudosismo de d. Carolina.

Machado, como seu vendedor de polcas, investiu o prestígio literário na criação da Academia Brasileira de

Letras, constituindo uma Legislação Estética, Apanágio da Mediocridade Parnasiana!

Academia Símbolo da última Flor do Lácio Oh Inculta e Bela!

Machado serviu ao Império e à República, a liberais e conservadores, nunca sujou as mãos nas senzalas, falou contra arte regionalista, negou a felicidade, viu o Brazyl com os olhos de Bentinho.

Capitu foi morrer em Paris como Madame Bovary. Machado foi morrer na Ásia, na pele do neto Ezequiel, num retiro bíblico.

Mais pra persa que pra árabe, teve razão Machado pra se suicidar como Otelo depois de matar por ciúmes Capitu/Desdêmona, por causa de um Iago interpretado por um tal Quincas Borba (Fagundes Varela?), que nem fantasma revolucionário consegue ser.

Quincas não chega nem a homossexual. Quincas não assume o visionarismo de Policarpo Quaresma. Quincas não é de nada. E Brás Cubas, o começo do Funeral contado pelo verme, nada mais consegue além dum posto imortal, numa Academia em cuja Cadeira Patrona figura o alto nome de José de Alencar.

Machado morreu velho, bem de vida, imortal, cercado de amigos, protegido pelo neutralismo axiológico, definhado depois da morte de d. Carolina, a Capitu de sua vida.

Minuetos esponsais? Mesmos temas de *Mão e a luva*, *Pata da gazela*, *Viuvinha* ou *Moreninha*, *Iaiá Garcia* ou *Clara das Anjos*, mas o tema central, graças a Jango Saldanha, se detém na partida entre José de Alencar e Machado de Assis (o Alienista), importante fato cultural que sucedeu ao Caso Bonifácio, sucessor do Caso Mordomia, num momento em que finalmente Uri Geller desencarnou e Juscelino foi se encontrar com Zé Arigó, quase no mesmo dia em que Getúlio se matou com aquele tiro no coração.

Comparem Pelé com Gregório. Gregório com Xangô. Getúlio com Villa-Lobos e, finalmente, que Geisel é o primeiro presidente protestante, dum Brasil de tão ilustres padres como Anchieta, Arruda Câmara, frei Caneca, d. Helder e outros missionários de Cristo que lutam para salvar o homem da miséria.

O problema Machado *versus* Alencar deveria explodir antes das eleições e quem deu o sinal foi o senador Luís Viana (Arena-Bahia), recusando-se a conferir a Machado, e sim a José, o título de Patrono das Letras Brasileiras. A matéria mereceu destaque no *Jornal do Brasil* e montou imediatamente a procedente polêmica entre eu (pelo *O Pasquim*) contra Flávio Aguiar (pelo *Movimento*), sobre a Questão Machado de Assis.

Flashback: em minha primeira entrevista concedida pro "Caderno B", logo na minha chegada, disse que "o responsável pela Censura era Machado de Assis". O "Caderno B" publicou a declaração. Na entrevista pra *Movimento*, que o repórter pedira em nome do *Estado de S. Paulo*, eu desenvolvi a tese sobre Machado, tanto que, nos títulos de *Movimento* sobre a Questão Machadiana, apareceram em destaque: "Nem Marx, nem Mao, nem Stálin, nem mesmo Machado de Assis e muito menos Glauber Rocha".

Zelito telefonou pra dizer que o JB publicara importante matéria, na qual Luís Viana defendia Alencar contra Machado. E concluiu: "Sou cearense e fico com Alencar. Aliás, o negócio é produzir logo *O Guarany*, com o Governo do Ceará. Ano que vem é centenário de Alencar".

Zelito acrescentou que a única forma de recomeçar o cinema brasileiro era filmar todo o José de Alencar do ponto de vista do novo Brasil que se deseja. E cortei Zelito: "Segundo Nietzsche, vontade é poder".

Na matéria do JB, Alencar vence por pontos. Logo no título Luís Viana diz que o patrono é José e não Machado. Se fosse pra discutir a geração atual, eu diria metaforicamente que prefiro Jorge Amado a Graciliano Ramos e que, todos de acordo, Guimarães Rosa não se compara.

Políticos cearenses do MDB e da Arena apoiaram Luís Viana. Afonso Arinos, em nome das Letras Mineiras, disse que votava contra patronatos, no que faz muito bem, mesmo porque, se hoje tivesse eleição, Drummond pegava a Presidência por unanimidade.

Não escondeu, porém, Afonso Arinos que preferia Alencar, violando Joaquim Nabuco, autor de violentos artigos negando o escritor e político cearense.

Foi chamado pelo machadiano Nabuco de "fauno de terracota". Alencar o xingou de "apoio de gesso". Machado não se meteu na briga.

Alencar, em transe político: seu pai, que foi senador, esteve na Revolução Praieira pernambucana de 1848, em cuja documentação se revela caráter socialista. Alencar, glorificado pelo sucesso folhetinesco de *O Guarany*, se faz eleger deputado pelo Partido Conservador (eleitores cearenses), entra pra Corte de amigos de d. Pedro II, vai nomeado ministro da Justiça, rompe com o imperador porque se candidata e vence as eleições pra senador como mais votado.

Alencar foi monarquista. Foi ministro da Justiça nas Guerras dos Paraguayos e, contra a escravidão, proibiu vender negro em lugar público sob pregão, medida moralista. Ao contrário do que se diz, foi feminista. *Senhora* estoura em todas as camas, com dinheiro e comprando um homem, precedendo Capitu, cujo problema se reduz a vítima de ciúme de adultério.

Izabel, a morena, e Ceci, a loura — irmãs bastardas de *O Guarany* — transam com amor, morte, eternidade. Izabel morre abraçada em camas ardentes nos braços de d. Álvaro, enquanto os Aymorés destroem o Forte Colonialista de d. Antônio Mariz.

O aventureiro Loredano, que tem o Mapa das Minas de Prata de Robério Dias (Guimarães Rosa me mostrou o manuscrito original), é um padre italiano que se transforma em bandido.

Alencar não é católico nem protestante. Indianista, como Gonçalves Dias.

A *Confederação dos Tamoios*, de Gonçalves Magalhães, em que Alencar meteu o pau, era o verdadeiro "romantismo importado".

Gonçalves Magalhães nem esteve pro Romantismo como Graça Aranha pro Modernismo, porque a *Confederação dos Tamoios* é um vexame, depois de um poema como "Uraguai", de Basílio da Gama/Antonio Candido, e *Canaã*, de Graça Aranha, é tão importante para o Modernismo quanto *O Guarany* pro Romantismo.

Quando Alencar desmonta o poema de Magalhães, está liquidando a chanchada literária e desencadeando o dilúvio sobre aquela trágica colônia em guerra contra índios.

Peri arranca uma Palmeira e, com Ceci, povoa o dilúvio. Neste desejo, que é o prazer estético do Romantismo, Alencar revoluciona o Brazyl.

Lança o dilúvio sobre o Império.

Caxias foi um grande homem. Pacificador. Esteve acima dos Partidos e talvez evitasse a Guerra do Paraguay, à qual d. Pedro II se deixou levar por pressões internacionais econômicas sobre uma pobre nação.

Foi um episódio devidamente examinado por Taunay. Alencar não se meteu na guerra, não pensou na República, não lutou pela Abolição, mas escreveu e defendeu a liberdade.

Foi um liberal vitorioso e desgraçado no Partido Conservador.

Ambicionaria a República, se pudesse ser presidente. Aos 35 anos, era deputado. Seus diálogos com d. Pedro II são de homem pra homem, em nenhum repique Alencar se rebaixa diante do Grande Português. Diálogo de Guarany com a Europa. *O Guarany* fez o mesmo, ou mais, sucesso popular do que *Os miseráveis*, de Victor Hugo, numa época em que o teatro era ruim, não tinha cinema e a novela era o folhetim.

O Guarany estourou. Alencar embalou. Foi boêmio, *playboy*, dândi, político, malandro, mas carregou as taras nordestinas que nunca o fizeram aceito na Corte pela beleza física ou elegância oratória, apenas pela excepcionalidade do talento daquele exótico exemplo de raça brasileira: um cearense de gênio, capaz de inspirar uma ópera wagneriana a Carlos Gomes, de atacar a obra e de ter sua peça *O jesuíta* proibida, depois que passou à oposição a d. Pedro II.

João Caetano, patrono de nosso teatro, não se arriscou a montar a peça onde Alencar discutia a questão da Igreja no Brasil. Num tempo que bastava ver um padre regente Feijó reprimindo Cabanadas, Balaiadas, Farroupilhas, Sabinadas, e fazendo ele mesmo mais tarde, sua Inconfidência Paulista.

Alencar, no Partido Conservador, era subversivo.

Entre ele e d. Pedro II (que aceitava o Positivismo e permitiu a emigração anarquista pro Brasil) nos acontece, pela primeira vez, a *transa* entre a cultura e a política, aventura não vivida por Machado, nem entre Getúlio e Villa-Lobos, mesmo que Vargas cantarolasse e às vezes entoasse nos pampas "O canto do pajé".

Como pode um artista aceitar ser ministro da Justiça? Advogado, filho de senador cearense monarquista que termina numa revolução, Alencar aceita ser ministro da Justiça.

O advogado supera o escritor. Alencar representa. Faz sucesso nas artes, na política, se casa com uma inglesa, Ana Cochrane, filha do dr. Cochrane (talvez lorde?), vive na Tijuca um amor feliz.

Morreu tuberculoso aos 49 anos.

Escreveu-se mais sobre Machado.

Mesmo Osvaldo de Andrade fez piada com Castro Alves e Alencar.

Se a teoria tropicalista de Gilberto Freyre *transa* com o *Pau-Brasil* de Osvaldo, o maior romancista brasileiro — *pausa pra meditação* — seria José Lins que, *like* Graciliano, pertence ao Oitocento.

Quem sintetizou o Modernismo Tropicalista com o Realismo Socialista, sem excluir o Surrealismo Terceiro-Mundista, foi Jorge Amado: *romancista épico/popular/internacional está para o romance revolucionário (quem corta Joyce é Machado) como Brecht pro Teatro*.

As teses machadianas que correm sobre Jorjamado são as mesmas sobre os românticos, em particular sobre Alencar e Castro Alves.

Castro Alves pediu abertamente a abolição da escravatura e República Democrática. Seu herói foi o capitão Pedro Ivo Veloso, um dos guerrilheiros da Praieira, e não foi proibido nem preso por d. Pedro II.

Ficam excluídas as comparações entre Machado, Lima Barreto, Aluísio Azevedo e Euclides da Cunha, como a história entre concretistas e tropicalistas.

Josué Montello ficou com Machado. Austregésilo de Athayde, francamente machadiano, propôs um duplo patronato.

Enquanto isto, a Real Academia da Suécia, que deve dar o Nobel a Carpentier ou a Cortázar, não solta o Prêmio nem pra Jorjamado nem pra Drummond.

Já ganhamos a Copa, a Palma de Ouro, *Xica da Silva* tem todas as chances de levar o Oscar de melhor filme estrangeiro de 76, e foi preciso o debate Alencar/Macha-

do chegar a Brasília pra revelar a contradição da política brasileira: Alencar, um brasileiro típico candidato do MDB, é defendido por Luís Viana, que não reconhece Machado, patrono da velha bossa da Arena.
Magalhães Pinto se manifesta por Alencar.
Sarney, Brossard, Marcos Freire, Teotônio Villela, certamente alencarianos?
Machado perde as eleições. Sua literatura é água encanada.
A literatura de Alencar é o encontro do Negro com o Solimões.

Fonte desta edição:
ROCHA, Glauber. "*O Guarani* e *Dom Casmurro* ou a competição entre Iracema e Capitu pelo título de Misse Brazyl". *Jornal do Brasil*, Rio de Janeiro, 6 set. 1976, p.10.

O ROBE DE OURO
Jorge Amado

j.a.

JORGE Leal **AMADO** de Faria (Ferradas, município de Itabuna, Bahia, 1912 — Salvador, Bahia, 2001): Romancista, memorialista, jornalista. Bacharelou-se na Faculdade de Direito do Rio de Janeiro em 1935. Foi redator-chefe do jornal *Dom Casmurro* (1939) e colaborador, no exílio (1941-42), dos periódicos portenhos *La Crítica* e *Sud*. Publicou a seção "Hora da Guerra" em *O Imparcial*, de Salvador. Elegeu-se deputado federal por São Paulo e participou da Assembleia Constituinte de 1946. Viveu exilado na Argentina, no Uruguai, em Paris e em Praga. Em 1956-58 participou da direção do semanário *Para Todos...*, no Rio. Escritor profissional, viveu de direitos autorais. Quinto ocupante da Cadeira número 23 da Academia Brasileira de Letras, eleito em 1961, foi traduzido par 48 idiomas e teve vários livros adaptados para cinema, teatro, televisão e quadrinho. Obras, entre outras: *Cacau* (1933); *Suor* (1934); *Capitães da areia* (1937); *Terras do sem-fim* (1942); *Seara vermelha* (1946); *Gabriela, cravo e canela* (1958); *Tieta do agreste* (1977); *Farda, fardão, camisola de dormir* (1979); *Navegação de cabotagem* (199

Navegação de cabotagem, Rio de Janeiro, 1977

Chega-se ao fim de uma batalha que durou oitenta anos, tantos quantos os da Academia: as mulheres de agora em diante poderão se candidatar às vagas, ganhar a eleição, vestir o fardão com o peitoril de ouro. Como será o fardão das damas? Robe verde, pano de bilhar, ourama no parapeito, desenhado por Austregésilo. Apesar da ameaça do robe, apoio com alvoroço a luta pela entrada das literatas, voto a favor da proposição de Osvaldo Orico.

Essa história de exclusão das mulheres dos quadros acadêmicos foi uma das salafrarices cometidas por Machado de Assis quando fundou a chamada Ilustre Companhia, não foi a única, sujeitinho mais salafrário nosso venerado mestre do romance. Custou-lhe esforço chegar a branco e a expoente das classes dominantes, mas tendo lá chegado não abriu mão de nada a que tinha direito, culminou a carreira bem-sucedida de burocrata com a fundação da Academia: até hoje a preside, entronizado de sobrecasaca no pátio de entrada do Petit Trianon. Crítico entre amável e sarcástico da burguesia brasileira da época, da classe média alta, o mestre romancista; sustentáculo de seus privilégios e preconceitos, o cidadão Joaquim Maria Machado de Assis, marido de d. Carolina, casou com portuguesa.

Estabeleceu ele próprio a relação dos fundadores, inscreveu os vetos. Nem boêmios — Emílio de Menezes só pôde ser eleito após a morte de Machado —, nem mulheres. Na época havia uma escritora de renome estabelecido — e merecido, vale a pena ler seus romances, Júlia Lopes de Almeida, impossível passá-la para trás, se ela protestasse seria o escândalo, como fazer para não colocá-la entre os quarenta ilustres titulares? Machado, o manipulador, deu a volta por cima, encontrou como impor o machismo. Barganhou com d. Júlia: ela ficava de fora, mas em troca ficaria de dentro, acadêmico de número, o marido dela, Filinto d'Almeida, escrevinhador de pouca valia. A romancista achou, com razão, que o consorte precisava bem mais que ela dos bordados da Academia, cedeu-lhe a cadeira, a ela bastavam os romances. Com o quê Machado fechou de vez as portas do silogeu às saias femininas. Nem mulheres nem boêmios, mas teve vaga para jovem de vinte anos, quase inédito, Magalhães de Azeredo, dele se conhecia apenas páginas de louvor, aliás justo, aos livros do fundador da Instituição. Também vem de Machado a tradição das cadeiras reservadas aos candidatos das diversas categorias do poder, cadeiras cativas do Exército, da Igreja, do Judiciário, das letras médicas: a tradição dos expoentes perdura ainda hoje. Escritores, uns poucos e nem sempre os melhores. Deixa pra lá.

Certa quinta-feira, dia de sessão, na sala do chá testemunhei ácido debate entre Luís Viana Filho e Magalhães Júnior a propósito de Rui Barbosa, alvo da crítica do rebarbativo Raimundo. "A memória dos grandes homens, exemplo para a juventude, deve estar acima de qualquer restrição, branca de leite, limpa e polida de qualquer defeito, impoluta para a admiração da posteridade", arengava Luís. Viu-me parado a escutar, olhou-me com o rabo do olho, sorriu-me mas, político habilíssimo, não pediu minha opinião. O cidadão Machado de Assis, não o romancista, muito tem se beneficiado com a tese da memória pulcra dos grandes mortos.

Na votação da proposta que abriu as portas da Academia às mulheres, Hermes Lima surpreendeu-me: "Voto contra". Vendo meu espanto, explica-me: "Isso aqui não passa de um clube de homens, Jorge, no dia em que entrar mulher nem isso mais será: nossa paz se terminará, a fofoca substituirá a convivência". Um jornal faz uma enquete às vésperas da decisão, pergunta qual das nossas beletristas (!) deve ser a primeira a envergar o fardão — perdão, o robe. Em minha opinião, digo ao repórter nenhuma de nossas confrades merece mais a consagração, os pechisbeques (!) da Academia do que a poetisa — naquele tempo dizia-se poetisa, hoje poetisa é xingo — Gilka Machado, figura singular em nossa literatura. Poetou sobre o desejo da mulher, o tesão pelo homem, o amor sem peias quando as outras reservaram o coito para os confessionários das igrejas: ousou quando a ousadia significava discriminação, repulsa, abjeção. Sugeri que as prováveis candidatas assinassem manifesto propondo aos Acadêmicos o nome de Gilka Machado: mais que outra qualquer merecia ser a primeira mulher a ingressar no fatal cenáculo. A sugestão caiu no vazio das vaidades, tampouco eu acreditava fosse avante, sou ingênuo mas não tanto. As impacientes andavam pelos alfaiates, de figurino em punho, estudando o robe: ainda mais solene e triste do que o fardão.

Fonte desta edição:
AMADO, Jorge. "O robe de ouro", Rio de Janeiro, 1977. In: *Navegação de cabotagem: apontamentos para um livro de memórias que jamais escreverei.* Rio de Janeiro: Record, 1992, pp. 439-40.

Outros textos do autor a respeito de Machado de Assis:
AMADO, Jorge. Entrevista em: MATOS, Lobivar. "O Centenário de Machado de Assis". *Dom Casmurro*, Rio de Janeiro, 20 maio 1939, p. 16. Entrevista com Augusto Meyer, Lúcia Miguel Pereira, Octávio Tarquínio de Sousa, Afonso Costa, José Lins do Rego, Virgílio Correia Filho, Jorge Amado, Manuel Bandeira e Modesto de Abreu.
AMADO, Jorge. "O Machado de Assis de Peregrino Júnior". *Tribuna de Petrópolis*. Petrópolis, 9 maio 1939; *O Estado do Pará*, Belém, 29 maio 1939; *Correio do Paraná*, Curitiba, 4 ago. 1939.
AMADO, Jorge. Depoimento em: CONDÉ, José. "Os escritores de hoje falam sobre Machado de Assis". *O Jornal*, Rio de Janeiro, 11, 18 e 25 jun. 1939. Cf. a seção "Enquetes e depoimentos" neste volume.

AMADO, Jorge. Depoimento em: PAIVA, Anabela, "A partilha de Machado".
Jornal do Brasil, Rio de Janeiro, 9 jun. 1996. Reportagem sobre
o projeto de Jean-Michel Massa de dirigir a edição das obras
completas de Machado. Opiniões de Antônio Houaiss, Jorge Amado,
Miguel Reale, Sábato Magaldi, Josué Montello, Lygia Fagundes Telles,
Antonio Callado, Marcos Almir Madeira, Barbosa Lima Sobrinho,
Geraldo França de Lima.

MACHADO DE ASSIS
E O ROMANCE-ANATOMIA
Péricles Eugênio da Silva Ramos

p.e.s.r.

PÉRICLES EUGÊNIO DA SILVA RAMOS
(Lorena, São Paulo, 1919 — São Paulo,
São Paulo, 1992): Poeta, tradutor, ensaísta
crítico literário e professor. Formou-se
na Faculdade de Direito do Largo de São
Francisco em 1943. Em 1947, com Domingos
Carvalho da Silva, João Acioli, Lêdo Ivo,
fundou a *Revista Brasileira de Poesia*,
divulgadora da Geração de 45. Criou
o Clube de Poesia de São Paulo. Assinou
a coluna de crítica literária do *Correio
Paulistano*, do *Jornal de São Paulo* e da
Folha da Manhã. Traduziu Shakespeare,
Mallarmé, Góngora. Produziu antologias
como *Machado de Assis: Poesia*, da
coleção Nossos Clássicos da Agir. Lecionou
Literatura Portuguesa e Técnica Redatorial
na Faculdade de Comunicação Social
Cásper Líbero. Foi um dos criadores
do Museu da Imagem e do Som. Obras:
Lamentação floral (1946); *Sol sem tempo*
(1953); *A noite da memória* (1988);
O amador de poemas: ensaios sobre poesia
(1958); *Do Barroco ao Modernismo: estudo
de poesia brasileira* (1979).

O Estado de S. Paulo, Suplemento Cultural, 4 maio 1980

Tendo amadurecido sua produção literária quando o romantismo já entrava na fase de decadência no Brasil, Machado de Assis, que não aceitava totalmente certos caminhos estéticos abertos pelo realismo, conforme se pode ver no célebre ensaio crítico escrito sobre a obra de Eça de Queirós, encontrou no romance inglês as sugestões técnicas que melhor se coadunavam com os objetivos que tinha em mente ao escrever suas obras de ficção, sobretudo as da segunda fase, em que o romancista exibe uma ironia e um sentido de humor pouco comuns nas letras brasileiras. O presente artigo procura analisar o romance machadiano a partir da classificação proposta por Northrop Frye, a do romance--anatomia, cuja técnica não se confunde com a do romance linear, mais preocupado com a sucessão dos episódios. Nessa modalidade, o escritor brasileiro tinha um modelo excelente: Sterne.

Machado de Assis, que principiou romântico, tem sua carreira dividida entre esse romantismo inicial e uma segunda fase, a partir das *Memórias póstumas de Brás Cubas* (1881), para o romance, e dos contos reunidos em

Papéis avulsos (1882), que lhe dão em nossas letras uma posição singular, que já não era romântica e não era também realista, nem naturalista. Machado, criticamente, combateu ambas as tendências, como se pode ver na análise de *O primo Basílio*, de Eça de Queirós, em 1878, e no ensaio *A nova geração*, de 1879. Por seu turno ignoraram-no os críticos mais adstritos às ideias naturalistas, como Tito Lívio de Castro. A Machado repugnavam o registro dos aspectos grosseiros da vida, prezado pelo naturalismo, e o acúmulo de pormenores, acessórios e não principais, técnica de inventário que "só chegará à perfeição no dia em que nos disser o número exato dos fios de que se compõe um lenço de cambraia ou um esfregão de cozinha".

Já não querendo ser romântico — pois reconhecia a morte do romantismo —, nem podendo comungar os ideais e a técnica do realismo, o escritor, em vez de se ater à influência diretamente francesa, encontrou sua forma na carpintaria de certos ficcionistas europeus, máxime ingleses, tributários de uma forma não linear de romance, o romance-anatomia da classificação de Northrop Frye. Não se ignora que Rabelais, por exemplo, fora capaz de digressões, como sobre a cor branca, no meio de sua narração; e essa técnica, de interromper a narração para expor as ideias das personagens, em pequenos ensaios ou reflexões sobre coisas até insignificantes, fora adotada por Sterne (1713-1768) no seu livro *The Life and Opinions of Tristram Shandy, Gentleman*, que não passava de um retrato do próprio ficcionista, segundo a confissão deste. Claro está que há romances-anatomias mais regulares, como por exemplo o *Moby Dick* de Melville, que cuida não só da perseguição a um cachalote branco, mas também compreende uma anatomia ou estudo da baleia, que se estende por muitos capítulos do livro, interrompendo a narrativa; e discorre eventualmente sobre outros assuntos, como a cor branca, que já fora objeto da apreciação de Rabelais.

O ponto, aliás, nada tem de secreto. O próprio Machado, no prólogo das *Memórias* ou no texto do livro ("Ao leitor"), responde à pergunta de Capistrano de Abreu, sobre se a obra era um romance, asseverando que se tratava "de uma obra difusa, na qual eu, Brás Cubas, [se] adotei a forma livre de um Sterne, ou de um Xavier de Maistre"; e Garrett era também lembrado. Essa forma livre é justamente o romance-anatomia, ou, se se preferir, o romance com digressões, com zigue-zagues, como os tinham Sterne, Xavier de Maistre ou o Garrett das *Viagens na minha terra*. A influência dos humoristas ingleses sobre Machado, a partir de Fielding, já foi apontada por Eugênio Gomes em *Espelho contra espelho*.

Quanto a Sterne, em cujas pegadas seguiram Xavier de Maistre e Garrett (falava este em suas digressões, nas quais se enredava o fio das histórias e das observações), forneceu ele vários artifícios a Machado, inclusive o principalíssimo de dar a ideia de que conversava com o leitor, dirigindo-se a este, frequentemente, com o intuito — acentua Eugênio Gomes — "de advertir, burlar ou simplesmente menoscabá-lo" (como Machado faz em *Memórias*, capítulo IV). Sterne também prometia capítulos, para dar ideia de conversação com o leitor, e o mesmo fez Machado, ao prometer em *Memórias* expor a teoria das edições humanas. Se Sterne anatomizava com coisas insignificantes (suíças, narizes, calções, nós etc.), Machado também discorre sobre botas (*Memórias*, capítulo 36), a ponta do nariz (49), o travesseiro (62), as pernas (66) e miudezas semelhantes. A suma brevidade dos capítulos que, por influência de Fielding, aparece em Sterne, também surge em Machado, por exemplo, em *Memórias*, 136, capítulo este que se reporta a um outro, declarando-o inútil, numa diretriz sterniana de *humour*, ou em *Quincas Borba* capítulos 114 e 186. A intercalação de capítulos, de que há exemplo em *Memórias*, capítulo 130, procede de Sterne.

Em Machado de Assis, de *Memórias* a *Esaú e Jacó* a interferência do romancista, que se dirige ao leitor ou faz uma advertência qualquer, mostrando a sua presença e a sua capacidade de arbítrio, não deixa esquecer que se trata de um livro, de uma história. Nada mais contrário à técnica ortodoxa do realismo, para o qual o autor devia anular-se, falando por meio dos personagens, e fazendo o seu estilo uma simples forma de tornar a história transparente. A ambição de Machado não era pois documentar, mas contar, conversando, à feição de Fielding e Sterne. Daí a sua "forma livre"; especialmente visível nas *Memórias* e a técnica que conformou seus outros romances, até *Esaú e Jacó*. O *Memorial de Aires* já adotaria a forma de diário.

Se Machado não deixava esquecer sua presença, interferindo no curso da história, e se não tinha ambição documental, mas, pelo contrário, de simplesmente narrar, sua posição refugia completamente à doutrina realista, como exposta, por exemplo, por Champfleury e Duranty. Sua posição é singular em seu tempo.

Machado de Assis tem sido considerado maior contista do que romancista, pois, como adverte Lúcia Miguel Pereira, não teve no conto exemplos na língua, nem talvez nas estrangeiras. "Nos romances, mesmo nos melhores" — acrescenta a biógrafa — "as delongas, as intromissões do autor dão à narrativa um aspecto indeciso e ziguezagueante, que tem por vezes grande encanto, mas é em outras um tanto maçante". Sem contestar o mérito do contista, parece-nos que não se tem tomado o romancista na devida perspectiva, e isso por ter ele refugido, como já observamos, à técnica linear da narração. Na verdade, Machado de Assis não escreve romances puros, mas romances mesclados de "anatomia", isto é, de análise e dissecção de um tema, como as "anatomias" da tradição literária anglo-americana. Northrop Frye — dissemo-lo atrás — já apontou a existência da "anatomia" como gênero de prosa, à semelhança, por exemplo, do *Moby Dick* de Melville, que é um romance e ao mesmo tempo uma "anatomia" da baleia. Como Machado de Assis não cuida de um tema assim definido, talvez se pudesse objetar à classificação, digamos, das *Memórias póstumas de Brás Cubas* como romance-anatomia, pois caberia a indagação: "anatomia" de quê?

A trama do romance é simples: Brás Cubas, já morto, narra a sua vida, de menino a sexagenário; moço, apaixona-se por uma bela da vida airada, paixão essa que lhe "durou quinze meses e onze contos de réis"; como estava dissipando, o pai manda-o estudar em Coimbra; forma-se, é chamado quando se agrava o estado de saúde da mãe; morta esta, o pai quer que se case com a filha do conselheiro Dutra, que lhe poderia favorecer o ingresso na política; Virgília, porém, prefere depois de algum tempo um certo Lobo Neves, que parecia prometer mais e acena com transformá-la não só na baronesa que ela desejava, mas até em marquesa. Casa-se com ele, e depois se torna amante de Brás. Esse longo romance termina quando Lobo Neves aceita uma presidência de Província. Brás quase se casa com Nhã-Loló, sobrinha de um cunhado seu, mas a moça morre numa epidemia. Torna-se deputado, perde a cadeira, funda um jornal oposicionista e acaba morrendo quando pensava em inventar um emplastro que o celebrizasse.

Se tal é a trama, é bem de ver que serve ela de pretexto, para cuidar-se da "substância da vida", que parece um mal sem finalidade a Brás Cubas, que a tanto equivale a finalidade que nas coisas descobre, de "divertir o planeta Saturno". Como, no livro, se diz de um bilhete que é um "documento de análise", também os atos, sentimentos e sensações de Brás são dissecados, procurando-se encontrar seus móveis, consequências, justificativas e por vezes serventia. Também procura as razões de certos fatos ou circunstâncias. De modo geral, a filosofia de Brás é profundamente egocêntrica: "O nosso espadim" — diz ele — "é sempre maior do que a espada de Napoleão". A importância dos fatos ou pessoas, assim, é o seu vínculo com Brás: a própria Virgília existiu apenas para ser o "travesseiro do espírito" de Brás, onde ele repousava das sensações más (capítulo LXII); d. Plácida, que existia para um dia a dia sofrido, depois passa a ter a utilidade de sua vida cifrada em possibilitar amores de Brás com Virgília.

Quando Lobo Neves morre, Brás fica alegre, e expõe as razões: "Correu, ao menos durante algumas semanas, que ele ia ser ministro; e pois que o boato me encheu de muita irritação e inveja, não é impossível que a notícia da morte me deixasse alguma tranquilidade, alívio, e um ou dous minutos de prazer. Prazer é muito, mas é verdade". Quando há sangrenta revolução na Dalmácia, Brás se regozija, porque com ela o conde B.V. deixa a Legação; ora, o conde vinha cortejando Virgília, que tinha "vocação diplomática"...

Esse egoísmo, Brás proclama-o geral, no capítulo CLI: "[...] gosto dos epitáfios; eles são, entre a gente civilizada, uma expressão daquele pio e secreto egoísmo que induz o homem a arrancar à morte um farrapo ao menos da sombra que passou. Daí vem, talvez, a tristeza inconsolável dos que sabem os seus mortos na vala comum; parece-lhes que a podridão anônima os alcança a eles mesmos". Muito do que ocorre com Brás ou às pessoas que lhe interessam é objeto de especulação, como o fato de Eugênia ser coxa: "Por que bonita, se coxa? Por que coxa, se bonita?". O interesse, aliás, é que, segundo Brás Cubas, torna as coisas explicáveis, como deixa claro numa de suas máximas: "Não se compreende que um botocudo fure o beiço para enfeitá--lo com um pedaço de pau. Esta reflexão é de um joalheiro", que só entende, obviamente, o fato de as mulheres civilizadas furarem as orelhas para porem brincos. O livro está cheio de pormenores significativos: Brás dá a Quincas a nota mais suja; devolve à Polícia meia dobra que encontrou, pois alguém poderia estar passando fome; mas, quando encontra cinco contos, isso terá sido desígnio da Providência, e os guarda, para empregá-los mais tarde, como paga dos serviços de d. Plácida.

Brás Cubas, de resto, não ignora que tem o dom de dissecar as coisas, como o poleá na "Mosca azul": "Grande coisa" — diz ele — "é haver recebido do céu uma partícula da sabedoria, o dom de achar a relação das coisas, a faculdade de as comparar e o talento de concluir! Eu tive essa distinção psíquica". O livro, assim, entretece na urdidura romanesca a anatomia egoística dos atos e fatos, miúdos ou grandes, que interessam a Brás Cubas. Daí não ser justo increpar as "intromissões" do autor, porque essas intromissões são da essência da forma de ficção escolhida por Machado de Assis, em modelos algo dissolutos, difusos, como o de Sterne — a ficção-anatomia, desenvolvida por ele de modo personalíssimo, com toda a finura e *humour* de seu espírito, capaz de ironias e paradoxos.

A posição de Brás Cubas é irônica diante das pessoas e da vida, sendo Machado de Assis o mais típico representante do nosso "modo" ou "fase" irônica, se adotarmos a classificação de Northrop Frye. Na verdade, como já frisamos, não se pode falar de realismo documental a seu propósito: sua posição não é de observador imparcial nem de retratista do terra a terra, mas de transcendência, porque cuida da "substância da vida". Suas personagens estão muito acima da banalidade, por mais que nela se situem; o estilo do romancista não tem a transparência de deixar ver as coisas como são, mas enfoca-as com sua ironia ou corrosiva ou complacente: assim, participa, verrumando, das coisas, interfere nelas e as qualifica. Também não quer separar as barreiras entre arte e vida: se não sobredoura a realidade, refrange-a, sendo sua teoria schopenhaueriana por adoção, embora por adoção cautelosa: o leitor, diz ele, não busca em seu romance a identificação da arte com a vida, mas vale-se dele para escapar à vida (capítulo CXXIV). Para o realismo, o autor deveria anular-se, para que surgissem o homem e a banalidade contemporâneos; Machado de Assis não se anula, a ponto de ser difícil distinguir-se, psicologicamente, onde ele é e onde não é Brás Cubas. Isso já se dava com Tristram Shandy e Sterne. Assim, pois, devemos colocá-lo à margem dos métodos e doutrinas da ocasião, realísticos ou naturalísticos, e ainda mais de seu romantismo original.

De uns e outros ele mofa, e para isso não é preciso recorrer à sua crítica: basta ver que mistura realidades e abstrações no mesmo saco ("meti no baú o problema da vida e da morte, os hipocondríacos do poeta, as camisas, as meditações, as gravatas"; "o passado, ei-lo que me lacera e beija, ei-lo que me interroga, com um rosto cortado de saudades e bexigas...") e que olha de cima as correntes literárias: "um corcel nervoso, rijo, veloz, como o corcel das antigas baladas, que o romantismo foi buscar ao castelo medieval, para dar com ele nas ruas do nosso século. O pior é que o estafaram a tal ponto, que foi preciso deitá-lo à margem, onde o realismo o veio achar, comido de lazeira e vermes, e, por compaixão, o transportou para os seus livros". Talvez haja até uma alusão ao naturalismo no capítulo CXXIX: "Se possuísse os aparelhos próprios, incluía neste livro uma página de química, porque havia de decompor o remorso até os mais simples elementos".

Em *Quincas Borba* (1891) Machado de Assis abandona a técnica da narração na primeira pessoa e narra a história do amor de Rubião a Sofia, que é gentil para com ele, mas não lhe corresponde; pelo contrário, a partir de determinada altura até o julga maçante.

Narra também o enriquecimento e a dissipação de Rubião, as bajulações que lhe fazem de início e as vicissitudes por que passa afinal. Embora certas constantes das *Memórias póstumas* se reflitam neste novo romance, tem este muito menos de anatomia, sendo comparativamente muito menores as interferências ou reflexões do narrador, cuja presença, todavia, é um fato.

Persiste o hábito de concretizar abstratos e até animalizá-los, como em "guitarra do pecado" ou "borboletas da esperança".

A filosofia do livro mostra-se também pessimista: o Cruzeiro, como Saturno, contempla a cena humana, equivalendo-se o riso e o pranto. Há registros de sadismo, como na cena do enforcamento, a que Rubião assiste meio puxado, sem saber por quê, registros esses que se repetem alhures na obra de Machado. O romance, por intermédio da figura do filósofo Quincas Borba, liga-se às *Memórias póstumas*. Tem velocidade maior do que as *Memórias póstumas* ou *Dom Casmurro*, e isso se explica, uma vez que é menor a interferência do narrador.

Dom Casmurro (1899) volta à narração na primeira pessoa, o que possibilita a reflexão, análise de emoções, agudezas, anatomia psicológica, em suma. Aqui também o narrador se preocupa com tudo o que importa à sua história, embora esse tudo se reduza à tradução da própria essência do narrador, isto é, do modo como ele vê as coisas, centradas em seu amor a Capitu. O romance é uma obra-prima de frescor no que se refere à psicologia dos inícios da adolescência, com as reações amorosas de Bentinho, o narrador da história, e de Capitu, com sua instintiva sabedoria de como agir e prender não só Bentinho, mas também a mãe deste. O final da história, embora Bentinho tenha certeza de que foi traído por Capitu, dada a semelhança de seu filho com o amigo íntimo desde os tempos do Seminário, Escobar, mostra-se ambíguo ao leitor: ignoramos se Capitu realmente traiu o marido, ou se a semelhança resultará de simples coincidência. Em *Madeleine Férat*, como apontou Eugênio Gomes, Zola dera vazão à teoria da "impregnação fisiológica", com a qual o problema da semelhança física com outrem que não o pai tomava foros de cientificismo experimental. Capitu poderia, pois, ter sido perfeitamente fiel, não passando a semelhança de casualidade ou impregnação (até que ponto?), sendo adúltera apenas na imaginação de Bentinho. Os exageros da semelhança, aos olhos deste, não passariam de consequências de seus fortes ciúmes.

Também *Dom Casmurro* é antes um romance-anatomia (a anatomia das emoções da adolescência e em geral do que interessa à história contada por Bentinho), estreme do realismo teórico: no livro os coqueiros, pássaros e vermes falam, os móveis se entristecem, o narrador sempre está presente, interferindo na narração, falando com o leitor ou leitora, não deixando esquecer jamais que se trata de uma simples estória. A narração machadiana não visa a mostrar diafanamente a realidade, mas a ser esteticamente verossímil. Dizia Machado, em crônica de 1894: "Não quero mal às ficções, amo-as, acredito nelas, acho-as preferíveis às realidades; nem por isso deixo de filosofar sobre o destino das coisas tangíveis em comparação com as imagináveis. Grande sabedoria é imaginar um pássaro sem asas, descrevê-lo, fazê-lo ver a todos, e acabar acreditando que não há pássaros com asas". Esse ponto de vista, assinala-o Eugênio Gomes, levava Machado a realizar em suas criações o que Juan Valera tinha por necessário ao gênero: *"Es indudable que la ficción novelesca debe ser verosímil, pero la verosimilitud debe ser estética".*

Se já em *Memórias póstumas*, e depois em *Quincas Borba*, Machado concretizara abstratos, por meio de comparações ou metáforas, também em *Dom Casmurro* guarda a mesma diretiva, ao falar nos "ossos da verdade", ao assimilar a alma a uma casa, ao tomar sua imaginação como uma grande égua ibera ou ao falar em "ideias sem pernas e ideias sem braços", para citar alguns exemplos. Sua felicidade verbal, que em *Quincas Borba* nos legara o corrente "Ao vencedor, as batatas!" ou fora capaz de discernir uns "olhos amotinados", em *Dom Casmurro* atinge positivamente a celebridade com os olhos de Capitu, olhos "de ressaca" ou de "cigana oblíqua e dissimulada".

Depois desses três grandes romances, o primeiro e o terceiro tintos de anatomia, o segundo laivado apenas,

Machado de Assis — que estava consciente de sua técnica, tanto que no capítulo 72 de *Dom Casmurro* como que sugere uma anatomia reversa do ciúme ("[...] eu proporia, como ensaio, que as peças começassem pelo fim. Otelo mataria a si e a Desdêmona no primeiro ato, os três seguintes seriam dados à ação lenta e decrescente do ciúme") — publicou outros dois — *Esaú e Jacó* (1904) e *Memorial de Aires* (1908). Esses dois romances também se encadeiam por meio da personagem Aires, e deles só o segundo é narrado na primeira pessoa. *Esaú e Jacó* é a história de dois gêmeos destinados a grandezas nesta vida, segundo a previsão de uma adivinha, mas amiúde discordantes, a não ser no amor que dedicam à mãe e a Flora, que morre sem decidir-se por qualquer dos dois. *Esaú e Jacó* refere-se com certa frequência a fatos históricos e a figuras reais de nossa vida pública; a interferência do romancista é amiudada como que para não deixar o leitor esquecer-se de que se trata de uma história, mas já há muito menos análise de atos, fatos ou circunstâncias do que em *Memórias póstumas* ou *Dom Casmurro*. A técnica é semelhante à de *Quincas Borba* (embora o romance não tenha história tão absorvente como a deste), e os processos como a concretização dos abstratos ainda se fazem notar, como na trilogia anterior, embora menos intensos. Assim como há registros de sadismo em Machado de Assis, notadamente em sua poesia, também repontam visos de masoquismo no comportamento de d. Cláudia (capítulo XXX): "A folha da oposição era a primeira que d. Cláudia lia em palácio. Sentia-se vergastada também e tinha nisso uma grande volúpia, como se fosse na própria pele; almoçava melhor". Prossegue a concepção de Machado de que todas as coisas e pessoas desempenham seu papel na cena do mundo, como por necessidade: "[...] o basto e a espadilha fizeram naquela noite o seu ofício, como as mariposas e os ratos, os ventos e as ondas, o lume das estrelas e o sono dos cidadãos".

No *Memorial de Aires*, tudo parece passageiro ao anotador: "Tudo serão modas neste mundo...". O livro, constante de dois anos de anotações de um diplomata aposentado, o conselheiro Aires, narra a história de como uma jovem e bela viúva acaba casando-se pela segunda vez; mas o sentimento final que ele nos deixa não se liga a Fidélia nem a Tristão (o romance entre os dois já era previsível muito antes de insinuar-se), mas à tristeza que é a velhice com as suas frustrações. D. Carmo, aos cinquenta anos, já é considerada velha por Aires, mas isso não muda o quadro. Também o estilo se faz menos vivo de comparações e metáforas, embora se tenha a impressão de que surgem mais memórias no romance; como em *Esaú e Jacó*, onde se mostrara a proclamação da República, perpassam por ele sucessos históricos, como a abolição da escravatura. "Só se faz bem o que se faz com amor", consigna Aires, mas apesar disso a vida interfere nos desígnios humanos e os contraria, ou contraria a uns para satisfazer a outros: no caso, quem perde é o casal Aguiar, que termina sozinho, quando pensara terminar com dois filhos de eleição, em vez de um, e termina sem nenhum dos dois. É um livro de velhice, melancólico, que há de encerrar muito das sensações da própria solidão final do romancista.

Fonte desta edição:
RAMOS, Péricles Eugênio da Silva. "Machado de Assis e o romance--anatomia", *O Estado de S. Paulo*, Suplemento Cultural, 4 maio 1980.

Outros textos do autor a respeito de Machado de Assis:
RAMOS, Péricles Eugênio da Silva. *Panorama da poesia brasileira*,
   vol. III: *Parnasianismo*. Rio de Janeiro: Civilização Brasileira, 1959,
   pp. 8-9. Nota biográfica, antecedendo os poemas selecionados.
RAMOS, Péricles Eugênio da Silva. *Machado de Assis: Poesia*.
   Rio de Janeiro: Agir, 1964. Coleção Nossos Clássicos, vol. 32.
RAMOS, Péricles Eugênio da Silva. "Machado de Assis, el cuentista
   y sus *Historias sin fecha*". In: ASSIS, Machado de. *Historias sin fecha*. Lima: Centro de Estudios Brasileños, 1981, pp. 9-27.
   Tradução de Leónidas Cevallos e Carmen Sologuren.
RAMOS, Péricles Eugênio da Silva. "A poesia de Machado de Assis".
   O Estado de S. Paulo, São Paulo, 17 jun. 1989.

ARTE POBRE, TEMPO DE POBREZA, POESIA MENOS
Haroldo de Campos

h.c.

HAROLDO Eurico Browne **DE CAMPOS** (São Paulo, São Paulo, 1929 – São Paulo, São Paulo, 2003): Poeta, tradutor, ensaísta e professor. Em 1952, com o irmão Augusto e Décio Pignatari, formou o grupo Noigandres e editou a revista-livro homônima, inaugurando o movimento concretista; em 1965, lançaram *Teoria da poesia concreta*. Graduado em Ciências Jurídicas e Sociais pela USP, em 1972 defendeu a tese de doutorado *Morfologia do Macunaíma* na FFLCH-USP. No ano seguinte, assumiu a cadeira de Semiótica da Literatura na PUC-SP e recebeu o título de professor emérito em 1990. Traduziu Ezra Pound, James Joyce, fez transcriações da poesia japonesa e chinesa, de Homero, Dante, Mallarmé, Maiakovski, entre outros. Obras: Poesia: *Xadrez de estrelas* (1976); *Galáxias* (1984); *Crisantempo* (1998); *A máquina do mundo repensada* (2001). Ensaios: *Re/visão de Sousândrade*, com Augusto de Campos (1964); *A arte no horizonte do provável* (1969); *Metalinguagem & outras metas* (1992).

1.

O "procedimento menos" na literatura brasileira terá talvez uma data privilegiada para o registro histórico de sua discussão: o ano de 1897, em que Sílvio Romero, com truculenta retórica fisiológica, denunciou o estilo de "gago" de Machado de Assis:

> O estilo de Machado de Assis, sem ter grande originalidade, sem ser notado por um forte cunho pessoal, é a fotografia exata do seu espírito, de sua índole psicológica indecisa. Correto e maneiroso, não é vivaz, nem rútilo, nem grandioso, nem eloquente. É plácido e igual, uniforme e compassado. Sente-se que o autor não dispõe profusamente, espontaneamente do vocabulário e da frase. Vê-se que ele apalpa e tropeça, que sofre de uma perturbação qualquer nos órgãos da palavra. Sente-se o esforço, a luta. "Ele gagueja no estilo, na palavra escrita, como fazem outros na palavra falada", disse-me uma vez não sei que desabusado num momento de expansão, sem reparar talvez que me dava destarte uma verdadeira e admirável notação crítica. Realmente, Machado de Assis repisa, repete, torce, retorce

tanto suas ideias e palavras que as vestem, que deixa-nos a impressão dum perpétuo tartamudear. Esse vezo, esse sestro, para muito espírito subserviente tomado por uma coisa conscientemente praticada, elevado a uma manifestação de graça e humor, é apenas, repito, o resultado de uma lacuna do romancista nos órgãos da palavra.

2.

O paradigma estava estabelecido. A arte da prosa de Machado de Assis era uma arte carente, uma arte "pobre". Alguns passos antes, no mesmo estudo, as deficiências do estilo machadiano são contrastadas por Romero com uma norma artística que envolve o seu oposto: o colorido, a abundância, a variedade ("O estilo de Machado de Assis não se distingue pelo colorido, pela força imaginativa da representação sensível, pela movimentação, pela abundância, ou pela variedade do vocabulário"). Se à tartamudez se opõe a fluência da elocução, como ao pobre o rico, o antiparadigma também é prontamente oferecido por Romero: numa enumeração exemplificativa de autores dotados das qualidades que minguam no depauperado estilo machadiano, o crítico empenha-se em assinalar o período "amplo, forte, vibrante" de Alexandre Herculano, passa pelo "variegado, longo, cheio" de Latino Coelho para, depois de algumas outras escalas, culminar na evocação enfática do escrever "abundante, corrente, colorido, marchetado" de Rui Barbosa. Estilo pobre, de apalpadelas e tropeços, contra estilo rico, opulento, policromo, profuso, de cadência oratória. À crítica romeriana parece subjazer uma ideia equivocada de norma estilística que valoriza a riqueza vocabular enquanto acumulação quantitativa de efeitos. Tratei uma vez do assunto falando na "magreza" estética do estilo machadiano (estilo de lacunas e reiterações, de elipse e redundância, de baixa temperatura vocabular e alta temperatura informacional estética); na ocasião, tomei como termo de contraste o de Coelho Neto, onde a alta temperatura do palavreado, a prolixa erudição lexical em estado de dicionário, não logra obter a "qualidade diferencial" da temperatura estética que seu autor aspirava alcançar por esse dispositivo mecânico, de superfície, meramente quantitativo; outra coisa, muito diferente, é o fenômeno barroco, a ser analisado por outros parâmetros, de Vieira a Guimarães Rosa, como o fez Sarduy pelo ângulo de uma "ética do desperdício" e da "transgressão do útil", no caso hispano-americano (Lezama Lima em especial), ou ainda António J. Saraiva em termos da oposição "discurso engenhoso" vs. "bom senso" cartesiano (Vieira).

3.

Da "magreza estética", do estilo de "gago" de Machado de Assis vem, numa certa linha rastreável de evolução, a escritura telegráfica de Oswald de Andrade, marcada pela metonímia cubista. Não por acaso, o padrão normativo contra o qual a prosa de invenção oswaldiana se insurge é o estilo "ornamental", parnaso-acadêmico, cujo expoente óbvio era Coelho Neto, o "último heleno". (A marcação do percurso está feita pelo próprio Oswald, ao indigitar a consciência ingênua do "beletrismo" pré-*Miramar* de seus anos de formação, nos parágrafos iniciais do prefácio-ajuste-de-contas que abre — e ao mesmo tempo conclui, num movimento de retrospecção — o *Serafim*. "O mal foi ter eu medido o meu avanço sobre o cabresto metrificado e nacionalista de duas remotas alimárias — Bilac e Coelho Neto. O erro ter corrido na mesma pista inexistente.")

4.

Em Machado, o tartamudeio estilístico era uma forma voluntária de metalinguagem. Uma maneira dialógica (bakhtiniana) implícita de desdizer o dito no mesmo passo em que este se dizia. O "perpétuo tartamudear" da arte pobre machadiana é uma forma de dizer o outro e de dizer outra coisa abrindo lacunas entre as reiterações do mesmo, do "igual", por onde se insinua o distanciamento irônico da diferença. Há quem se contente em buscar no

Dom Casmurro um reconto de adultério ou de suspeitas de adultério, a girar em torno de Capitolina/Capitu, a de "olhos de cigana dissimulada", a de "olhos de ressaca", a de "braços mal velados pelo cendal de Camões". Dessa leitura "verídica", procede a caracterização pontual da ambígua personagem feminina, a modo esquemático de "ficha de estudo", como "uma das maiores criações do romance brasileiro e, dos tipos de galeria machadiana, talvez o de maior realidade objetiva" (é o que se lê, por exemplo, no "Prefácio" à edição do livro a cargo da Comissão Machado de Assis, INL/MEC, 1969). E houve quem levasse a indagação do referente tão a sério que se desse ao trabalho de produzir uma dissertação lítero-forense sobre a culpabilidade penal de Capitu (Aloysio de Carvalho Filho, *O processo penal de Capitu*, 1958). Quem se lembrar que *adulter* vem de *ad* + *alter*, e pode significar também "alterado", "falsificado", "miscigenado", "enxertado" (formas de estranhamento do mesmo no outro), quem sabe concordará comigo que a personagem principal de *Dom Casmurro* (e, por sinal, a maior criação machadiana para a estética de nosso romance) não é Capitolina/Capitu, mas o capítulo: esse capítulo gaguejante, antecipador e antecipado, interrompido, suspenso, remorado, tão metonimicamente ressaltado pelo velho Machado em sua lógica da parte pelo todo, do efeito pela causa, como os olhos e os braços de Capitu. A técnica inusitada da "narração impessoal" ("máquina de narrar de aço inglês", na metáfora crítica reprobatória de Barbey d'Aurevilly, reportada por H. R. Jauss) valeu a Flaubert, na observação do mesmo Jauss, suspender o julgamento sobre a questão do adultério em *Madame Bovary*, a ponto de torná-lo inimputável por sua obra no famoso processo que lhe foi movido, em nome da moral pública, por alegada obscenidade (*glorification de l'adultère*); permitiu-lhe, por outro lado, inovar no plano das expectativas éticas e comportamentais da sociedade francesa do tempo, com sua heroína submetida a impulsos desacordes, cujo discurso interior é apresentado livremente, segundo uma tática narrativa impessoalizada, destituída das marcas justiçadoras seja do discurso direto, seja do indireto vinculado, cabendo ao leitor decidir se se trata "da expressão de uma verdade" ou "duma opinião característica da personagem" (sigo, ainda, a análise de Jauss). Um discurso sem direticidade, portanto, e sem vínculos de autoria, cuja instância aberta entra em dialogia potencial com o foro íntimo de cada leitor, sem ser passado em julgado, monologicamente, pelo crivo autoral avalizável pela moral vigente. Assim Machado, por seu turno, e usando de um dispositivo singular, a matéria pobre de seu capítulo esgarçado e lacunar, altera (adultera) o referente, ambiguizando o adultério, a ponto de fazê-lo indecidível. A estrutura taliônica do modelo penal de mundo é tornada irrisória pela vertigem ilusionista que arruína a busca retificatória do vero e do certo nível do real sancionável. O capítulo gaguejado, a evasiva do tartamudeio ficcional, adultera os padrões rígidos do mundo linearizado pela moral dos códigos formais, introduzindo a outridade irredutível enquanto comportamento não legislado, lábil, a qual, como efeito desse desgarrar do referente no texto, é inaferrável e não pode ser indigitada pelo dedo moralista. Função antecipadora, no plano dos modelos éticos do mundo, de um texto pobre.

5.

Em Oswald, o estilo telegráfico, com o sem fio do seu tatibitate em mosaico elétrico e o fragmentário dos minicapítulos dispersos como peças de um caleidoscópio antológico de si mesmo, responde a um propósito também metalinguístico, desta vez decididamente paródico. Como na poesia "pau-brasil", aquela poesia "pobre", reduzida ao estado elementar da "folha de parreira" (João Ribeiro) no mundo suntuário dos paramentos decorativos tardo-parnasianos. Aqui se põe em xeque, desde logo, o vício retórico nacional ("o mal da eloquência balofa e roçagante", Paulo Prado). O pobre contra o rico. O menos contra o mais. A emblemática do poder na heráldica do discurso acadêmico é minada pelo contracanto corrosivo do texto paródico. "Minha sogra ficou avó" (*Miramar*, 75 — "Natal"). Um anticapítulo unifrásico que compendia, por abreviatura crítica, toda uma narratologia de idealização familiar burguesa (derivada, segundo Bakhtin, do velho *cronotopo* idílico-pastoral). Fórmula de *happy-end*, aqui desnudada, deslocada de sua posição terminal no entrecho e atravessada de ridículo, este capítulo-frase oswaldiano pontua as vicissitudes das relações naturais perturbadas pelas derrapagens extraconjugais e pelas oscilações de pecúnia (lembre-se, contra o voo rasante desse capítulo epigramático, o final esponsalício de *Senhora*, paradigma do romance alencariano de matrimônio & finanças: "As cortinas cerraram-se, e as auras da noite, acariciando o seio das flores, cantavam o hino misterioso do santo amor conjugal").

6.

A "metáfora lancinante", metáfora de choque, colorindo berrantemente o telegráfico estilo miramarino, pode fazer esquecer, pelo contragolpe sinestésico da visualidade imprevista, que a estrutura de base dessa prosa passa pelo "procedimento menos" da "arte pobre", pela escassez, voluntariamente "descobrida", da linhagem machadiana. Quando, em Graciliano Ramos, mais de uma década depois, em *Vidas secas* (1938), o gaguejamento machadiano, traduzido em taquigrafia de combate por Oswald, retomar literalmente a sua degradação fisiológica de afasia, de afonia, na mudez deslinguada de Fabiano e sua família de retirantes, pouca gente se dará conta de que a oposição modernismo/paulista-"cosmopolita" vs. regionalismo dos "búfalos do Nordeste" recobre uma solidariedade escritural mais profunda. Aqui, em Graciliano, o pobre do estilo "menos" é dobrado pela pobreza da matéria no nível do referente. O isomorfismo do estilo magro e das vidas secas produz um "romance desmontável" (Rubem Braga cit. por Antonio Candido), avaliado negativamente por Álvaro Lins em termos de "falta de unidade formal" ("[...] a novela, tendo sido construída em quadros, os seus capítulos, assim independentes, não se articulam formalmente com bastante firmeza e segurança. Cada um deles é uma peça autônoma, vivendo por si mesma, com um valor literário tão indiscutível, aliás, que se poderia escolher qualquer um, conforme o gosto pessoal, para as antologias"). Confronte-se com esta apreciação, que vê na descontinuidade um defeito de construção, a de Prudente de Morais Neto e Sérgio Buarque de Holanda sobre o *Miramar*: "Uma das características mais notáveis desse 'romance' do sr. Oswald de Andrade deriva possivelmente de certa feição de antologia que ele lhe imprimiu [...]. Isso não importa em dizer que o livro não tem unidade, não tem ação e não é construído. É a própria figura de J. Miramar que lhe dá unidade, ligando entre si todos os episódios. Oswald fornece as peças soltas. Só podem se combinar de certa maneira. É só juntar e pronto". Em dois novos lances, sob signos diversos de intervenção, novas aventuras do capítulo capitolino, dissimulado e tartamudeante, de Machado, o "homem subterrâneo" (como disse Augusto Meyer), o nosso "gago" desapaixonado...

7.

Em Graciliano o "estilo pobre" é o estilo de um mundo em tempo físico de pobreza. A linguagem, "o mais perigoso dos bens", do verso hoelderliniano, é anelada como forma de resgate e posta sob suspeita como forma de opressão. Assim como o inverno pode ser uma pausa de melhoria, irrigando a inclemência solar da seca (que nem por isso é conjurada e ameaça, inflexível, vulturina, com seu ciclo fatalizado, de retorno)—pausa ilusória, portanto—, também no puro jogo fônico da palavra *inferno* ("Não acreditava que um nome tão bonito servisse para designar coisa ruim") um infante afásico ("poetar, o mais inocente dos afazeres"—Hoelderlin ainda) pode entrever o céu, até que "cocorotes, puxões de orelhas e pancadas com bainha de faca" o devolvam ao mundo magro das "vidas secas" (mundo onde as "palavras esquisitas" são como estrelas desterradas) e ao seu duro princípio de realidade. O *logos* oprime: é a falta do poder do "soldado amarelo" contra a revolta desarticulada, afônica, de Fabiano: rugido gutural de bicho. Dominar o *logos* é aceder à condição de hominidade. Mas o *logos* despista. O *logos* é minado pelo ideológico. O texto pobre denuncia a retórica da falação, da mais-valia bem-falante (de novo o vício oratório nacional, agora aparado com rudez direta, quase de desforço físico):

> Fiz o livrinho, sem paisagens, sem diálogos. E sem amor. Nisso pelo menos ele deve ter alguma originalidade. Ausência de tabaréus bem-falantes, queimadas, cheias, poentes vermelhos, namoros de caboclos. A minha gente, quase muda, vive numa casa velha de fazenda; as personagens adultas, preocupadas com o estômago, não têm tempo de abraçar-se [...]. A narrativa foi composta sem ordem [...]. (G. Ramos, depoimento a José Condé, 1944)

O realismo, como efeito semiológico, parece aqui ser incindível do "procedimento menos": este, por outro lado, isomorficamente, ou o texto dele resultante, parece engendrar a figura de duplicação do real pauperizado. Não metalinguagem, mas realismo semiológico que aspira à condição de fotografia radical: texto "encourado" na "secura da fatalidade geográfica" (expressões de A. Candido). Do capítulo "desconstrutor", ambiguizante até à vertigem das relações interpessoais, em Machado, passamos à

> construção por fragmentos, quadros quase destacados, onde os fatos se arranjam sem se integrarem uns com os outros perfeitamente, sugerindo um mundo que não se compreende, e se capta apenas por manifestações isoladas [...]. Ao reuni-los, o autor não quis amaciar a sua articulação, mostrando que a concepção geral obedecia de fato àquela visão tateante. (A. Candido)

"Visão tateante." Outro nome para o "perpétuo tartamudeio", herança mais sentida da "arte pobre" inaugurada por Machado a contracorrente do filão ornamental das letras de opulência. (Três anos antes de Graciliano, outro machadiano, Dyonélio, enfibrado pela experiência de choque do modernismo, já produzira uma "novela miúda", *Os ratos*, 1935. "Mundo miudinho deste romance, miudinho como ruídos de ratos", resumiu Cyro Martins, num símile exato. Vidas ressecadas na jornada incolor do subemprego urbano. Prosa pobre, puída, em caminho tautológico—cruzado, recruzado, obsessivo—de rato.)

8.

Da "poesia pau-brasil" de Oswald (cujo monogramático refrão de guerra seria o poema "amor/humor") ao "poema-orelha" de Drummond, que epitomiza essa dialética numa síntese expressiva: "E a poesia mais rica é um sinal de menos" (1959), pode-se fazer, por outro ângulo de enfoque, todo um traçado da "arte pobre" (*arte povera* se dizia, não faz muito, em pintura) na poesia brasileira, entendida agora como poética da linguagem reduzida (ver o meu "Drummond, mestre de coisas", de 1962, em *Metalinguagem*). Sem esquecer a contribuição fundamental de João Cabral, da poesia que se faz flor, "conhecendo que é fezes", e que, afinal, querendo-se a contrafluxo de si mesma, num limite de torção, ambiciona ser prosa (*O rio*, depois dos símiles voluntariamente "pauperizados", rudimentares, de *O cão sem plumas*). De Augusto de Campos que já nos anos 50, quando pensou o seu primeiro conjunto de "poemas concretos", pensou-se estruturalmente enquanto "poesia menos" (a sequência *Poetamenos*, escrita em 1935, publicada em 1955). Despoetizar a poesia, àquelas alturas do triunfalismo neoparnasiano da Geração de 45, era reduzi-la ao seu "mínimo múltiplo comum": resposta sincrônica da série literária à série pictórica (Maliévitch, Mondrian) e à musical (Webern). Da economia restrita da "poesia pura" viu-se, a seguir, num determinado lance da prática poética da poesia concreta, que se podia passar à economia generalizada da "poesia para". Como experiência dialética de extremos. (Entre a poesia "a plenos pulmões" de Maiakovski, que engendra o *agit-prop* de massa, construtivista, e a poesia como "cenografia espiritual exata" de Mallarmé, teatro hermético de câmera, "cruel" antes de Artaud, nas fronteiras do silêncio, não será bizarria surpreender o faiscar limítrofe de certas "afinidades eletivas"; leia-se Blanchot em *Le livre à venir* e Walter Benjamin sobre o "Coup de Dés" em *Einbahnstrasse*). LIXO/LUXO de Augusto é um exemplo frisante dessa dialética de extremidades, que encena na arte mínima de seu "procedimento menos" (a expressão pode ser aproximada do "procedimento negativo" da poética estrutural de Iúri Lotman, 1964, mas eu a derivei aqui da ideia augustiana de "poetamenos", 1953), o jogo de suas tensões e mediações, como uma tatuagem intersemiótica. O oximoro paronomástico "lixo/luxo" se redobra visualmente numa tipografia desejadamente kitsch, enquanto as páginas desdobráveis vão compondo, numa escansão paródica, a luxúria do LUXO de encontro à lixívia do LIXO. A redução ao absurdo na cinescopia transemiótica do verbal e do não verbal configura um modelo reduzido do mundo às avessas. Gadamer observou que o *verkehrte Welt* (mundo reverso e perverso) de Hegel tem, na prática literária da sátira, uma iluminadora figura de equivalência. (Cito: "O que se encontra no mundo de cabeça-para-baixo não é simplesmente o contrário, a mera oposição abstrata do mundo existente. Antes, esta reversão na qual cada elemento é o oposto de si próprio torna visível, como no espelho deformante de um pavilhão de diversões, a perversão encoberta de todas as coisas, tais como as conhecemos".) No extremismo dessa perversão semântica, que se aguça no intercurso do "troca-troca" fônico e do *trompe- -l'oeil* tipógrafo, percorrendo, soletradamente, cada parte e o todo, a "arte pobre" da poesia com sinal de menos inscreve o seu programa de subversão retórica com a ostensibilidade de um pictograma épico. Epicômico. Aqui o "procedimento menos", assumindo a metalinguagem de si mesmo (enquanto figura problemática do poema *in fieri*) e avocando, letra a letra, numa "literariedade" radical (literal) a tematização do referente para o seu campo de tensão polêmica, fecha o seu circuito, e se totaliza, monadologicamente.

Fonte desta edição:
CAMPOS, Haroldo de. "Arte pobre, tempo de pobreza, poesia menos".
Novos Estudos Cebrap, São Paulo, vols. 1, 3, pp. 63-67, jul. 1982.
Também em: SCHWARZ, Roberto (org.). *Os pobres na literatura brasileira*. São Paulo: Brasiliense, 1983, pp. 181-4.

Outro texto do autor a respeito de Machado de Assis:
CAMPOS, Haroldo de. "Superación de los lenguages exclusivos".
In: *América Latina en Su Literatura*. 4ª ed. México:
Siglo Veintiuno, [1972] 1977, p. 293.

A ARMADILHA DE NARCISO
José Paulo Paes

j.p.p.

JOSÉ PAULO PAES (Taquaritinga, São Paulo, 1926 — São Paulo, São Paulo, 1998): Poeta, ensaísta, crítico literário, tradutor e editor. Em 1948, formou-se em Química em Curitiba. Em 1947, participou do 2º Congresso Brasileiro de Escritores, em Belo Horizonte, e estreou em poesia com *O aluno*. Colaborou na revista *Joaquim*, na *Folha de S.Paulo*, *O Estado de S. Paulo*, *Revista Brasiliense*. Dirigiu o departamento editorial da Cultrix. Traduziu diversas línguas: Dickens, Conrad, Aretino, Kaváfis, Sterne. Dirigiu uma oficina de tradução de poesia na Unicamp, foi professor visitante do IEA-USP e na FFLCH-USP. Escreveu livros para o público infantojuvenil. Poesia: *Epigramas* (1958); *Resíduo* (1980); *A poesia está morta, mas juro que não fui eu* (1988); *Poemas para brincar* (1990); *Um passarinho me contou* (1996). Crítica literária: *Mistério em casa* (1961); *Gregos & baianos* (1985); *A aventura literária* (1990); *O lugar do outro ensaios* (1999), entre outros.

Gregos & baianos: ensaios, 1985

É pacífico, entre os machadólogos, o consenso de que as *Memórias póstumas de Brás Cubas* inauguram uma nova fase na carreira do seu autor enquanto romancista. Costumam eles falar no "realismo" dessa nova fase, contrapondo-o ao "romantismo" da fase anterior. Todavia, se se considerar que, desde o prólogo das *Memórias póstumas*, é dada maior ênfase ao processo de composição nelas empregado do que à matéria de que tratam — embora sem o revelar, o memorialista chama a atenção do leitor para o "processo extraordinário" de que se valeu para as escrever "cá do outro mundo"[1] —, talvez se pudesse falar, no caso, de romance *poético*, cabendo por antítese, ao romance machadiano da fase anterior, a designação de *ilusionista*. Para evitar mal-entendidos, convém esclarecer, preliminarmente, em que sentido se empregam aqui essas duas designações.

Num ensaio famoso, hoje muito divulgado entre nós,[2] Roman Jakobson definiu a função poética da linguagem como "o enfoque da mensagem por ela própria", vale dizer, a ênfase posta "no caráter palpável dos signos", com o que se aprofunda a "dicotomia fundamental" entre o mundo dos signos e o mundo dos objetos por eles designados. Não é difícil perceber seja essa precisamente a função predominante num romance cujo prólogo declara altaneiramente que "a obra em si mesma é tudo" e cuja narração se desenvolve mais por lances metafóricos do que descritivos, tal como acontece, de modo sistemático, num poema em verso. Mas há uma outra acepção de poética igualmente pertinente ao caso das *Memórias póstumas*. Refiro-me à de "lírico", maneira de compreensão e de expressão cujo conteúdo foi caracterizado por Hegel como o da alma que, "com seus juízos subjetivos, alegrias e admirações, dores e sensações, toma consciência de si mesma no âmago deste conteúdo".[3] Onde melhor ilustração de semelhante tomada de consciência do que a narrativa feita por uma alma por assim dizer em estado puro, liberta para sempre do corpo, e que se compraz em reviver-lhe postumamente as "alegrias e admirações, dores e sensações" — a sua biografia, em suma, para proceder ao terrível balanço e achar, como único saldo, não ter ele transmitido "a nenhuma outra criatura o legado da nossa miséria"? Àqueles que, encarando o estado lírico antes como de efusão espontânea e irreflexiva, possam estranhar estar ele sendo associado a um romance de índole ostensivamente filosofante e crítica, bastaria lembrar a existência de um lirismo especulativo cuja linhagem se prolonga, para citar apenas o domínio da língua portuguesa, de Luís de Camões a Fernando Pessoa e Carlos Drummond de Andrade.

Já no nível gramatical, as *Memórias póstumas* dão testemunho do seu pendor lírico por estarem escritas na primeira pessoa do singular (como lembra Massaud Moisés no verbete "Lírica" do seu *Dicionário de termos literários*, "a preocupação com o próprio 'eu'" é a componente de base do lirismo); além disso, dão-no por terem sua matéria narrativa nos sucessos da vida terrena do seu mesmo narrador. Narrador que, conquanto coincida com o protagonista da narração, em nenhum momento deixa de pôr em relevo a sua alteridade em relação a ele; de inculcar-nos a ideia de que o morto se sobrepõe ao vivo, de que reviver a vida, *post-mortem*, para então poder compreendê-la, comentá-la e avaliá-la como cumpre, é mais importante do que simplesmente fruí-la, única tarefa a que se dedicou o grande *bon vivant* cujo nome se pavoneia no título do romance. No capítulo XXIV deste, há um trecho em que, ao comentar a trivialidade e a presunção dos seus anos juvenis, o memorialista põe a nu a dissociação entre narrador e personagem:

> Talvez espante ao leitor a franqueza com que lhe exponho e realço a minha mediocridade; advirta que a franqueza é a primeira virtude de um defunto. Na vida, o olhar da opinião, o contraste dos interesses, a luta das cobiças obrigam a gente a calar os trapos velhos, a disfarçar os rasgões e os remendos, a não estender ao mundo as revelações que faz à consciência; e o melhor da obrigação é quando, à força de embaçar os outros, embaça-se um homem a si mesmo, porque em tal caso poupa-se o vexame, que é uma sensação penosa, e a hipocrisia, que é um vício hediondo. Mas, na morte, que diferença! que desabafo! que liberdade! Como a gente pode sacudir fora a capa, deitar ao fosso as lentejoulas, despregar-se, despintar-se, desafeitar-se, confessar lisamente o que foi e o que deixou de ser! [...] Senhores vivos, não há nada tão incomensurável como o desdém dos finados.

Pela insistência com que, a todo instante, recorda o memorialista ao leitor estar lendo um livro e não vivendo vicariamente vidas alheias, o Brás Cubas narrador marca o seu distanciamento do Brás Cubas vivedor e/ou personagem, ao mesmo tempo em que destrói a ilusão ficcional para, paradoxalmente, reforçá-la. Repetem-se ao longo da narrativa as alusões ao próprio ato de escrevê-la e a instrumentos de escrita, como pena e papel; gosta o narrador de discutir com o leitor o conteúdo, a seriação, as mudanças de estilo dos capítulos que vai compondo; entre os personagens do livro, além do protagonista, que desfruta de certo prestígio mundano graças a seus "artigos e versos para as folhas públicas", aparecem dois outros literatos, o capitão versejador dos capítulos XIX e XX e o Luís Dutra do capítulo XLVIII, sempre carecido do aplauso de Brás Cubas para os poemas que dá à estampa. Esse debruçar-se do texto sobre si mesmo, enquanto artefato, revela-se até nas metáforas ou símiles nele usados, como a teoria das edições humanas dos capítulos XXVII e XXXVIII, e esplende no destaque de recursos gráficos como o pontilhado entremeado de pontos de interrogação e de exclamação que constitui todo o texto do capítulo LV, as variações em torno do nome de Virgília no capítulo XXVI a lembrarem um poema concreto, o epitáfio tipograficamente reproduzido no capítulo CXXV. Tais artifícios gráficos foram inspirados, como se sabe, no *Tristram Shandy* de Laurence Sterne, uma das principais "influências inglesas" sobre Machado de Assis estudadas por Eugênio Gomes,[4] e ao deslinde semiótico deles se aplicou Décio Pignatari em *Semiótica e literatura*.[5]

É nesse contexto de sistemática intromissão do narrador na narrativa para denunciar-lhe a artificialidade "literária" que, por efeito de contraste, adquire plena significação a designação de ilusionistas proposta para os romances anteriores às *Memórias póstumas*. Neles, a impessoalidade da narração na terceira pessoa punha entre parênteses a figura do narrador, fazendo-a confundir-se com a própria Providência ou Destino de cuja insondável vontade dependia o fluxo dos acontecimentos narrados. Como, na vida cotidiana, só nos momentos extremos de crise é que nos interrogamos acerca da "lógica" subjacente ao acontecido, contentando-nos em deixar-nos viver sem perguntas o resto do tempo, a narrativa impessoal nos dá uma sensação ilusória de vida real e confunde ficção e realidade naquele jogo de faz de conta em que *Madame Bovary* é menos Gustave Flaubert (de quem mal lembraríamos o nome durante a leitura não estivesse ele impresso na folha de rosto) do que qualquer um de nós, seus leitores.

Desde o capítulo inicial das *Memórias póstumas*, seu narrador abre mão, deliberadamente, das vantagens do ilusionismo ao confessar-se autor não de uma obra escrita em vida e publicada postumamente, mas de obra que ele escreveu depois de morto para distrair-se "um pouco da eternidade". Dessa absurda condição autoral decorre o seu receio de ela angariar pouquíssimos leitores. Os de espírito "grave", que desdenham perder tempo com as mentiras da literatura de ficção, preferindo-lhe os depoimentos da vida real, a literatura-verdade, não as poderão evidentemente aceitar como tal, dada a inverossimilhança de sua origem. E os de espírito "frívolo", que costumam se refugiar nos romances "para escapar à vida", tampouco conseguirão achar refúgio adequado num livro que abdica voluntariamente do ilusionismo ficcional. Com isso, as *Memórias póstumas* como que desenham implicitamente o perfil do leitor para o qual foram escritas. Há de ser um leitor não tão grave que deixe de comprazer-se no imaginário e nem tão frívolo que a ele recorra como substituto do real. A esse leitor hipotético interessará "a obra em si mesma", não suas eventuais relações de cópia ou substituição com o mundo fora dela. Aprofunda-se assim a "dicotomia fundamental" do processo de designação: os nexos dos signos entre si dentro do texto literário passam ao primeiro plano, ficando os seus nexos com o mundo real fora de foco, apenas como um eventual horizonte de referência.

Os fatos da biografia de Brás Cubas só poderão interessar ao leitor implicitamente proposto no texto do romance na medida em que lhe facultem assistir à progressiva tomada de consciência do protagonista pela intermediação do narrador. A locução adverbial "na medida em que" ressalta o fato de tratar-se de um processo de construção no qual os acidentes ou eventos da narrativa só têm importância como pontos de partida para as reflexões ou introvisões do memorialista. É através delas que ele se vai constituindo como personagem e se explicitando como o autor de si mesmo — se assim se pode dizer. Todavia, conforme revela a certa altura, em vida já era ele dotado do "dom de achar as relações das cousas, a faculdade de as comparar e o talento de concluir"; morto, não sendo mais seu cérebro o tablado onde reinava "uma barafunda de cousas e pessoas" que a urgência de viver não lhe dava tempo de ordenar, pode ele finalmente, pura consciência a vogar na "voluptuosidade do nada", refazer em sentido inverso o caminho da existência para "achar as relações das cousas", para "comparar" e "concluir". Mas no percurso regressivo, ainda que ele garanta experimentar "em cada fase" dessa revivescência "a sensação correspondente", a sensação acaba se convertendo inevitavelmente em conclusão moral ou metafísica, pois o itinerário tem agora um sentido que não tinha quando percorrido da primeira vez, naquela "bela imediatez" do viver de que falava Nietzsche. A marca estilística disso são as digressões, os comentários, as teorias *post factum* a interromper continuamente o fio da narrativa para sobrepor a consciência conclusiva do narrador às vivências imediatas do protagonista. E é paradoxalmente através dessas repetidas violações da efabulação que, num ardiloso passe de mágica, se reinstala a ilusão ficcional e o leitor se transporta para dentro do texto. Desta vez, não para viver vicariamente as dores e alegrias do protagonista, como na ficção ilusionista, mas para se identificar, por contágio persuasivo, com a consciência digressiva do narrador. De certo modo, é o mesmo tipo de contágio do poema lírico, durante cuja leitura o *"hypocrite lecteur"* incorpora a alma do poeta que através dos "seus juízos subjetivos" adquire consciência de si.

Mais atrás se destacou, como outra marca estilística da "poeticidade" das *Memórias póstumas*, a circunstância de a narração progredir amiúde por lances metafóricos. Um exemplo, escolhido entre os muitos facilmente encontráveis, ajudará a ilustrar o uso desse recurso. No capítulo XXXII, Brás Cubas, mediante uma pergunta desastrada, fica sabendo de Eugênia ser ela "coxa de nascença". Enquanto, embaraçado, ele a olha de soslaio durante o passeio que dão, ela o fita com olhos tranquilos e diretos; ele anota então, numa transposição metafórica, que "o olhar de Eugênia não era coxo". A metáfora, porém, não se esgota aí. No capítulo seguinte, ao repisar consigo o "imenso escárnio" da natureza de fazer uma jovem bonita nascer coxa, traduz Brás Cubas num outro símile o ambíguo sentimento de atração e repulsão que ela lhe desperta chamando-a de "Vênus Manca". Este não é ainda o termo do processo: no mesmo parágrafo em que surge o símile impiedoso, a locução "ao pé de" repete-se nada menos de quatro vezes para dar a entender quão bem ele se sentia junto, ao lado ou em companhia dela. O fato de todas estas outras alternativas de expressão haverem sido descartadas em favor daquela, tão repetitiva, destaca-lhe de pronto o caráter metafórico, agenciada que foi pela preocupação obsessiva do narrador-protagonista com o pé coxo. Outro episódio de agenciamento desse tipo, nascido do empenho poético de sublinhar o "caráter palpável dos signos", diz igualmente respeito a Eugênia e ocorre por ocasião do primeiro encontro de Brás Cubas com ela em casa de d. Eusébia. Ele lhe admira então os olhos fúlgidos, "como se lá dentro do cérebro dela estivesse a voar uma borboletinha de asas de ouro e olhos de diamante". Nesse instante, a metáfora se concretiza no plano da ação, num efeito de eco: "Digo lá dentro, porque cá fora o que esvoaçou foi uma borboleta preta, que subitamente penetrou na varanda e começou a bater as asas em derredor de d. Eusébia". O efeito de eco se reforça no capítulo e dia seguintes, quando outra borboleta preta entra no quarto de Brás Cubas e ele a mata ao enxotá-la; meio arrependido, consola-se com uma reflexão: "Também por que diabo não era ela azul?". E no capítulo XXXIII, o mesmo em que o aleijão da moça lhe desperta a ideia de um escárnio da natureza, ele enxota "essa outra borboleta preta" que lhe "adejava no cérebro". Ao fim do livro, quando, muitos anos mais tarde, reencontra por acaso Eugênia a viver na miséria de um cortiço, "tão coxa como a deixara e ainda mais triste", o símile da borboleta enxotada porque era preta e não azul retorna dramaticamente enriquecido à lembrança do leitor.

Mesmo as pitorescas teorias ou filosofias com que o "defunto autor" procura generalizar pelo método indutivo as suas experiências do mundo dos vivos — teorias ou filosofias também inspiradas no *Tristram Shandy*, onde a excentricidade de espírito do pai do narrador prontamente se evidencia nas suas bizarras concepções, como a da influência dos nomes de batismo e dos narizes sobre o êxito ou malogro das pessoas no mundo — são sempre de índole metafórica, quando não apologal. Já o vimos, de passagem, no caso da teoria das edições humanas, segundo a qual, sendo o homem "uma errata pensante", "cada estação da vida é uma edição que corrige a anterior e que será corrigida também, até a edição definitiva, que o editor dá de graça aos vermes". Repete-se o procedimento na teoria da ponta do nariz do capítulo XLIX, "consciência sem remorsos" com que o egotismo do indivíduo reduz hipnoticamente o universo à medida da sua pequenez, e na lei das equivalências das janelas, do capítulo LI ("o modo de compensar uma janela fechada é abrir outra, a fim de que a moral possa arejar continuamente a consciência"), lei deduzida *ad hoc* da maneira por que Brás Cubas consegue acalmar seus débeis remorsos de sedutor esforçando-se por devolver ao legítimo dono uma moeda de meia dobra achada na rua. Outrossim, para expor os princípios do seu Humanitismo, a mais ambiciosa e a mais sustentada "filosofia" do livro, Quincas Borba recorre amiúde a exemplos circunstanciais, que se constituem em verdadeiras alegorias morais, de pendor fabular ou apologal. É o caso da asa de frango do capítulo CXVII: enquanto a saboreia num almoço em casa de Brás Cubas, o criador do Humanitismo a usa, como "documento da sublimidade" do seu sistema, para desenvolver-lhe algumas das ideias básicas. Ou o aperto dos cós das calças, metáfora pitoresca com que, no capítulo CXLIX, Quincas Borba ilustra a sua teoria dos benefícios.

Todas essas filosofias ou teorias que, como um fio digressivo, mas não menos importante do que ela, se vão entretecendo à ação principal para dar-lhe significatividade e ressonância, convergem, a despeito de sua extravagante diversidade, num ponto comum: a defesa e ilustração do egotismo. Através delas, o narrador, *alter ego* e espelho moral do protagonista, vai-lhe definindo a personalidade, e por extensão, a do homem em geral, como a de um egocêntrico satisfeito de si mesmo, a ponto de se pensar, dando com o nome de Stendhal na primeira linha do prólogo "Ao leitor" das *Memórias póstumas*, se Machado de Assis não teria lido os *Souvenir d'Egotisme*. Embora "consciência" seja uma das palavras-chave da autobiografia de Brás Cubas, erraria quem visse esta como uma espécie de exame de consciência. Trata-se antes, em que pesem suas veleidades de autocrítica, de uma óbvia empresa de autojustificação cuja ideologia de base vamos encontrar no famoso capítulo do delírio, quando, numa regressão onírica a meio caminho da psicanálise e da metafísica, o protagonista se defronta com Pandora ou a Natureza. A feição mais característica do seu enorme rosto "era a da impassibilidade egoísta" e no diálogo que então se trava entre ela e o "grande lascivo" prestes a mergulhar na "voluptuosidade do nada", declara explicitamente essa mãe e inimiga dos homens: "Egoísmo, dizes tu? Sim, egoísmo, não tenho outra lei. Egoísmo, conservação. A onça mata o novilho porque o raciocínio da onça é que ela deve viver, e se o novilho é tenro tanto melhor: eis o estatuto universal". Não é difícil perceber aí um eco da lei darwiniana da sobrevivência do mais apto, erroneamente confundido com o mais forte, que o nosso naturalismo literário transferiu do campo da biologia para o da ética. E, guardadas as necessárias distâncias entre a discrição do sorriso e a exageração do esgar, tampouco é difícil ver um nexo de continuidade entre a noção da vida como flagelo, exposta no mesmo capítulo do delírio de Brás Cubas, e o pessimismo cósmico com que, décadas mais tarde, Augusto dos Anjos iria vivificar dramaticamente os simplórios esquemas materialistas de Büchner e Haeckel. Mas um hedonista como Brás Cubas, cujos pendores filosóficos parecem ter nascido principalmente como melancólica compensação para a perda dos prazeres da carne, jamais careceria de ir tão longe no campo especulativo. Em suas *boutades* cunhadas com elegância poética, preocupou-se ele tão só em aplicar a lei natural da conservação à construção de uma moral do interesse próprio.

O curioso é que, nesse egocêntrico tanto mais simpático quanto cínico, havia, paradoxalmente, uma aguda consciência da própria mediocridade, embora ele lançasse a culpa no "meio doméstico" de onde provinha, dominado pela "vulgaridade de caracteres, amor das aparências rutilantes, do arruído, frouxidão da vontade, domínio do capricho, e o mais". E a vida cujos episódios principais as *Memórias póstumas* se ocupam de retratar em retrospecto é, por sua vez, uma existência correspondentemente medíocre, onde os altos e baixos não se afastam muito do plano e os contrastes logo se abrandam na conveniência do meio-termo. A paixão juvenil de Brás Cubas por Marcela, que durou "quinze meses e onze contos de réis", facilmente se cura com uma viagem para a Europa; nem por terem sido feitos "muito mediocremente", em meio a folias e estroinices acadêmicas, os estudos em Coimbra deixam de dar-lhe o necessário "anel de bacharel"; o idílio pouco futuroso com a Vênus Manca da Tijuca é convenientemente resolvido com uma retirada estratégica; o desaponto de perder a noiva para Lobo Neves compensa-o mais tarde a vaidade de ter Virgília como amante; quando o sabor ácido do pecado descamba na sensaboria da rotina quase conjugal, uma transferência oportuna do marido enganado separa os dois amantes já saciados um do outro; a morte inesperada de Nhã-Loló, com levar Brás Cubas à conclusão de "que talvez não a amasse deveras", salva-o de um mau casamento; ainda que tardia, ele acaba conseguindo a cadeira de deputado outrora perdida para Lobo Neves, mas toda a sua atuação parlamentar se cifra num pífio discurso sobre a diminuição das barretinas da Guarda Nacional; o fim melancólico do seu mandato estimula-o, por despeito, a fundar um jornal oposicionista cuja morte, seis meses depois, o alivia do aborrecimento de ter de continuar a publicá-lo; para fugir à "pior das fadigas, que é a fadiga sem trabalho", ele resolve aceitar um cargo numa Ordem Terceira, a qual o contempla com o direito a "um retrato na sacristia" quando ele, "enfarado do ofício" benemerente, o abandona três ou quatro anos mais tarde para voltar ao cultivo da suprema volúpia dos que não têm o que fazer na vida, a "volúpia do aborrecimento".

Com base nesses sucessos tão sem relevo de uma existência discretamente malograda, o *alter ego* do protagonista, a sua consciência póstuma, vai-se forjando uma ética do egoísmo, ora em breves aforismos ou comentários marginais, ora em teorias mais elaboradas, por fim no Humanitismo de Quincas Borba, personagem cuja vida acidentada e cuja excentricidade de espírito, desembocando na loucura, o extremam da confortável e sensata mediania de Brás Cubas. O tom central dessa filosofia de vida centrada nos interesses de um ego frustrado em suas ambições mais altas é, como seria de esperar, pessimista: quem não obteve da vida o pleno quinhão que dela esperava, só a pode ver sob a ótica da negação e retratá-la com a "tinta da melancolia", mesmo sendo a "pena da galhofa".

Fez-se referência mais atrás à noção de vida como flagelo: ela é formulada no delírio de Brás Cubas, quando Pandora se declara sua mãe e inimiga e ele recua, tomado de susto, mas ela o tranquiliza: "—Não te assustes—disse ela—minha inimizade não mata; é sobretudo pela vida que se afirma. Vives: não quero outro flagelo". Essa noção é dramaticamente ilustrada pela Marcela de rosto devastado pelas marcas de bexigas e de "alma decrépita [...] pela paixão do lucro [...] o verme roedor daquela existência", assim como pelo Quincas Borba degradado que Brás Cubas encontra no Passeio Público, figuração de "um passado roto, abjeto e gatuno. Quando Virgília engravida pela segunda vez, seu amante se põe a sonhar com o filho e a conversar imaginariamente com o embrião: o diálogo é objeto do capítulo XC, que ostenta o título significativo de "O velho diálogo de Adão e Caim", como se Adão jamais houvesse gerado Abel e no Caim invejoso e fratricida tivesse a raça humana seu ascendente mais remoto. Mas é sem dúvida no destino de d. Plácida que "o pão da dor e o vinho da miséria", de que o filho do homem tem de se nutrir pela vida afora, revelam toda a acritude do seu sabor. Naquele ser obscuro, gerado pela "conjunção de luxúrias vadias" de um sacristão e de uma doceira e nascido "para queimar os dedos nos tachos, os olhos na costura, comer mal ou não comer, andar de um lado para outro, na faina, adoecendo e sarando, com o fim de tornar a adoecer e sarar outra vez, triste agora, logo desesperada, amanhã resignada, mas sempre com as mãos no tacho e os olhos na costura; até acabar um dia na lama e no hospital"—vê com razão o narrador filosofante das *Memórias póstumas* o emblema mais perfeito do flagelo e do absurdo da vida.

Isso não obsta contudo a que Virgília e Brás Cubas usem d. Plácida como alcoviteira de seus amores clandestinos e lhe comprem a consciência mortificada com a promessa de uma pensão para a velhice, paga com os mesmos cinco contos que Brás Cubas achara na praia e nem pensara em devolver ao eventual proprietário, como no caso da moeda de meia dobra. Entretanto, ao reviver postumamente esse episódio, ele não tem dificuldade em arranjar uma justificativa filosófica para o seu procedimento: "Se não fossem os meus amores, provavelmente d. Plácida acabaria como tantas outras criaturas humanas; donde se poderia deduzir que o vício é muitas vezes o estrume da virtude. O que não impede que a virtude seja uma flor cheirosa e sã". E quando, anos mais tarde, para atender a contragosto um pedido da ex-amante, ele faz d. Plácida ser transportada do "catre velho e nauseabundo" onde agonizava para o hospital da Misericórdia, a morte dela, dias depois, inspira-lhe esta cínica, mas coerente reflexão:

> Outra vez perguntei a mim mesmo, como no cap. LXXV, se era para isto que o sacristão da Sé e a doceira trouxeram d. Plácida à luz, num momento de simpatia específica. Mas adverti logo que, se não fosse d. Plácida, talvez os meus amores com Virgília tivessem sido interrompidos, ou imediatamente quebrados, em plena efervescência; tal foi, portanto, a utilidade da vida de d. Plácida. Utilidade relativa, convenho; mas que diacho há de absoluto neste mundo?

O mundo e os demais seres humanos assim vistos como simples instrumentos de satisfação dos desejos todo-poderosos do ego — eis a ética do egoísmo cuja expressão mais acabada possivelmente está na última sentença do capítulo LXVII, sobre a casinha da Gamboa em que Brás Cubas passa confortavelmente a ter os seus encontros amorosos com Virgília e que se lhe afigura um mundo ideal por ter a medida do seu ego ampliado até o infinito:

> [...] dali para dentro era o infinito, um mundo eterno, superior, excepcional, nosso, somente nosso, sem leis, sem instituições, sem baronesas, sem olheiros, sem escutas — um só mundo, um só casal, uma só vida, uma só vontade, uma só afeição —, *a unidade moral de todas as coisas pela exclusão das que me eram contrárias.*

Grifei a última frase deste trecho tão revelador a fim de chamar a atenção para dois pontos. Com ter usado um pouco antes dele o pronome *nosso*, o elocutor parecia estar abdicando do próprio egoísmo em favor da dualidade altruísta do amor. Trata-se, porém, de mero ardil, logo adiante desmentido pelo pronome reflexivo *me* com que se conclui o trecho e por via do qual se patenteia também a instrumentalidade do outro no jogo amoroso. Através dele, o ego estaria se amando a si próprio, ou, para usar a linguagem bramânica do egocentrismo humanitista, através de Humanitas Humanitas estaria amando Humanitas... O segundo ponto a destacar é o de que só podem ter "unidade moral", ou nexo ou sentido ou utilidade, para o ego, as coisas que lhe sejam favoráveis, que lhe atendam aos desejos; as "contrárias", tendentes a frustrá-lo, têm necessariamente de ser capituladas como absurdos ou flagelos numa filosofia do péssimo.

Resumindo: o "eu" do tamanho do infinito e o infinito do tamanho do "eu"; o vivo que percorre o caminho da existência até o fim para, uma vez morto, voltar a percorrê-lo da mesma maneira; o narrador que é protagonista e o protagonista que é narrador; o texto que se volta para si mesmo com o fito de admirar-se durante a sua mesma construção—quem não reconhece nestas falsas dualidades o domínio especular de Narciso? O domínio onde o real e o reflexo se confundem inextricavelmente e são intercambiáveis sem perda nem sombra; onde, para além do espelho, só existe o nada e a sua volúpia, que é também a volúpia do aborrecimento e da eternidade; onde imperam, absolutas, a simetria, a recorrência, o fechamento?

Ao que tudo faz pensar, o fechamento constituiria a estrutura profunda do romance machadiano da segunda fase, a que, estendendo-se de umas *Memórias póstumas* a um *Memorial* publicado postumamente, se coloca de modo ostensivo sob o signo da memória, do reviver ou viver para trás, já que não é possível viver para a frente num mundo morto, acabado: o Brasil monárquico do século XIX, a cujos primórdios na época do Rei Velho—época das *Memórias de um sargento de milícias*, de Manuel Antônio de Almeida, o mentor, protetor e quiçá modelo do tipógrafo Machadinho—assistiu Brás Cubas e cujo crepúsculo, a Abolição e a República, coincidiu com os últimos dias do conselheiro Aires, aquele sutil "aprendiz de morto".

Vistas as coisas desta perspectiva, ao adotar "a forma livre de um Sterne" (ou de diluidores dele, como Xavier de Maistre e Garrett), o autor das *Memórias póstumas* não estava inoculando sem sequelas, nessa forma, "um sentimento amargo e áspero, que está longe de vir dos seus modelos", nem tampouco bebendo "outro vinho" na mesma taça "com lavores de igual escola". A amargura do sentimento deteve o voo vadio da forma; a aspereza do vinho corroeu a ingenuidade de lavores da taça. Aquela técnica da perene desconversa, do enxerto e da inconclusão, que singularizou Sterne como "um extremo revolucionário da forma", a ponto de ele a "usar por si mesma, sem nenhuma motivação", conforme assinala Victor Chklovski,[6] aparece no *Tristram Shandy* e na *Viagem sentimental* pelo gosto puramente lúdico de *épater*, de frustrar jocosamente as expectativas do leitor no tocante à continuidade lógica da narração. Gosto lúdico e jocosidade típicas de um século em que a escolástica já muito velha e a ciência experimental ainda muito nova comungavam amiúde nas mesmas extravagâncias e podiam ser satirizadas ambas de alma leve; de um século em que a alegria de viver do humanismo rabelaisiano se prolongava no otimismo zombeteiro da Época das Luzes, a qual, por acreditar na bondade inata do homem natural, podia rir-se sem amargura dos seus ridículos sociais.

Outro, bem outro, é o espírito do tempo em que foram escritas as *Memórias póstumas*. Agora, tanto a ciência determinista quanto o positivismo dogmático e o capitalismo selvagem forcejam por aprisionar o homem e seu universo numa jaula de causalidades ou condicionamentos inexoráveis, igualando o mundo da cultura ao mundo da natureza, a lei da cidade à lei da selva. Pois é esse espírito do tempo que respiramos, aliviado embora do fartum do açougue naturalista, na jaula especular das *Memórias póstumas*. Nelas, a gratuidade da digressão e do adiamento usados tão só para mistificar o leitor cede lugar ao seu ardiloso aproveitamento como um fio filosofante entretecido à trama da ficção. Com isso, perdendo a sua imotivação sterniana, a forma livre ou aberta se fecha, ainda que pareça continuar aberta. Trata-se, porém, de uma ilusão de ótica, típica da sala de espelhos ou armadilha de Narciso em que Machado de Assis prendeu, junto com o narrador-protagonista das *Memórias póstumas*, os seus "dez, talvez cinco" leitores, para que aprendessem um pouco mais acerca de si mesmos e do "legado da nossa miséria".

NOTAS CONSTANTES NO TEXTO ORIGINAL:
1. Todas as citações das *Memórias póstumas* são feitas pela edição Garnier, imprenta 5-21, com a ortografia atualizada.
2. "Linguística e poética". In: *Linguística e comunicação*. Tradução de Izidoro Blikstein e José Paulo Paes. São Paulo: Cultrix, 1969.
3. *Apud* MOISÉS, Massaud, *Dicionário de termos literários*. São Paulo: Cultrix, 1974, verbete "Lírica".
4. V. *Espelho contra espelho*. Rio: Ipê, 1949.
5. São Paulo: Perspectiva, 1974.
6. Tradução alemã: *Theorie der Prosa*. Frankfurt: Fischer Verlag, 1966.

Fonte desta edição:
PAES, José Paulo. "A armadilha de Narciso". In: *Gregos & baianos: ensaios*. São Paulo: Brasiliense, 1985, pp. 37-48. Originalmente em: *Folha de S.Paulo*, São Paulo, 30 out. 1983.

Outros textos do autor a respeito de Machado de Assis:
PAES, José Paulo. "Ainda Machado de Assis". In: *Mistério em casa*. São Paulo: Conselho Estadual de Cultura/Comissão de Literatura, 1961. Também em: PAES, José Paulo. *Armazém literário: ensaios*. Organização e apresentação de Vilma Arêas. São Paulo: Companhia das Letras, 2008, pp. 44-9.
PAES, José Paulo. Depoimento em: ENEIDA [de Moraes]. "Machado e Wallace". *Diário de Notícias*, 15 jul. 1962. Opinião de José Paulo Paes sobre a prosa de Edgard Wallace e a de Machado.
PAES, José Paulo. "Um aprendiz de morto". *Revista de Cultura Vozes*, Petrópolis, n. 7, pp. 13-28, set. 1976. Também em: PAES, José Paulo. *Gregos & baianos: ensaios*. São Paulo: Brasiliense, 1985, pp. 13-36; PAES, José Paulo. *Armazém literário: ensaios*, cit., pp. 17-43.

MACHADO DE ASSIS, UNIVERSO SIMBÓLICO DO CONTO
Autran Dourado

a.d.

Waldomiro Freitas AUTRAN DOURADO
(Patos de Minas, Minas Gerais, 1926 —
Rio de Janeiro, Rio de Janeiro, 2012):
Romancista, contista, jornalista, advogado.
Estudante de Direito em Belo Horizonte,
com Sábato Magaldi, Wilson Figueiredo,
Francisco Iglésias, criou a revista *Edifício*
em 1946. No ano seguinte, estreou
com a novela *Teia*, quando trabalhava
como taquígrafo da Assembleia Legislativa
e colaborava no jornal *Estado de Minas*.
Em 1954, mudou-se para o Rio de Janeiro,
onde foi assessor de imprensa de
Juscelino Kubitschek. Passou a trabalhar
no Tribunal de Justiça da Guanabara.
Obras, entre outras: Novelas: *A barca
dos homens* (1961); *Uma vida em segredo*
(1964); *Ópera dos mortos* (1967); *O risco
do bordado* (1970). Contos: *Três histórias
na praia* (1955); *Violetas e caracóis* (1987);
O senhor das horas (2006). Ensaios:
*A glória do ofício. Nove histórias em grupo
de três* (1957); *Uma poética de romance*
(1973); *Um artista aprendiz* (2000).
Memórias: *Gaiola aberta* (2000).

O Globo, 19 abr. 1987

Em *Proust e os signos*, diz Deleuze que um autor só realiza uma grande obra quando inventa a sua técnica pessoal e consegue criar o seu estilo próprio. A técnica no caso de Proust seria a feliz união da memória involuntária de Bergson (a associação de ideias a partir de um objeto, por exemplo o estímulo da quitanda *madeleine* que umedecia na infusão de tília suscita no personagem narrador o mundo esquecido de Combray) e o objeto-signo. Quanto ao academicismo de que "o estilo é o homem" (para mim é a matéria), Deleuze acha que o estilo se cria e se desenvolve. Machado de Assis tornou eficiente o seu estilo quando criou a sua técnica, que consiste na sábia fusão de linguagem arcaizante e real simbólico: cada símbolo literário tem duas faces — designa um objeto e significa algo de distinto. O que não é novidade, já está em Heráclito.

Essas considerações me vieram a propósito da leitura de *Machado de Assis, seus melhores contos*. É uma seleção originária de enquete em que se ouviram treze críticos e historiadores de literatura. O resultado da enquete apresenta significativa unanimidade. O primeiro colocado, com dez votos, é "Missa do galo", seguindo-se "A causa secreta", com sete, "O alienista", "Teoria do medalhão" e "Um homem célebre", com seis.

Edição benfeita e criteriosa, com pequena cronologia da vida de Machado. Os contos são ordenados segundo suas temáticas (psicológicos, sociológicos etc.), mas há a data em que cada um foi escrito, no quadro demonstrativo. Em apêndice final, o primeiro e o último conto do autor, o que permite, recorrendo-se à leitura suplementar dos contos de sua fase romântica, um estudo da evolução do conto machadiano.

Os contos selecionados são todos da maturidade do "Bruxo do Cosme Velho" e da descoberta de sua técnica própria. Sem ela lhe teria sido impossível escrever *Memórias póstumas de Brás Cubas*, *Dom Casmurro* e *Quincas Borba*. Sem essa técnica, sua obra não teria universalidade nem a importância fundamental que tem na literatura brasileira: seria uma obra como outra qualquer.

Comecei minha leitura por "Missa do galo" que, como sempre acontece quando o revisito, me proporcionou, além do prazer estético, a confirmação do que me sugerira o livro de Deleuze: a técnica de Machado é linguagem arcaizante mais objeto simbólico. Através de símbolos que se comunicam, cujo risco subliminar é tecido com finíssima agudeza, rara habilidade e sofisticada sutileza, Machado de Assis constrói a sua admirável estrutura, vale dizer — a unidade interior da obra.

Analisando-se detidamente um só desses contos de Machado, é possível descobrir a sua unidade interior, a estrutura e padrão paradigmáticos dos demais contos. Foi o que fiz com "Missa do galo", que já desmontara para melhor conhecer a sua estrutura e entendê-la, e poder reescrevê-lo à minha maneira ("Mote alheio e voltas", conto que se acha no meu *As imaginações pecaminosas*, a que remeto o interessado leitor, que nele encontrará ainda a história da genética daquele meu trabalho e a análise do conto do mestre).

Não só em "Missa do galo", conto de maturidade (1894), nada é gratuito ou decorativo na obra da fase madura de Machado de Assis, quando ele descobriu o efeito que poderia tirar do simbolismo do real. Esse componente de sua técnica foi conquistado durante a escrita de *Memórias póstumas de Brás Cubas* e prosseguida de modo eficiente em *Dom Casmurro* e *Quincas Borba*. Em *Dom Casmurro*, destaque-se o simbolismo da casa que Bento faz copiar na sua casa de Engenho Novo, espelho sentimental da sua casa de Matacavalos, em que ele procura recuperar a sua infância perdida. Nesse mesmo livro é interessante pesquisar o significado das figuras dos imperadores romanos pintados na parede da sala, apesar de o personagem narrador dizer que não alcança a razão de tais personagens históricas na casa primitiva; os medalhões não estão ali à toa, decorativamente ou por capricho, e sobre eles Machado de Assis sutil e demoradamente se detém. Se o significado desses imperadores romanos é difícil de decifrar, mais fácil é o do par de estatuetas ("Mefistófeles" e "Fausto"), em *Quincas Borba*, livro em que o mestre chega ao máximo de apresentar, a princípio aparentemente sem sentido, como quem não quer nada, humoristicamente, o busto dos dois Napoleões, o primeiro e o terceiro (*"no me dicen nada estos dos pícaros"*, diz o criado espanhol), para depois, uns capítulos adiante, dar sentido à presença dos pícaros históricos, quando Rubião manda o barbeiro cortar a sua barba e fazer da sua cara uma cópia da cara de Napoleão III, com quem ele se identifica. Começaria a germinar ali o grão de sandice do herói? Acredito que sim, embora Machado torne difícil descobrir em que passo do romance começa a loucura de Rubião.

Em "Missa do galo", os quadros que estão na parede da sala da casa do escrivão Menezes, uma cigana e Cleópatra ("impróprios para uma casa de família", diz Conceição, no seu sufocado e disfarçado sensualismo, censurando neles o que não vê em si), não estão ali gratuitamente: são o que são e significam. As figuras dos quadros, pelo destaque e insistência de Machado em nomeá-los, simbolizam a sensualidade da insatisfeita e mal assistida Conceição pelo marido, que a traía, a ponto de seduzir o jovem adolescente. Elas servem à simetria da composição: sedutoras reais/ sedutoras pictóricas.

Na minha análise eu associava "Missa do galo" a seu conto irmão, "Uns braços". Como são sensuais a Conceição do primeiro e a Severina do segundo, que me levavam à Capitu, de "olhos de cigana oblíqua e dissimulada". Que perturbadoras as mulheres machadianas!

Cada machadiano tem o seu conto preferido da fase madura de Machado. Para ficar num morto, Barreto Filho, no seu bem escritíssimo *Introdução a Machado de Assis*, depois de analisar conto por conto e compará-los (é notável estudo), diz o seu. Há os exaltados com o conto machadiano como Augusto Meyer, que chega ao exagero de dizer que Machado de Assis é melhor no conto do que no romance, gêneros distintos e heterogêneos, cada um com o seu tônus, ritmo e estrutura próprios, cada um com sua frase peculiar, tensa num e distendida no outro.

Recomendo a leitura de dois contos de minha predileção, que reli agora. São contos-parelha, que admiro muito, por tratarem de tema que me toca e comove de perto. Versam de maneira triste e com certa perversidade peculiar ao mestre (releia-se "A causa secreta", onde está presente o demônio da perversidade de Poe), da ambição artística e da frustração por não conseguirem seus personagens realizar a obra ambicionada. Em "Um homem célebre" é Pestana, famoso por suas polcas, fama que o torturava, cuja ambição era compor uma única música "verdadeira", ao menos uma sonata.

Em "Cantiga de esponsais", é Romão Pires, mestre de capela da Igreja do Carmo, que sonha durante toda a vida em compor um canto esponsalício celebrativo da sua felicidade conjugal, à esposa agora morta. Quando finalmente o consegue, ouve da janela fronteira à sua uma moça recém-casada, na sua felicidade, agarradinha ternamente ao marido, cantarolar a mesma frase musical tão exacerbadamente por ele procurada, escrita há pouco, que continha o mesmo "lá" sofridamente buscado e finalmente conseguido. "O mestre ouviu-a com tristeza, abanou a cabeça, e à noite expirou."

Fonte desta edição:
DOURADO, AUTRAN. "Machado de Assis, universo simbólico do conto". *O Globo*, Rio de Janeiro, 19 abr. 1987, sobre *Machado de Assis, seus trinta melhores contos*.

Outros textos do autor a respeito de Machado de Assis:
DOURADO, Autran. *Uma poética do romance*. São Paulo: Perspectiva/INL, 1973, pp. 112-3.

DOURADO, Autran. "Missa do galo (Mote alheio e voltas)". In: CALLADO, Antonio; DOURADO, Autran; LADEIRA, Julieta de Godoy; TELLES, Lygia Fagundes; PIÑON, Nélida & LINS, Osman. *Missa do galo de Machado de Assis. Variações sobre o mesmo tema*. São Paulo: Summus, 1977, pp. 77-95.

DOURADO, Autran. Depoimento em: BOMFIM, Beatriz & NÊUMANNE PINTO, José. "O desafio de recriar Machado". *Jornal do Brasil*, Rio de Janeiro, 24 dez. 1977. Cf. a seção "Enquetes e depoimentos" neste volume.

DOURADO, Autran. Resposta em: WYLER, Vivian. "À procura do brasileiro típico na ficção nacional", *Jornal do Brasil*, Rio de Janeiro, 13 out. 1979. Citaram Machado de Assis Autran Dourado, Cyro dos Anjos, Josué Montello, Nelson Rodrigues e Octavio de Faria.

DOURADO, Autran. "Diálogo com o *alter ego*". *O Estado de S. Paulo*, 3 maio 1981, ano v, n. 47, p. 16.

DOURADO, Autran. "Machado de Assis, universo simbólico do conto". *O Globo*, Rio de Janeiro, 19 abr. 1987, sobre *Machado de Assis, seus trinta melhores contos*.

DOURADO, Autran. "Nova edição de Machado de Assis". *O Globo*, Rio de Janeiro, 7 jan. 1989.

DOURADO, Autran. "A (in)desejada das gentes". *Minas Gerais*, "Suplemento Literário", 15 jul. 1989.

DOURADO, Autran. "Pós-moderno sem querer". *Jornal do Brasil*, Rio de Janeiro, 11 set. 1993 [sobre MARANHÃO, Haroldo. *Memorial do fim (A morte de Machado de Assis)*. São Paulo: Marco Zero, 1991].

DOURADO, Autran. "O que eles estão lendo". *Jornal do Brasil*, Rio de Janeiro, 23 jun. 1994.

DOURADO, Autran. Depoimento em: NAME, Daniela. "Escritores dizem que V. S. Naipaul é leviano e racista". *O Globo*, Rio de Janeiro, 26 ago. 1994. Depoimentos de: João Antônio, Autran Dourado, Dias Gomes, Nélida Piñon e Antônio Torres.

DOURADO, Autran. "O que eles estão lendo". *Jornal do Brasil*, Rio de Janeiro, 20 jun. 1998.

NÃO TRAIAM
O MACHADO
Otto Lara Resende

o.l.r.

OTTO LARA RESENDE (São João del-Rei, Minas Gerais, 1922 — Rio de Janeiro, Rio de Janeiro, 1992): Contista, cronista e jornalista. Em 1940 começou a publicar artigos de crítica e poemas em prosa em suplementos mineiros e cariocas. Em 1941 ingressou na Faculdade de Direito da UFMG. Lecionava Português, Francês e História em um colégio de Belo Horizonte. Em 1945, mudou-se para o Rio de Janeiro onde trabalhou em *Última Hora, O Globo, Jornal do Brasil* e na revista *Manchete*. Pertenceu ao grupo de intelectuais mineiros com Fernando Sabino, Paulo Mendes Campos e Hélio Pellegrino. Fundou com Rubem Braga e Sabino a Editora do Autor. Foi adido na Embaixada do Brasil em Bruxelas e em Lisboa. Sexto ocupante da Cadeira número 39 da Academia Brasileira de Letras, eleito em 1979. Escreveu a coluna "Bom Dia para Nascer" da *Folha de S.Paulo*. Obras: *Boca do Inferno*, contos (1957); *O retrato na gaveta*, contos (1962); *O braço direito*, romance (1964); *As pompas do mundo*, contos (1975); *O príncipe e o sabiá e outros perfis* (1994); *A testemunha silenciosa*, novelas (1995).

Folha de S.Paulo, 8 jan. 1992

Mais uma vez Machado de Assis no vestibular. Dois capítulos de *Dom Casmurro*, na prova de Português aí em São Paulo. Ao menos assim Machado vai sendo conhecido, ou imposto, entre a meninada. Se entendi bem, a prova não apenas opta pela versão do ciúme, como nela insiste de maneira tão enfática que nem admite sombra de controvérsia. A hipótese aí encampada, de que Capitu não traiu Bentinho, um Bentinho paranoicamente ciumento qual Otelo, está fundamentada em *O enigma de Capitu*. Apareceu de fato no ensaio de interpretação de Eugênio Gomes, publicado em 1967. Muitas vozes discordaram da hipótese gratuita e absurda, que terá sido levantada como simples quebra-cabeça, um joguinho enigmático pra descansar o espírito numa hora de folga e tédio. Quem fica tiririca, e com toda razão, com essa história mal contada, e tão mal contada que desmente o próprio Machado, é o Dalton Trevisan, machadiano de mão-cheia e olho agudíssimo. Pois nessa prova do vestibular, o drama do Bentinho se apresenta como "centrado no ciúme doentio e na suposta traição de sua esposa". Suposta? De onde os senhores professores tiraram este despropósito e o passam aos imberbes e indefesos vestibulandos? *Dom Casmurro* saiu em 1900. Machado morreu em 1908. Nenhum crítico nesses oito anos jamais ousou negar o adultério de Capitu. Leiam a carta do Graça Aranha, amigo pessoal do Machado: "Casada, teve por amante o maior amigo do marido". Voltem ao artigo do Medeiros e Albuquerque. Dar o Bentinho como "o nosso Otelo" é pura fantasia. Bestialógico mesmo. Um disparate indigno de pisar no vestíbulo da universidade. Refinadíssimo escritor, mestre do subentendido, virtuose da meia palavra, do *understatement*, Machado jamais desabaria numa grosseira cena de alcova, como num flagrante policial de adultério. Mas, se querem, o flagrante está no capítulo 113, "Embargos de terceiro". No anterior capítulo 106, "Dez libras esterlinas", Capitu revela os escondidos encontros com Escobar. Bentinho era estéril — precisa prova maior? De onde então essa ideia pateta de um Bentinho ingênuo e ciumento? Não é uma simples suspeita que está no capítulo 99, "O filho é a cara do pai". D. Glória, avó amantíssima, rejeita o neto putativo. Está na cara que nenhuma razão justifica virar o romance e o Machado pelo avesso. Ensinar errado é pecado capital. Ouçam o Dalton. Quem insistir na tese do "enigma" não lhe dirija a palavra. E de lambujem não me cumprimente. Machado merece respeito!

Fonte desta edição:
RESENDE, Otto Lara. "Não traiam o Machado". *Folha de S.Paulo*,
  São Paulo, 8 jan. 1992. Também em: RESENDE, Otto Lara.
  Bom dia para nascer: crônicas publicadas na Folha de S.Paulo.
  Seleção e posfácio de Humberto Werneck. São Paulo:
  Companhia das Letras, [1993] 2011, pp. 239-41.

Outros textos do autor a respeito de Machado de Assis:
RESENDE, Otto Lara. "Do morro à imortalidade". *O Globo*,
  Rio de Janeiro, 29 set. 1988.
RESENDE, Otto Lara. "O que recomendam". *Jornal do Brasil*,
  Rio de Janeiro, 17 jun. 1989.
RESENDE, Otto Lara. "Os charutos e a calamidade". *O Globo*,
  Rio de Janeiro, 18 jun. 1989.

RESENDE, Otto Lara. "O Brasil do primeiro mundo". *O Globo*.
Rio de Janeiro, 13 maio 1990.
RESENDE, Otto Lara. "Inocente ou culpada", *Folha de S.Paulo*,
São Paulo, 13 jan. 1992. Transcrição: RESENDE, Otto Lara.
Bom dia para nascer: crônicas publicadas na Folha de S.Paulo.
Seleção e posfácio de Humberto Werneck. São Paulo,
Companhia das Letras, [1993] 2011, pp. 241-2.
RESENDE, Otto Lara. "Capitu e o meu ônfalo", *Folha de S.Paulo*,
São Paulo, 15 jan. 1992. Transcrição: RESENDE, Otto Lara.
Bom dia para nascer: crônicas publicadas na Folha de S.Paulo.
Seleção e posfácio de Humberto Werneck. São Paulo,
Companhia das Letras, [1993] 2011, pp. 242-4.

O ENIGMA
DO COSME VELHO
João Antônio

j.a.

JOÃO ANTÔNIO Ferreira Filho (São Paulo, São Paulo, 1937 — Rio de Janeiro, Rio de Janeiro, 1996): Contista, cronista e jornalista, criador do conto-reportagem no jornalismo brasileiro. Nascido no subúrbio de São Paulo, ganhou concursos de contos, da *Tribuna da Imprensa* e de *Última Hora*. Trabalhou no *Jornal do Bra*, em *Manchete*, *O Pasquim* e na imprensa alternativa. Integrou a equipe fundadora da revista *Realidade*, em que publicou o conto-reportagem "Um dia no cais". No final dos anos 1960, largou o emprego e adotou um estilo de vida próximo ao da marginalidade de seus personagens, para se dedicar à literatura. Viajou pelo Brasil em 1978 e pela Europa em 1985. Obras, entre outras: *Malagueta, Perus e Bacanaço* (1963); *Calvário e porres do pingente Afon. Henriques de Lima Barreto* (1977); *Dedo--duro* (1982); *Abraçado ao meu rancor* (1986); *Zicartola e que tudo mais vá pro inferno!* (1991); *Um herói sem paradeiro* (1993); *Dama do Encantado* (1996).

Jornal do Brasil, 24 jun. 1992

Na primeira quinzena de maio de 1985 conheci Amsterdã. Posso dizer que na primavera a cidade entre os canais fica uma casa de bonecas. Cheguei a convite e fui hospedado num apartamento pequeno, privilégio, defronte ao canal e distante, se muito, cinco ruas, da estação ferroviária central. Amsterdã, plana, tem bondes até hoje, nem tão silenciosos e ordeiros quanto os de Haia, mas igualmente limpos. E eram sempre bondes a dar notícia da minha infância e dos meus bondes em São Paulo, em Santos, no Rio.

Um estudante de Literatura Brasileira e Portuguesa, Ruud Ploogmakers, bolsista que morou um ano em Santa Teresa, escolhera alguns livros meus para tese de mestrado e escrevera um trabalho de título pitoresco, só na aparência, *Frescuras do coração: A melancolia nos contos do submundo de João Antônio*. Defendida a tese, em Utrecht, a universidade holandesa me chamara para debates e participação em encontros que iam do meu processo de criação até problemas que preocupavam os holandeses interessados pelo Brasil. Como censura, por exemplo. A um desses ciclos de debates no Teatro De Balie, o falecido Manuel Puig também fora convidado.

Aquele que se deparar pela primeira vez com um campo de tulipas em maio na Holanda começará a entender a força da gana de viver de Vincent van Gogh.

Amsterdã me daria mais do que casa de bonecas, frentes magníficas de seus edifícios em maio, mais do que a boêmia cosmopolita, a febre, o turbilhão do bairro das luzes vermelhas com suas mulheres nas vitrinas, mais do que a música dos carrilhões — Brahms, Beethoven, Gounod, Mendelssohn, pedaços de sonatas, cantatas, salvos... — de suas igrejas a cada soar das horas sobre os telhados holandeses, primaveris, inesquecíveis.

Vasto coração, a Holanda me daria maior presente: Machado de Assis. Nosso Machado de Assis nas livrarias entre mais vendidos e respeitáveis. Acontecia à grande. August Willemsen, tradutor de Manuel Bandeira, Carlos Drummond de Andrade, Dalton Trevisan, estudioso de Graciliano Ramos e de outros, autor de um ensaio (*Deus é redondo*) sobre o futebol brasileiro e o futebol de Garrincha, traduzira cinco grandes romances de Machado, de *Esaú e Jacó* e *Dom Casmurro* ao *Memorial de Aires*, mais uma seleção de contos encabeçada pelo "Alienista". Machado de Assis ia desconcertando e mandando às aranhas a crítica holandesa. Bisava o seu drible e catimba naquele país baixo, jogava o seu verbo e levantava perguntas também lá, como aqui, ainda hoje sem resposta. Como pôde um espírito tão luminoso se formar e explodir num país de periferia como o Brasil em plena segunda metade do século passado? Como pôde alguém verrumar psicologias, técnicas de narração, mistérios da alma, soluções estéticas e estruturais modernníssimas à altura de Luigi Pirandello, Anton Tchekhov, Katherine Mansfield ou Robert Musil metido num país sem uma tradição de alta cultura ou uma grande universidade, e sem um modelo original de filosofia?

Igualmente ou mais estupefato do que os amigos recentes holandeses, eu lhes respondia com novas arguições. E como pôde um homem sem escolaridade, que aprendeu a ler aos doze anos trabalhando numa tipografia carioca, autodidata em tudo, escrever um conto de conhecimento profundo do mundo escolar de seu tempo como "Conto de escola"? Como pôde um mulatinho de morro, tão pobre quanto era pobre um morador de morro naquele tempo, atingir as profund[ez]as da paixão e ainda da semipaixão como em *Brás Cubas* ou *Quincas Borba*, ou averiguar o intrincado dos mistérios do eu feminino? De onde lhe veio a profundidade ferina e demorada de quem cozinha em fogo médio mais para o brando, só que bastante e permanente, a ponto de colocar em cena um Simão Bacamarte, uma Virgília, um Bentinho, um Deolindo Venta-Grande passando o Cemitério dos Ingleses em busca de sua Genoveva na universal "Noite de almirante"?

Que usasse o cálculo do bisturi frio de um cirurgião das almas, vá; que carpintejasse a língua e a linguagem tão alto quanto os clássicos portugueses e fosse o maior contista de língua portuguesa, vá lá; que inaugurasse, com risco e ousadia, o riscado novo de técnicas e estruturas... Que tivesse originalidade irrepetível, vá.

Mas o que nos embasbacava, aos holandeses e a mim, em principal, era a soma de tudo isso num escritor só — despojado sedutor, de gigante a inzoneiro, de cético a ético, de clássico a revolucionário e antiefabulativo. Artista da dissimulação, trabalhando nas entrelinhas e jogando com o ambíguo permanente, é um enigma. O maior caso da literatura brasileira.

E é esteta desconcertante, sua prosa é bailado o tempo todo de ritmo no ponto, e nela dança o nosso primeiro-bailarino.

Numa loja de discos de Amsterdã, tocava-se uma música popular do Brasil: "Meu coração amanheceu pegando fogo, fogo, fogo, foi uma morena que passou perto de mim e que me deixou assim".

Ora, para além do arrepio nos pelos do meu braço, essa letra quente, desbragada, o ritmo afoito remetia a Machado na medida em que o amor, o amor-paixão devora depressa e arde no interior e horizonte de seus personagens, com devastação. É fúria. No entanto, há uma atmosfera superfina. Machado de Assis será, sobremodo, o mais fino dos nossos prosadores ou "espiritual", no feitio de contar, como observou Mário de Andrade.

Senhor adonando-se desses contrastes, enigma do Cosme Velho, professor de sedução. Mais do que bruxo. Superlativo em surdina.

O diabo não é o diabo porque seja o diabo. O diabo é o diabo porque é velho. Assim como o Bruxo do Cosme Velho não ri: ele é um bruxo. E fica no fundo de tudo, espiando. E, no canto da boca, desde sempre e ainda hoje, o Bruxo sorri de todos nós — brasileiros, holandeses, alemães, ingleses... E onde, como ficam as nossas modernices e pós--modernices? Serão estéreis firulas?
Sorri como um primeiro-bailarino. Ou, melhor, como um divino demônio.

Fonte desta edição:
JOÃO ANTÔNIO. "O enigma do Cosme Velho". *Jornal do Brasil*, Rio de Janeiro, 24 jun. 1992, 1º Caderno, p. 11.

Outro texto do autor a respeito de Machado de Assis:
JOÃO ANTÔNIO. Depoimento em: NAME, Daniela. "Escritores dizem que V. S. Naipaul é leviano e racista". *O Globo*, Rio de Janeiro, 26 ago. 1994. Depoimentos de: João Antônio, Autran Dourado, Dias Gomes, Nélida Piñon e Antônio Torres.

CAPITU
SEM ENIGMA
Dalton Trevisan

d.t.

DALTON Jérson **TREVISAN** (Curitiba, 1925): Contista e romancista. Formado na Faculdade de Direito do Paraná, exerceu a advocacia por sete anos. Liderou o grupo que publicou a revista *Joaquim* (1946-48). Recebeu diversos prêmios literários, entre eles o Jabuti de 2011, com os contos de *Desgracida*, o Portugal Telecom em 2003 com *Pico na veia*, o Prêmio Camões em 2012. Obras, entre outras: *Novelas nada exemplares* (1959); *Cemitério de elefantes* (1964); *O vampiro de Curitiba* (1965); *Mistérios de Curitiba* (1968); *A guerra conjugal* (1969); *O pássaro de cinco asas* (1974); *Meu querido assassino* (1983); *A polaquinha* (1985); *Dinorá: novos mistério.* (1994); *234 ministórias* (1997); *Quem tem medo de vampiro?* (1998); *Capitu sou eu* (2003); *Arara bêbada* (2004); *Macho não ganha flor* (2006); *O maníaco do olho verd* (2008); *O anão e a ninfeta* (2011); *O beijo nc nuca* (2014).

Dinorá: novos mistérios, 1994

A té você, cara — o enigma de Capitu? Essa, não: Capitu inocente? Começa que enigma não há: o livro, de 1900, foi publicado em vida do autor — e até a sua morte, oito anos depois, um único leitor ou crítico negou o adultério? Leia o resumo do romance, por Graça Aranha, na famosa carta ao mesmo Machado: "*casada ... teve por amante o maior amigo do marido*" — incorreto o juízo, não protestaria o criador de Capitu, gaguinho e tudo? Veja o artigo de Medeiros e Albuquerque — e toda a crítica por sessenta anos. Pode agora uma frívola teoria valer contra tantos escritores *e o próprio autor*, que os abonou? Entre o velho Machado e a nova crítica, com ele eu fico.

Só uma peralta ignara da biografia (Carolina e seu passado amoroso no Porto) e temática do autor (ai, Virgília, ai, Capitolina, ai, Sofia) para sugerir tal barbaridade. Certo uma tese queira ser original, inverter o lido e o sabido: Capitu inocente, apenas delírio do ciumento Bentinho, o nosso Otelo. Que ela defenda a opinião absurda, entende-se. Levá-la porém a sério, e gente ilustre, nossos machadistas? Tão graciosa como dizer que Bentinho não amava Capitu e sim Escobar.

Do nosso Bruxo muito ela subestima o engenho e arte, basta ler o artigo em que Machado expõe as falhas de composição e o artifício dos personagens do *Primo Basílio* (o pobre Eça bem aceitou e calou): "Como é que um espírito tão esclarecido, como o do autor, não viu que semelhante concepção era...?". Para o bom escritor um personagem não espirra em vão, na seguinte página tosse com pneumonia. Se pendura na parede uma espingarda, por força há que disparar. Nosso Machadinho ocuparia mais da metade do livro com as manhas e artes de dois sublimes fingidores sem que haja traição? Como é que um espírito tão esclarecido não veria...

Só treslendo para sustentar tão pomposo erro. De Capitu o longo inventário: "olhos de cigana oblíquos[1] e dissimulados; aos catorze anos... ideias atrevidas ... na prática faziam-se hábeis, sinuosas, surdas, e alcançavam o fim proposto; mais mulher do que eu era homem; éramos dois e contrários, ela encobrindo com a palavra o que eu publicava pelo silêncio; aquela grande dissimulação de Capitu; já então namorava o piano da nossa casa; a pérola de César acendia os olhos de Capitu; nem sobressalto nem nada ... como era possível que Capitu se governasse tão facilmente e eu não?; a confusão era geral... as lágrimas e os olhos de ressaca; minha mãe um tanto fria e arredia com ela; já é fria também com Ezequiel; não nos visita há tanto tempo; Capitu menina ... uma estava dentro da outra, como a fruta dentro da casca" etc.

De Escobar, esse "filho de um advogado de Curitiba" (ai de ti, pode vir alguma coisa boa de Curitiba?), outro finório e calculista: "olhos fugitivos, não fitava de rosto; as mãos não apertavam as outras; testa baixa, o cabelo quase em cima da sobrancelha; o comércio é a minha paixão; sua mãe é uma senhora adorável; dê-me o número das casas de sua mãe e os aluguéis de cada uma; era opinião de prima Justina que ele afagara a ideia de convidar minha mãe a segundas núpcias; os olhos, como de costume, fugidios; ouvi falar de uma aventura do marido, atriz ou bailarina; fazendo ele os seus cálculos, eu os meus sonhos" etc.

Agora quer o flagrante dos amásios? Lá está, no capítulo "Embargos de terceiro": a esposa alega indisposição, o marido vai ao teatro, volta de repente, surpreende o amigo que inventa falso pretexto. Em "Dez libras esterlinas", Capitu revela os escondidos encontros com Escobar. "Uma vez em que os fui achar sozinhos e calados; uma palavra dela sonhando" etc. Mais não peça ao virtuoso da meia frase, do subentendido, da insinuação ("... e pude ver, a furto, o bico das chinelas" — "Missa do galo"), bem se excedeu nos indícios contra Capitu. Que pretende ainda a crítica alienada: a chocante cena de alcova? Chegue o autor "ao extremo (no mesmo artigo sobre o Eça) de correr o reposteiro conjugal"? Do Machadinho, não.

Tudo fantasia de um ingênuo e ciumento? Quer mais, ó cara: a prova carnal do crime? A Bentinho, que era estéril, nasce-lhe um filho temporão — "nenhum outro, um só e único". Ei-lo, o tão esperado: "De Ezequiel (menino) olhamos para a fotografia de Escobar ... a confusão dela fez-se confissão pura. Este era aquele ...". Um retrato de corpo inteiro, é pouco? "Ezequiel (adulto) ... reproduzia a pessoa morta. Era o *próprio*, o *exato*, o *verdadeiro* Escobar. Era o meu comborço; era o filho de seu pai".

Para um escritor que conta, mede, pesa as palavras, onde a suposta ambiguidade? Nada de ler nas entrelinhas. Lá está, com todas as letras: "o próprio, o exato, o verdadeiro". Dúvida não haja no espírito do leitor menos atento. E agora você, forte blasfêmia: apenas mimetismo social, Ezequiel um camaleão humano? Não queira separar o que o autor uniu: no capítulo "O filho é a cara do pai", Ezequiel já "é a cara do pai ... veja se não é a figura do meu defunto". Nada de vaga semelhança e sim imagem igual. Pretender ainda mais: uma cruz de fogo na testa?

No caso de Ezequiel, nem se trata de suspeita (um estranho no ninho de tico-ticos), é o escândalo da evidência (o negro filhote de chupim) que salta aos olhos: de José Dias, a prima Justina, d. Glória já desdenha a nora e rejeita o neto putativo. Iria uma avó amantíssima repudiar o único neto e afilhado — não fosse a cara do outro, o andar do outro, a voz do outro, as mãos e os modos do outro?

Não só o retrato físico: "a voz era a mesma de Escobar; tinha a cabeça aritmética do pai; um jeito dos pés de Escobar e dos olhos; e das mãos; o modo de voltar a cabeça" etc.

Tem mais: "Escobar vinha assim surgindo da sepultura; eu abria os olhos e a carta, a letra era clara e a notícia claríssima; a própria natureza jurava por si; o *defunto falava e ria por ele*". São signos turvos na água, de quem não afirma a óbvia conclusão, uma só e única?

Ezequiel, tudo isso e o céu também — uma ilusão dos sentidos, como quer a modernosa crítica? Ou é a cópia fiel, a réplica perfeita, no filho a figura mesma do amigo. Dúvida? uma gota de sangue, ambiguidade? na gema do ovo.

Pois longe de Capitu, solitário não ficou o nosso Bentinho: "... sem me faltarem amigas que me consolassem da primeira". E acaso um só fruto dessas muitas ligações? Ai dele, *incapaz de gerar* — "nenhum outro veio, certo nem incerto, morto nem vivo".

Se o autor não merece fé, a confusão é geral: o libelo de um chicanista fazendo as vezes de falsa testemunha, promotor e juiz? Um porco machista da classe dominante condena a bem querida, não por traí-lo, só por ser mulher e ser pobre? E mais: Bentinho casa com Capitu a fim de esconder a fixação na santa mãezinha. Nos lábios de Escobar, nossa heroína colhe o beijo da esposa d. Sancha. Escobar, esse, transfere a Capitu o amor secreto pelo Bentinho. O filho Ezequiel delira de febre por dois arqueólogos ao mesmo tempo. E d. Sanchinha? Feliz com o seu advogado em Curitiba, que lhe vem a ser o sogro. Etc.

Certo, a voz de Bentinho, só conhecemos a sua versão — e como podia ser diferente, uma história contada na primeira pessoa. E que pessoa é esta? Um Orlando furioso, em cada árvore as iniciais da infidelidade? Otelo possesso na cólera que espuma — ver o lenço e afogar Desdêmona, obra de um instante?

Nem Otelo nem Orlando, eis o nosso herói: uma doce pessoinha. Esse manso viúvo Dom Casmurro, *quatro decênios* idos e vividos, a evocar piedoso, confiável, sereníssimo — "a minha primeira amiga e o meu maior amigo ... que acabassem juntando-se e enganando-me ...".

Enfim que tanto importa se Capitu não traiu — a mesma consequência na separação do casal? Epa, mais respeito com a própria, a exata, a verdadeira intenção do autor. Que esteja dizendo o contrário do que escreve? O discurso machadiano entendido ao avesso é ululante *anacronismo crítico* — na tua segunda leitura (Borges) a terceira volta do parafuso (James).

Acha pouco, ô bicho? Que tal a admissão da nossa pecadora? Capitu rebelde, obstinada, desafiante ("beata! carola! papa-missas!"), colérica, orgulhosa, tudo aceita passivamente — o exílio, o castigo, a culpa. Quieta e calada na Suíça, escreve ao marido "cartas submissas, sem ódio, acaso afetuosas ... e saudosas". Sem gesto ou grito de revolta, a feroz contestadora? E, não bastasse, louvando ainda o seu carrasco — "*o homem mais puro do mundo, o mais digno de ser querido*". Ei, cara, é o estilo da vítima de uma acusação infame? Se a filha do Pádua não traiu, Machadinho se chamou José de Alencar.

Você pode julgar uma pessoa pela opinião sobre Capitu. Acha que sempre fiel? Desista, ô patusco: sem intuição literária. Entre o ciúme e a traição da infância, da inocência, do puro amor, ainda se fia que o Bruxo do Cosme Velho escolhesse o efeito menor? Pô, qual o grandíssimo tema romanesco de então, as fabulosas Emma Bovary e Anna Kariênina. A um pessimista, viciado no Eclesiastes, toda mulher ("mais amarga do que a morte") não é coração enganoso e perverso, nó cego de "redes e laços"?

Inocentar Capitu é fazê-la uma pobre criatura. Privá--la do seu crime, assim a perfídia não fosse própria das culpadas? Já sem mistério, sem fascínio, sem grandeza. Morreu Escobar não das ondas do Flamengo e sim dos olhos de cigana, oblíquos e dissimulados. Por que os olhos de ressaca, me diga, senão para você neles se afogar?

NOTA CONSTANTE NO TEXTO ORIGINAL:
1. "O riso oblíquo dos fraudulentos" (em *Papéis avulsos*) e "olhar oblíquo do meu cruel adversário" mais "o olhar oblíquo do mau destino" (em *Histórias sem data*).

Fonte desta edição:
TREVISAN, Dalton. "Capitu sem enigma". In: *Dinorá: novos mistérios*.
Rio de Janeiro: Record, 1994, pp. 29-36.

Outros textos do autor a respeito de Machado de Assis:
TREVISAN, Dalton. In: GRANATO, Fernando. *Esses jovens escritores*.
Curitiba: Fundação Jacob Daitzchman, 1989, p. 12.
TREVISAN, Dalton. "Esaú e Jacó". In: *Dinorá: novos mistérios*.
Rio de Janeiro: Record, 1994, pp. 45-6.
TREVISAN, Dalton. *Capitu sou eu*. Rio de Janeiro: Record, 2003.

MACHADO DE ASSIS INVENTOU O BRASIL
Antonio Callado

a.c.

ANTONIO Carlos **CALLADO** (Niterói, Rio de Janeiro, 1917 — Rio de Janeiro, Rio de Janeiro, 1997): Romancista, biógrafo, dramaturgo e jornalista. Formado em Direito em 1939, trabalhou nos jornais cariocas *O Globo* e *Correio da Manhã* e na BBC de Londres. Chefiou a equipe que elaborou a primeira edição da *Enciclopédia Barsa* (1963). Redator do *Jornal do Brasil*, cobriu em 1968 a Guerra do Vietnã. Lecionou nas universidades de Cambridge, na Inglaterra, e Columbia, nos Estados Unidos. Em 1992 tornou-se colunista da *Folha de S.Paulo*. Seu engajamento lhe custou duas prisões, em 1964 e em 1968. Quarto ocupante da Cadeira número 8 da Academia Brasileira de Letras, eleito em 1994. Obras, entre outras: Romances:

A madona de cedro (1957); *Quarup* (1967); *Reflexos do baile* (1976); *Sempreviva* (1981). Reportagem: *Esqueleto na Lagoa Verde* (1953); *Os industriais da seca* (1960); *Vietnã do Norte* (1969). Biografia: *Retrato de Portinari* (1957). Contos: *O homem cordial e outras histórias* (1993). Teatro: *O fígado de Prometeu* (1951); *O tesouro de Chica da Silva* (1962).

a.c.

ANTONIO Carlos CALLADO (Niterói, Rio de Janeiro, 1917 — Rio de Janeiro, Rio de Janeiro, 1997): Romancista, biógrafo, dramaturgo e jornalista. Formado em Direito em 1939, trabalhou nos jornais cariocas *O Globo* e *Correio da Manhã* e na BBC de Londres. Chefiou a equipe que elaborou a primeira edição da *Enciclopédia Barsa* (1963). Redator do *Jornal do Brasil*, cobriu em 1968 a Guerra do Vietnã. Lecionou nas universidades de Cambridge, na Inglaterra, e Columbia, nos Estados Unidos. Em 1992 tornou se colunista da *Folha de S.Paulo*. Seu engajamento lhe custou duas prisões, em 1964 e em 1968. Quarto ocupante da Cadeira número 8 da Academia Brasileira de Letras, eleito em 1994. Obras, entre outras: Romances: *A madona de cedro* (1957); *Quarup* (1967); *Reflexos do baile* (1976); *Sempreviva* (1981). Reportagem: *Esqueleto na Lagoa Verde* (1953); *Os industriais da seca* (1960); *Vietnã do Norte* (1969). Biografia: *Retrato de Portinari* (1957). Contos: *O homem cordial e outras histórias* (1993). Teatro: *O fígado de Prometeu* (1951); *O tesouro de Chica da Silva* (1962).

ERRATA
Na 1ª tiragem foi retratado Antonio Candido e não seu grande amigo Antonio Callado, dono do verbete e da crônica infalível que se segue.
[N. E]

Folha de S.Paulo, 19 ago. 1995

A notícia de que vai ser filmado o *Retrato de uma senhora*, de Henry James, me faz farejar obra-prima cinematográfica no ar. O romance é lindão e pertence à fase que se diria fácil do complicado James.
Só literatura fácil dá cinema bom. Numa floresta como numa literatura a gente acaba, com o tempo, por distinguir com bastante precisão a madeira de lei do que não passa de matagal.

No momento fatal e decisivo em que o Brasil e os Estados Unidos, bastante grandes territorialmente para poderem virar grandes potências, buscavam em si mesmos sinais de grandeza espiritual também, produziram seus dois grandes gênios literários: Machado de Assis e Henry James.

Exatamente por haverem crescido muito mais do que nós materialmente, os Estados Unidos cresceram mais também no campo literário, dentro do contexto mundial: país nanico não produz arte grande. Mas pode-se dizer que até Machado (1839-1908) o Brasil, que resistiu à tentação separatista que lhe veio depois da independência, ainda podia tomar jeito.

Quanto aos Estados Unidos dos tempos de Henry James (1843-1916) o país já havia atravessado seu período de incerteza graças ao acúmulo de riqueza material. Sentia-se ainda rude diante da Europa, mas já escancarava as portas do *saloon* da concorrência mundial de espora na bota e garrucha no cinto.

Exatamente porque refletiram com perfeição o momento crucial do parto de seus países, Machado e James serão para sempre os dois gênios maiores, os patriarcas.

James teve que andar depressa para firmar os traços da inocência original de um país que estava rapidamente virando Europa.

Machado teve todo o tempo do mundo para constatar que o Brasil estava virando um grande Portugal, que jamais aceitaria a rude tarefa de criar o futuro que a grandeza territorial lhe oferecia. Sua última heroína, a Flora de *Esaú e Jacó*, morre de anemia, de fraqueza, para não ter de escolher entre os dois gêmeos que lhe pediam a mão. Morre para não ter que dizer sim ou não.

Henry James, ao contrário, já sentia de tal forma a força bruta dos Estados Unidos, que alarmava sua finura europeia, que se naturalizou inglês no fim da vida, para justificar sua fidelidade aos valores da "civilização" na primeira guerra europeia. O Reino Unido imediatamente recebeu de volta o oriundo arrependido, pespegando-lhe a Ordem do Mérito.

Os americanos, que bobos nunca foram, não se zangaram com James nem quando ele, no último grande conto que escreveu, "The Jolly Corner", justificou seu gesto traçando, num enredo fantasmagórico, o pavor que sentira de virar um ser endinheirado e vulgar, caso permanecesse nos Estados Unidos.

James teve, portanto, como angústia central de romancista, a noção de que lhe cabia interpretar o país que lhe desagradava por estar crescendo depressa demais, antes de adquirir boas maneiras.

Os Estados Unidos eram os grandes beneficiários do darwinismo social dos nossos tempos: o mundo é pragmático e vencem os países que são mais violentos e mais atentos e fortes, e não os mais civilizados e distraídos. Vale lembrar que o irmão do romancista foi o grande filósofo William James, que lançou os Estados Unidos nos grandes campos da filosofia mundial. Machado, que agradeceu aos fados não ter produzido filho nenhum, também não teve nenhum irmão. E o Brasil estava longe de conseguir produzir um filósofo. Ele teve, como romancista, tarefa muito mais complicada que a de James, Dickens ou Balzac. Lamartine Babo disse que Cabral inventou o Brasil, mas na realidade nosso inventor foi Machado. Com a cabeça estourando de personagens e sem palco para eles, inventou o Brasil. E nos deixou, como dúbia herança, essa perene incerteza em relação a nós. É fácil fazer um filme de *Portrait of a Lady*, primeira obra-prima de James. Mas só sei de poucos, pouquíssimos diretores que pudessem passar para a tela, a partir do explícito pesadelo inicial, o risonho mas terrível pesadelo que é, de ponta a ponta, *Brás Cubas*.

Fonte desta edição:
CALLADO, Antonio. "Machado de Assis inventou o Brasil". *Folha de S.Paulo*, 19 ago. 1995.

Outros textos do autor a respeito de Machado de Assis:
CALLADO, Antonio. Resposta à enquete "O Brasil em livro", realizada por Antonio Olinto. *O Globo*, Rio de Janeiro, ago. 1958.
CALLADO, Antonio. "Lembranças de dona Inácia". In: CALLADO, Antonio; DOURADO, Autran; LADEIRA, Julieta de Godoy; TELLES, Lygia Fagundes; PIÑON, Nélida & LINS, Osman. *Missa do galo: variações sobre o mesmo tema*. São Paulo: Summus, 1977, pp. 65-76.
CALLADO, Antonio. Depoimento em: BOMFIM, Beatriz & NÊUMANNE PINTO, José. "O desafio de recriar Machado". *Jornal do Brasil*, Rio de Janeiro, 24 dez. 1977. Cf. a seção "Enquetes e depoimentos" neste volume.
CALLADO, Antonio; GARBUGLIO, José Carlos; FACIOLI, Valentim; CURVELLO, Mário; BOSI, Alfredo; BRAYNER, Sônia; SCHWARZ, Roberto & RONCARI, Luiz. "Mesa-redonda". In: *Machado de Assis: Antologia e estudos*. São Paulo: Ática, 1982, pp. 310-43.
CALLADO, Antonio. "Os livros da minha vida". *O Globo*, Rio de Janeiro, 1º abr. 1994.
CALLADO, Antonio. "Contos de Dalton Trevisan mordem o leitor". *Folha de S.Paulo*, São Paulo, 10 dez. 1994. Também em: CALLADO, Antonio. *Crônicas do fim do milênio*. Rio de Janeiro: Francisco Alves, 1997, pp. 253-6.

CALLADO, Antonio. Resposta em: PAIVA, Anabela, "A partilha de Machado". *Jornal do Brasil*, Rio de Janeiro, 9 jun. 1996. Reportagem sobre o projeto de Jean-Michel Massa de dirigir a edição das obras completas de Machado. Opiniões de Antônio Houaiss, Jorge Amado, Miguel Reale, Sábato Magaldi, Josué Montello, Lygia Fagundes Telles, Antonio Callado, Marcos Almir Madeira, Barbosa Lima Sobrinho, Geraldo França de Lima.

O "OUTRO LADO" DE DOM CASMURRO
Millôr Fernandes

m.f.

MILLÔR [Milton] Viola **FERNANDES**
(Rio de Janeiro, Rio de Janeiro, 1923 —
Rio de Janeiro, Rio de Janeiro, 2012):
Poeta, dramaturgo, tradutor, desenhista,
ilustrador, chargista, roteirista de
cinema, compositor, jornalista. Registrado
Millôr em lugar de Milton, aos dez anos
vendeu o primeiro desenho para *O Jornal*,
do Rio de Janeiro. Autodidata, começou
a trabalhar em *O Cruzeiro* aos quinze anos.
Dirigiu *A Cigarra*, em que assinou
como Vão Gogo a seção "Poste Escrito".
Publicou colunas de humor gráfico
na *Veja* e no *Jornal do Brasil*. Em 1964,
fundou a revista *Pif-Paf* e em 1969
foi um dos fundadores de *O Pasquim*.
Foi autor de teatro e tradutor de Sófocles,
Shakespeare, Molière, Brecht. Obras,
entre outras: Poesia: *Papaverum Millôr*
(1967); *Hai-kais* (1968). Teatro: *Pigmaleoa*
(1965); *Computa, computador, computa*
(1972); *A história é uma istória* (1978).
Prosa: *Fábulas fabulosas* (1964);
Devora-me ou te decifro (1976); *Que país
é este?* (1978); *Eros uma vez* (1987);
*The Cow Went to the Swamp ou A vaca
foi pro brejo* (1988); *Crítica da razão
impura ou O primado da ignorância* (2002

Veja, 26 jan. 2005

Publiquei, através de anos, no *Estadão*, no *O Dia*, e no *Jornal do Brasil* — ao todo aproximadamente 2 milhões de exemplares — "pesquisa" sobre *Dom Casmurro*, a obra magna de Machado de Assis.
    Como minha página era a capa exterior dos jornais citados, e o assunto era picante — *se* Escobar, "herói" do romance, tinha ou não comido a Capitu, eterna e tola discussão entre beletristas —, devo ter alcançado pelo menos 100 mil desprevenidos. Bom, não apenas mostrei que Escobar comeu a Capitu, como, não sei não, acho que tirei Dom Casmurro do "armário".
    Como não sou dos maiores — e nem mesmo dos menores — admiradores do Bruxo, fundador da Academia Brasileira de Letras ("a Glória que fica, eleva, honra e consola", eu, hein, que frase!), não vou discutir a maciça, impenetrável, inexpugnável *web* protecionista que se criou em torno dele. Não quero polemizar (falta-me vontade e capacidade) com a candura que os eruditos (com acento no *ú*, por favor) têm pra relação *equívoca* entre Capitu, a "dos olhos de ressaca" (que Machado não explica se era ressaca do mar ou de um porre), e Escobar, o mais íntimo amigo de

Bentinho, narrador e personagem do livro (evidente *alter ego* do próprio Machado).

A desconfiança básica vem desde 1900, quando Machado publicou *Dom Casmurro*. Dom Casmurro é ou não é corno, palavra cujo sentido de humilhação masculina — que ainda mantém bastante de sua força nesta época de total permissividade — na época de Machado era motivo de crime passional, "justa defesa da honra", e outros desagravos permitidos pela legislação e pelos costumes.

Curioso que, ontem como hoje, o epíteto *corna* não se grudou à mulher. Ela é tola, vítima, "não sei como suporta isso!", "corneia ele também!", mas o epíteto não colou.

Dom Casmurro sofre da dor específica umas cinquenta páginas do romance, envenenado pela hipótese da infidelidade de Capitu. Que dúvida, cara pálida? Capitu *deu* pra Escobar. O narrador da história, Bentinho/Machado, só não coloca no livro o DNA do Escobar porque ainda não havia DNA. Mas fica humilhado, desesperado mesmo, à proporção que o filho cresce e mostra olhos, mãos, gestos e tudo o mais do amigo, agora morto. Bentinho chega a chamar Escobar de comborço (parceiro na cama).

Mas, pela nossa eterna *pruderie* intelectual, também ainda ridiculamente forte com relação a outro tipo de relação, a *homo*, nunca vi ninguém falar nada das intimidades entre Bentinho e Escobar. É verdade que, na época, Oscar Wilde estava em cana por causa do pecado que "não ousava dizer seu nome".

Não fiz interpretações. Apenas selecionei frases — momentos — do próprio Dom Casmurro/Machado, da edição da Editora Nova Aguilar. Leiam, e concordem ou não.

Chamava-se Ezequiel de Sousa Escobar. Era um rapaz esbelto, olhos claros, um pouco fugitivos, como as mãos, como os pés, como a fala, como tudo. (p. 868)

Escobar veio abrindo a alma toda, desde a porta da rua até o fundo do quintal. A alma da gente, como sabes, é uma casa [...] com janelas para todos os lados, muita luz e ar puro. [...] Não sei o que era a minha. [...] mas como as portas não tinham chaves nem fechaduras, bastava empurrá-las, e Escobar empurrou-as e entrou. Cá o achei dentro, cá ficou... (mesma página)

Ia alternando a casa e o seminário. Os padres gostavam de mim, os rapazes também, e Escobar mais que os rapazes e os padres. (p. 876)

Os olhos de Escobar [...] eram dulcíssimos. [...] A cara rapada mostrava uma pele alva e lisa. A testa é que era um pouco baixa [...] mas tinha sempre a altura necessária para não afrontar as outras feições, nem diminuir a graça delas. Realmente, era interessante de rosto, a boca fina e chocarreira, o nariz fino e delgado. (p. 883)

Fui levá-lo à porta [...]. Separamo-nos com muito afeto: ele, de dentro do ônibus, ainda me disse adeus, com a mão. Conservei-me à porta, a ver se, ao longe, ainda olharia para trás, mas não olhou. (mesma página)

Capitu [...] viu (do alto da janela) as nossas despedidas tão rasgadas e afetuosas, e quis saber quem era que me merecia tanto.
—É o Escobar, disse eu. (mesma página)

—Escobar, você é meu amigo, eu sou seu amigo também; aqui no seminário você é a pessoa que mais me tem entrado no coração [...]. (p. 887)

—Se eu dissesse a mesma cousa, retorquiu ele sorrindo, perderia a graça [...]. Mas a verdade é que não tenho aqui relações com ninguém, você é o primeiro e creio que já notaram; mas eu não me importo com isso. (mesma página)

Durante cerca de cinco minutos esteve com a minha mão entre as suas, como se não me visse desde longos meses.
—Você janta comigo, Escobar?
—Vim para isto mesmo. (p. 899)

Caminhamos para o fundo. Passamos o lavadouro; ele parou um instante aí, mirando a pedra de bater roupa e fazendo reflexões a propósito do asseio; [...] lembra-me só que as achei engenhosas, e ri, ele riu também. A minha alegria acordava a dele, e o céu estava tão azul, e o ar tão claro, que a natureza parecia rir também conosco. São assim as boas horas deste mundo. (p. 900)

Fiquei tão entusiasmado com a facilidade mental do meu amigo, que não pude deixar de abraçá-lo. Era no pátio; outros seminaristas notaram a nossa efusão; um padre que estava com eles não gostou... (p. 901)

Escobar apertou-me a mão às escondidas, com tal força que ainda me doem os dedos. (p. 902)

Escobar também se me fez mais pegado ao coração. As nossas visitas foram-se tornando mais próximas, e as nossas conversações mais íntimas. (p. 913)

A amizade existe; esteve toda nas mãos com que apertei as de Escobar, ao ouvir-lhe isto, e na total ausência de palavras com que ali assinei o pacto; estas vieram depois, de atropelo, afinadas pelo coração, que batia com grande força. (p. 914)

(Depois da morte de Escobar)
Era uma bela fotografia tirada um ano antes. (Escobar) estava de pé, sobrecasaca abotoada, a mão esquerda no dorso de uma cadeira, a direita metida ao peito, o olhar ao longe para a esquerda do espectador. Tinha garbo e naturalidade. A moldura que lhe mandei pôr não encobria a dedicatória, escrita embaixo, não nas costas do cartão: "Ao meu querido Bentinho o seu querido Escobar 20-4-70". (pp. 925-26)

* * *

P.S.: Mas, se vocês ainda têm dúvida, leiam a página 845 do fúlgido romance. Bentinho, ele próprio, fica pasmo, e *realizado*, quando consegue dar um beijo (quer dizer, apenas uma bicota) em Capitu. É ele próprio quem fala, entusiasmado com seu feito de bravura:

"De repente, sem querer, sem pensar, saiu-me da boca esta palavra de orgulho: — *Sou Homem!*"

Fonte desta edição:
FERNANDES, Millôr. "O outro lado de Dom Casmurro". Revista *Veja*, Editora Abril, 26 jan. 2005. In: VERISSIMO, Luis Fernando *et al.* Org. de Alberto Schprejer. *Quem é Capitu?*. Rio de Janeiro: Nova Fronteira, 2008, pp. 121-125. Primeira versão em: *Jornal do Brasil*, Rio de Janeiro, 2 set. 2001.

Outros textos do autor a respeito de Machado de Assis:
FERNANDES, Millôr. "O humorismo levado a sério". *O Globo*, Rio de Janeiro, 25 set. 1994. Entrevista concedida a Eros Ramos de Almeida, com referência a Machado.

FERNANDES, Millôr. "Machado/Bentinho, ainda", *Jornal do Brasil*, Rio de Janeiro, 3 set. 2001.

O FEITIÇO DO BRUXO
Ferreira Gullar

f.g.

José Ribamar **FERREIRA GULLAR** (São Luí, Maranhão, 1930 — Rio de Janeiro, Rio de Janeiro, 2016): Poeta, dramaturgo, traduto e crítico de artes plásticas. Descobriu a poesia moderna aos dezenove anos, ao ler Drummond e Bandeira. Em 1951, mudou-s para o Rio de Janeiro, onde trabalhou em *O Cruzeiro*, *Manchete* e no *Jornal do Bras* Integrou o grupo neoconcreto, com artista plásticos e poetas. Nos anos 1960, publicou cordel, foi presidente do Centro Popular d Cultura da União Nacional dos Estudantes e entrou no Partido Comunista. Processa e preso, viajou clandestinamente para Moscou, Santiago, Lima e Buenos Aires. Um dos fundadores do Teatro Opinião. Sétimo ocupante da Cadeira número 37 da Academia Brasileira de Letras, eleito er 2014. Publicou, entre outras obras: Poesia: *A luta corporal* (1954); *Dentro da noite vel* (1975); *Poema sujo* (1976). Contos e crônica *Gamação* (1996); *Resmungos* (2007). Teatr *Um rubi no umbigo* (1979). Memórias: *Rabo de foguete: Os anos de exílio* (1998). Biografia: *Nise da Silveira* (1996). Ensaios: *Teoria do não objeto* (1959); *Vanguarda e subdesenvolvimento* (1969).

Folha de S.Paulo, 30 abr. 2006

Uma rápida escaramuça encrespou o meio literário quando alguém afirmou que o romance *Dom Casmurro*, de Machado de Assis, não era lá essa obra-prima que se diz que é. Ao ler alguma coisa a respeito, perguntei-me se não poderia essa crítica ter algum fundamento — e fui conferir.
Fazia quase vinte anos que não relia o romance e, muito embora minha opinião sobre ele fosse a consagrada, alimentava, machadianamente, a hipótese de vê-la desmentida. Não é que eu tenha restrições ao Bruxo do Cosme Velho, mas é que, a exemplo dele, não gosto de mistificações, a verdade deve ser dita, ainda que doa um pouco. Assim, investido de total isenção, iniciei a minha releitura e, logo no primeiro parágrafo, já estava de novo enfeitiçado por sua irreverência bem-humorada. Depois de contar como ganhara o apelido de Dom Casmurro, que decidira usar como título do livro, alude à hipótese de que o autor do apelido venha a julgar-se também autor do livro, e arremata: "Há livros que apenas terão isso de seus autores; alguns, nem tanto".
Como não pretendo meter-me em polêmicas alheias nem fazer uma reavaliação crítica do famoso romance,

vou tentar dividir com você, leitor, as alegrias que a dita releitura me proporcionou. Mesmo que já tenha lido o romance — o que é bem provável —, não deixará de reler com prazer trechos como este: "Ia entrar na sala de visitas, quando ouvi proferir o meu nome e escondi-me atrás da porta. A casa era a da rua de Matacavalos, o mês novembro, o ano é que é um tanto remoto, mas não hei de trocar as datas à minha vida só para agradar às pessoas que não amam histórias velhas; o ano era de 1857".

Como o leitor bem sabe, Bentinho, já então velho e casmurro, imaginou preencher sua solidão escrevendo talvez sobre jurisprudência, filosofia e política, mas logo desistiu e pensou em escrever uma "História dos subúrbios", de que abriu mão por lhe faltarem documentos e datas. Restou-lhe, então, escrever sobre sua própria vida, o que implicaria contar a história de um amor nascido na adolescência, quando conheceu a menina Capitu e os dois se apaixonaram; um puro amor de crianças, que começou no quintal da casa e se alimentou dos sorrisos e olhares da menina que, segundo o agregado da família, José Dias, tinha "uns olhos de cigana, oblíqua e dissimulada".

Mas a Bentinho era difícil encontrar a definição para aqueles olhos:

Olhos de ressaca? Vá, de ressaca. É o que me dá ideia daquela feição nova. Traziam não sei que fluido misterioso e enérgico, uma força que arrastava para dentro, como a vaga que se retira da praia, nos dias de ressaca. Para não ser arrastado, agarrei-me às outras partes vizinhas, às orelhas, aos braços, aos cabelos espalhados pelos ombros; mas tão depressa buscava as pupilas, a onda que saía delas vinha crescendo, cava e escura, ameaçando envolver-me, puxar-me e tragar-me.

E, de fato, tragou-o. Tanto que tudo fez para se livrar do seminário e se entregar definitivamente à paixão de sua vida. Os ciúmes que ela lhe despertava desvaneceram-se quando os dois juraram que haveriam de se casar e viver juntos o resto de sua vida. Casaram-se e lhes nasceu um filho a que deram o nome de Ezequiel, em homenagem a Ezequiel Escobar, o melhor amigo do casal. Só que, à medida que o menino crescia, mais se parecia com o amigo e não com o pai. Bem, todo mundo já conhece essa história e, se a relembro aqui, é por ser ela a matéria amarga com que Machado inocula seu pessimismo.

Dom Casmurro é um livro triste que nos faz rir de nossa própria fragilidade e nos encanta por sua qualidade literária. Se é verdade que toda a obra de Machado está marcada pelo ceticismo e pela ironia, neste romance, o desencanto parece atingir seu ápice. A traição de Capitu não é uma traição qualquer: ela trai o puro amor de sua vida, a que jurara fidelidade. Aqui, o ceticismo de Machado revela-se implacável e irremissível. Que Marcela traia Brás Cubas, é compreensível; que Virgília traia Lobo Neves, é corriqueiro; mas, ao levar Capitu a trair Bentinho, Machado nos deixa em total desamparo. Não obstante, depois de tudo, nenhuma mulher levou Bentinho a esquecer Capitu, segundo ele, "a primeira amada" de seu coração. E por quê? "Talvez porque nenhuma tinha olhos de ressaca e de cigana oblíqua e dissimulada." À pergunta de se a Capitu que o traiu já estava na menina da rua de Matacavalos, responde que sim, estava, como a fruta na casca. E conclui o livro com estas palavras ressentidas, mas desabusadas: "A minha primeira amiga e o meu maior amigo, tão extremosos ambos e tão queridos também, quis o destino que acabassem juntando-se e enganando-me... A terra lhes seja leve! Vamos à 'História dos subúrbios'".

A releitura de *Dom Casmurro* levou-me a reler *Memórias póstumas de Brás Cubas*, não menos amargas, mas das quais tiro para o leitor uma frase que o faça rir: "E eu, atraído pelo chocalho de lata que minha mãe agitava diante de mim, lá ia para a frente, cai aqui, cai acolá; e andava, provavelmente andava mal, mas andava, e fiquei andando".

Pessimismos à parte, poucos escritores alcançaram, como Machado, tanta graça e mestria na arte de escrever.

Fonte desta edição:
GULLAR, Ferreira. "O feitiço do Bruxo". *Folha de S.Paulo*, 30 abr. 2006.

Outros textos do autor a respeito de Machado de Assis:
GULLAR, Ferreira. "Os livros da minha vida". *O Globo*, Rio de Janeiro, 1º set. 1991. Referência a Machado.
GULLAR, Ferreira. "Meu clássico". *O Globo*, Rio de Janeiro, 19 jun. 1999. Sobre *Dom Casmurro*.

AINDA UMA VEZ, CAPITU!
Lygia Fagundes Telles

l.f.t.

LYGIA FAGUNDES TELLES (São Paulo, São Paulo, 1923): Contista e romancista. Formou-se na Faculdade de Direito do Largo de São Francisco e cursou a Escola Superior de Educação Física da Universidade de São Paulo. Integrou a redação das revistas *Arcádia* e *XI de Agosto* Trabalhou como procuradora do Instituto de Previdência do Estado de São Paulo. Fo presidente da Cinemateca Brasileira e é membro da Academia Paulista de Letras e da Academia Brasileira de Letras, quarta ocupante da Cadeira número 16, eleita em 1985. Teve seus livros publicados em diversos países e obras adaptadas para TV, teatro e cinema. Publicou, entre outras: Romances: *Ciranda de pedra* (1954); *As meninas* (1973); *As horas nuas* (1989). Contos: *Antes do baile verde* (1970); *Seminário dos ratos* (1977); *O segredo* (201 Ficção e memória: *Invenção e memória* (2000); *Durante aquele estranho chá* (2002 Roteiro cinematográfico: *Capitu*, escrito com Paulo Emílio Sales Gomes, inspirado em *Dom Casmurro* (2008).

Quem é Capitu?, 2008

Embuçado e caviloso — eis aí duas expressões às quais Machado de Assis recorreu em algumas ocasiões. O embuçado, segundo o dicionário, tem o rosto coberto por uma parte da capa, provavelmente a gola. O caviloso é aquele que exige maior atenção porque pode ser perigoso, CAVE CANEM! — era a inscrição na entrada de antigas casas romanas, CUIDADO COM O CÃO! Descartado o cachorro, esse alguém caviloso pode seduzir ou envolver o próximo usando de malícia e astúcia. Na penumbra das ambiguidades é que vejo o mais importante traço do estilo machadiano.

Não me parece justo falar em imprecisão diante de linguagem tão clara em grande parte dos contos e romances, ah! com que descuidado prazer o leitor avança nessa leitura que segue assim com a naturalidade de um rio. Até que na transparência das águas começam a aparecer certos coágulos de sombra, um aqui, outro mais adiante... Mas de onde vieram esses coágulos? E a névoa a baixar delicada mas perversa. Antes tão exposta, a personagem começa a levantar a tal gola da capa e assim o rosto não parece tão visível. O leitor, também ele fica desconfiado — mas por que o enredo enveredou por esse atalho duvidoso? No movimento de um parafuso ou verruma a trama vai afundando mais difícil, complicada, ah! Deus?, por que o foco-narrador, o nosso Bentinho seminarista destinado a ser feliz, vai se transformando num homem desconfiado? Cavernoso. E a risonha amiguinha da infância, a Capitu de tranças não foi virando uma "cigana de olhar oblíquo e dissimulado"? Sorrateira feito pequena serpente a deslizar por entre a moita.

Volto-me para o retrato de Machado de Assis maduro, provavelmente da época em que escreveu *Dom Casmurro*, e descubro nessa expressão a secreta ironia que se estende ao olhar sob o pincenê: sim, sou aquele que tem por ofício "remexer a alma e a vida dos outros". Vida que começa bem-comportada, de uma peraltice inocente, ele gostava das peraltices com certos toques de humor. Contudo, muita atenção porque pessoas e coisas que pareciam nítidas vão ficando embaçadas. Com os imprevistos, alguns até graves, o *bruxo zombeteiro*, assim o chamou Carlos Drummond de Andrade, sabia transformar o fagueiro cotidiano num drama.

E o leitor-cúmplice avançando fascinado, difícil tirar uma conclusão, hem? E se falei em leitor-cúmplice é porque considero o leitor não apenas um parceiro mas um cúmplice que interpreta e concorda (ou não) com o escritor nessas manobras.

* * *

O antigo moleque do morro do Livramento, um descendente de escravos, gago e com ataques de epilepsia, em pleno século XIX rompeu com os preconceitos e criou a prosa realista, o mais corajoso desafio à prosa romântica. Vidente, ele intuiu que era dos artistas a tarefa de fazer baixar as máscaras de uma sociedade mascarada e foi em frente. Aceitou o modesto emprego numa tipografia porque assim estaria mais próximo da palavra, e a vocação? Estudou línguas porque queria ler os grandes autores no original, era ateu mas gostava de reler o Eclesiastes, ah! "Vaidade das vaidades, tudo é vaidade!".

A paixão e a paciência. Ao lado da devotada Carolina, não apenas nos livros mas em artigos na imprensa, ele se embrenhou na filosofia e na psicologia ao expor as razões do coração. Quer mais? O recatado ficcionista sabia que é importante, às vezes, o aconchego dos amigos e assim com alguns amigos fundou a Academia Brasileira de Letras, da qual foi presidente até o fim.

"A casa da alma é a memória", escreveu Santo Agostinho. A importância dessa memória em *Dom Casmurro*, soma misteriosa dos três tempos, o passado e o futuro no tempo presente. Com aquele saldo ou resíduo no final, sempre próximo da ironia machadiana, Drummond referiu-se a esse resíduo: "De tudo fica um pouco. Às vezes um botão. Às vezes um rato".

O saldo de *Dom Casmurro*. Quando o sonhador Bentinho se despediu afinal dos seus sonhos, com inesperada energia acaba por despachar para o exterior a Capitu com o filho que, no seu entender, era filho do amigo Escobar, a cara do Escobar. Eis que esse jovem acabou voltando, as personagens também voltam. Por pouco tempo, porque ele inventou de viajar com os colegas para o Egito, onde morreu de uma peste que grassava por lá. Nosso Bentinho agora casmurro, na noite em que soube da morte do filho que era filho do outro, jantou bem e foi ao teatro, Ora, dane-se! pensou. Comeu com apetite, pegou a bengala e foi se divertir, "Que a terra lhe seja leve!".

* * *

Li o romance pela primeira vez quando era uma jovem estudante da Faculdade de Direito do Largo de São Francisco. Comprei o livro no sebo das imediações e cheguei ao fim meio pasmada, mas esse Bentinho é um neurótico, mais do que neurótico, é um louco de guizo! como dizia avó Belmira. Coitada da Capitu, como deve ter sofrido nas mãos desse cara "mordido pelo dente do ciúme", conforme ele mesmo confessa. É o foco-narrador e naturalmente suas confissões são suspeitas, fica claro que era inteligente mas inseguro, com uma inveja atroz do amigo que era esbelto e atraente. Então o tal dente do ciúme foi afundando feito um parafuso, mais uma volta, mais uma, e ele quase envenena aquela criança que o amava, oh! Deus, e o marido parafuso ainda insistindo, e a semelhança com o amigo? Tolice, essas semelhanças acontecem, pois a minha mãe não encontrou uma menina extraordinariamente parecida comigo? Chegou a levar um susto. E então?!...

Muitos anos depois abri um exemplar de *Dom Casmurro* com uma verdolenga Capitu na capa e me lembrei do belo poema de Gonçalves Dias, "Ainda uma vez, adeus!". Comecei a ler, ainda uma vez, Capitu! e, antes de chegar ao fim, parei tomada de espanto. Tive vontade de rir porque essa foi a mais surpreendente revelação: agora tinha ficado claro, também a mim ela enganou, era a amante de Escobar e o filho era dele. Tão fortes as evidências, um exemplo? Foi Capitu que chamou a atenção de Bentinho para aquele filho que tinha a mania de imitar as pessoas em redor, pois imitando o Escobar não ficou igual a ele? E a noite em que Bentinho foi ao teatro e Capitu não foi porque alegou indisposição. Bentinho não ficou até o fim, voltou para casa mais cedo e quem ele encontra na porta? O Escobar. Surpresa, sim, uma visita inesperada? E Escobar se justificando, viera para tratar de alguns embargos que não conseguira resolver. Bentinho chega a estranhar, mas se esses embargos não tinham a menor importância... E aquela cena do velório de Escobar, quando ele surpreende o olhar de Capitu com a mesma expressão do olhar da viúva, ambas fitando o morto com a força do mar na ressaca, das ondas avançando e depois recuando até levar tudo lá para as profundezas. Quer dizer que Bentinho estava certo? Certíssimo! diria o agregado dos superlativos. Afinal, a traição estava dentro de Capitu assim como o caroço está dentro da fruta. Devolvi o livro para a estante, era o adeus?

Ainda não. Paulo Emílio e eu morávamos na rua Sabará quando o caro amigo e cineasta Saraceni nos visitou, pretendia dirigir um filme e queria um roteiro baseado no livro *Dom Casmurro*. O nome do filme? *Capitu.*

Tive que me segurar para não rir, olha aí a moça outra vez! Foram dias e noites que podiam varar a madrugada, tanto entusiasmo, tanta vontade de acertar: o livro aberto na mesa, o bule de café, o cinzeiro... Ainda impregnada da última leitura, a minha tendência no início era tomar o partido de Bentinho, embora soubesse que devíamos ficar acima de qualquer julgamento porque nisso estava a força do texto. Suspender o juízo! Insistia Paulo Emílio. Até que certa manhã ele me encarou apreensivo, Você está ficando com a cara do Bentinho! Respondi rápida, Então é porque você está me traindo! Caímos na risada e tomamos um copo de vinho para comemorar, íamos entrar no segundo rascunho. Recomeçamos num outro clima. No toca-discos, Chopin. Os gatos vigiando em silêncio, cada qual na sua almofada e eu batendo na máquina de escrever enquanto Paulo Emílio ia fazendo suas anotações no caderno de espiral. Tão bom ficarmos próximos e ao mesmo tempo assim distantes daquelas tempestades passionais. Meu filho Goffredo, ainda adolescente, veio espiar o nosso trabalho, tinha acabado de ler o romance e de repente fez a pergunta, E daí, houve mesmo a traição? Olhei-o nos olhos e respirei fundo, Ah! confesso que não sei, não sei. É tudo misterioso como aquele mar acima de qualquer suspeita com suas ondas espumejantes arrebentando nas pedras.

Fonte desta edição:
TELLES, Lygia Fagundes. "Ainda uma vez, Capitu".
    In: VERISSIMO, Luis Fernando *et al.* Org. de Alberto Schprejer. *Quem é Capitu?*. Rio de Janeiro: Nova Fronteira, 2008, pp. 157-161.

Outros textos da autora a respeito de Machado de Assis:
TELLES, Lygia Fagundes. "Machado vale uma literatura".
    Última Hora, São Paulo, 29 set. 1958.
TELLES, Lygia Fagundes. "Missa do galo". In: CALLADO, Antonio; DOURADO, Autran; LADEIRA, Julieta de Godoy; TELLES, Lygia Fagundes; PIÑON, Nélida & LINS, Osman. *Missa do galo de Machado de Assis. Variações sobre o mesmo tema.* São Paulo: Summus, 1977, pp. 97-109.
TELLES, Lygia Fagundes. Depoimento em: BOMFIM,
    Beatriz & NÊUMANNE PINTO, José. "O desafio de recriar Machado". *Jornal do Brasil*, Rio de Janeiro, 24 dez. 1977. Cf. a seção "Enquetes e depoimentos" neste volume.
TELLES, Lygia Fagundes. "Capitu é melhor que Bovary".
    O Globo, Rio de Janeiro, 23 maio 1993. Entrevista a Miguel de Almeida.

TELLES, Lygia Fagundes; GOMES, Paulo Emílio Sales. *Capitu* [adaptação livre para um roteiro baseada no romance *Dom Casmurro*, de Machado de Assis], São Paulo: Siciliano, 1993; São Paulo: Cosac Naify, 2008.

TELLES, Lygia Fagundes. Depoimento em: PAIVA, Anabela. "A Partilha de Machado". *Jornal do Brasil*, Rio de Janeiro, 9 jun. 1996. Reportagem sobre o projeto de Jean-Michel Massa de dirigir a edição das obras completas de Machado. Opiniões de Antônio Houaiss, Jorge Amado, Miguel Reale, Sábato Magaldi, Josué Montello, Lygia Fagundes Telles, Antonio Callado, Marcos Almir Madeira, Barbosa Lima Sobrinho, Geraldo França de Lima.

TELLES, Lygia Fagundes. "Meu clássico". *O Globo*, Rio de Janeiro, 18 jul. 1998. Sobre *Dom Casmurro*.

TELLES, Lygia Fagundes. "Apresentação de Machado de Assis". In: SECCHIN, Antônio Carlos; ALMEIDA, José Maurício Gomes de & SOUZA, Ronaldes de Melo e (orgs.). *Machado de Assis: uma revisão*. Rio de Janeiro: In-Fólio, 1998, pp. 11-4.

TELLES, Lygia Fagundes. "O ofício de remexer a alma". *O Globo*, 19 set. 1998 [?].

TELLES, Lygia Fagundes. "Machado de Assis: Rota dos Triângulos". In: *Durante aquele estranho chá*. São Paulo: Companhia das Letras, 2010.

MACHADO DE ASSIS: UM SÉCULO DEPOIS
Milton Hatoum

m.h.

MILTON Assi HATOUM (Manaus, Amazonas, 1952): Romancista, contista, professor e tradutor. Mudou-se para Brasília em 1967 e em 1970 para São Paulo, onde se formou em Arquitetura na USP. No início dos anos 1980, viajou para a Europa e estudou Literatura Comparada na Sorbonne. Foi professor de Língua e Literatura Francesa na Universidade Federal do Amazonas, professor-visitante da Universidade da Califórnia e escritor-residente nas Universidades de Stanford, Yale e Berkeley. É colunista dos jornais *O Estado de S. Paulo* e *O Globo*. Obras: Poesia: *Amazonas: palavras e imagens de um rio entre ruínas*, fotografia de Isabel Gouvêa, João Luiz Musa e Sônia da Silva Lorenz (1979). Romances: *Relato de um certo Oriente* (1989); *Dois irmãos* (2000); *Cinzas do Norte* (2005); *Órfãos do Eldorado* (2008); *A noite da espera* (2017); *Pontos de fuga* (2019). Contos: *A cidade ilhada* (2006). Crônicas: *Crónica de duas cidades: Belém e Manaus*, com Benedito Nunes (2006); *Um solitário à espreita* (2013).

Terra Magazine, 22 set. 2008

Uma obra literária que resiste ao tempo é um clássico. E é certamente o caso da prosa de Machado de Assis, sobretudo depois de 1880, quando ele publicou *Memórias póstumas de Brás Cubas*. Os outros quatro romances e dezenas de contos que publicou até 1908 são antológicos.

Poucos autores brasileiros foram tão estudados, analisados e lidos como o Bruxo do Cosme Velho. Um dos raros erros de Mário de Andrade foi criticar com aspereza a prosa machadiana, talvez por esta obra não se encaixar no projeto modernista da Semana de 22. De fato, há uma distância considerável — no tom, no estilo, nos temas, na maneira de representar e problematizar o Brasil — entre *Macunaíma* e *Memórias póstumas de Brás Cubas*.

Machado não se enquadrava no projeto estético de Mário, mas isso não apaga nem atenua a importância desses dois romances seminais da nossa literatura. A extraordinária produção analítica sobre os romances, contos, crônicas e teatro de Machado, além dos livros sobre a vida e a obra do autor, é uma prova de que a leitura crítica da obra machadiana está longe de ser esgotada. Mas há uma outra leitura, anônima e não menos poderosa que faz de Machado um clássico de todos os tempos. Refiro-me aos leitores que gostam de literatura e que preferem ler Machado sem a mediação de textos críticos. Digo isso porque a leitura crítica, sem a adesão ou amparo do leitor comum, pode ser autorreferente. Ou seja, pode circular apenas nos departamentos acadêmicos, sem encontrar eco e respaldo na comunidade de leitores apaixonados pela literatura.

Hoje em dia, Machado é lido por jovens de todos os quadrantes e classes sociais, é uma espécie de autor nacional que conquistou leitores com grau variado de sofisticação e repertório cultural. Eu diria que conquistou bons leitores, pois quem lê com atenção e fervor um romance ou conto machadiano talvez não leia, por exemplo, um livro de autoajuda.

Como ocorre com todos os clássicos, a obra de Machado é um emplastro poderoso para desintoxicar o leitor viciado em palavras fáceis e fúteis, em receitas de bem viver, em fórmulas de sucesso, em relatos sobre um cachorro amado, ou essa ou aquela celebridade. Todas as efemérides em torno do centenário da morte de Machado são válidas. E se você, leitor, ainda não leu contos como "O espelho", "Teoria do medalhão", "A causa secreta", "Missa do galo", "Pai contra mãe", "Um homem célebre", "Singular ocorrência" e tantos outros, é um homem ou mulher de sorte.

Bem-aventurados os que ainda não conhecem o Machado contista, pois nas narrativas breves do Bruxo vão encontrar os temas dos grandes romances: a loucura, o adultério, o jogo de sedução e poder, os carreiristas e alpinistas sociais, e a combinação de falta de escrúpulos e crueldade nas atitudes de determinada elite brasileira do século XIX. Um século depois da morte de Machado, alguns desses temas perduram, porque fazem parte constitutiva da natureza humana. Quanto à crueldade de uma elite que cultiva privilégios... Até nisso Machado acertou em cheio, e com um pessimismo e uma ironia que nos deixam sem fôlego.

Fonte desta edição:
HATOUM, Milton. "Machado de Assis: um século depois". *Terra Magazine*, São Paulo, 22 set. 2008. Disponível em: http://terramagazine.terra.com.br/interna/0,,OI3198423-EI6619,00-Machado+de+Assis+um+seculo+depois.html.

Outros textos do autor a respeito de Machado de Assis:
HATOUM, Milton. "'A parasita azul' e um professor cassado". *Entrelivros*, ano 1, n. 1, pp. 26-7, maio 2005. Também em: HATOUM, Milton. *Um solitário à espreita: crônicas*. São Paulo: Companhia das Letras, 2013, pp. 180-3.

HATOUM, Milton. "Machado para o jovem leitor". *Entrelivros*, ano 3, n. 30, p. 36, out. 2007.

HATOUM, Milton. "Entrevista". *Teresa: revista de Literatura Brasileira*. São Paulo, n. 10-11, pp. 56-7, 2010.

HATOUM, Milton. "Um escritor na Biblioteca: Milton Hatoum". *Cândido, Jornal da Biblioteca Pública do Paraná*, n. 8, mar. 2012. Disponível em: http://www.candido.bpp.pr.gov.br/modules/conteudo/conteudo.php?conteudo=142.

HATOUM, Milton. "Posfácio". In: ASSIS, Machado de. *Memórias póstumas de Brás Cubas*. São Paulo: Carambaia, 2018.

HATOUM, Milton. "Machado de Assis, 180 anos: Seu pessimismo era fruto de uma reflexão correta sobre o atual". *O Estado de S. Paulo*, São Paulo, 21 jun. 2019.

carta

**GRACILIANO RAMOS
CARTA A HAROLDO BRUNO**

HAROLDO BRUNO de Oliveira Firmo (Recife, Pernambuco, 1922 — Rio de Janeiro, Rio de Janeiro, 1984): Crítico literário, romancista, novelista de literatura infantojuvenil. No Rio de Janeiro, fundou e dirigiu, com Saldanha Coelho, a *Revista Branca. Literatura e Arte* (1950--54). Integrou a direção da Associação Brasileira de Escritores e colaborou em periódicos como *A Manhã, O Jornal, Correio da Manhã, O Estado de S. Paulo* e *Jornal do Brasil.* Sua seção semanal neste, "Bilhetes de Crítica", era transmitida pela Rádio Jornal do Brasil; e assinou o programa *O Escritor e o Livro*, da Rádio MEC. Obras, entre outras: *A metamorfose*, romance (1975); *O corpo no rio*, contos (1982); *O viajante das nuvens*, novela para a juventude (1975). Crítica: *Estudos de literatura brasileira*, vols. I e II (1957, 1966); *Clássicos brasileiros de hoje*, vol. I: *Rachel de Queiroz* (1977).

Arquivo Graciliano Ramos, IEB-USP

Rio, 10 de setembro de 1946.

Prezado Sr. Haroldo Bruno:

Muito lhe agradeço a carta de 12 de agosto e o excelente artigo vindo com ela. As nossas opiniões coincidem, exceto nos elogios que me dispensa. Mas isto pode ser considerado falsa modéstia — e convém mudarmos de assunto. Conversemos à toa, sem ordem, a respeito de alguns pontos do seu trabalho.

Na verdade é bem desagradável sermos discípulos de algum figurão que às vezes desconhecemos. Na América do Norte acharam-me este ano três mestres nunca lidos por mim. Certos críticos insistem nessas filiações: indispensável imitar alguém. Quando apareci, deram-me por modelo o velho Machado e expuseram para isto razões interessantes. Não admitem que andemos sem muletas: somos todos coxos. Aqui entre nós: sempre julguei Machado de Assis um sujeito de maus bofes e bastante covarde. Assim, o seu juízo me traz verdadeiro alívio.

Muito justa a observação referente à mudança que se operou do primeiro ao último livro. Realmente, no começo apenas desejei mostrar uma cidadezinha do interior — fuxicos, preguiça, conversas à porta da farmácia. Até por volta de 1930 surgiram ataques à novela de costumes, ao estudo social, ao documento, e elogios imoderados ao romance introspectivo. Sem dúvida pretendiam anular o fator econômico — e em consequência apresentaram-nos fantasmas. Ora, essas divagações arbitrárias não me despertavam interesse. Achei que só realizaríamos introspecção direita examinando a coisa externa, pois o mundo subjetivo não exclui o objetivo: baseia-se nele. Quem fugia à observação tinha evidentemente um fim político, mas as mofinas contra as reportagens eram de fato razoáveis. Conseguiríamos, evitando a parolagem chinfrim dos comícios, ferir os nossos inimigos com as suas próprias armas. Usaríamos até a linguagem correta, instrumento que eles de ordinário não utilizam. A sintaxe é também arma, não lhe parece? É meio de opressão. Assim pensando, fiz os meus últimos livros.

Bem. Como o tempo é escasso, não lhe mando uma carta: vai apenas, por enquanto, este bilhete. Alegra-me a ideia de ler os seus contos, quando V. para aqui vier, o que, desejo, acontecerá breve. Realmente, para que vivermos no Nordeste? Prendemo-nos à concha, mas isto não traz conveniência a ninguém — e um dia nos agarram, metem-nos de chofre num porão e obrigam-nos a viajar. Está certo: não precisam de nós. Espero que o meu amigo se decida a vir logo, antes que o forcem. Toco neste ponto, relendo o fim da sua carta, porque estou cheio de lembranças. Tenho aqui ao lado vários capítulos de uma história de cadeias, acontecida em 1936. Escrevi hoje umas vinte linhas; possivelmente não chegarei à última página, pois tenho mais de cinquenta anos e o negócio dará talvez uns quatro volumes. Como *Infância* foi composto em sete anos, presumo, assim andando em marcha de caranguejo, não concluir o trabalho num quarto de século. Rebentarei antes, é claro: a colônia correcional me arrasou os pulmões.

E adeus, por hoje. Novos agradecimentos e abraços, que tenciono dar-lhe pessoalmente. Amigo às ordens

Graciliano Ramos

Fonte desta edição:
RAMOS, Graciliano. "Carta a Haroldo Bruno". Rio de Janeiro,
 10 de set. de 1946. Série Correspondência Ativa, Arquivo Graciliano Ramos, Instituto de Estudos Brasileiros da Universidade de São Paulo, IEB-USP. Também em: BRUNO, Haroldo.
"Graciliano Ramos", capítulo IV. In: *Estudos de literatura brasileira*. Prefácio de Josué Montello. Rio de Janeiro:
O Cruzeiro, 1957, pp. 97-9.

Cf. Graciliano Ramos também na seção "Artigos" deste volume.

enquetes & depoimentos

OS ESCRITORES DE HOJE FALAM SOBRE MACHADO DE ASSIS: OSWALD DE ANDRADE, MURILO MENDES, JOSÉ LINS DO REGO, PEDRO DANTAS, LÚCIO CARDOSO, JORGE AMADO, ASTROJILDO PEREIRA, ANÍBAL MACHADO, MANUEL BANDEIRA, OCTAVIO DE FARIA

José Condé

j.c.

JOSÉ Ferreira CONDÉ (Caruaru, Pernambu 1917—Rio de Janeiro, Rio de Janeiro, 1971): Jornalista, romancista e contista. Iniciou seu trabalho na imprensa em *O Cruzeiro*, publicando o poema "A feira de Caruaru" e uma série de reportagens com escritores brasileiros. Contratado pela José Olympio, lá permaneceu até 1939. Em 1949, fundou com os irmãos Elysio e João Condé o *Jorna de Letras*. Trabalhou com Álvaro Lins no "Suplemento Literário" do *Correio da Manl* mantendo a seção "Vida Literária" e depois "Escritores e Livros". Publicou, entre outras *Caminhos na sombra*, novelas (1945); *Onda selvagem*, romance (1950); *Histórias da cidade morta*, contos (1951); *Um ramo para Luísa*, novela (1959); *Terra de Caruaru*, romance (1960), editado também em Portugal; *O mistério dos* MMM, com Jorge Amado, Guimarães Rosa e Rach de Queiroz, entre outros colaboradores (1962); *As chuvas*, novelas (1972).

O Jornal, 11, 18 e 25 jun. 1939

I

Machado de Assis é olhado pelos de hoje como uma lâmpada que inesperadamente tivesse jorrado uma luz intensa dentro de uma sala em penumbra — a sala em penumbra da literatura brasileira.

E não é outra a impressão que nos deixa a sua obra. Impressão de muita luz engolindo sombras.

O romantismo, tendo em Alencar o seu maior expoente, desmoronava, envolvido de uma falsa cortina de irrealidades. O índio de Alencar não era encontrado na vida; estava apenas na imaginação do escritor.

Com razão disseram ser ele "uma espécie de europeu untado de urucum...".

E Machado surge como um caso isolado, transformando o romance brasileiro, impregnando o mesmo de um sentido verdadeiro de universalismo e de profundidade psicológica. De análise interior do homem, numa fuga da natureza e das suas mentiras. De exame frio, calculado e sincero de toda uma sociedade decadente de fim de século, influenciada ainda pelo espírito colonial, — separando dentro da inteligência o desespero de uma época e o início de outra.

PAISAGEM DO MUNDO

Já disseram ser o romântico aquele que procura no passado uma compensação à insuficiência da sua vida no presente, ou deseja ver no futuro uma saída para este presente; o inconformado diante da humanidade que se recolhe às lembranças e aos momentos de poesia que o presente lhe possa apresentar — fugindo, assim, à adaptação de uma vida que ele não compreende.

A humanidade de hoje vive um instante grave de desespero.

A vida moderna transtornou a sua cabeça. As ameaças de destruição que pairam sobre o mundo criaram uma atmosfera de pessimismo e de descrença.

Ela se volta, então, para o passado, encontrando no mesmo uma transferência.

É o drama — ou a comédia? — da vida moderna. Vida excessivamente nervosa, sobressaltada, confusa.

MORTOS QUE TORNAM A VIVER

Há uma volta ao passado, pois, para a construção de um futuro.

Os homens de hoje debruçam-se às suas janelas, descobrindo no caminho percorrido pela humanidade aqueles que possam compensar, com a contribuição de vida que trouxeram para o mundo, esta insuficiência da hora atual.

Contribuição ora amarga, ora cheia do irresistível apetite de viver.

O caso de Machado de Assis, no Brasil, é bem significativo.

Após um período de esquecimento quase completo, sua figura ressurge com uma evidência que chega a ser comovente.

Nestes últimos meses Machado foi como o tema por excelência. Mais ainda agora, quando se comemora o centenário do seu nascimento.

INQUÉRITO

Machado de Assis é estudado dentro dos vários planos da sua obra, e da sua vida, numa sucessão sempre crescente. Temperamento de uma complexidade extraordinária, apesar de fechado dentro de si mesmo, silencioso, seu estado interior pouco a pouco vai sendo descoberto após pesquisas e estudos à luz dos métodos mais modernos de investigações científicas e literárias.

Há pouco foi o médico e escritor Peregrino Júnior, que nos deu um estudo biotipológico de Machado, após uma sondagem profunda e honesta no "subsolo da sua alma". Lúcia Miguel Pereira, Alfredo Pujol, Alcides Maya e tantos outros já nos apresentaram vários aspectos da vida e da obra do querido autor de *Dom Casmurro* — enquanto outros escritores nos prometem mais livros e novas investigações.

Melhor conhecemos Machado.
Mais o amamos.

* * *

Da sua obra, três problemas se apresentam, interessantes e significativos, para o julgamento da geração atual:

1 — A influência de Machado de Assis na vida brasileira da sua época, e em geral.

2 — Se a sua influência tende a aumentar, ou a diminuir.

3 — A linguagem do romancista.

Iniciando este inquérito, não visamos a outra finalidade, senão esta: ouvir o depoimento dos escritores brasileiros de hoje, em torno de problemas sugeridos pela obra daquele que é considerado o maior dos nossos romancistas.

Ouçamos, pois, o depoimento da nova geração.

Os de hoje vão falar dos de ontem — de ontem dentro do tempo, porém de hoje e de amanhã dentro do espírito e do coração.

Apresentação

Dois romancistas e um poeta iniciam o nosso inquérito. São eles: Oswald de Andrade, José Lins do Rego e Murilo Mendes.

OSWALD DE ANDRADE

— A influência de Machado de Assis na sua época foi a de medalhão. Acredito numa atitude deliberada do autor de *Dom Casmurro*, quando vestiu os trajes conservadores com os quais se fez, em meio da sociedade atrasada do Segundo Império. Talvez a sua boa literatura não pudesse ter chegado até nós se ele impassivelmente não tivesse seguido o caminho adesivo que a burguesia exigia para consentir nas suas linhas um mulato pobre e sem pais. O colaborador do *Jornal das Famílias* ia trair a pobre velhinha que o criou e vetar a entrada de Emílio de Menezes na Academia por causa dos pileques, a fim de seguir uma trajetória inflexível que se coroou do casamento com Carolina e com a glória.

Para honra de Machado, ficou o seu outro lado — o pensamento que nos legaram os seus livros. Sem a armadura moral e cínica que ele vestiu para poder conviver com os Nabuco, os Inglês de Sousa, os Graça Aranha, talvez se tornassem suspeito o seu pessimismo e subversivo o seu sorriso. Destes é que dimana a influência geral de Machado, a que hoje sentimos e hoje celebramos. Creio que não foi suficientemente acentuada, mesmo no magistral esboço de estudo publicado por Astrojildo Pereira na *Revista do Brasil*, a posição ótima de Machado nos fins literários do século XIX. O seu pessimismo aclarava os defeitos de uma classe e não os da nacionalidade, punha em relevo o mal miúdo de uma sociedade em decadência e transição. Posso afirmar — prossegue Oswald — que a minha geração no seu primeiro contato com a literatura encontrou nesse terreno desconcertante da descrença e da ironia — oferecido aqui por Machado, e por Eça de Queirós em Portugal — não um convite ao desalento, à preguiça e à descrença, mas bases enxutas para os entusiasmos de que se ia apossar no futuro. Sem o comércio inicial com a realidade que nos fazia ver entre outros o mestre de *Dom Casmurro*, de modo nenhum poderíamos ter pensado em participar de formas novas ou novas construções de estrutura literária, filosófica ou política.

— Tende, pois, a crescer inabalavelmente a influência de Machado de Assis, que, com o seu amável inconformismo, vinha destruir para os brasileiros as exaltações românticas em que se tinham iniciado com Alencar, Coelho Neto e companhia bela — conclui Oswald de Andrade, em resposta à segunda pergunta.

— E o que acha da linguagem de Machado?

— A língua em que Machado veiculou o seu tesouro de observação criou a escrita básica brasileira. Deixados de lado os modismos e a riqueza folclórica que têm sido carreados ultimamente pelos modernistas, é sobre o seu curso límpido que navegamos. É a língua de dois grandes romancistas contemporâneos: Graciliano Ramos e Erico Verissimo.

MURILO MENDES[22]

O poético Murilo Mendes resumiu em poucas palavras o seu pensamento:

— Que acha da influência de Machado na vida brasileira da sua época e em geral?

— Muito pequena.

— Esta influência tende a aumentar, ou a diminuir?

— Tende a diminuir, com o número dos céticos.

---

22. MURILO Monteiro MENDES (Juiz de Fora, Minas Gerais, 1901 — Lisboa, Portugal, 1975): Poeta e prosador, publicou, entre outras obras: *Poemas* (1930); *Bumba-meu-poeta* (1931); *História do Brasil* (1932); *Tempo e eternidade*, com Jorge de Lima (1935); *A poesia em pânico* (1937); *O visionário* (1941); *As metamorfoses* (1944); *Poesia liberdade* (1947); *Contemplação de Ouro Preto* (1954); *Siciliana* (1959); *Tempo espanhol* (1959); *A idade do serrote* (1968); *Convergência* (1970); *Retratos-relâmpago* (1973).

— Que acha da linguagem de Machado?
— Simples, concisa, harmônica.

O poeta justifica as suas respostas alegando que no mundo de hoje não há lugar para os céticos. O homem dos nossos dias nega ou afirma. Daí a sua atitude em face da influência de Machado, influência de um cético diante da vida.

JOSÉ LINS DO REGO

— Machado de Assis não foi um escritor com a capacidade de irradiação popular. Ninguém botou nome nos filhos com nomes de heroínas ou de heróis de Machado, como sucedeu com Alencar, que criou uma galeria enorme de Iracemas, Peris, Cecis etc. Se o escritor de *Dom Casmurro* influiu, foi sobre pequena elite. Os seus leitores não eram do gênero exaltado, daqueles que se confundem com as paixões dos personagens do autor preferido. Eça de Queirós, que foi também um autor com a sua zona de influência limitada a um grupo de uma certa camada social, teve o poder de criar tipos que se projetariam na realidade. Os conselheiros Acácios, os Fradiques Mendes, os Jacintos etc. foram imitados ou apontados em público como autênticos representantes da galeria eciana.

Machado foi um escritor que não teve esta força, embora o seu poder criador, as suas concepções de artista, a sua maneira de escrever tivessem influído grandemente sobre o pequeno meio literário do Brasil. Tanto é assim que a crítica brasileira encontrou uma fórmula fácil de classificação para distinguir os romancistas brasileiros vindos depois de Machado, em duas categorias: machadianos e não machadianos.

Há bem pouco tempo vimos o jovem romancista mineiro Cyro dos Anjos ser apontado como um discípulo de Machado. No entanto, nada mais injusto, nada menos parecido.

Respondendo a segunda pergunta, prosseguiu o sr. José Lins do Rego:

— Um escritor como Machado de Assis, que não fez da literatura um brinquedo, um jogo pueril, mas uma coisa séria, uma expressão da sua vida real, que se entregou à literatura como quem se entrega a um trabalho fundamental para a sua vida interior, este sempre crescerá, sempre irá para adiante. Os verdadeiros criadores do tipo de Machado de Assis não correrão o risco de passarem da moda, porque não há moda para Molière, Rabelais ou Dante.

— Que acha da linguagem de Machado?

— É a melhor possível, porque Machado de Assis se utilizou da língua como de um instrumento de comunicação e não como de um instrumento de suplício. Escreveu certo e fazia questão disto. Mas aproximou-se o mais que pôde da vida, da língua de que ele se servia para as suas realidades cotidianas.

Ele não procurou a sintaxe complicada dos clássicos portugueses para exibir-se como um erudito. Fez os seus heróis falarem, articulou os seus diálogos, compôs os seus monólogos, descreveu os seus ambientes com uma língua plástica, flexível, sem arrebiques, sem pretensões de um purismo exagerado. A gente tem a impressão lendo Machado de Assis que ele falava o que escrevia.

II

Temperamento tímido, cético, fechado, que influência teria exercido Machado de Assis na vida brasileira da sua época, e em geral? Que espécie de influência teria sido? Pessoal, ou literária?

Variaram as opiniões entre os escritores que domingo passado falaram neste inquérito.

Para Oswald de Andrade a influência do autor de *Dom Casmurro* foi unicamente a de medalhão, atitude aliás deliberada do romancista "quando vestiu os trajes conservadores com os quais se fez, em meio da sociedade atrasada do Segundo Império". Justificando suas palavras diz Oswald de Andrade que talvez a literatura de Machado não chegasse até nós se ele "impassivelmente não tivesse seguido o caminho adesivo que a burguesia exigia para consentir em suas linhas o mulato pobre e sem pais".

O poeta Murilo Mendes, abandonando os detalhes, categórico na sua maneira de falar, negou a Machado uma influência grande, prevendo ainda a sua diminuição com o número dos céticos, já que em nossa época não há lugar para eles.

Por fim disse José Lins do Rego que Machado teve a sua zona de influência limitada a um pequeno grupo de certa camada social. E que esta influência tende a crescer.

* * *

Prosseguindo, ouvimos outros escritores.
É o depoimento dos mesmos o que inserimos mais abaixo. São eles Pedro Dantas, crítico literário, os romancistas Lúcio Cardoso, Jorge Amado e o ensaísta Astrojildo Pereira.

PEDRO DANTAS[23]

— Na vida brasileira da sua época, Machado não parece ter exercido influência alguma. Foi uma influência, a sua, estritamente literária. Se podemos falar de uma influência não propriamente literária de Machado de Assis, é apenas quanto ao seu papel e à sua atuação nos trabalhos de fundação da Academia, e depois na direção da mesma.

Na própria literatura do tempo — prossegue Pedro Dantas — ele não exerceu influência propriamente dita. Foi sempre um caso isolado, uma obra inteiramente excepcional, sem ligações imediatas com as dos demais escritores do seu tempo.

---

23. PEDRO DANTAS: pseudônimo de Prudente de Morais
Neto (Rio de Janeiro, Rio de Janeiro, 1904 — Rio de Janeiro,
Rio de Janeiro, 1977), jornalista, crítico literário,
jurista, cronista, poeta e professor. Fundou, com
Sérgio Buarque de Holanda, a revista *Estética*, em 1924.
Dirigiu a redação do *Diário Carioca* e a sucursal de *O Estado de S. Paulo* no Rio de Janeiro. Colaborou em periódicos
como *O Globo*, *Jornal do Brasil* e *Tribuna da Imprensa*.
Foi poeta, citado na antologia de poetas brasileiros bissextos
organizada por Manuel Bandeira. Presidente da ABI -
Associação Brasileira de Imprensa, em 1975.

A influência considerável que teve foi a pessoal, do mestre do prestígio incontrastável sobre os demais escritores que o admiravam e o ouviam sobre a vida literária do país, de que era a figura central.

A influência da sua obra só mais tarde se fez sentir e mesmo assim não são muitos os escritores importantes que se podem filiar em Machado de Assis.

—Esta influência tende a aumentar, ou a diminuir?

—Creio que não tende a aumentar nem a diminuir. A natureza mesma da sua obra não favorece o proselitismo. De modo que, no seu caso, a influência resultará antes de uma coincidência de temperamentos. E isso tem sido e continuará a ser um fenômeno esporádico que não se pode sujeitar a nenhuma lei de variação provável.

Referindo-se à linguagem de Machado, disse Pedro Dantas:

—Admirável! Sobre isto não pode haver duas opiniões. Machado conseguiu ser um grande clássico da língua sem incidir no erro da imitação dos clássicos. Sua linguagem, por ser puríssima, não deixava de ser atual, prestando-se à expressão da vida do seu tempo do modo mais completo e feliz.

LÚCIO CARDOSO[24]

—Não é possível negar a influência de Machado de Assis na sua época e em geral—começa Lúcio Cardoso. Grande romancista, o autor de *Dom Casmurro* é por si só quase toda a tradição literária brasileira, a sua voz mais poderosa, o mais nítido ponto de referência para qualquer plano de vida intelectual brasileira.

24. Joaquim LÚCIO CARDOSO Filho (Curvelo, Minas Gerais, 1912—Rio de Janeiro, Rio de Janeiro, 1968): Romancista, dramaturgo, tradutor e poeta. Publicou, entre outras obras: os romances *Maleita* (1934), *Salgueiro* (1935), *A luz no subsolo* (1936), *Crônica da casa assassinada* (1959); as novelas *Mãos vazias* (1938), *O desconhecido* (1940), *A professora Hilda* (1946), *O enfeitiçado* (1954); os volumes *Poesias* (1941); *Novas poesias* (1944); *Diário completo* (1970); *Machado de Assis. Castro Alves*.

—Essa influência tende a aumentar ou a diminuir?
—Mas a influência de Machado de Assis tende inevitavelmente a diminuir, já quase não existe, o que é um bem para todos nós, pois é sinal evidente de que surgem riquezas mais complexas. O que entre nós denomina-se atualmente "escola de Machado" é um mito. A criação do "romance carioca", obra de pura incompreensão. É apenas o efêmero de Machado de Assis, pois a sua lição profunda ninguém a exprimiu melhor do que ele mesmo e seria inútil tentar renová-la através de vozes que só poderiam ser inferiores. Escritores como Cyro dos Anjos e Graciliano Ramos, em que tantos viram influência do grande autor de *Memórias póstumas de Brás Cubas*, são espíritos perfeitamente autônomos, possuidores de uma vida própria, cuja importância é fácil de discernir.
—Quanto à linguagem de Machado, diz Lúcio Cardoso, é a de que ele teve necessidade para vazar os seus romances. Acresce o mérito de ser sóbria, elegante e correta, não muito raro quase pobre.

JORGE AMADO

—Creio que relativamente tem sido bem pequena a influência de Machado de Assis na vida brasileira em geral. Muito maior tem sido a de Eça, por exemplo. É verdade que ainda hoje ele influi no estilo de muita gente, no jeito de fazer romance.
E esta influência tende a diminuir.
—E o que acha da linguagem de Machado?
—A sequidão de linguagem de Machado foi útil porque serviu para equilibrar certo excesso de gordura que a oratória deixou no nosso estilo literário.—A linguagem de Machado é, como diz Álvaro Moreyra, muito escrita.

ASTROJILDO PEREIRA[25]

— Parece-me bem difícil avaliar o grau de influência que a obra de Machado de Assis tenha acaso exercido na vida brasileira da sua época. Para simplificar as coisas, poderíamos partir da consideração primária de que a sua mensagem de escritor — como é moda dizer-se hoje — foi antes de tudo uma mensagem de medida e de bom gosto, em contraposição violenta ao desmedido e ao mau gosto tão do nosso feitio tropical. Ora, o desmedido e o mau gosto resistiram, tenazmente, enquanto ele viveu, e continuam a resistir, depois dele morto, e continuarão não sabemos por quanto tempo ainda.

— Contudo — diz em resposta à segunda parte deste inquérito —, eu penso que a obra machadiana começa realmente a exercer uma certa influência em tal sentido sobre a vida brasileira, senão ainda diretamente, pelo menos indiretamente, através das novas gerações de escritores, que vão aparecendo mais ou menos libertos ou desbastados dos excessos tropicais. E creio firmemente que essa influência tende antes a aumentar que a diminuir, e não só então no concernente às suas formas de expressão como também, o que é mais importante, no concernente à sua mesma expressão mais íntima e mais profunda. O interesse crescente que ela vem suscitando, desde algum tempo, é uma prova disso. Tendo-se em vista a vastidão e a profundidade do campo ainda por explorar, é fácil neste caso concluir que a influência de Machado de Assis crescerá sempre mais, renovando-se e multiplicando-se de geração em geração.

— Sobre a linguagem de Machado — continua Astrojildo

25. ASTROJILDO PEREIRA Duarte Silva (Rio Bonito, Rio de Janeiro, 1890 — Rio de Janeiro, Rio de Janeiro, 1965): Escritor, crítico literário, jornalista e político (1922). Em 1944, publicou *Interpretações*, estudos sobre literatura, com destaque para o artigo "Machado de Assis, romancista do Segundo Reinado"; e, em 1959, *Machado de Assis: ensaios e apontamentos avulsos*. Outras publicações: URSS, *Itália, Brasil* (1935); *Formação do PCB (Partido Comunista Brasileiro), 1922/1928* (1962); *Crítica impura, autores e problemas* (1963).

Pereira — creio não haver discrepância em afirmar que o seu grande mérito consiste em ter sido simultaneamente conservadora e reformadora, isto é, em ter sido uma linguagem lidimamente brasileira, bem do seu tempo, e com isso ter conservado o tom de pureza originária das boas fontes clássicas. Aplicação do velho lugar-comum sempre útil: conservar melhorando, ou, para dizer a mesma coisa por outro modo mais rebarbativo: superando dialeticamente as contradições entre o velho e o novo.

III

Com mais três depoimentos encerramos hoje o presente inquérito.

Dez escritores brasileiros falaram sobre Machado de Assis, externando diversos pontos de vista em torno da sua influência na vida brasileira.

Se para uns esta influência foi grande ou pequena, e para outros boa ou má — não importa. A importância está na determinação honesta e sincera da verdadeira influência, no interesse de procurar esclarecer o sentido da obra e da vida do maior dos nossos romancistas.

Melhor homenagem não poderia ter sido prestada ao autor de *Dom Casmurro*, pelos escritores brasileiros de hoje. Homenagem impregnada do desejo de uma maior compreensão da obra de Machado, pois, quanto maior for esta compreensão, maior será o nosso amor por este, que justamente há um século nascia numa casa pobre do morro do Livramento, trazendo consigo o segredo da Eternidade na memória dos homens.

ANÍBAL MACHADO

— Machado de Assis não foi bem compreendido pela sua época, que desconheceu respeitosamente o sentido profundo de sua obra. Não podia influenciá-la, portanto. Era então apenas um escritor diferente de todos, excessivamente discreto nas maneiras e no estilo. Hoje, que sua vida e obra estão sendo estudadas sob tantos aspectos, com um fervor digno de nota, ele ressurge maior e mais conhecido. Aumenta a admiração pelo grande escritor, o que não significa o aumento inevitável de sua influência. Entre as exigências vitais da mocidade de hoje e o espírito geral da obra de Machado existe uma contradição profunda. Contradição que não diminui o admirável valor de sua realização literária, mas que lhe tira o poder de influir, de despertar ideias e suscitar correspondências fecundas. A obra inteira de Machado é, em essência, resultante de uma atitude negativa diante das coisas: — a atitude machadiana, pessoal e intransferível; a que traduz o pensamento de quem se retrai decepcionado com a vida, de quem não se encoraja a atirar-se às suas surpresas. Há criações artísticas que possuem virtudes germinativas, criações que procriam, deixando descendência. São aquelas justamente que estimulam as nossas forças criadoras, que alargam a consciência do ser humano. Nelas é que as gerações novas vão buscar alimento. A obra de Machado, tão profunda sob a aparente superficialidade, é de uma qualidade pouco nutritiva. Entre ela e os que a frequentam não se estabelece uma relação de fraternidade generosa, nem uma transfusão renovadora. Obra que esclarece, deleita, raras vezes comove, mas mostra no fundo uma imagem da vida que é uma antevisão do Nada.

Aos que lhe vão bater à porta, Machado responde que não há solução para coisa alguma; que o melhor é descrer, resignar-se e ficar de longe analisando e sorrindo com amargura. A vida nos nossos dias está se processando muito perto do pensamento, a ação caminhando a menor distância das ideias. Ficar muito longe da vida é cada vez mais impossível. E ficar sorrindo por sorrir ou apresentá-la como uma fatalidade sem grandeza é solução a que o homem não se resigna. Os que não aceitam a realidade derivam pelo desespero, pela poesia, pelo misticismo religioso. Machado derivou pelo *humour*, forma do seu relativo conformismo com a vida. A maioria dos que a aceitam luta pela transformação das coisas. Uns e outros afirmam, de certa maneira, o princípio da existência. Para Machado, a realidade só servia para confirmar o seu niilismo e era um tema a ser analisado, não um material a ser transformado.

Na história do nosso desenvolvimento literário, o aparecimento de um espírito supercivilizado como o dele é fenômeno que foge a todas as nossas determinantes sociais, históricas e raciais. Esse espírito superou-se tanto a si mesmo, que permaneceu distanciado do caos brasileiro, onde, pouco depois, Euclides da Cunha viria mergulhar a sua pena. Foi no mistério da alma humana que Machado fez descer sua sonda, a fim de lhe medir o vazio. Fê-lo com uma arte e lucidez que o elevam ao nível dos grandes mestres de qualquer literatura. Como nos arranjar com um caso assim que cresceu demais, sempre fora da nossa linha geral de desenvolvimento? Isolando-o naturalmente, e isolando quem por si mesmo já se isolara. Entre o nosso subconsciente nacional e o sentido de sua obra, não há quase nenhuma correspondência. Na ficção de Machado, o destino esmaga, com todo o seu peso, as criaturas desarmadas e insignificantes, incapazes de afrontá-lo; e a todo momento o escritor chama a atenção do leitor para algum episódio mais cruel, um pormenor de dor ou aspecto da maldade que receia não ser devidamente apreciado, saboreando, assim, e ao mesmo tempo, a desgraça da vítima e a angústia da plateia. Mas, dessa aventura, Machado saiu também ferido. Depois de ter afastado os fantasmas metafísicos e religiosos, não lhe ficou mais nada em que se apoiar. É aqui que a sua influência me parece mais particularmente desfavorável ao homem de hoje em luta contra as forças temporais que lhe ameaçam o direito à vida e à conquista dos bens imediatos. A posição de Machado convida a distrair de um estado de espírito de que ninguém pode afastar-se, senão com o risco da própria existência. A mocidade de agora, com a vontade de afirmação de que está animada — vontade tanto mais confiante quanto mais ameaçados os valores da cultura — rejeita a lição de desencanto que se contém no fundo dessa obra. Entre esta e a geração atual interpõe-se um período que é o mais rico da história em acontecimentos e revoluções, tanto no terreno político-social como no da arte e da técnica em geral. Isso naturalmente se reflete na sensibilidade humana com novas componentes morais e espirituais. Na obra de Machado — herói do Nada — encontra-se uma imagem nítida e acabada da Vida, mas poucas fermentações de vida capazes de gerar formas novas. Tudo indica que sua influência será cada vez menor, porque é uma influência contra a Vida.

No escritor, sim, é que todos nós teremos que ir buscar um exemplo de consciência artística e profundeza de espírito. É mesmo espantoso que Machado houvesse conseguido a mais alta realização literária da nossa língua em meio das mais desfavoráveis condições. Sua lucidez alargou o conhecimento do coração humano e clareou tantos caminhos imprevistos do sentimento. Foi ele o primeiro a instaurar o estilo sóbrio, de extremo pudor de dicção, numa literatura sabidamente de tendência oratória. Sua linguagem, que alia a familiaridade ao vigor, foi a maior fonte e por isso mesmo a mais percorrida, entre a melhor tradição dos clássicos lusitanos e a língua escrita atualmente no Brasil. Uma sintaxe que ainda refletia o período da imigração linguística, mas que já era uma combinação equilibrada dos moldes portugueses com a fala popular carioca. Em seu estilo, o desenho predomina sobre o colorido. Estilo sem espessura, fino, sem ênfase, sem nervos — o mais adequado a restituir o pensamento de quem não veio para cantar a vida, senão para analisá-la a frio e duvidar. Um estilo, portanto, mais próprio para acusar o movimento seco das ideias do que o calor direto da vida. De qualquer modo e em qualquer tempo o exemplo e a lição de Machado elevam a dignidade do espírito. Apenas não lhe dão a substância e a coragem de que precisa para atravessar uma de suas maiores crises.

MANUEL BANDEIRA

[Nota do Editor] O conciso depoimento de Manuel Bandeira, constando do Inquérito promovido por José Condé, assim como o verbete biográfico correspondente, foram suprimidos por falta de autorização dos titulares de seus direitos autorais.

OCTAVIO DE FARIA

— A influência de Machado de Assis na vida brasileira da sua época não foi, nem podia ser, muito grande. Como ainda não é, nem virá a ser (segundo todas as probabilidades), senão daqui a um número bem grande de anos. Ainda estamos, enquanto público, muito e muito aquém de Machado de Assis...

Não o merecemos. Não o acompanhamos na sua perspicácia, na sua visão clara e inteligente da natureza humana. Vivemos obcecados com o seu pessimismo, a sua doença, o seu "temperamento", ansiosos por inutilizar o incômodo conteúdo da sua mensagem sob o peso de um sem-número de nomes difíceis e ridículos, aprendidos de carreira nos livros de ciência e, sobretudo, nos livros de ciência para literatos.

Não o respeitamos, não temos coragem para respeitá-lo integralmente. Não nos inclinamos suficientemente diante desse grande exemplo de dignidade literária, de probidade intelectual, de sinceridade, de verdadeira compreensão do que é escrever, e, sobretudo, do que é ser um romancista, um *conteur*. Vivemos a esgravatar a sua vida, sedentos de fazer aflorar aos olhos de todos as pequenas fraquezas de sua vida, as misérias de uns dois ou três preconceitos tolos que o acompanhavam com a habitual inutilidade dos pequenos senões dos grandes homens.

Não o merecemos, pois. A sua época não lhe deu o valor que tinha, mas, também nós, que vivemos a lhe repetir o nome; a explorá-lo como assunto literário, não lhe prestamos a homenagem devida. As elites discutem-no e mastigam-no; mas discutem-no e mastigam-no mal. Os homens de partido tentam desastradamente aprisionar a sua sombra, mas não conseguem senão se cobrir de ridículo, diminuindo-o; empobrecendo-o. E o grande público continua a passar quase indiferente ao seu lado, julgando-o, no mais das vezes, cacete, exagerado, demasiadamente pessimista, um nevropata mesmo. A glória, sim. Mas essa glória não creio que teria trazido grande alegria a Machado de Assis, se a tivesse podido presenciar...

Apesar de tudo isso, a influência de Machado de Assis só tende a crescer. Por certo, não andamos muito bem em matéria de literatura, mas, de qualquer modo, um exemplo como o que Machado de Assis tem para nos dar não pode deixar de agir, de frutificar. Não importa que muitos só vejam nele um modelo a imitar pelo lado de fora, copiando-o tolamente, reproduzindo o seu modo de escrever, as pequenas manias literárias que eram as da sua época e de que não se soube libertar inteiramente, ou outras exterioridades que não são o essencial, a contribuição incomparável do verdadeiro Machado de Assis. Não importa que outros só o consigam estudar sob o ângulo da nevrose, da esquizoidia, da epilepsia, e de não sei mais que outras invenções ou que outros acidentes da caminhada — ângulo simplista e ingênuo que, a meu ver, invalida fundamentalmente o valor de verdade, de visão autêntica, da mensagem de Machado de Assis sobre o homem.

Não importam todos esses caminhos errados. Não falta quem saiba compreender e mostrar o verdadeiro Machado de Assis no seu vulto completo; na sua unidade de vida e obra — as suas pequenas fraquezas integradas na figura do homem, e não transformadas em coordenadas essenciais. Não falta quem perceba e saiba dizer que, se o que ele diz sobre o homem não é rigorosamente exato (deturpando a realidade, provindo não da observação do real, mas de uma visão exagerada, deformante, patológica), então, ele nada vale e nada pode representar na nossa literatura. Não falta quem tenha coragem para proclamar que, se o seu testemunho sobre o homem é falso, a sua mensagem não passa de má, de péssima "literatura"... com todo o sentido pejorativo que se possa dar à palavra.

— A linguagem de Machado de Assis é uma das lições mais úteis que a sua obra nos dá. Numa língua ainda em plena elaboração, como a nossa, Machado de Assis soube ser livre, criador, sem fazer dessa liberdade no uso da língua um fim em si. Serviu-se da língua para exprimir o que queria, o que precisava dizer. Tinha, assim, necessariamente, de transpor barreiras, de desrespeitar regras geralmente aceitas por conformismo e espírito de inércia. O essencial não era escrever bem, "clássico": era dizer certas coisas tais como a sua sinceridade lhe mandava dizer. Era não recuar diante das exigências do seu pensamento por causa da rigidez, das dificuldades da língua. Era ser sincero e honesto. Machado de Assis o foi, no uso da língua como em tudo mais. E nós, de hoje, que nos debatemos nas mesmas dificuldades, que ainda temos diante de nós uma língua hostil ao manejo de certas ideias, de certas sutilezas do pensamento, pobre em relação às necessidades da aproximação e exploração de determinados sentimentos por parte do romancista, do *conteur*, devemos olhar para o seu exemplo e segui-lo corajosamente, tentando escrever tão bem e tão simplesmente quanto ele o fez. Pois, criando e legando à língua uma obra como a sua, fez mais por essa língua, ainda em formação, ainda em busca de "clássicos" seus, autênticos, do que se a tivesse observado religiosamente a vida inteira nos seus tabus importados de além-mar...

Fonte desta edição:
CONDÉ, José. "Os escritores de hoje falam sobre Machado de Assis".
O Jornal, Rio de Janeiro, 11, 18 e 25 jun. 1939. Depoimentos de:
Oswald de Andrade, Murilo Mendes, José Lins do Rego,
Pedro Dantas (Prudente de Morais Neto), Lúcio Cardoso,
Jorge Amado, Astrojildo Pereira, Aníbal Machado, Manuel Bandeira
e Octavio de Faria. Transcrição: *Diário de Pernambuco*, Recife,
2ª Seção, 18 jun. 1939, p. 2.

Outros textos do autor a respeito de Machado de Assis:
CONDÉ, José. "Como um escritor moço vê Machado de Assis".
O Globo, suplemento, Rio de Janeiro, 21 jun. 1939.
CONDÉ, José. "Escritores e Livros". *Correio da Manhã*, Rio de Janeiro,
30 set. 1955. Cita a opinião de Otto Maria Carpeaux
sobre *Bibliografia de Machado de Assis*, de J. Galante de Sousa.
CONDÉ, José. "Vai traduzir Machado de Assis". *Correio da Manhã*,
Rio de Janeiro, 31 jan. 1958.
CONDÉ, José. "Por falar em Machado". *Correio da Manhã*, Rio de Janeiro,
26 ago. 1958.
CONDÉ, José. "A propósito de um cinquentenário". *Correio da Manhã*,
Rio de Janeiro, 24 set. 1958.
CONDÉ, José. "Escritores e Livros". *Correio da Manhã*, Rio de Janeiro,
28 set. 1958. Depoimentos de: Antônio Sales, Humberto de Campos,
J. Ribeiro e José Veríssimo.

CONDÉ, José. "Mausoléu para os imortais". *Correio da Manhã*, "Escritores e Livros", Rio de Janeiro, 30 set. 1958.

CONDÉ, José. "Machado na televisão". *Correio da Manhã*, "Escritores e Livros", Rio de Janeiro, 30 out. 1958.

CONDÉ, José. "Em 1958 Machado em foco". *Correio da Manhã*, Rio de Janeiro, 20 dez. 1958.

CONDÉ, José. "Autores brasileiros traduzidos". *Correio da Manhã*, Rio de Janeiro, 28 abr. 1959. Informa a tradução italiana do conto "Entre santos".

CONDÉ, José. "O livro do momento". *Correio da Manhã*, Rio de Janeiro, 7 maio 1959. Sobre *Machado de Assis*, de Agripino Grieco.

CONDÉ, José. "Em língua persa: Machado e A. Azevedo". *Correio da Manhã*, Rio de Janeiro, 8 jul. 1959.

CONDÉ, José. "Machado: Biografia à vista". *Correio da Manhã*, Rio de Janeiro, 6 jan. 1961. Sobre as pesquisas de Luís Viana Filho.

MACHADO DE ASSIS NA LITERATURA BRASILEIRA DEPOIMENTOS DE: BRITO BROCA, EUGÊNIO GOMES, R. MAGALHÃES JÚNIOR, GUSTAVO CORÇÃO, AUGUSTO MEYER, AURÉLIO BUARQUE DE HOLANDA FERREIRA, LÚCIA MIGUEL PEREIRA, JOSÉ GALANTE DE SOUSA, J.-MARIA BELO, ADONIAS FILHO E ARMINDO PEREIRA

Oliveiros Litrento

o.l.

OLIVEIROS Lessa **LITRENTO** (São Luís do Quitunde, Alagoas, 1923 — Rio de Janeiro, Rio de Janeiro, 2006): Poeta, romancista, professor, jornalista, militar, advogado. Formou-se em Direito pela Faculdade do Recife, em 1951. Colaborou no *Jornal de Alagoas* e na *Gazeta*, em Maceió; no Suplemento do *Diário de Pernambuco* e no *Jornal do Commercio*, em Recife. Mudou-se para o Rio de Janeiro em 1954, onde se dedicou ao ensino, ao jornalismo e à literatura. Foi catedrático da Faculdade de Direito da UFRJ, da Uerj e da Academia Militar de Agulhas Negras. Colaborou em diversos periódicos, como *Correio da Manhã, Diário Carioca, Diário de Notícias*. Dirigiu um programa literário na Rádio Roquette Pinto. Obras: Crítica e história literária: *O crítico e o mandarim* (1962); *Apresentação da literatura brasileira* (1974). Poesia: *O astronauta marinho* (1972); *O escultor e o pássaro* (1994). Prosa: *Pajuçara*, novela (1958); *Tempo de cachoeira*, romance (1980). Obras jurídicas: *O problema internacional dos Direitos Humanos* (1973); *Canudos: visões e revisões* (1998).

Jornal de Letras, Rio de Janeiro, set. 1958

A mais alta expressão do gênio literário brasileiro, como bem afirmou José Veríssimo, é Joaquim Maria Machado de Assis. Nasceu a 21 de junho de 1839, no bairro pobre do Livramento, na romântica e hoje agoniada cidade do Rio de Janeiro, e faleceu em setembro de 1908.

A 29 deste mês, comemora-se o cinquentenário de morte do grande escritor.

Situado na literatura brasileira, Machado de Assis, apesar de tímido e esquivo, riu de seus contemporâneos, como deve continuar rindo de todos nós, incapazes que somos de compreendê-lo inteiramente.

Foi toda a vida um autodidata. Aprendeu o francês com padeiros franceses. Seu curso regular resumiu-se nas aulas particulares com o padre Silveira Sarmento. Tipógrafo, conseguiu por esforço e talento a presidência da Academia Brasileira de Letras. Funcionário público, entregava-se, às noites, à leitura dos clássicos e à composição de poesias, contos e romances. Também praticou o jornalismo, a tradução e o teatro. E, como marido recatado, amou a admirável Carolina.

Romântico, na primeira fase; realista, na segunda; foi o introdutor do "romance psicológico" no Brasil. Dotado de extraordinário talento, continua um enigma nos quadros de nossa literatura. Se realmente existe "o fenômeno MACHADO DE ASSIS" não cabe ao repórter interpretá-lo. Vozes autorizadas, entre algumas das melhores em nossas letras, responderão às nossas perguntas.

JOSÉ-MARIA BELO[26]

José-Maria Belo, ensaísta em *Retrato de Eça de Queirós*, é, também, um conhecedor de Machado de Assis.
— Como explicar o homem na obra de Machado de Assis?
— Eis aí uma pergunta que não é fácil de ser respondida em curtas linhas. O que mais importa numa obra de ficção é a criatura humana. A paisagem física, o ambiente social, as heranças de sangue e o momento histórico são condições básicas para o seu comportamento. A imaginação do escritor, ainda a mais rica, não cria, *ex nihilo*; espelha a vida e reflete o homem não propriamente como foram, o que caberia no âmbito do historiador social ou do biógrafo, mas como poderiam ter sido. É este o mais alto sentido, creio, que, acima das escolas, se empresta ao realismo em literatura. Fora daí vagamos entre bonecos num mundo de fantasia.

Naturalmente não basta que as figuras de um romance ou de um conto reproduzam as figuras humanas. Se assim acontecesse não passariam de sequência de retratos sem conexão entre si. Faz-se necessário que se entrosem numa trama verossímil. Enredo, composição e arquitetu-

---

26. JOSÉ-MARIA de Albuquerque BELO (Barreiros, Pernambuco, 1885 — Rio de Janeiro, Rio de Janeiro, 1959): Historiador, crítico literário e político. Formado em Direito no Rio de Janeiro, foi deputado federal. Publicou, entre outras obras: *Estudos críticos* (1917); *À margem dos livros* (1922); *Inteligência do Brasil: ensaios sobre Machado de Assis, Joaquim Nabuco, Euclides da Cunha e Rui Barbosa: síntese da evolução literária do Brasil* (1935); *Imagens de ontem e de hoje* (1936); *História da República* (1940); *Retrato de Eça de Queirós* (1945); *Retrato de Machado de Assis* (1952).

ra do livro, obediente a certas normas impostas pela lógica do nosso espírito ou às normas alheias como no caso de alguns grandes livros de Machado. Há ainda a acrescentar o estilo ou, em outros termos, a maneira do escritor comunicar-se com o leitor, atraindo, enlevando e multiplicando a sensação de realidade em cousas que evoca. Suas personagens são tão 'universais' em sua essência, tão 'brasileiros' e tão fluminenses (cariocas) nos seus recortes especiais. Resumo um deles, Capitu, da obra-prima que é *Dom Casmurro*, gênio do disfarce feminino, o ponto mais alto da capacidade criadora de Machado. Para concluir, uma egressa da galeria de Stendhal ou de Flaubert, uma *revenant* do microcosmo de Balzac.

EUGÊNIO GOMES:[27]
"UM ESCRITOR PARA SEMPRE"

Eugênio Gomes, em *Espelho contra espelho*, revela-se um arguto estilista de literatura comparada, projetando-se em nossos meios literários como uma figura de vanguarda no ensaio brasileiro. Em *Prata de casa*, inclui-se entre os mais importantes machadianos contemporâneos.

— Como explicar o fenômeno Machado de Assis?
— O fenômeno explica-se por si mesmo quando se observa que, não obstante autodidata, Machado de Assis progrediu, conscientemente de sua alta missão intelectual, desde os primeiros passos. Já em 1859, a sua pena de cronista expunha a ridículo a fancaria literária, que considerava a pior das fan-

27. EUGÊNIO GOMES (Ipirá, Bahia, 1897 — Rio de Janeiro, Rio de Janeiro, 1972): Perito por profissão, tornou-se crítico literário, dedicando-se principalmente às obras de Castro Alves e Machado de Assis. Publicou, entre outros livros: Poesia: *Moema* (1928). Crítica: *Influências inglesas em Machado de Assis* (1939); *Espelho contra espelho* (1949); *Prata da casa* (1953); *Machado de Assis*, antologia de crônica, "Nossos Clássicos" (1958); *Aspectos do romance brasileiro* (1958); *Shakespeare no Brasil* (1961); *A neve e o girassol* (1967); *O enigma de Capitu* (1968); *O mundo de minha infância* (1969).

carias, e tinha ele apenas vinte anos de idade nesse tempo! É uma sátira à improvisação, à pressa e ao parasitismo, que sempre concorreram para abastardar as coisas do espírito.

— Qual o sentido da revolução machadiana?

— Não sei se se pode chamar de revolução o efeito da obra de Machado de Assis sobre a literatura brasileira. A derradeira mensagem do escritor, através de suas obras capitais, é de quem escolheu como solução o niilismo filosófico... Foi o que procurei demonstrar no estudo "O testamento estético de Machado de Assis", escrito em janeiro deste ano para a *Revista Brasileira*, da Academia Brasileira de Letras, e com o qual encerro o meu próximo livro sobre o romancista, já entregue ao editor Carlos Ribeiro.

— Como explicar a atualidade de Machado?

— O segredo da atualidade de Machado de Assis é o mesmo de todos os escritores autênticos e representativos daquilo que ele próprio chamou de "sentimento íntimo da nacionalidade". Mas não é somente isto, a língua incomparável, que forjou para dar expressão às suas ideias, constitui um dos principais fatores do interesse criado em torno de suas obras. É um escritor para sempre.

— Como compreender a segunda fase do autor de *Quincas Borba*?

— Há um complexo de forças negativas e positivas a explicar a guinada do escritor em direção do humorismo, que caracteriza a sua segunda fase. Qualquer que seja a explicação, ter-se-á que partir de um ponto: o de confessada desilusão do homem e da vida, agravada pelo mal que o desajustava terrivelmente consigo mesmo.

— Até onde pode afirmar-se ter sido Machado de Assis o introdutor do romance psicológico no Brasil?

— Pode-se ou antes deve-se admitir que não haja sido o introdutor desse tipo de romance, no Brasil. José de Alencar antecipou-se a ele de algum modo, embora de maneira ainda insegura, rastreando Balzac. Machado de Assis trilhou, até certo ponto, o mesmo caminho; porém, de acordo com as suas próprias tendências, pendeu mais para Stendhal e Flaubert. Esses dois mestres mostraram-lhe a vantagem de preferir o homem à paisagem, o que lhe permitiu explorar a psicologia humana de maneira por assim dizer direta, sem as largas concessões à vegetação e ao pitoresco que pareciam inevitáveis no Brasil.

— Qual a diferença qualitativa entre a obra poética e ficcional do autor de *Dom Casmurro*?

— Machado de Assis foi principalmente um grande prosador, eis tudo. Também Anatole France e Maupassant — para mencionar apenas dois — escreveram versos, mas que, embora apreciáveis, não podem competir com as suas obras em prosa. Creio que o criador de *Brás Cubas* está no mesmo caso.

— Como explicar a criatura humana em face da obra machadiana?

— O homem Machado de Assis, eis o problema! Sua complexidade me deixa indeciso ante a pergunta. Tenho me preocupado mais ou quase exclusivamente com o escritor; o homem... Bem, é muito difícil compreendê-lo.

— Qual a posição dos machadianos diante da obra do mestre?

— Receio generalizar, pois a minha experiência pode não coincidir com a de outros machadianos, alguns deles tão sagazes, mas julgo que a nossa posição deve ser de humildade, reflexão e... cautela. O terreno em que Machado de Assis trabalhava, se é seguro ou estável, por um lado, por outro lado, falta-nos aos pés constantemente. É uma temeridade ser inflexível em relação a um escritor tão evasivo e sutil. Há mesmo uma parte de sua obra onde o melhor está nas entrelinhas. Não se trata de uma arte propriamente hermética, nada disto, mas de uma espécie de jogo de esconde-esconde, que dá gosto acompanhar em todos os seus torneios. Esse lado puramente lúcido da obra machadiana não deixa de contribuir também para manter a perenidade de interesse em torno do escritor. E, portanto, não é bom decifrar uma vez por todas a única esfinge talvez que a literatura brasileira apresenta à nossa curiosidade intelectual.

RAIMUNDO MAGALHÃES JÚNIOR:[28]
"COMO EXPLICAR SHAKESPEARE, CERVANTES, CAMÕES?"

R. Magalhães Júnior reuniu a obra esparsa e desconhecida de Machado de Assis, antes não publicada em livros: *Contos esparsos, Contos esquecidos, Contos recolhidos, Contos avulsos, Contos sem data, Ideias e imagens de Machado de Assis* etc., tornando-se um dos maiores machadianos de nossas letras.

— Como explicar o fenômeno Machado de Assis nos quadros de nossa literatura?
— Respondo com outras perguntas: como explicar o fenômeno Shakespeare, na Inglaterra? O de Cervantes, na Espanha? O de Dostoiévski, na Rússia? O de Camões, em Portugal? O de Molière, na França? O homem que tem a predestinação literária se revela em qualquer parte do mundo e a qualquer tempo, vencendo toda espécie de obstáculos e se mostrando superior aos seus contemporâneos. Machado de Assis, guardadas as proporções, é tão explicável, ou inexplicável, nos quadros da nossa literatura, como aqueles gênios, nos quadros das suas. No acanhado meio brasileiro, foi também um espírito superior ao seu tempo.

---

28. RAIMUNDO MAGALHÃES JÚNIOR (Ubajara, Ceará, 1907 — Rio de Janeiro, Rio de Janeiro, 1981): Jornalista, poeta, biógrafo, historiador e teatrólogo. Escreveu, entre outras peças, *Carlota Joaquina, O imperador galante, Canção dentro do pão*. Aparece na *Antologia dos poetas bissextos contemporâneos*, de Manuel Bandeira. Pesquisador incansável, publicou biografias (de Machado de Assis, Augusto dos Anjos, Álvares de Azevedo etc.), antologias, dicionários, ensaios e volumes da obra esparsa de Machado de Assis, como *Contos esquecidos, Contos sem data, Contos avulsos, Contos e crónicas, Crónicas de Lélio* e *Diálogos e reflexões de um relojoeiro* (1966). Publicou também: *Ideias e imagens de Machado de Assis* (1956); *Machado de Assis, funcionário público* (1958); *Machado de Assis desconhecido* (1955); *Ao redor de Machado de Assis* (1958).

—Qual o sentido da revolução machadiana na literatura brasileira?

—A revolução operada por Machado começou em casa, isto é, nele mesmo. Escritor moço, escrevendo abundantemente para toda sorte de publicações, foi a princípio romântico (*Ressurreição, A mão e a luva, Helena, Histórias românticas* [sic]) como prosador e como poeta (*Crisálidas, Falenas*). Depois, foi até indianista, em poesia (*Americanas*). Mas essas influências iniciais se dissiparam, em razão de leituras que muito o influenciaram (Sterne, Molière, Renan, Stendhal, Smollet, Fielding, Voltaire, Schopenhauer, Jean Paul Richter, Le Sage, Leopardi etc.), como em razão da sua evolução espiritual e do desenvolvimento do seu bom gosto literário e do seu espírito crítico. Repudiou o naturalismo cru, à maneira de Émile Zola, e se tornou, assim, um escritor independente, desligado das modas literárias que prevaleceram do meio para o fim de sua vida. Podemos dizer que sua revolução se assenta nisto: não basta ter ideias, é necessário saber exprimi-las; não basta escrever bem, é preciso ter o que dizer. Nenhum escritor brasileiro tem tanta riqueza de ideias, de conceitos, de imagens, de aforismos, e nenhum os disse com a precisão de Machado, em cujas páginas maiores, não as do aprendiz, mas as do mestre, nada há que acrescentar nem que cortar.

Num país de retóricos, esta é revolução não pequena.

AUGUSTO MEYER:
"CONTINUA A SER O ÚNICO"

Augusto Meyer, ensaísta de pulso, conhecedor profundo de literatura, conta com uma excelente interpretação de *Le bateau ivre*, de Rimbaud; recentemente, com *Preto & branco, Camões, o Bruxo, e outros estudos*. Dedicado à obra machadiana escreveu *Machado de Assis*, que a coleção Rex apresentou em segunda edição.

—Machado de Assis continua a ser o "único" na história da literatura brasileira, e agora podemos ver que na sua obra a extensão não fica a dever muito à indiscutível qualidade. O aparecimento das obras completas, posto não lhe alterasse a fisionomia moral como expressão definitiva já então formada na síntese da crítica e estudada nos traços dominantes, veio mostrar o vulto do seu esforço, acentuando o ritmo contínuo da sua produtividade, e ao mesmo tempo revelou alguns atalhos ainda mal pressentidos pela maioria dos leitores. Cresceu em variedade relativa, dentro da mesma profundidade. Havia nele esse amor vicioso que caracteriza o monstro cerebral, a volúpia da análise pela análise, mas havia também — e nisto veio o seu drama — a consciência da miséria moral a que estava condenado, por isso mesmo, à esterilidade quase desumana com que o puro estilista paga o privilégio de tudo criticar e destruir. O Machado quase anatoliano, amigo do equilíbrio e da moderação, talvez seja uma simples aparência.

ADONIAS FILHO
E A ATUALIDADE DE MACHADO DE ASSIS

Adonias Filho: romancista de *Memórias de Lázaro* e *Os servos da morte*, surge definitivamente como grande crítico em *Modernos ficcionistas brasileiros*, onde são submetidos à sua análise destacados vultos de nossa literatura.

— É difícil explicar por que um autor é atual e, no caso brasileiro, esta dificuldade ainda se torna maior em consequência do isolamento em que os escritores permanecem. A atualidade de Machado de Assis — já que seu público é menor que o de outros romancistas como, por exemplo, Joaquim Manuel de Macedo, Bernardo Guimarães e José de Alencar — é meramente crítica. Sua atualidade adquire projeção, em consequência, no vértice intelectual. E a explicação me parece simples: a irradiação do escritor sobreveio em virtude de sua expressão clássica, de sua disciplina linguística, de sua concepção formal que, como elementos literários, favoreciam a inevitável oposição ao modernismo. Não se verificou, contudo, maior influência: citando-se apenas um romancista, Cyro dos Anjos, como seu discípulo. Restrita à inquirição crítica, à controvérsia que essa inquirição provocou, a atualidade de Machado de Assis não me parece maior que a dos romancistas que o antecederam.

ARMINDO PEREIRA[29]
E O "FENÔMENO MACHADO"

Armindo Pereira: autor dos romances *Flagelo* e *Açoite*, é apontado pela crítica literária como um ficcionista de obra densamente realizada.

— Diante da obra machadiana não é exagero falar-se em fenômeno. Um fenômeno claro, evidente. Uma série de obras-primas — entre vários contos, novelas e alguns romances. E o extraordinário e a comumente chamada segunda fase machadiana, cujos primeiros vestígios sempre encontrei na leitura de *Iaiá Garcia*. (Se digo "sempre encontrei", vaidosamente, é porque já reli várias vezes — não me lembro quantas — e continuo a reler toda a obra machadiana.) Pois, em verdade, houve uma fase na vida de Machado de Assis em que tudo quanto o homem escrevia e contava era dentro de tal perfeição tonal e expressional que parecia ter atingido definitivamente a graça e a medida do artista perfeito. Fenômeno.

---

29. ARMINDO PEREIRA da Silva (Aracaju, Sergipe, 1922 — Rio de Janeiro, Rio de Janeiro, 2006): Jornalista, romancista, contista. Em Aracaju, dirigiu os jornais *Mensagem* e *Símbolo*. Em 1941, mudou-se para o Rio de Janeiro, onde se formou em Direito e colaborou na imprensa. Publicações: *Flagelo*, romance (1954); *Açoite*, romance (1956); *A esfera iluminada*, ensaios (1966); *Julgamento de valores: a esfera iluminada II — aproximações, referências, interpretações e julgamentos*, crítica e ensaio (1977); *De Drummond a Lêdo Ivo e outros estudos* (1981); *Doze estórias, duas novelas e dez contos* (1983); *Os tesouros das catacumbas*, romance (1983); *Várzea romântica: histórias e poesias* (1988).

AURÉLIO BUARQUE DE HOLANDA FERREIRA[30]

Aurélio Buarque de Holanda Ferreira, filólogo dos melhores que possuímos, exegeta de arte poética em *Território lírico*, contista de *Dois mundos*, integra nosso contingente machadiano.

— Qual a diferença qualitativa entre a obra poética e ficcional do autor de *Dom Casmurro*?

— Sem dúvida alguma, o prosador — sobretudo o contista, um dos mais importantes do mundo — é maior do que o poeta, o que não quer dizer que não haja na obra poética de Machado de Assis produções de valor, e até admiráveis como o soneto "A Carolina" e o poema "A última jornada". Entretanto, um de seus sonetos mais célebres, "O círculo vicioso", em minha opinião, deve entrar no rol dos muitos sonetos brasileiros medíocres que alcançaram inexplicável celebridade. Quero crer que o melhor de Machado de Assis, poeta, está em suas páginas de prosa.

GUSTAVO CORÇÃO:
"O PRODÍGIO QUE FOI MACHADO"

Gustavo Corção, autor de *A descoberta do outro*, excelente ensaio que lembra pelo estilo o espírito e a graça de Machado de Assis, tem divulgado pela imprensa admiráveis interpretações da obra machadiana.

---

30. AURÉLIO BUARQUE DE HOLANDA Ferreira (Passo de Camaragibe, Alagoas, 1910 — Rio de Janeiro, Rio de Janeiro, 1989): Filólogo, lexicógrafo, contista, ensaísta, poeta, tradutor, revisor, professor. Foi membro da Comissão Machado de Assis. Obras: *Dois mundos*, contos (1942); *Mar de histórias, antologia do conto mundial*, em colaboração com Paulo Rónai (10 vols., 1945-1989); *O romance brasileiro, de 1752 a 1930* (1952); *Território lírico* (1958); *Enriqueça o seu vocabulário* (1958); *Novo dicionário da língua portuguesa* (1975).

— Como compreender a segunda fase da obra de Machado de Assis?

— Escrevi a esse respeito diversos artigos, publicados no mês passado no "Suplemento Literário" do *Diário de Notícias*, e procurarei resumir nesta entrevista o que lá disse mais pormenorizadamente. Creio que a grande e brusca mudança que se observa de *Iaiá Garcia* para *Memórias póstumas de Brás Cubas* não pode ser considerada apenas uma fase, ou uma nova experiência estética, como disse Alfredo Pujol. Nas obras anteriores (excetuando *Ressurreição*, que constitui uma experiência isolada e malograda) Machado de Assis constrói, aplicadamente, com promissor talento e excelente linguagem, o romance convencional de caracteres e de conflito das paixões que os personagens esquematicamente encarnam. Dir-se-ia, como observa finalmente Barreto Filho (*Introdução a Machado de Assis*, Agir, 1947), que "por enquanto Machado deseja caminhar na estrada batida, e se recusa a ouvir o seu demônio interior, que o convida a outra aventura".

Ora, por volta de 1880, alguma coisa aconteceu, não apenas na vida exterior, não apenas no quadro das circunstâncias, mas no próprio recesso da alma do autor. De repente, o talentoso e festejado escritor nos aparece transfigurado e delirante. Dir-se-ia, então, que passou a prestar ouvidos ao demônio interior; ou que liberou dos entraves da convenção o doido que se entrega, como dizia Platão, aos divinos delírios. É pouco dizer que temos em *Memórias póstumas* uma nova estética. O que começa aí é Machado de Assis, Machado de Assis maduro, pleno, desabrochado. Mais do que uma simples mudança de forma ou de recursos, deve-se ver nesta segunda fase uma eclosão ou uma descoberta. Machado de Assis acorda para uma visão nova da vida e do mundo, o misterioso desconcerto do mundo que tanto angustiava a alma do autor do Eclesiastes, e que é a substância principal das líricas de Camões e de Fernando Pessoa. O gênio recém-nascido aos quarenta anos vale-se do talento adquirido, mas põe na obra que inaugura uma dimensão metafísica que faltava na obra anterior. Aliás, não fosse assim, não estaríamos nós aqui a conversar desse prodígio que foi Joaquim Maria Machado de Assis, pois, de outro modo, do autor de *Helena* ou de *A mão e a luva* poderíamos apenas dizer as coisas amáveis e meio esquecidas que se dizem de um Júlio Diniz ou de um Manuel Macedo.

— Que papel representou a obra de Machado no curso da literatura brasileira?

— Acho que Machado de Assis foi um grande isolado. Não o vejo como um elo na cadeia dos acontecimentos literários. No tempo em que ainda subsistiam os fenômenos do naturismo nacionalista, Machado manteve-se discretamente alheio a esse fim de movimento, como se vê no seu admirável ensaio sobre o instinto de nacionalidade; e quando vinha da Europa o eco dos sucessos da corrente chamada realista ou naturalista, Machado tomou ostensivamente posição contrária, como se lê na crítica que fez de *O primo Basílio* de Eça de Queirós. Também não vejo como se possa dizer que foi um precursor do modernismo quem tão admiravelmente se submeteu à lusíada sintaxe. Sem ter tido nenhum empenho de ser nacional e inovador, Machado de Assis é o mais brasileiro e o mais moderno de nossos autores. Na verdade, vejo-o isolado, majestosamente isolado. E pelo que sei das traduções de sua obra, não creio que o resto do mundo possa apreciar, sequer aproximadamente, a peregrina beleza desses poucos livros que estão, segundo penso, em altitude igual à das maiores obras escritas pelo gênio humano. É pena que lá fora não possam conhecer a melhor coisa que o Brasil até hoje produziu. Azar nosso! O fato é que, pela necessidade das ressonâncias profundas e pungentes que procurava despertar, o conteúdo machadiano está estreitamente ligado à forma, à linguagem, e não poderá ser vazado em outra língua enquanto não aparecerem lá fora outros Machados, coisa que me parece difícil, e outros Machados que conheçam a fundo o espírito da língua portuguesa, coisa que me parece de uma improbabilidade astronômica.

Torno a dizer: um isolado. Mas esse mesmo isolamento faz com que Machado de Assis seja para nós um sinal de congraçamento, já que são os sinais elevados e isolados que melhor orientam e unem. É um vértice. Mas pelo que tenho visto ultimamente, em alguns autores que procuram interpretar e explicar o gênio de Machado de Assis, devo acrescentar uma nota melancólica a esse cume de nossas letras. É um pico às vezes envolto em nuvens.

JOSÉ GALANTE DE SOUSA:[31]
"UM CENTRO DE INTERESSE"

José Galante de Sousa, professor, nos revelou em *Bibliografia de Machado de Assis* toda a obra esparsa do autor de *Quincas Borba*.

— Qual a posição dos machadianos diante da obra do mestre?
— Machado de Assis tornou-se, nestes últimos vinte anos, o centro do interesse da literatura brasileira. Na verdade ele nunca esteve em segundo plano, porque muito cedo firmou seu crédito perante a crítica. Não obstante, até a época do centenário, vinha faltando aos machadianos um instrumento preciosíssimo de trabalho — a bibliografia.

A primeira tentativa séria de levantamento bibliográfico foi realizada por d. Lúcia Miguel Pereira, quando publicou, em 1936, o seu ensaio sobre Machado de Assis. Veio, depois, a exposição de 1939, graças ao espírito lúcido de Augusto Meyer, então diretor do Instituto Nacional do Livro. Daquela exposição, resultou um catálogo, repositório

---

31. JOSÉ GALANTE DE SOUSA (Rio de Janeiro, Rio de Janeiro, 1913 — Rio de Janeiro, Rio de Janeiro, 1986): Trabalhou no Instituto Nacional do Livro e participou da Comissão criada em 1952 pelo Ministério da Educação e Cultura para preparar o texto definitivo das obras completas de Machado de Assis. Pesquisador dedicado a Machado de Assis, publicou: *Bibliografia de Machado de Assis* (1955), *Fontes para o estudo de Machado de Assis* (1958), "Cronologia de Machado de Assis" (publicada em 1958 na *Revista do Livro* e em 2008 nos *Cadernos de Literatura Brasileira* do Instituto Moreira Salles), *Machado de Assis e outros estudos* (1979). E também, entre outras obras: *O teatro no Brasil* (1960); Índice de biobibliografia brasileira (1963); *Enciclopédia de literatura brasileira*, com Afrânio Coutinho, 2 vols. (1990).

bibliográfico prestantíssimo e documentário biográfico de valor inestimável.

Antônio Simões dos Reis, hoje livreiro, mas sempre bibliógrafo, jamais perdeu de vista, nas suas pesquisas, o autor do *Brás Cubas*. Chegou mesmo a iniciar o levantamento da bibliografia machadiana. Paralelamente eu fazia o mesmo, sem saber da iniciativa de Simões dos Reis. Um dia, quando ambos tivemos conhecimento da coincidência de nossos trabalhos, o nosso maior bibliógrafo, num gesto tão belo quanto raro, sustou sua pesquisa, aconselhou-me a prosseguir e animou-me a levar a cabo a *Bibliografia de Machado de Assis* que publiquei em 55.

Hoje, com os trabalhos complementares de R. Magalhães Júnior, estão os machadianos, quase inteiramente, de posse da bibliografia de Machado.

O Instituto Nacional do Livro, graças à iniciativa de seu esclarecido autor, José Renato Santos Pereira, vai publicar, em setembro, um número de sua revista, dedicado a Machado de Assis. Será um documentário importantíssimo, tanto para a biografia quanto para a bibliografia do grande prosador. Fará honra, estou certo disso, ao catálogo publicado em 39. Nem outra coisa era de esperar de Augusto Sousa Meyer, a quem coube a tarefa de organizar o número especial da *Revista do Livro*. Filho de peixe...

Dentro em breve, Machado de Assis nada ficará devendo aos vultos mais estudados da literatura universal, quer do ponto de vista crítico, quer do ponto de vista bibliográfico.

LÚCIA MIGUEL PEREIRA E O HUMORISMO DE MACHADO

Lúcia Miguel Pereira representa um ponto alto da inteligência brasileira. Espírito crítico, estudou Gonçalves Dias e Machado de Assis, e escreveu alguns belos livros. É autora de uma *História da literatura brasileira*, que se encontra em segunda edição.

— A grande contribuição do humorismo na obra de Machado de Assis foi permitir-lhe revelar as tacanhas proporções de sua gente, sem resvalar nem para a declamação nem para a caricatura. A atitude humorista, que já tem sido definida de tantos modos diferentes, talvez se possa distinguir também pelo equilíbrio que confere; determina como que um desdobramento do observador que, se colocando simultaneamente próximo e distante do observado, vê-o como ele se vê e como o veem os outros, concebe-o com o calor da criação e com a frieza da análise. Humorista é, afinal, quem corrige uns pelos outros os excessos da simpatia e da crítica, quem distingue no drama os elementos de comédia e na comédia os aspectos dramáticos, quem compreende os contrastes da vida e das criaturas; correção, distinção e compreensão que geram forçosamente o equilíbrio entre as faculdades emocionais e as intelectuais. E esta foi uma das virtudes básicas de Machado de Assis.

BRITO BROCA:[32]
"HUMANIDADE E ARTE"

Brito Broca, pesquisador de nossa literatura em *A vida literária no Brasil—1900*, tornou-se com *Machado de Assis e a política* um dos mais lúcidos machadianos de nosso tempo.

— Como explicar o fenômeno Machado de Assis nos quadros de nossa literatura?

---

32. José BRITO BROCA (Guaratinguetá, São Paulo, 1903 — Rio de Janeiro, Rio de Janeiro, 1961): Crítico literário e historiador. Mudou-se para a cidade de São Paulo em 1924 e publicou crônicas literárias sob os pseudônimos Lauro Rosas e Alceste. No Rio de Janeiro, trabalhou para o Departamento de Imprensa e Propaganda, para a Livraria José Olympio e para a sucursal de *A Gazeta*. Obras, entre outras: *A vida literária no Brasil—1900* (1956); *Machado de Assis e a política mais outros estudos* (1957); *Horas de leitura* (1957); da Série Obras Reunidas, projeto de Alexandre Eulálio: *Românticos, pré-românticos e ultrarromânticos* (1979); *Escrita e vivência* (1993); *Teatro das letras* (1993); *O repórter impenitente* (1994).

— Implicando no termo *fenômeno* o talento de Machado de Assis, direi que um grande talento, como um gênio, não pode ser explicado pelas condições sociais, como querem os marxistas. As condições sociais podem favorecer a eclosão do mesmo, mas não determiná-la. No caso de Machado de Assis, tudo era de molde a levá-lo a um destino bem diferente do que cumpriu. Mulatinho pobre, numa época de escravidão, conseguiu ele, entretanto, pela força do seu talento, vencer as barreiras do meio. É verdade que transigiu com certas exigências desse meio para poder vencer. Quer dizer: o autor de *Brás Cubas* soube conduzir com habilidade o seu grau de talento, em face das contingências adversas que o cercavam. Creio que assim deve ser compreendido o fenômeno Machado de Assis.

— Como explicar a atualidade de Machado de Assis?
— A atualidade de Machado de Assis se explica pelo valor humano e artístico de sua obra. O binômio humanidade e arte é o segredo da sobrevivência de um escritor. O homem de Machado de Assis não é o homem do Segundo Reinado, embora o escritor não desligasse os personagens do meio em que evoluíam. É o "homem" eterno dos clássicos.

— Como compreender a segunda fase do autor de *Quincas Borba*?
— A segunda fase de Machado representa a maturidade do seu espírito. Ao chegar a um certo ponto de amadurecimento, não podia ele permanecer nas intrigas domésticas e sentimentais dos seus romances românticos, em que se percebe a influência de Alencar (do Alencar urbano da *Pata da gazela* etc.). Devia então processar novas formas para exprimir as coisas profundas que tinha a dizer. Essas formas ele buscou primeiro em Sterne, De Maistre e em outros ensaístas ingleses, mas conseguiu imprimir-lhes um cunho de originalidade nos romances posteriores ao *Brás Cubas*. *Brás Cubas* foi uma experiência, se bem que rica de resultados e consequências. As realizações plenas estão em *Quincas Borba, Dom Casmurro, Esaú e Jacó* e *Memorial de Aires*. Isto no que concerne ao romance. No conto, Machado de Assis passou quase sem transição das

narrativas românticas para as explorações magníficas de *Histórias sem data, Várias histórias* e *Papéis avulsos*.

— Até aonde pode afirmar-se ter sido Machado de Assis o introdutor do romance psicológico no Brasil?

— Os romances de Machado de Assis não são psicológicos no sentido corrente do gênero. Podemos encartá-los antes na categoria de "realismo psicológico".

— Qual a diferença qualitativa entre a obra poética e ficcional do autor de *Dom Casmurro*?

— Ao poeta Machado de Assis falta certa espontaneidade. Sente-se que ele fez poesia porque quis fazê-las, ou antes, porque era costume na época fazê-las. Isto não impede de haver escrito algumas boas poesias.

— Como explicar a criatura humana em face da obra machadiana?

— Machado de Assis penetrou em todas as misérias humanas, mas não creio que nesse esforço de análise houvesse chegado a um completo niilismo. Talvez Pascal nos ofereça elementos para compreendermos melhor a concepção que Machado de Assis tinha da vida e do destino do homem. Ver a propósito o livro de Afrânio Coutinho, publicado em 1940 e que vai ser reeditado agora.

— Qual a posição dos machadianos diante da obra do mestre?

— Cumpre aos machadianos estudar cada vez mais a obra de Machado de Assis, sem considerá-lo no entanto um tabu. Insurgir-se contra a crítica estreita e sectarista de um Octavio Brandão não é considerar Machado um tabu. Para Octavio Brandão o mérito de um escritor, de um artista tem de ser julgado pelo seu sentido social. Como Machado de Assis era um niilista, não podia ser grande escritor. O único critério para julgar-se um escritor deve ser o estético.

Fonte desta edição:
LITRENTO, Oliveiros. "Machado de Assis na literatura brasileira".
Jornal de Letras, Rio de Janeiro, set. 1958, pp. 5 e 6. Depoimentos
de: Brito Broca, Eugênio Gomes, R. Magalhães Júnior,
Gustavo Corção, Augusto Meyer, Aurélio Buarque de Holanda
Ferreira, Lúcia Miguel Pereira, José Galante de Sousa,
J.-Maria Belo, Adonias Filho e Armindo Pereira.

Outros textos do autor a respeito de Machado de Assis:
LITRENTO, Oliveiros. "Machado diante do homem".
Jornal do Commercio, Rio de Janeiro, 28 set. 1958.
LITRENTO, Oliveiros. "Machado de Assis". *Jornal de Letras*,
Rio de Janeiro, abr. 1959.
LITRENTO, Oliveiros. "Um exegeta de Machado". *Diário de Notícias*.
Rio de Janeiro, 23 abr. 1961. Também em: LITRENTO, Oliveiros.
O crítico e o mandarim. Rio de Janeiro: São José, s. d.,
pp. 148-53. *Revista da Sociedade dos Amigos de Machado de Assis*,
Rio de Janeiro, n. 7, pp. 28-9, 29 set. 1961. Sobre *Machado de Assis*,
de Eugênio Gomes.
LITRENTO, Oliveiros. "Perenidade de Machado". *O Jornal*,
Rio de Janeiro, 20 mar. 1973.
LITRENTO, Oliveiros. *Apresentação da literatura brasileira*.
Rio de Janeiro: Biblioteca do Exército; Forense Universitária,
1974, tomo I, pp. 148-56.
LITRENTO, Oliveiros. "O inimitável Machado". *Jornal do Commercio*,
Rio de Janeiro, 5 fev. 1978; *A Província do Pará*, Belém,
23 jan. 1982.
LITRENTO, Oliveiros. "Fantasia do Natal". *Monitor Campista*.
Campos, Rio de Janeiro, 24 jan. 1979.
LITRENTO, Oliveiros. "Machado de Assis". *Jornal do Commercio*,
Rio de Janeiro, 21 out. 1979.
LITRENTO, Oliveiros. "Machado de Assis". *Jornal do Commercio*,
Rio de Janeiro, 15 jan. 1989.
LITRENTO, Oliveiros. "Memórias póstumas de Machado de Assis".
Jornal do Commercio, Rio de Janeiro, 29 jun. 1997. Sobre o livro
de Josué Montello com esse título.
LITRENTO, Oliveiros. "Os inimigos de Machado de Assis".
Jornal do Commercio, Rio de janeiro, 24 abr. 1999. Sobre o livro
de Josué Montello com esse título.

MENOTTI: "MACHADO DE ASSIS É A RÉPLICA DO BRASIL AOS RACISTAS DE TODO O MUNDO" DEPOIMENTOS DE: MENOTTI DEL PICCHIA, CARLOS BURLAMAQUI, LYGIA FAGUNDES TELLES E WASHINGTON VITA

Última Hora

ÚLTIMA HORA: vespertino diário, fundado p
Samuel Wainer, em 1951, no Rio de Janeiro
Teve uma edição em São Paulo, além
de uma nacional que era complementada
localmente no ABC Paulista, em Bauru,
Belo Horizonte, Campinas, Curitiba, Niter
Porto Alegre, Recife e Santos. Pretendia
ser um jornal de oposição à classe dirigent
exprimindo as preocupações do povo.
Contou em sua equipe com Otávio Malta,
editor-geral, Edmar Morel, João Etchever
Medeiros Lima, Nabor Caires de Brito,
o diagramador argentino Andrés Guevara.
Entre seus colaboradores estiveram
Francisco de Assis Barbosa, Joel Silveira,
José Guilherme Mendes, Newton Rodrigu
O jornal foi vendido em 1971 para a Empre
Folha da Manhã.

Última Hora, 29 set. 1958

O cinquentenário do falecimento de Machado de Assis, o mestiço que, de simples aprendiz de tipógrafo da Imprensa Nacional, conseguiu tornar-se num dos maiores escritores brasileiros e quiçá o maior, vem sendo comemorado em todo o Brasil. A obra machadiana—principalmente a literária, já que a poética sofre restrições da parte de alguns escritores—ultrapassou fronteiras, e hoje Machado de Assis é conhecido no estrangeiro, conhecido e admirado.

Dom Casmurro, *Memórias póstumas de Brás Cubas* e até mesmo os livros da primeira fase de Machado de Assis são lidos com satisfação ainda hoje, mostrando que, conforme escreveu o escritor Brito Broca há poucos dias em artigo publicado no *Jornal de Letras*, Machado de Assis tratou do homem eterno, o homem dos clássicos, daí sua atualidade em nossos dias.

Sobre o cinquentenário da morte de Joaquim Maria Machado de Assis *Última Hora* traz, hoje, o depoimento de vários intelectuais: Menotti del Picchia, Carlos Burlamaqui, Lygia Fagundes Telles e Washington Vita.

MENOTTI:
"RÉPLICA AOS RACISTAS"

"A glória de Machado de Assis não é apenas a maior glória das letras brasileiras, como é, incontestavelmente, uma das maiores das letras continentais" — disse inicialmente o escritor Menotti del Picchia. E prosseguiu: "O fenômeno Machado de Assis transcende a simples manifestação de um gênio literário para ser uma réplica a todos os racistas, demonstrando que o mestiço brasileiro pode ascender às culminâncias da estética e da cultura. O Brasil pode se orgulhar de ter tido nesse seu incomparável filho uma das figuras mentais das mais proeminentes no seu tempo e de todo o mundo".

C. BURLAMAQUI:[33]
"REPRESENTANTE DE UMA TRANSIÇÃO"

"A preocupação que Machado de Assis teve pela classe média já indicava nele um sistema socialista de pensar. O melhor de sua galeria está entre os indivíduos simples e os funcionários públicos. Sendo ele um escritor representativo da passagem de um regime para outro, ele foi bem o representante de uma transição social em que já se vislumbrava o lugar ao sol que deveriam alcançar posteriormente as classes sociais menos protegidas" — declarou Carlos Burlamaqui sobre o autor de *Esaú e Jacó*.

---

33. CARLOS BURLAMAQUI Kopke (Rio de Janeiro, Rio de Janeiro, 1916 — Rio de Janeiro, Rio de Janeiro, 1988): Crítico literário, ensaísta, professor. Com Péricles Eugênio da Silva Ramos, João Acióli e Domingos Carvalho da Silva, fundou, em 1947, a *Revista Brasileira de Poesia*. Obras: *Os caminhos poéticos de Jamil Almansur Haddad*, ensaio (1943); *Fronteiras estranhas*, ensaios (1946); *Meridianos do conhecimento estético* (1950); *Antologia da poesia brasileira moderna: 1922-1947* (1953); *São Paulo e quatro séculos de literatura* (1955); *Quando a gramática e a estilística se encontram* (1960); *Do ensaio e de suas várias direções* (1964).

LYGIA FAGUNDES:
"MACHADO VALE UMA LITERATURA"

"Machado de Assis vale por si só toda uma literatura. Foi o ponto mais alto jamais atingido por um escritor na literatura nacional. Justamente nessa época de improvisação, em que alguns escritores não se preocupam mais com a forma, justamente nessa época em que os escritores na sua maioria parecem escrever sobre os joelhos, Machado de Assis fica sendo como um símbolo do cuidado formal, do amor ao estilo, da paciência e da perseverança, enfim. Naturalmente ele sabia bem que 'gênio é paciência'. E portanto sem nenhuma pressa, sem usar de nenhum golpe (já que estamos na época dos golpes), ele conseguiu construir uma obra que é a mais perfeita sob todos os pontos de vista no cenário das letras nacionais."

WASHINGTON VITA:[34]
"O MAIS BRASILEIRO DOS ESCRITORES"

Encerrando nossa enquete, ouvimos Luís Washington Vita. Assim falou o secretário do Fórum Roberto Simonsen:
"Machado de Assis vem sendo apontado como o mais universal dos escritores brasileiros. Essa sua característica não se explica em função da galeria machadiana de personagens com reações humanas idênticas em qualquer latitude. Não se trata de ter Machado de Assis apreendido a essência humana e, portanto, capaz de traduzir senti-

---

34. Luís WASHINGTON VITA (São Paulo, São Paulo, 1921 — São Paulo, São Paulo, 1968): Cursou Filosofia na Universidade de São Paulo e Direito na Universidade Federal do Rio de Janeiro. Trabalhou pela introdução da disciplina Filosofia no Brasil nos cursos de Filosofia. Obras: *Materialismo histórico e economia marxista* (1948); *A filosofia no Brasil* (1950); *Antero de Quental: tentativa de compreensão do sentido político de sua vida e de sua obra* (1951); *Páginas de estética* (1956); *Temas e perfis* (1957); *Escorço da filosofia no Brasil* (1964); *Tendências do pensamento estético contemporâneo no Brasil* (1967).

mentos antípodas; Machado de Assis é universal porque é o mais brasileiro dos nossos escritores. Na medida em que ele apreendeu o sentido intransferível de nossa concepção do mundo, tornou-se universal. O cinquentenário de sua morte reveste-se de uma significação especial: é um convite à releitura de seus livros, para que, através da paisagem humana de seus personagens, possamos abarcar a mensagem universal de sua obra."

Fonte desta edição:
DEL PICCHIA, Menotti. "Machado de Assis é a réplica do Brasil aos racistas de todo o mundo". *Última Hora*, São Paulo, 29 set. 1958.

Cf. Menotti del Picchia também na seção "Artigos" deste volume.

O DESAFIO DE RECRIAR MACHADO
DEPOIMENTOS DE: OSMAN LINS, NÉLIDA PIÑON, JULIETA DE GODOY LADEIRA, AUTRAN DOURADO, LYGIA FAGUNDES TELLES E ANTONIO CALLADO

Beatriz Bomfim & José Nêumanne Pinto

b.b.

BEATRIZ BOMFIM: Nascida em Belo Horizonte, jornalista voltada para a literatura. Filha de Orlando da Silva Rosa Bomfim Júnior, advogado de operários, militante do Partido Comunista Brasileiro, desaparecido político em 1975. Contratada como estagiária em 1961, no ano seguinte passou a repórter do *Jornal do Brasil*, do Rio de Janeiro, para o qual fez entrevistas com escritores como Rachel de Queiroz, Carlos Drummond de Andrade, Ferreira Gullar, Clara Ramos, Afonso Romano de Sant'Anna, Sylvia Orthof.

j.n.p.

JOSÉ NÊUMANNE PINTO (Uiraúna, Paraíba, 1951): Jornalista, poeta, repórter, romancista. Trabalhou como repórter no *Diário da Borborema*, da Paraíba, na *Folha de S.Paulo* e no *Jornal do Brasil*, sucursal de São Paulo, onde foi chefe da redação. Atuou como comentarista político na televisão e no rádio. Em *O Estado de S. Paulo*, trabalhou como editor de política nos anos 1980, e é editorialista desde 2012. É comentarista nos noticiários *Estadão no Ar* e *Direto da Redação*. Publicou, entre outras obras: *As tábuas do sol*, poesia; *Erundina: a mulher que veio com a chuva* (1989); *A república na lama: Uma tragédia brasileira* (1992) *Veneno na veia*, romance policial (1995); *O silêncio do delator* (2004).

Jornal do Brasil, 24 dez. 1977

"Uma narrativa de ficção seria apenas uma narrativa ou uma espécie de orifício para o universo inteiro? Seria mesmo possível pensar-se na possibilidade de uma série interminável de narrativas, as próximas já não mais adstritas ao conto de Machado, mas a partir de contos como o de Nélida e Autran, por exemplo fazendo-se uma corrente interminável."

Assim Osman Lins[35] vê a experiência de seis escritores reunidos para recriarem o conto "Missa do galo". "Nenhum

35. OSMAN da Costa LINS (Vitória de Santo Antão, Pernambuco, 1924 — São Paulo, São Paulo, 1978): Romancista, contista, dramaturgo e ensaísta. Foi professor de Literatura Brasileira na Faculdade de Filosofia, Ciências e Letras de Marília, São Paulo. Desencantado com o ensino no Brasil, exonerou-se da faculdade em 1976. Obras, entre outras: *O visitante*, romance (1955); *Os gestos*, contos (1957); *O fiel e a pedra*, romance (1961); *Lisbela e o prisioneiro*, teatro (1964); *Nove, novena*, narrativas (1966); *Um mundo estagnado*, ensaio (1966); *Avalovara*, romance (1973); *Lima Barreto e o espaço romanesco*, tese (1976); *O Diabo na noite de Natal*, obra infantil (1977).

de nós, acrescenta Osman, consegue alcançar todos os aspectos dessa experiência, o que talvez só venha a acontecer dentro de algum tempo."

Missa do galo: variações sobre o mesmo tema, com as seis versões contemporâneas do famoso conto, foi lançado em duas edições diferentes e simultâneas. Uma é limitada e de luxo, com planejamento gráfico de Diana Mindlin, 1.018 exemplares, e foi distribuída pelo Banco Safra como brinde de Natal. A outra, lançada comercialmente pela Summus, a Cr$ 60 o exemplar em brochura.

Osman Lins e Julieta de Godoy Ladeira[36] escreveram suas próprias versões do conto de Machado em 1964. Este ano, ele convidou os outros quatro autores a tomar parte na experiência. A escolha deveu-se a "preferências pessoais e coincidências ou circunstâncias favoráveis. Gostaria de ter podido contar com uma Clarice Lispector, um Dalton Trevisan, um Rubem Fonseca. Seria interessante ver como tratariam o tema machadiano".

Para o autor de *Os gestos*, a experiência "ilustra dois problemas importantes. Um deles é o dos pontos de vista. E no caso específico, a mudança do ponto de vista não acontece apenas no nível da personagem, mas também do autor. Outro é a curiosidade que as pessoas têm de saber de que maneira um certo tema pode ser transformado pelo autor. No livro, o leitor tem uma ilustração clara de como um tema é transformado a partir da personalidade do autor. É como se tomássemos uma fotografia repetida por seis diferentes artistas. É algo comum nas artes plásticas e na música (daí o subtítulo "Variações sobre o mesmo tema") e também no teatro, mas não na literatura.

36. JULIETA DE GODOY LADEIRA (São Paulo, São Paulo, 1927 — São Paulo, São Paulo, 1997): Escritora, publicitária e professora. Compôs romances, contos, literatura infantil e, ao lado de Osman Lins, com quem era casada, escreveu *La paz existe?* e idealizou projetos literários. Publicou, entre outras obras: *Entre lobo e cão*, romance (1971); *Dia de matar o patrão*, contos (1978); *Lobo-do-mar no supermercado* (1988); *No tempo da escravidão* (1992); *Aventuras e perigos de um copo d'água* (1993). Organizou: *Espelho mágico: contos de contos infantis* (1985); *Contos brasileiros contemporâneos* (1994).

Lygia Fagundes Telles, que há pouco publicou *Seminário dos ratos*, achou a ideia apaixonante. "Sempre gostei muito desse conto de Machado, com raízes fundamente entrelaçadas em outro, 'Uns braços'. Aceitei o convite num impulso espontâneo. A perplexidade veio depois. A minha visão seria a de quem tudo sabe, tudo vê; e tudo sabendo e vendo, percorre a noite antiquíssima. Procuraria interpretar a mesma ideia, a mesma trama, com as mesmas personagens, mas no meu estilo."

— Quando comecei a trabalhar no conto, fui tomada de aflição: a vontade repentina de modificar, interferir, de mudar o destino dos personagens principais. Vontade de aproximá-los mais, de adverti-los: cuidado, dentro de instantes vocês estarão separados, não permitam que o final se repita. A vontade de juntá-los para o amor. E a certeza de que nada seria mudado em profundidade.

Lygia cita Gaëtan Picon para explicar a importância da experiência: "Todo verdadeiro artista é um obcecado pela duração". Segundo ela, "Mestre Machado talvez sentisse um obscuro prazer, não destituído de ironia, se verificasse que seu conto, tão vivo apesar do tempo, conseguiu ainda inspirar com tanto fervor esse livro que aí está".

A primeira reação de Autran Dourado foi a de não participar da recriação coletiva do conto. "Os dois perigos eram o simples exercício, de que qualquer bom artesão é capaz, e o mero pastiche, coisa relativamente fácil. Um conto machadiano que fosse meu também, sem ser no estilo do autor, esse era o desafio." Mas Autran acabou por aceitar o convite.

— Tomei como ponto de vista narrativo uma personagem que aparece na última frase do conto de Machado, o escrevente juramentado, que nem sequer é nomeado. Dei-lhe o nome de Joaquim Fontainha Távora ("fontainha", fonte pequena), como acrescentei Baltazar (um dos reis magos) ao nome do escrivão machadiano Francisco Meneses. Ao final, o estudante Nogueira, o escrevente e o escrivão, como os três reis magos, depois de todas as fantasiais pecaminosas, vão homenagear Jesus que nascia.

Autran explica que explorou com malícia a função "escrevente juramentado". Na Justiça, é ele quem substitui o escrivão em seus impedimentos e ausências. "Fiz o escrevente

Távora substituir o titular Meneses, e não apenas no cartório. Procurei também tornar mais evidentes a sensualidade, o erotismo e a perversidade, 'virtudes' machadianas. Quanto a esta última, não foi à toa que Machado traduziu 'O corvo' de Poe." A Antonio Callado coube desenvolver a personagem de d. Inácia, a sogra, que nos cinco sentidos do conto era o ouvido que recolhia sons como a guardiã de um tipo de sociedade bastante hipócrita. "As mulheres de Machado têm uma marca extraordinária, e imaginei d. Inácia como uma heroína machadiana forte, relembrando a si mesma, evocando tradições, e com uma certa pena da Conceição, de quem não queria aventuras com um rapazinho."

Na sua recriação, ele usou também a crônica "O velho Senado", evocando a imagem de um homem preto que encaminhava as pessoas, a imagem da morte. Um Senado que Machado conheceu quando jornalista, de figuras brilhantes como Nabuco e Eusébio de Queirós. Conto e crônica se completam, são peças de grande nível artístico; têm pouca retórica, mas dão uma imagem que vale para todo o mundo.

— Durante quinze dias só falei e pensei como o Machado. Foi um jogo de domínio da sintaxe machadiana, um momento muito feliz, em que me senti lúdica, brincando com dados, cada face com um número diferente e somando uma face com a outra, passamos a obter combinações diversas. O que mais me fascinou foi reforçar nosso amor por Machado de Assis, pregar o sentido de continuidade do texto, mostrar que não existe o silêncio, apesar das adversidades culturais.

Assim Nélida Piñon[37] exprime o que sentiu ao recriar "Missa do galo". "Apropriei-me de palavras arquivadas em

37. NÉLIDA Cuíñas PIÑON (Rio de Janeiro, Rio de Janeiro, 1937): Formada em Jornalismo, é a quinta ocupante da Cadeira número 30 da Academia Brasileira de Letras, eleita em 1989. Em 1996-1997 tornou-se a primeira mulher, em cem anos, a presidi-la. Obras, entre outras: Romances: *Madeira feita cruz* (1963); *A república dos sonhos* (1984); *Vozes do deserto* (2004). Contos: *Tempo das frutas* (1966); *O calor das coisas* (1980); *A camisa do marido* (2014). Crônicas: *Até amanhã, outra vez* (1999). Infantojuvenil: *A roda do vento* (1996). Memórias: *Livro das horas* (2012); *Uma furtiva lágrima* (2019). Ensaios: *O presumível coração da América*, discursos (2002); *Aprendiz de Homero* (2008).

minha memória, que aparentemente não tinham função, e ocupei o espaço machadiano, as palavras rejuvenesceram para mim, como as bernardices e as alcatifas."

Ela inventou também um código secreto, com os nomes dos personagens femininos, carregados de símbolos como Delfina (a ironia é a destituição da altivez de um delfim), com um lado de manjedoura popular.

Sobre o Meneses, personagem que lhe coube, diz Nélida: "Dei-lhe autonomia e devassei as intenções de Machado, compreendendo a tirania de Meneses e ao mesmo tempo a sua submissão aos códigos da época. Para mim ele é o mediador do poder. Ele avaliza os sentimentos, os objetos e as pessoas daquela casa. Quase nada existe sem que ele lhes confira existência. Ao mesmo tempo em que comanda, e isto é próprio de quem tem o poder, sofre os agravos e também cede parcelas deste poder. De certo modo ele concede diariamente pequenas regalias à mulher e à sogra".

Nélida Piñon considera Machado de Assis um autor muito arqueológico (cheio de camadas) e teve de tratá-lo como se estivesse diante de uma ruína histórica, sabendo que ali existem várias cidades e épocas diferentes. "Coube-me então classificar estas cidades e estas épocas. O conto é muito feminista, Meneses se sente um ser maravilhoso, bom provedor, discreto em suas aventuras amorosas, e é um homem inserido no código da época. O retrato que dele eu faço é este."

Fonte desta edição:
BOMFIM, Beatriz & NÊUMANNE PINTO, José. "O desafio de recriar Machado". *Jornal do Brasil*, Rio de Janeiro, 24 dez. 1977.
Sobre *Missa do galo de Machado de Assis. Variações sobre o mesmo tema*, de Antonio Callado, Autran Dourado, Julieta de Godoy Ladeira, Lygia Fagundes Telles, Nélida Piñon, Osman Lins e outros [São Paulo: Summus, 1977]. Depoimentos de: Osman Lins, Nélida Piñon, Julieta de Godoy Ladeira, Autran Dourado, Lygia Fagundes Telles e Antonio Callado.

Outras enquetes, depoimentos e entrevistas a respeito de Machado de Assis:

HORTA, Cid Rebelo. "O depoimento de uma geração: Machado de Assis visto através de oito espíritos e sensibilidades moças" [Edgar Mata Machado, Hélio Ribeiro, Alphonsus de Guimarães Filho, J. Etienne Filho, Murilo Rubião, Bolívar de Freitas, Armando Más Leite]. *Tentativa: Revista de Cultura*, ano 1, n. 3, 1938.
"AGITA-SE A OPINIÃO DOS HOMENS DE LETRAS, NO PAÍS, EM TORNO DOS CONCEITOS DO SR. COELHO DE SOUSA SOBRE MACHADO DE ASSIS". *Diário de Notícias*, Porto Alegre, 13 jan. 1939. Depoimentos de Pereira da Silva, Ataulfo de Paiva, Aloysio de Castro, Fernando de Magalhães, J. Neves da Fontoura, Adelmar Tavares, Lúcia Miguel Pereira, Manoelito de Ornellas, Zeferino Brasil, Alcides Maya e Reinaldo Moura.
JORNAL DA MANHÃ, São Paulo, 6 abr. 1939. Série de entrevistas com Monteiro Lobato, Francisco Pati, Cid Franco, Hermes Vieira, Manoel Vitor, Maurício de Morais, Sud Mennucci, Ulisses Paranhos, Eurico de Azevedo Sodré, Aplecina do Carmo, Edvard Carmilo.
"QUEM PRIMEIRO LEMBROU A FUNDAÇÃO DA ACADEMIA BRASILEIRA?". *Meio-Dia*, Rio de Janeiro, 20 abr. 1939. Depoimentos de Filinto de Almeida, Aloysio de Castro, Roquette-Pinto, Olegário Mariano, Fernando Magalhães, Rodolpho Garcia, Barbosa Lima Sobrinho, Oswaldo Orico, Múcio Leão, Viriato Corrêa, Fernando Nery.
MATOS, Lobivar. "O Centenário de Machado de Assis". *Dom Casmurro*, Rio de Janeiro, 20 maio 1939, p.16. Entrevista com Augusto Meyer, Lúcia Miguel Pereira, Octávio Tarquínio de Sousa, Afonso Costa, José Lins do Rego, Virgílio Correia Filho, Jorge Amado, Manuel Bandeira e Modesto de Abreu.
"O JUÍZO NACIONAL SOBRE A OBRA DE MACHADO DE ASSIS". *Correio da Noite*, Rio de Janeiro, 6 a 31 jul. 1939. Depoimentos de Roquette-Pinto, Claudio de Souza, Ariosto Berna, Roberto Lyra, Paulo de Magalhães, Benevenuto Ventura, Peregrino Júnior, Pádua de Almeida, Gastão Penalva, Jonathas Serrano, Assis Memória, Carlos D. Fernandes, Hernani de Irajá, Noronha Santos, Mario Vilalva, Raja Gabaglia, Manuel Bandeira, Eser Santos e Mário Poppe.
"MACHADO DE ASSIS, VISTO POR INTELECTUAIS RIO-GRANDENSES". *Correio do Povo*, Porto Alegre, 20 e 21 jun. 1939. Depoimentos de Erico Verissimo, Vianna Moog e Reynaldo Moura. E Athos Damasceno e Manoelito de Ornellas.
MOURA, Emílio; ALPHONSUS, João. "Entrevista com Machado de Assis". *Dom Casmurro*, Rio de Janeiro, 5 ago. 1939, p. 2.
VAL, Waldir Ribeiro do. "Monumento a Machado de Assis". *Revista da Semana*, Rio de Janeiro, 3 dez. 1955. Sobre *Bibliografia de Machado de Assis*, de J. Galante de Sousa. Opiniões de R. Magalhães Júnior, Eugênio Gomes, Lúcia Miguel Pereira, Peregrino Júnior, José-Maria Belo, Augusto Meyer e Antônio Simões dos Reis.

OLINTO, Antônio. "O Brasil em livro: Quais os livros que mais revelam o Brasil como povo e como nação?". *O Globo*, "Porta de Livraria", Rio de Janeiro, ago./set./nov./dez. 1958. Inquérito realizado com Nelson Werneck Sodré, R. Magalhães Júnior, Dante Costa, Armindo Pereira, Maura de Sena Pereira, Adelino Brandão, Ângelo de Araújo Ribeiro, Hélio Pólvora, Antonio Callado, Marco Antônio Sevalho, Ézio Pires, Vitor de Sá, Euclides Marques Andrade, Carlos Ribeiro, que citam obras de Machado de Assis.

"AGRIPINO ENFRENTA MACHADO: CELEUMA NO MEIO LITERÁRIO". *Jornal de Letras*, Rio de Janeiro, maio 1959. Opiniões de Augusto Meyer, Eugênio Gomes e R. Magalhães Júnior.

RAMOS, Ricardo. "Quais os dez melhores romances brasileiros?", "Notas e Notícias de São Paulo". *Diário de Notícias*, "Suplemento Literário", Rio de Janeiro, 21 jan. 1962, p. 4. Enquete realizada pelo próprio Ricardo Ramos em 1961, reeditando outra feita cerca de vinte anos antes, "Quais os dez melhores romances brasileiros", *Revista Acadêmica*, Rio de Janeiro, n. 50, jul. 1940.

"CAPITU — INOCENTE OU CULPADA?" [sem referência a periódico], 16 jan. 1968. Enquete a propósito do lançamento de *O enigma de Capitu*, com respostas de Afrânio Coutinho, Augusto Meyer, Eduardo Portella, Dinah Silveira de Queiroz e Eugênio Gomes.

"CONTO DE NATAL É COM MACHADO DE ASSIS". *Última Hora*, Rio de Janeiro, 18 dez. 1968. Enquete para saber qual o melhor conto de Natal da literatura brasileira. Opiniões de Josué Montello, Carlos Heitor Cony, Paulo Mendes Campos, José Carlos de Oliveira, Dinah Silveira de Queiroz.

WYLER, Vivian. "À procura do brasileiro típico na ficção nacional", *Jornal do Brasil*, Rio de Janeiro, 13 out. 1979. Citaram Machado de Assis Autran Dourado, Cyro dos Anjos, Josué Montello, Nelson Rodrigues e Octavio de Faria.

PAIVA, Anabela. "A partilha de Machado". *Jornal do Brasil*, Rio de Janeiro, 9 jun. 1996. Reportagem sobre o projeto de Jean-Michel Massa de dirigir a edição das obras completas de Machado. Opiniões de Antônio Houaiss, Jorge Amado, Miguel Reale, Sábato Magaldi, Josué Montello, Lygia Fagundes Telles, Antonio Callado, Marcos Almir Madeira, Barbosa Lima Sobrinho, Geraldo França de Lima.

ficções machadianas

HISTÓRIA MACHADIANA
Lúcia Miguel Pereira

O Estado de S. Paulo, 1957

Ouvi o caso e passo-o adiante tal como me foi contado. Poderia fazer dele um conto, que já de si é um: bastaria imaginar o ambiente, uma casa modesta do Rio do Segundo Reinado, dar nomes às personagens, esboçar um ou outro diálogo. Confesso que pensei em fazê-lo, e creio que o conseguiria, embora pouco familiarizada com o gênero, porque o tema, sendo verdadeiro e dramático, compensaria as deficiências da narrativa. Mas quando me dispunha a encetar o trabalho acudiu-me um obstáculo intransponível: a história, já pelo quadro em que se situa, já pelos aspectos que revela da natureza humana, pertenceria de pleno direito a Machado de Assis, é assunto seu, exclusivo, que infelizmente lhe escapou. Não o tendo ele conhecido e aproveitado, ninguém mais o poderá fazer sem correr o risco de parecer estar a imitá-lo, sem adotar, inconscientemente, a sua maneira. Ora, nada é mais desagradável de se ler do que um "pastiche"; mesmo o mais benevolente dos leitores haveria de acusar-me, e com razão, de ter mais ou menos aprendido a receita machadiana para confeccionar contos, e de me atrever a explorá-la, sem pejo nem senso das proporções, esquecida de que a inevitável comparação só me poderia prejudicar.

Vamos pois sem mais delongas ao fato, ocorrido nesta cidade de São Sebastião do Rio de Janeiro antes de 13 de maio de 1888, sendo imperador o virtuoso senhor d. Pedro II, que imprimiu à sua época tão austera moralidade. Aqui viviam então duas irmãs, donzelonas tementes a Deus, castas e bondosas, que concentravam numa sobrinha órfã todo o seu afeto, todas as suas aspirações terrenas. Educavam a menina com os rigores de um tempo no qual, como dizia minha avó, a ele pertencente, as moças só tinham rosto e mãos, isto é, não deviam apenas subtrair aos olhares, mas também impedir que lhes fosse sequer mencionada qualquer outra parte do corpo; no qual os "leões" da rua do Ouvidor se alvoroçavam ao vislumbrar um pé feminino. Guardiãs desse vaso de pureza, as tias repartiam-se entre os cuidados que lhe prodigalizavam e a igreja próxima, onde as conduzia o intento igualmente louvável, posto que mais egoísta, de salvar as próprias almas. Tudo era pois decência e asseio na casa onde não entravam homens, e cujas donas, embora de poucos recursos, sabiam viver senhorilmente, ajudadas nos afazeres domésticos por duas escravas, a melhor parte de seus haveres. As negras, herdadas ainda crianças de parentes mais prósperos, deviam ser tratadas com bondade por amas tão repassadas de sentimentos cristãos; seria fazer injúria à memória das senhoras imaginar que não as houvessem feito batizar, que não as instruíssem nos rudimentos de sua santa religião; como também seria descrer da sua caridade pensar que não permitiriam às serviçais uma tal ou qual familiaridade; ao contrário, o convívio diário diminuiria as distâncias entre a sala e a cozinha, poria nas relações aquela doçura que corrigia ou pelo menos atenuava as durezas do regime escravocrata. As cativas rivalizariam com as sinhás nos mimos à sinhazinha que, toda meiguice e inocência, se ria das histórias que lhe contavam, regalava-se com seus quitutes, falava-lhes com brandura, com afeto até.

Mesmo, porém, nesse angélico retiro, resguardado do mundo e de suas tentações, penetravam as feias exigências pecuniárias: as rendas das duas solteironas não lhes bastavam, por muito que poupassem, para as despesas. Lembrou-lhes aumentá-las alugando as raparigas. Mas quem cozinharia, quem lavaria e engomaria? Assumirem elas próprias tais encargos não seria de algum modo descer de nível social? Certo, nem teriam tão fúteis preocupações, se consigo não arrastassem a sobrinha, comprometendo-lhe o futuro, o casamento com rapaz de boa família. E, além disso, sem sacrificar o zelo pela menina e o tempo dado às devoções não lhes seria possível substituírem as escravas. Não as retinha o receio do trabalho, que longe delas andava o detestável pecado da preguiça; seriam capazes de qualquer sacrifício para cumprir o seu dever. O que as fazia hesitar era precisamente a dúvida sobre o dever mais importante: cuidar da menina e de suas próprias almas, ou executar tarefas grosseiras? Criar uma jovem, orientá-la para o bem, era empresa melindrosa, a exigir contínuos desvelos; e, por outro lado, os livros sagrados ensinavam que o Senhor preferira, à Marta prestimosa e ativa, a contemplativa Maria, que tão ardentemente o amava. Este último argumento, reforçado pelo senhor vigário, no confessionário, foi decisivo. O temporal não perturbaria o espiritual.

O vendeiro não seria, todavia, da mesma opinião: na sua obtusa cabeça só entravam cálculos, e no fim de cada mês queria o seu dinheirinho, bem contado, sem falta de um vintém. E dar a César o que lhe tocava constituía um iludível preceito evangélico. Já perdiam o sono as pobres donas, sem encontrar solução satisfatória, das negras fazendo confidentes de suas aflições. Um sábado, concluída a limpeza da casa, cujo soalho era sempre nesse dia escrupulosamente lavado e polvilhado de areia, vestiram as escravas as suas melhores saias de chita, bem engomadas, armaram em trunfa o cabelo, e assim enfeitadas apresentaram-se às amas, pedindo licença para sair e só voltar na segunda-feira pela manhã. O diálogo entre brancas e negras deve ter sido cheio de reservas, reticências e insinuações veladas, as duas partes se entendendo sem necessidade de minúcias nem de explicações indiscretas. Havia na rua da Conceição uma casa onde as raparigas de boa aparência ganhavam num fim de semana mais do que em dias e dias de labuta, e sem maior canseira. As maduras donzelas não sabiam exatamente o que lá se passava, recatadas como eram de corpo e espírito, e preferiram não entrar em maiores indagações: as negras fizessem o que bem entendessem, nas folgas a que afinal tinham direito, como servas exemplares. Com meias palavras concluiu-se o ajuste, e as crioulas saíram, muito anchas e pimponas, pedindo a bênção às sinhás, lembrando que haviam deixado um lombinho assado para o almoço do dia seguinte, prometendo à sinhazinha trazer--lhe um presente quando voltassem.

E, efetivamente, na segunda-feira de manhãzinha, reapareceram todas risonhas, carregadas de embrulhos, cada uma com seu ramo de arruda atrás da orelha, os bolsos profundos das saias — agora mais amarfanhadas — a tilintarem de moedas. A não serem os ramos de arruda, tudo foi escrupulosamente entregue às senhoras. Irmanadas na mesma curiosidade alvissareira, as quatro mulheres contaram e recontaram a féria, rindo-se de satisfação ao verificarem como fora rendosa.

Daí em diante, todos os sábados, lá se iam as escravas, e todas as segundas-feiras o dinheiro entrava em casa, trazendo sossego e bem-estar. Só uma questão preocupava as duas bondosas criaturas, tão exigentes no cumprimento das regras de piedade: não seria pecado trabalhar no domingo, ainda para preparar alimentos indispensáveis? Uma vizinha, a quem na saída da missa contaram que todos os domingos as suas pretas iam ao ganho, tranquilizou--as convidando-as permanentemente para o ajantarado. Assim tudo se harmonizou, as cogitações de ordem moral não colidiram mais com as de ordem material. As severas solteironas e a pura menina falavam com a maior naturalidade das saídas semanais das negras, e estas, por sua vez, apreciavam a mudança de ocupação e de meio, que as distraía da mesmice da cozinha e da austeridade de uma casa onde não entravam homens. Nunca aludiam ao que ocorria na rua da Conceição — e nem sobre isso as inquiriam as amas, que corariam só de ouvir o nome de prostitutas.

Foi essa a história que me contou, garantindo-lhe a autenticidade, alguém que me merece a mais completa confiança. De que o fato se deu não restam dúvidas. E não será o primeiro — nem o último — em que as restrições mentais permitem as acomodações entre o vício e a virtude, nas quais se revela exímia a alma humana. Não constituindo, pois, exceção, não espanta nem horroriza. Só é de lamentar que não o tenha conhecido Machado de Assis, seu contemporâneo, pois assim, da hipocrisia quase inocente das amas e da degradação quase sublime das escravas, nasceria com certeza uma obra-prima. Lucraria a arte, o que é um modo de compensar as misérias da vida.

Fonte desta edição:
PEREIRA, Lúcia Miguel. "História machadiana". *O Estado de S. Paulo*, "Suplemento Literário", 24 ago. 1957.

Cf. Lúcia Miguel Pereira também na seção "Artigos" deste volume.

FALA MACHADO
1, 2 E 3
Rubem Braga

r.b.

RUBEM BRAGA (Cachoeiro de Itapemirim, Espírito Santo, 1913 — Rio de Janeiro, Rio de Janeiro, 1990): Cronista e jornalista. Formou-se na Faculdade de Direito de Belo Horizonte em 1932. Fundou em 1938, com Samuel Wainer e Azevedo Amaral, a revista *Diretrizes*, no Rio de Janeiro. Em 1945 foi correspondente do *Diário Carioca* durante a Segunda Guerra Mundial, acompanhando a Força Expedicionária Brasileira na Itália. Em sessenta e dois anos de jornalismo, escreveu mais de 15 mil crônicas: no *Diário de São Paulo, Folha da Tarde, Correio da Manhã, O Estado de S. Paulo*, revista *Manchete*, entre outros. Criou, com Fernando Sabino, a Editora do Autor, em 1960, e a Editora Sabiá, em 1967. Foi embaixador do Brasil no Marrocos, entre 1960 e 1963. Publicou, entre outros livros de crônicas: *O conde e o passarinho* (1936); *Com a FEB na Itália* (1945); *Um pé de milho* (1948); *O homem rouco* (1949); *A borboleta amarela* (1955); *A cidade e a roça* (1957); *100 crônicas escolhidas* (1958); *Ai de ti, Copacabana* (1960); *A traição das elegantes* (1968); *As boas coisas da vida* (1988).

O Globo, 28 jun. 1960; 2 jul. 1960; 4 jul. 1960

1.

Há dois anos, quando se comemorou o cinquentenário da morte de Machado de Assis, encomendaram-me uma entrevista com ele. Eu podia usar o espiritismo ou a imaginação, mas preferi compor suas respostas com palavras rigorosamente suas, frases tiradas de crônicas, romances ou contos.
— O sr. gostava muito de jogar xadrez com o maestro Artur Napoleão, não é verdade?
— O xadrez, um jogo delicioso, por Deus! Imagem da anarquia, onde a rainha come o peão, o peão come o bispo, o bispo come o cavalo, o cavalo come a rainha, e todos comem a todos. Graciosa anarquia...
— Por falar em comer, é verdade que o sr. era vegetariano?
— ... eu era carnívoro por educação e vegetariano por princípio. Criaram-me a carne, mais carne, ainda carne, sempre carne. Quando cheguei à idade da razão e organizei o meu código de princípios, incluí nele o vegetarianismo; mas era tarde para a execução. Fiquei carnívoro.
— Que tal acha o nome da capital de Minas?
— Eu, se fosse de Minas, mudava-lhe a denominação. Belo Horizonte parece antes uma exclamação que um nome.

—E a respeito da ingratidão?
—Não te irrites se te pagarem mal um benefício; antes cair das nuvens que de um terceiro andar.
—E a imprensa de escândalo?
—O maior pecado, depois do pecado, é a publicação do pecado.

2.

Continuo hoje a publicar a entrevista imaginária que fiz há tempos com Machado de Assis. As respostas são frases suas de crônica, romance ou conto.
—E esses camaradas que estão sempre na oposição?
—O homem, uma vez criado, desobedeceu logo ao Criador, que aliás lhe dera um paraíso para viver; mas não há paraíso que valha o gosto da oposição.
—E o trabalho?
—O trabalho é honesto; mas há outras ocupações pouco menos honestas e muito mais lucrativas.
—E a loteria?
—Loteria é mulher, pode acabar cedendo um dia.
—O sr. já ouviu falar da cantora Leny Eversong?
—Quando eu era moço e andava pela Europa, ouvi dizer de certa cantora que era um elefante que engolira um rouxinol.
—E sobre dívidas?
—Que é pagar uma dívida? É suprimir, sem necessidade urgente, a prova do crédito que um homem merece. Aumentá-la é fazer crescer a prova.
—Pode-me dar uma boa definição do amor?
—A melhor definição do amor não vale um beijo de moça namorada.

3.

Concluo hoje a publicação da entrevista imaginária que fiz há tempos com Machado de Assis. As respostas são frases suas, de crônica, romance ou conto.

—E as brigas de galos?
—A briga de galos é o Jockey Club dos pobres.
—O amor dura muito?
—Marcela amou-me durante quinze meses e onze contos de réis; nada menos.
—E a honestidade?
—Se achares três mil réis, leva-os à polícia; se achares três contos, leva-os a um banco.
—E o Brasil?
—O país real, esse é bom, revela os melhores instintos; mas o país oficial, esse é caricato e burlesco.
—E o sono?
—Dormir é um modo interino de morrer.
—E os filhos?
—Não tive filhos, não transmiti a nenhuma criatura o legado da nossa miséria.
—Muito obrigado, o sr. é muito franco em suas respostas.
—A franqueza é a primeira virtude de um defunto.
—De qualquer modo, desculpe por havê-lo incomodado. Mas é que neste programa sempre entrevistamos alguém que já morreu...
—Há tanta coisa gaiata por esse mundo que não vale a pena ir ao outro arrancar de lá os que dormem...

Fonte desta edição:
BRAGA, Rubem. "Fala Machado"; "Fala Machado (2)"; "Fala Machado (3)". *O Globo*, "A Crônica de Rubem Braga". Rio de Janeiro, 28 jun. 1960; 2 jul. 1960; 4 jul. 1960; "Fala Machado 1, 2 e 3". *Folha de S.Paulo*, 28 jun., 4 e 5 jul. 1960. Também em: BRAGA, Rubem. "Entrevista com Machado de Assis". *O Mundo Ilustrado*. Rio de Janeiro, 25 out. 1958; e em: *Ai de ti, Copacabana*. Rio de Janeiro: Record, [1960] 2004, pp.136-8; BRAGA, Rubem. *200 crônicas escolhidas*. 18ª ed. Rio de Janeiro: Record, [1977] 2002, pp.361-2.

Outros textos do autor a respeito de Machado de Assis:
BRAGA, Rubem. "Machado". *Correio da Manhã*, Rio de Janeiro, 21 jun. 1955; *A Gazeta*, Vitória, 22 jun. 1955; *Folha da Tarde*, São Paulo, 24 jun. 1955; *Folha da Manhã*, São Paulo, 25 jun. 1955.
BRAGA, Rubem. "Machado de Assis, liberado". *Diário de Notícias*, Rio de Janeiro, 13 set. 1958.
BRAGA, Rubem. "Cochilo machadiano". *Diário de Notícias*, Rio de Janeiro, 23 set. 1958, p.2.

BRAGA, Rubem. "Ainda Machado". *Diário de Notícias*,
Rio de Janeiro, 15 out. 1958; 30 set. 1958.
BRAGA, Rubem. "Machado concretista". *O Globo*, Rio de Janeiro,
11 ago. 1960.
BRAGA, Rubem. "Os concretistas: Machado, Graciliano...". *O Globo*,
Rio de Janeiro, 11 e 20 ago. 1960.
BRAGA, Rubem. "Algumas ponderações catabólicas". *Diário de Notícias*,
Rio de Janeiro, 4 mar. 1966. Também em: BRAGA, Rubem.
A traição das elegantes. Crônicas. Rio de Janeiro: Sabiá, 1967,
pp. 175-7. Referência a Machado.
BRAGA, Rubem. "Cartas de Machado de Assis". *Revista Nacional*,
11 jun. 1989.

poema

A UM BRUXO, COM AMOR, 1958
Carlos Drummond de Andrade

Em certa casa da rua Cosme Velho
(que se abre no vazio)
venho visitar-te; e me recebes
na sala trastejada com simplicidade
onde pensamentos idos e vividos
perdem o amarelo,
de novo interrogando o céu e a noite.

Outros leram da vida um capítulo, tu leste o livro inteiro.
Daí esse cansaço nos gestos e, filtrada,
uma luz que não vem de parte alguma
pois todos os castiçais
estão apagados.

Contas a meia voz
maneiras de amar e de compor os ministérios
e deitá-los abaixo, entre malinas
e bruxelas.
Conheces a fundo
a geologia moral dos Lobo Neves
e essa espécie de olhos derramados
que não foram feitos para ciumentos.

E ficas mirando o ratinho meio cadáver
com a polida, minuciosa curiosidade
de quem saboreia por tabela
o prazer de Fortunato, vivisseccionista amador.
Olhas para a guerra, o murro, a facada
como para uma simples quebra da monotonia universal
e tens no rosto antigo
uma expressão a que não acho nome certo
(das sensações do mundo a mais sutil):
volúpia do aborrecimento?
ou, grande lascivo, do nada?

O vento que rola do Silvestre leva o diálogo,
e o mesmo som do relógio, lento, igual e seco,
tal um pigarro que parece vir do tempo da Stoltz e do gabinete Paraná,
mostra que os homens morreram.
A terra está nua deles.
Contudo, em longe recanto,
a ramagem começa a sussurrar alguma coisa
que não se entende logo
e parece a canção das manhãs novas.
Bem a distingo, ronda clara:
é Flora,
com olhos dotados de um mover particular
entre mavioso e pensativo;
Marcela, a rir com expressão cândida (e outra coisa);
Virgília,
cujos olhos dão a sensação singular de luz úmida;
Mariana, que os tem redondos e namorados;
e Sancha, de olhos intimativos;
e os grandes, de Capitu, abertos como a vaga do mar lá fora,
o mar que fala a mesma linguagem
obscura e nova de d. Severina
e das chinelinhas de alcova de Conceição.
A todas decifrastes íris e braços
e delas disseste a razão última e refolhada
moça, flor mulher flor
canção de manhã nova...
E ao pé dessa música dissimulas (ou insinuas, quem sabe)
o turvo grunhir dos porcos, troça concentrada e filosófica

entre loucos que riem de ser loucos
e os que vão à rua da Misericórdia e não a encontram.

O eflúvio da manhã,
quem o pede ao crepúsculo da tarde?
Uma presença, o clarineta,
vai pé ante pé procurar o remédio,
mas haverá remédio para existir
senão existir?
E, para os dias mais ásperos, além
da cocaína moral dos bons livros?
Que crime cometemos além de viver
e porventura o de amar
não se sabe a quem, mas amar?

Todos os cemitérios se parecem,
e não pousas em nenhum deles, mas onde a dúvida
apalpa o mármore da verdade, a descobrir
a fenda necessária;
onde o diabo joga dama com o destino,
estás sempre aí, bruxo alusivo e zombeteiro,
que revolves em mim tantos enigmas.

Um som remoto e brando
rompe em meio a embriões e ruínas,
eternas exéquias e aleluias eternas,
e chega ao despistamento de teu pincenê.
O estribeiro Oblivion
bate à porta e chama ao espetáculo
promovido para divertir o planeta Saturno.
Dás volta à chave,
envolves-te na capa,
e qual novo Ariel, sem mais resposta,
sais pela janela, dissolves-te no ar.[38]

38. A publicação do poema no *Correio da Manhã*, a 28 de setembro de 1958, trazia este p.s.: "Se estas linhas tiverem algum mérito, será o de se constituírem, quase inteiramente, de frases e expressões tiradas a livros de Machado de Assis. — C.".

Fonte desta edição:
ANDRADE, Carlos Drummond de. "A um bruxo, com amor".
A vida passada a limpo, 1959. In: *Obra completa*.
Rio de Janeiro: Aguilar, 1964, pp. 311-3. Originalmente em:
Correio da Manhã, "Imagens Machadianas". Rio de Janeiro,
28 set. 1958, 1º Caderno, p. 6.

Cf. Carlos Drummond de Andrade também na seção "Artigos"
deste volume.

REFERÊNCIAS BIBLIOGRÁFICAS

Academia Brasileira de Letras: www.academia.org.br.
Acervo *Estadão*: http:/acervo.estadao.com.br.
Biblioteca Brasiliana Guita e José Mindlin — Universidade de São Paulo (USP): www.bbm.usp.br.
Enciclopédia Itaú Cultural de Arte e Cultura Brasileiras. São Paulo: Itaú Cultural, 2019: http://enciclopedia.itaucultural.org.br.
Hemeroteca Digital da Biblioteca Nacional: http://bndigital.bn.gov.br/hemeroteca-digital/.
Instituto Histórico e Geográfico Brasileiro: https://www.ihgb.org.br/.
Machado de Assis em linha — revista eletrônica de estudos machadianos: machadodeassis.fflch.usp.br
Machado de Assis — Romances e contos em hipertexto: machadodeassis.net

ABREU, Alzira Alves de et al. (coords.). *Dicionário histórico-biográfico brasileiro — pós-1930*. Rio de Janeiro: CPDOC, 2010. Disponível em: http://cpdoc.fgv.br.
ASSIS, Machado de. *Correspondência de Machado de Assis*. Cinco tomos. Org. Sergio Paulo Rouanet, Irene Moutinho e Sílvia Eleutério. Rio de Janeiro: Biblioteca Nacional; ABL, 2008-2015.
CADERNOS de Literatura Brasileira: Machado de Assis, n. 23/24, jul. 2008, Instituto Moreira Salles, SP.
CARPEAUX, Otto Maria. *Pequena bibliografia crítica da literatura brasileira*. Rio de Janeiro: Edições de Ouro, 1968.
DOYLE, Plínio (org.). *Cadernos com recortes de jornais e revistas de/sobre Machado de Assis, datados desde a década de 1870 até a de 1990*. Arquivo Museu de Literatura Brasileira da Fundação Casa de Rui Barbosa, Rio de Janeiro.
GUIA do acervo do Arquivo-Museu de Literatura Brasileira. Coord. Eliane Vasconcellos e Laura Regina Xavier. Rio de Janeiro: Fundação Casa de Rui Barbosa, 2012.
GUIMARÃES, Hélio de Seixas. *Machado de Assis, o escritor que nos lê. As figuras machadianas através da crítica e das polêmicas*. São Paulo: Editora Unesp, 2017.
_____. *Os leitores de Machado de Assis: o romance machadiano e o público de literatura no século 19*. São Paulo: Nankin/Edusp, 2004; 2. ed., 2012.
HOUAISS, Antonio & VILLAR, Mauro de Salles. *Dicionário Houaiss da língua portuguesa*. Rio de Janeiro: Objetiva, 2001.
MACHADO, Ubiratan. *Bibliografia machadiana 1959-2003*. São Paulo: Edusp, 2005.
_____. *Machado de Assis: roteiro da consagração*. Rio de Janeiro: Eduerj, 2003.

_____. *Dicionário de Machado de Assis*. Rio de Janeiro: ABL, 2008.

MACHADO *de Assis: crítica literária e textos diversos*. Org. AZEVEDO, Sílvia Maria; DUSILEK, Adriana; CALLIPO, Daniela Mantarro. São Paulo: Editora Unesp, 2013.

MACHADO *de Assis: primeiro centenário 1839-1939*. s.l.p.: scp, 3 vols. [Três volumes que constam do acervo da Biblioteca Brasiliana Guita e José Mindlin— Universidade de São Paulo, BBM-USP. Em encadernação meio-couro marrom com tacelos verde e vinho, contêm recortes de artigos publicados em 1939, por ocasião do centenário de nascimento de Machado de Assis].

MACHADO *de Assis: cadernos de recortes da coleção Plínio Doyle*. [Vinte e um volumes com encadernações pertencentes ao acervo do Arquivo-Museu de Literatura Brasileira da Fundação Casa de Rui Barbosa, no Rio de Janeiro].

MAGALHÃES JÚNIOR, Raimundo. *Vida e obra de Machado de Assis*. Rio de Janeiro: Civilização Brasileira; Brasília: INL, 1981, 4 vols.

MASSA, Jean-Michel. *Bibliographie descriptive, analytique et critique de Machado de Assis* IV: *1957-1958*. Rio de Janeiro: São José, 1965.

SOUSA, José Galante de. *Bibliografia de Machado de Assis*. Rio de Janeiro: Ministério da Educação e Cultura, Instituto Nacional do Livro, 1955.

_____. *Fontes para o estudo de Machado de Assis*. Rio de Janeiro: Instituto Nacional do Livro, 1958.

NOTA SOBRE A PESQUISA E ESTA EDIÇÃO

A localização e a reunião dos textos coligidos neste livro resultaram de pesquisa nos acervos da Fundação Casa de Rui Barbosa, da Biblioteca Nacional, da Biblioteca Brasiliana Guita e José Mindlin (BBM-USP), do Instituto de Estudos Brasileiros (IEB-USP) e da Biblioteca Florestan Fernandes (FFLCH-USP). O guia principal foi o conjunto de cadernos de recortes colecionados por Plínio Doyle, hoje pertencentes à Fundação Casa de Rui Barbosa, que inclui aproximadamente 6 mil itens, entre artigos, reportagens e notas, publicados na imprensa brasileira entre a década de 1870 e o início dos anos 2000. O material foi reunido por Hélio de Seixas Guimarães, no âmbito da sua pesquisa de pós--doutorado *Presença inquietante — a recepção literária de Machado de Assis no século XX*, desenvolvida na Fundação Casa de Rui Barbosa com financiamento do CNPq; e por Ieda Lebensztayn, no âmbito do projeto de pós-doutorado *Pupilas cavas: Machado de Assis e seus leitores escritores no século XX*, realizado na Biblioteca Brasiliana Guita e José Mindlin com bolsa do CNPq.

A pesquisa nos arquivos foi complementada pela consulta a três obras: *Fontes para o estudo de Machado de Assis*, de José Galante de Sousa, que elenca em ordem cronológica verbetes provenientes de um levantamento bibliográfico de artigos sobre Machado desde 1857 até 1957; *Bibliographie descriptive, analytique et critique de Machado de Assis IV: 1957-1958*, em que Jean-Michel Massa lista e descreve material publicado sobre Machado de Assis nos anos de 1957 e 1958; e *Bibliografia machadiana 1959-2003*, de Ubiratan Machado, obra da mesma natureza das anteriores compreendendo o período que vai até 2003. A Hemeroteca Digital da Biblioteca Nacional também foi uma fonte fundamental para a complementação da pesquisa.

Os textos estão aqui apresentados cronologicamente, e ao final de cada um indica-se a fonte utilizada: no caso de periódicos, optou-se em geral, exceto quando não localizada, pela primeira versão estampada na imprensa, considerada fidedigna, tendo-se observado algum trecho truncado em edições de jornal posteriores. Há textos extraídos de livros, havendo-se priorizado versões que passaram pela revisão do autor. Na sequência de cada texto, listam-se também transcrições feitas à época de sua publicação, republicações posteriores, bem como outros escritos desses autores a respeito de Machado de Assis. Procedeu-se à atualização ortográfica do conjunto, conforme o Acordo Ortográfico da Língua Portuguesa de 1990, que vigora no Brasil desde 2009.

Os organizadores agradecem à Fundação Casa de Rui Barbosa pelo apoio à pesquisa, em especial a Marta de Senna, Rosângela Florido Rangel, Leonardo Cunha, Raquel Tiellet e Claudio Vitena; à Biblioteca Brasiliana Guita e José Mindlin, especialmente a Carlos Alberto de Moura Ribeiro Zeron, Alexandre Macchione Saes, Cristina Antunes (*in memoriam*) e Jeanne Beserra Lopez; à Imprensa Oficial do Estado de São Paulo, nas pessoas de Nourival Pantano Júnior, Cecília Scharlach, Andressa Veronesi, Francisco Alves da Silva e Gustavo Marinho de Carvalho, que abraçaram e tornaram possível este livro em dois volumes.

j.b.

J. BOSCO Jacó de Azevedo (Belém do Pará, 1961). Cartunista, ilustrador, caricaturista e chargista. Atua no jornal *O Liberal*, de Belém do Pará, desde 1988. Tem seis livros publicados, entre os quais se destacam *Qual é a graça?*, primeira obra de cartum de humor negro; *Colarinho pão e vinho*, composto de tiras; *A insuportável lerdeza do ser*, com charges sobre o governo Itamar Franco; *J.Bosco caricaturas*, de caricaturas de artistas, políticos nacionais e internacionais; *Querido Papai Noel*, em parceria com o cartunista e chargista Waldez, de cartuns sobre Natal e ano-novo; *Planeta em risco*, com charges voltadas à crítica ambiental. Tem ilustrações em revistas nacionais e internacionais como *Veja*, *Você SA*, *Semana*, *Imprensa*, *Focus*, *Le Monde Magazine*. Ilustrou livros didáticos para as editoras Scipione, Saraiva, Educacional, Moderna, Ática, FTD, Positivo, Somos, Editora do Brasil, entre outras. Recebeu cerca de 100 prêmios em salões de humor no Brasil e no exterior, entre eles o 1º prêmio — Prize 1, Niels Animados Bugge (Dinamarca, 2013), Prêmio Unimed (30º Salão Internacional de Humor de Piracicaba, 2003), Menção Honrosa em charge (43º Salão Internacional de Humor de Piracicaba, 2016), 3º lugar em cartum (Euro-Kartoenale, Bélgica, 2017). Em 2008 fez sua primeira exposição individual — "Cara e Coroa" — de caricaturas de empresários paraenses, com 60 peças. Em 2009, seguiu-se sua segunda edição, com 89 peças. Em 2018, realizou a exposição "Fora Temer", com 30 charges publicadas nos jornais *O Liberal* e *Amazônia*. Autor das tiras "Colarinho pão e vinho", "Capitão Feijão" e "Mundo cão", publicadas diariamente no caderno "Magazine" de *O Liberal*. Produziu para a Imprensa Oficial do Estado de São Paulo e Academia Brasileira de Letras (desde 2012) caricaturas para as capas da *Série Essencial*, uma coleção com biografias e antologias de escritores brasileiros membros da ABL, tendo ilustrado *Escritor por escritor — Machado de Assis segundo seus pares — 1908-1939* vol. I (2019).

FOTOGRAFIAS

José Medeiros/ Acervo Instituto Moreira Salles

p.29 | A cantora Dulce Nunes em lanchonete na Praia Vermelha, década 1950, Praia Vermelha - Rio de Janeiro – RJ

pp.30-31 | Lambe-lambe, 1957 – Aparecida – SP

p.33 | Vista do Jardim de Alah, com o morro Dois Irmãos ao fundo, 1950 - Rio de Janeiro – RJ

p.35 | Homens em frente a tapumes no bairro da Lapa, c.1955, Lapa – Rio de Janeiro – RJ

p.36 | Cena de rua, 1949 – Rio de Janeiro – RJ

p.37 | Bonde em rua do Rio de Janeiro, década 1950 – Rio de Janeiro – RJ

p.39 | Desfile de 7 de setembro, c.1955 – Rio de Janeiro – RJ

p.41 | Avenida Presidente Vargas, 1946, Centro – Rio de Janeiro – RJ

p.43 | Largo do Machado, década 1950, Rio de Janeiro – RJ

Thomaz Farkas/ Acervo Instituto Moreira Salles

Capa, pp. 44-45 | Rua do Jogo da Bola, 1947, Morro da Conceição – Rio de Janeiro - RJ

AGRADECIMENTOS DO EDITOR

Aos autores, herdeiros e demais titulares de direitos que autorizaram a inclusão de textos neste volume

Alceu Amoroso Lima Filho
Amélia Maria Navarro Moro
André Pinheiro de Lara Resende
André Seffrin
Andréa Lucia Broca Ortiz
Andréa Paes Favalli
Angela Maria Camargo Mainczyk
Anna Maria Moog Rodrigues
Antonieta Marília de Oswald de Andrade
Antônio Gabriel de Paula Fonseca
Aurélio Baird Buarque Ferreira
Beatriz Bomfim
Brasil Gomide Ricardo Filho
Bruno Duarte Cortesão
Bruno Pinheiro de Lara Resende
Carlos Fernando Paes Favalli
Carlota Da Silva Cortesão
Celeste de Aragão Ferreira Alves
Clarissa Jaffe Verissimo
Claudio Vasconcellos de Andrade
Clóvis Frederico da Silva Ramos
Cristiana Pinheiro de Lara Resende
Dalton Trevisan
Daniel de Queiroz Salek
Daniel Pedro de Andrade Ferreira
Daniel Simonini Raiser da Silva Ramos
Daniela Montello Leite
Delcio Marinho Gonçalves
Diniz Pignatari
Dora Costallat Martins Ferreira
Eliana Maria da Silva Ramos
Elizabeth Silveira
Fernão Gondin da Fonseca
Flavio de Queiroz Salek
Genaro de Moraes
Gilda Vasconcellos de Andrade
Gonçalo de Medeiros Ivo
Halina Kocubej
Helena Cristina Pinheiro de Lara Resende
Helena Maria Peregrino Fontenelle

Helena Pinheiro de Lara Resende
Ivan Pérsio de Arruda Campos
Ivan Rubino Fernandes
Ivy Tietbohl de Moraes
Jill Tietbohl de Moraes
João Carlos Costa dos Anjos
João Carlos de Camargo Eboli
Jorge Tadeu Baptista Cortesão
José Arreguy Pimentel
José Maria Dias da Cruz
José Nêumanne Pinto
Julio Callado
Laura Constância de Austregésilo
    de Athayde Sandroni
Laura Lione Carvalho dos Santos
Lavinia de Queiroz Lee
Leda Rita Cintra Castellan
Leonor Maria São Tiago Cortesão Larrosa
Lia Corrêa Lima Alves de Lima
Luciana de Aragão Ferreira
Lúcio Autran Dourado
Luis Fernando Verissimo
Luis Mauricio Graña Drummond
Lygia Fagundes Telles
Manuel Dantas Vilar Suassuna
Marcos Felipe Zuzarte Cortesão
Maria Christina Lins do Rego Veras
Maria Clara Arreguy Maia
Maria Clara Machado Mourthé
Maria da Glória Arreguy Sala
Maria da Glória Lins do Rego
Maria de Lourdes Aguiar Oliveira
Maria do Carmo Arreguy Corrêa
Maria do Carmo Teixeira de Oliveira
Maria Elizabeth Lins do Rego
Maria José Arreguy Mendonça Moreira
Maria Luisa Garavaglia
Maria Regina Montserrat da Silva
    Cortesão Petersen
Maria Teresa Corção Braga
Maria Thereza Jorge de Lima
Maria Thereza Quintas Perez
Mariana de Araújo Ramos
Marise de Araújo Ramos
Milton Hatoum
Myriam Arreguy Amado
Ney Soares Filho

Paulo de Aragão Ferreira
Pedro Augusto Graña Drummond
Pedro Domingos Valladares Sabino
Rachel Aguiar Oliveira
Rachel Velloso Aguiar
Rafael Cardoso Denis
Regina Maria Bastos Fontes
Ricardo de Medeiros Ramos Filho
Ricardo Luiz Viana de Carvalho
Roberto Monteiro Litrento
Rodrigo Pereira Lopes de Faria e Silva
Rogério de Araújo Ramos
Rosa L. B. Magalhães
Rosana Arreguy
Rosita Aguiar
Rossini Quintas Perez
Rudá Kocubej Andrade
Teresa Carla Watson Callado
Thiago de Mello
Vera Maria de Faria Condé de Muino
Yvonne Pereira da Silva Farah

Academia Brasileira de Letras |
    Maria Oliveira e Monique Mendes
Agência Riff |
    Lucia Riff e Míriam Campos
Casa Menotti Del Picchia de Itapira
Copyrights Consultoria |
    Herdeiros de Carlos Heitor Cony, Glauber Rocha
    e Jorge Amado
Copyrights Consultoria |
    Silvia Gandelman, Adriana Vendramini Terra
    e Deise Faria
HG Licenciamentos |
    Herdeiros de Graciliano Ramos
Literary Agency |
    Nicole Witt e Jordi Roca
Secretário da Cultura de Itapira /
    Casa Menotti Del Picchia |
    Ricardo Pecego Cardoso
Villas-Boas & Moss Agência e Consultoria Literária |
    Luciana Villas-Boas e Yago Rodrigues Alvim

Aos que, de alguma forma,
 intermediaram para a obtenção das cessões

Bruno Garavaglia
Eduardo Carvalho Tess Filho
Jenis Oh
Leandro Garcia
Marcelo Goldberg
Maria Amélia Mello
Paula Sandroni

Editora FTD |
 Rosana Cristina de Oliveira
Editora Ibep |
 Leila Andrade
Editora Positivo |
 Joseph Razouk Junior
Editora Record |
 Elisabete Figueiredo
Global Editora |
 Cristina Abdo
Globo Livros |
 Lucas de Sena Lima
SBAT-SP |
 Edson Bezerra Lins
Tempo Composto |
 Monica de Souza
Vide Editorial |
 Thomaz Perroni

© Hélio de Seixas Guimarães, 2019
© Ieda Lebensztayn, 2019
© J. Bosco, 2019
© Imprensa Oficial do Estado de São Paulo, 2019

Biblioteca da Imprensa Oficial do Estado de São Paulo
Ivone Tálamo — Bibliotecária CRB 1536/8
Escritor por escritor: Machado de Assis segundo seus pares 1939-2008 / Hélio de Seixas Guimarães [e] Ieda Lebensztayn [Organizadores] — São Paulo : Imprensa Oficial do Estado de São Paulo, 2019.
    612 p. il.; v.2

    Vários autores.
    Biografia dos autores no início de cada texto.
    Bibliografia.
    ISBN 978-85-401-0173-9

    1. Assis, Joaquim Maria Machado de, 1839-1908 2. Escritores brasileiros 3. Literatura brasileira — Crítica e interpretação I. Guimarães, Hélio de Seixas II. Lebensztayn, Ieda

CDD 869.8
Índice para catálogo sistemático:
1. Literatura brasileira 869.8
2. Brasil : Escritores 869.8

Proibida a reprodução total ou parcial
sem a autorização prévia dos editores.
Direitos reservados e protegidos
(Lei nº 9.610, de 19.02.1998)
Foi feito o depósito legal
na Biblioteca Nacional.
(Lei nº 9.610, de 19.02.1998)
Impresso no Brasil 2019

Imprensa Oficial do Estado de São Paulo
Rua da Mooca 1921 Mooca
03103 902 São Paulo SP Brasil
SAC 0800 0123 401
www.imprensaoficial.com.br

TIPOLOGIA Walbaum PAPEL capa cartão triplex 250 g/m² Miolo pólen soft 80 g/m² FORMATO 15.5 × 22.5 cm PÁGINAS 612

IMPRENSA OFICIAL
DO ESTADO DE SÃO PAULO

CONSELHO EDITORIAL
Andressa Veronesi
Flávio de Leão Bastos Pereira
Gabriel Benedito Issaac Chalita
Jorge Coli
Jorge Perez
Maria Amalia Pie Abib Andery
Roberta Brum

COORDENAÇÃO EDITORIAL
Cecília Scharlach
EDIÇÃO
Andressa Veronesi
ASSISTÊNCIA EDITORIAL
Francisco Alves da Silva
REVISÃO
Carla Fortino
CARICATURAS
J. Bosco
PROJETO GRÁFICO
Raul Loureiro

IMPRESSÃO E ACABAMENTO
Imprensa Oficial do Estado S/A — IMESP
Rua da Mooca, 1921 Mooca
03103 902 São Paulo SP Brasil
SAC 0800 0123 401
www.imprensaoficial.com.br

GOVERNO DO ESTADO DE SÃO PAULO

Governador
João Doria
Vice-governador
Rodrigo Garcia

IMPRENSA OFICIAL DO ESTADO DE SÃO PAULO
Diretor-presidente
Nourival Pantano Júnior